ALMAS VIVAS

ALMAS VIVAS

La Guerra Civil Española en imágenes

SERGE ALTERNÊS
Y ALEC WAINMAN

editorial
MILENIO
LLEIDA, 2017

Live Souls: Citizens and Volunteers of Civil War Spain

Sant Salvador, 8 - 25005 Lleida (España)
www.edmilenio.com
editorial@edmilenio.com

Primera edición: mayo del 2017
ISBN: 978-84-9743-773-8
DL L 614-2017

Impreso en Arts Gràfiques Bobalà, S L
www.bobala.cat

Printed in Spain

En memoria de mi padre,
Alexander Wheeler Wainman
(1913-1989)

Sin hablar, sin pronunciar palabras,
sin que se escuche su voz.

SALMO 19

Agradecimientos

Gracias a Renée, mi buena amiga y compañera, por su continuo apoyo y aliento a lo largo del proceso de redacción y edición. Tuvo la paciencia y la aguda perspicacia de hacer numerosas sugerencias y me ayudó a mantenerme en el buen camino. Quiero dar las gracias al equipo de Ronsdale: a Ronald Hatch por su fe y orientación y por su notable capacidad editorial; a Julie Cochrane por su don artístico en el diseño del libro y la presentación de las muchas fotografías; a Meagan Dyer por su compromiso y apoyo administrativo, y a Estefania Navarro Estévez por su ayuda con la traducción. Deseo dar las gracias a Sarah Hillier por proporcionar ciertas perspectivas familiares de su tío Alec y de los refugiados españoles que recuerda vivamente, a Nick Arbuthnott por leer el original y formular observaciones valiosas, a Gerrit y Judy Buntrock por sus excelentes consejos sobre la conservación de recuerdos fotográficos de la guerra, y a Sonia Elmlinger por sus comentarios que me dieron una perspectiva verdaderamente española y francesa que confirmó mi propósito con *Almas vivas*. La orientación de Michael Petrou, Alan Twigg y Margaret Reynolds ha resultado útil y se agradece. Gracias también a Jeanne Griffiths por conservar la colección de fotografías de la Guerra Civil Española de Alec Wainman. La ayuda de Profesor Teresa Kirschner y Víctor de Buen para las traducciones fue inestimable. Por último, quisiera expresar mi gratitud a mi familia y mis amigos por compartir sus diversos puntos de vista sobre el tema, que valoro enormemente.

Índice

Las Brigadas Internacionales en la Guerra Civil Española

• • •

PAUL PRESTON

Un momento decisivo del apaciguamiento de Hitler por parte de las democracias se alcanzó cuando, al aceptar el desmembramiento de Checoslovaquia en 1938, el primer ministro británico, Neville Chamberlain, comentó que era «un país remoto del que nada sabemos». En 1936, prácticamente podía decirse lo mismo de España. En el mundo anglosajón, España se entendía como un país unos siglos atrasado de la Europa «civilizada», un lugar donde las pasiones y las atrocidades violentas eran comunes. En periódicos, libros y películas se podía encontrar una visión de España, cuya historia y cuyas gentes encarnaban el fanatismo, la crueldad y la emoción desenfrenada. Esta imagen se remontaba a la Reforma, cuando una serie de panfletos de inspiración religiosa habían denunciado los horrores de la Inquisición española. Las guerras de la independencia nacional y la posterior serie de guerras civiles del siglo XIX no hicieron nada por socavar los estereotipos que sobrevivieron hasta el siglo XX. Entonces ¿por qué hombres y mujeres de todo el mundo abandonaron sus familias, arriesgaron sus vidas y se sometieron a penalidades y sufrimientos por tal país? La respuesta es que fueron a España a luchar o, como en el caso de Alec Wainman, para formar parte del personal médico que asistía a los heridos. Habían acudido no solo por España, sino también por lo que consideraban como la supervivencia misma de la humanidad civilizada. Para entenderlo, debemos observar el contexto en el que tuvo lugar su sacrificio.

Los años 1918-1939 fueron una época de asaltos derechistas prácticamente continuos contra la clase obrera organizada. El aplastamiento de la revolución en Alemania y Hungría después de la Primera Guerra Mundial fue seguido por la destrucción de la izquierda italiana a manos de Mussolini, la instauración de dictaduras en España y Portugal y la derrota de la huelga general en Gran Bretaña. La ascensión de Hitler presenció la aniquilación del movimiento obrero más potente en

Europa Occidental, y en 1934 la izquierda austríaca fue destrozada por Dollfuss. La Guerra Civil Española, que estalló en julio de 1936, iba a ser la batalla más feroz de una contienda civil europea que había estado en marcha desde el triunfo bolchevique de 1917. Para comprender las Brigadas Internacionales, es necesario entender que la guerra en España, aunque española en sus orígenes, no tardó en formar parte de esa contienda civil europea más amplia. La ayuda que Hitler y Mussolini prestaron a Franco no fue desinteresada, pues sabían que, dándosela, socavaban también la posición de las potencias occidentales que aplaudían encubiertamente la destrucción de una República Española que consideraban como un títere soviético. El miedo y el recelo hacia la Unión Soviética habían sido un factor determinante de la diplomacia de las potencias occidentales a lo largo de la década de 1920. En el contexto de depresión mundial y una mayor militancia de la clase obrera, el antibolchevismo resultó aún más decisivo en la década de 1930. La relativa tolerancia inicialmente mostrada por la Gran Bretaña y Estados Unidos hacia Hitler y Mussolini suponía una aprobación tácita de las políticas fascistas para con la izquierda en general y el comunismo en particular.

Por consiguiente, la guerra entre la izquierda y la derecha españolas tuvo amplias ramificaciones internacionales. Por solidaridad fascista y por un deseo de debilitar Francia, los dictadores alemán e italiano accedieron a mandar aviación, sin la que los rebeldes españoles no habrían podido transportar sus mejores tropas para usarlas en la península Ibérica. Análogamente, las armas soviéticas jugarían un papel crucial en la defensa de Madrid no solo por solidaridad ideológica, sino porque Stalin no quería ver debilitado el contrapeso francés a Alemania. Para los refugiados italianos, alemanes y austríacos, la Guerra Civil Española fue la primera posibilidad real de combatir el fascismo y el nazismo para eventualmente volver a casa. Los voluntarios de las democracias hicieron el peligroso viaje hasta España preocupados por lo que podía significar la derrota de la República Española para el resto del mundo. Los voluntarios vencieron dificultades enormes para luchar por la República. Algunos no tenían trabajo, otros eran aventureros y otros, como el autor de este inestimable volumen, Alec Wainman, eran intelectuales, pero todos ellos habían venido para ayudar en la lucha contra el fascismo.

Ahora se sabe mucho acerca de la contribución de las Brigadas Internacionales en las batallas clave de la guerra, el sitio de Madrid en noviembre de 1936, repeliendo las tentativas de los rebeldes de cortar la autopista Madrid-Valencia en el valle del Jarama en febrero y en Guadalajara en marzo de 1937. Las Brigadas tuvieron un destacado papel en ofensivas posteriores: la toma de Teruel, que se mantuvo brevemente del 8 de enero al 21 de febrero de 1938, y también en la última fase defensiva de la guerra, cuando la España republicana había quedado dividida en dos. A finales de julio de 1938, para aliviar la amenaza contra Valencia, la República montó una espectacular diversión en forma de un intento de restablecer el contacto con Cataluña, un ataque a través del río Ebro. En el combate más encarnizado de toda la contienda, el ejército republicano de 80.000 hombres cruzó el río y se abrió paso entre las filas nacionales, aunque a un coste elevado para las Brigadas Internacionales. El 1 de agosto habían alcanzado Gandesa. Llegaron refuerzos franquistas, y los republicanos se vieron sometidos a tres meses de feroces bombardeos de artillería y de un calor sofocante. Alec Wainman, aquejado de hepatitis, se vio obligado a regresar a su casa en Inglaterra el 8 de agosto. Decidido a aplastar el ejército republicano, Franco reunió más de treinta mil soldados de fresco con material alemán nuevo. A mediados de noviembre, con un tremendo coste de bajas, los franquistas habían sacado a los republicanos del territorio capturado en julio.

Mucho menos se sabe de la contribución de los médicos, enfermeras y conductores de ambulancia británicos que trabajaron en los servicios médicos republicanos. Se ha calculado que, durante la Guerra Civil Española, pese a la falta de instalaciones y de muchas medicinas básicas, los servicios médicos republicanos, trabajando en unas condiciones atroces, suministraron un mejor cuidado a sus pacientes heridos que el que podrían haber recibido en los hospitales universitarios ingleses más prestigiosos de la época. La memoria de Alec Wainman y las fotografías que acompañan complementan espléndidamente la obra de Linda Palfreeman al documentar la contribución hecha a este logro por los hombres y mujeres británicos que se ofrecieron voluntarios para servir a la República. En el transcurso del conflicto, a menudo tuvieron que desmantelar y trasladar sus hospitales en cualquier momento, viajar durante horas por carreteras precarias, a veces de noche sin luces, antes de montar quirófanos improvisados en edificios abandonados y arruinados, en vagones de tren o en cuevas, un proceso documentado visualmente por Alec Wainman. Pese a trabajar en unas circunstancias tan difíciles, los voluntarios de la British Medical Unit fueron parte esencial de los importantes adelantos que se hicieron en cirugía de trauma en lo que se refiere a clasificación, transfusión sanguínea y organización de operaciones cerca del frente de batalla. El personal médico y las circunstancias en las que trabajaron se pueden ver ahora gráficamente en las fotografías únicas de este soberbio volumen.

Entender la realidad

• • •

JOSEP FONTANA

No me gustan las evocaciones de la guerra civil que se limitan a mostrarnos combates, como algunas recuperaciones de noticiarios cinematográficos que se han realizado recientemente. Porque nos ocultan que detrás de cada bando combatiente había dos países diferentes, dos sociedades muy distintas. Las fotografías de Alec Wainman reproducidas en este libro nos muestran cómo era esa retaguardia republicana habitada por milicianos, pero también por campesinos y ciudadanos, con una presencia dominante de mujeres y niños, y nos ayudan, con ello, a entender mejor la realidad humana que había detrás de los combatientes republicanos.

Quisiera ilustrar lo que digo con un ejemplo. Las imágenes de la fiesta del libro en la Barcelona de 1938 hubieran sido imposibles en la España franquista, donde los sublevados comenzaron precisamente quemando libros. El periódico *El Ideal Gallego* de 19 de agosto de 1936 nos cuenta que «a orillas del mar, para que el mar se lleve los restos de tanta podredumbre y de tanta miseria, la Falange está quemando montones de libros y folletos».

Y para que se entienda la naturaleza de los libros que se quemaban conviene recordar que en una de las primeras listas de libros prohibidos que conocemos, la que había de servir para depurar las bibliotecas de Valladolid en 1937, figura la mayor parte de la obra de Azorín, todo Baroja, Blasco Ibáñez, las poesías de Espronceda, Goethe, Kant, la *Carmen* de Mérimée, las obras de Pardo Bazán, las de Pérez Galdós incluyendo algunos «Episodios nacionales», *La Celestina*, las fábulas de Lafontaine, el *Libro de buen amor*, Valera, Valle-Inclán, etc.

Esta diferencia en la actitud hacia los libros responde a la que existía entre los objetivos sociales de uno y otro bando. En la base misma del proyecto de transformación social de la república figuraba el propósito de utilizar la educación para convertir a los españoles de súbditos en ciudadanos. La república construyó miles de escuelas, a la vez que desarrollaba un programa para llevar a todos los rincones del país los libros. Los franceses calificaban el régimen instalado en España como «la república de los profesores». No era esto, sino más bien «la república de los maestros», que no en vano figuraron entre las primeras víctimas de la revuelta militar.

Para mantener el viejo orden del privilegio era necesario acabar con este programa transformador. Los sublevados lo tenían claro. Un periódico de Sevilla publicaba en los primeros días de la revuelta un llamamiento con el título de «A las cabezas», donde se decía: «No es justo que se degüelle al rebaño y se salven los pastores. Ni un minuto más pueden seguir impunes los masones, los políticos, los periodistas, los maestros, los catedráticos, los publicistas, la escuela, la cátedra, la prensa, la revista, el libro y la tribuna, que fueron la premisa y la causa de las convulsiones y efectos que lamentamos».

No es difícil entender que, en unos momentos de renuncia de los gobiernos democráticos europeos ante el ascenso del fascismo, España se convirtiese en una esperanza para todos aquellos que se daban cuenta del riesgo que implicaba la imprudente tolerancia de unos políticos que, una vez comenzada la guerra civil, optaron por apaciguar a las dictaduras fascistas, y hasta las ayudaron a acabar con el régimen republicano español.

Los testimonios de los hombres que vinieron entonces a jugarse la vida para defender nuestra libertad muestran hasta qué punto estaban convencidos de que luchaban por una causa de alcance universal. Lo vemos, por ejemplo, en la carta que David Guest, un matemático británico que murió a los treinta y ocho años de edad, luchando cerca de Mora de Ebro, le escribió a su madre: «esta es una de las batallas más decisivas que se hayan dado por el futuro de la raza humana, y todas las consideraciones personales se desvanecen ante este hecho».

Testimonios como estos podrían multiplicarse indefinidamente. Pero yo quisiera retener ante todo el de los supervivientes de la brigada norteamericana Abraham Lincoln que nos visitaron en diversas ocasiones al fin del franquismo para recordarnos que vinieron a este país para luchar, no por la revolución universal, sino por aquella república finalmente derrotada por el fascismo, porque con ella defendían los valores de una democracia avanzada por los cuales creían que merecía la pena arriesgar la vida. Y para decirnos que entonces, muchos años después, seguían creyendo en aquellos valores y estaban orgullosos de haber defendido la república.

Necesitamos acabar con el silencio culpable de cierta izquierda y combatir los tópicos malintencionados de la derecha, que solo hablan de conflicto y enfrentamiento, para reemplazarla por una visión que saque a la luz las esperanzas de los hombres y las mujeres de aquellos tiempos, con el fin de recuperar lo que todavía haya de válido en aquel proyecto colectivo por construir un mundo más justo.

Este libro tiene la virtud de transmitirnos, a través de las palabras y de las imágenes recogidas por un voluntario que vino a España para ayudar a los combatientes en los servicios médicos, la imagen de una causa por la que muchos creyeron que merecía la pena jugarse la vida.

Una historia de maleta perdida

• • •

JUAN MANUEL BONET

He conocido recientemente, en París, a John Alexander Wainman. Hijo del inglés Alec Wainman, vive en Vancouver. Desde esa metrópoli canadiense, donde su padre fue profesor, Wainman hijo despliega una intensa actividad, nacida de la devoción por la figura paterna, pero que va mucho más allá. Bajo su máscara "Serge Alternês", se ha fijado por misión dar a conocer, mediante libros y exposiciones, el *corpus* fotográfico que su padre, armado con una Leica, fue produciendo, sin otra finalidad que documentar las excepcionales circunstancias por las que atravesó durante la Guerra Civil Española, cuando, joven cuáquero inglés, acudió a la misma durante el trágico verano de 1936, en su condición de conductor de una ambulancia de la British Medical Unit (BMU). *Corpus* que su propio autor, al final de su vida, se había decidido a sacar a la luz, aunque desgraciadamente no llegó a ver realizado ese proyecto. *Corpus* que se perdió entonces en el tortuoso laberinto de una editorial londinense, y cuyo rastro le costó al hijo reencontrar, en fechas relativamente recientes. Como en el caso de Agustí Centelles, a quien recuerdo feliz, por la época en que España redescubría su labor, o como en el de Robert Capa, David Seymour y Gerda Taro, también esta es una historia de maleta perdida y a la postre felizmente encontrada. Maleta que por lo demás todavía puede contener sorpresas, que ya se sabe —recordemos, por ejemplo, en el vecino Portugal, y en el ámbito de la poesía, el célebre baúl de Fernando Pessoa— lo lento y complicado que es a veces procesar este tipo de materiales. John Wainman / Serge Alternês considera con razón que la historia de su padre merece ser universalmente conocida, y no solo por la evidente calidad de las fotografías que tomó en la España republicana en guerra, sino también porque se considera con el deber moral de ayudar a reconstruir tanto la gesta humanitaria del BMU, como de completar la historia de las Brigadas Internacionales.

Muchas de las extraordinarias imágenes tomadas por Wainman, fotógrafo *amateur*, pero cuya mirada moderna se fundamenta en un profundo conocimiento del medio que maneja, llevan camino de convertirse en icónicas. La primera caravana de la BMU camino de España, por Francia, por ejemplo en Brive-la-Gaillarde, o en Cahors. Un tren del POUM, el partido de Andreu Nin, y a este propósito hay que decir que por el testimonio escrito del propio Wainman nos enteramos de que fue testigo de los Hechos de Mayo barceloneses, aquellos que constituyen el argumento de *Homage to Catalonia* de su compatriota George Orwell. El desfile fúnebre del dirigente comunista alemán y brigadista internacional Hans Beimler, fallecido en combate en el frente de Madrid, el 1 de diciembre de 1936, y enterrado en el cementerio de Montjuic de la capital catalana. La llegada a Barcelona de la Brigada Abraham Lincoln, procedente, como su nombre indica, de los Estados Unidos. Los hospitales de Grañén y Poleñino (ambos en Huesca), Valdeganga (Albacete), Huete y Uclés (ambos en Cuenca), y Benicàssim (Castellón): paz en la guerra, por decirlo unamunianamente, como paz en la guerra ciertas instantáneas tomadas en Tossa de Mar, la antigua "Babel de las Artes" (Rafael Benet *dixit*), o en las cercanías de la abadía de Montserrat. El vapor *Legazpi*, blanco, precisamente frente a Benicàssim, el 19 de mayo de 1937, de un ataque de la aviación italiana con base en Mallorca. La vida rural en Valdeganga, en imágenes que para mí están entre las mejores del conjunto, y que podrían ser puestas cerca de algunas del José Val del Omar de Misiones Pedagógicas. Los niños siempre, sus sonrisas, su jugar a la guerra, su desamparo... Por último, la batalla del Ebro, el interior de un tren médico en las proximidades de la misma, otro tren evacuando heridos algo más leves pero en cuyos rostros y cuerpos se ve lo apesadumbrados que están por lo vivido en aquellos terribles combates, y otras imágenes impresionantes que documentan las condiciones extremadamente precarias en que por aquel entonces hubo de trabajar la ayuda médica británica, a veces al improvisado abrigo de cuevas excavadas en la roca. Solo la aludida y terrible fotografía del interior del tren médico, con su acumulación de tragedias individuales congregadas en un único espacio poblado de cuerpos malheridos y de rostros en algunos casos agónicos, bastaría para otorgarle un lugar de excepción a su autor, en la crónica fotográfica de aquella contienda fratricida que estaba a punto de finalizar, y en la cual Manuel Azaña acababa de pronunciar, en su célebre discurso del 18 de julio de 1938, aquello de "Paz, piedad y perdón", fórmula cargada de compasión, pero que no encontró ningún eco al otro lado de las trincheras.

Ya en la retaguardia, especialmente interesantes son las imágenes que toma Wainman en Barcelona, en una época en que, debido a sus conocimientos idiomáticos que incluían el ruso y una experiencia previa en la embajada de su país en Moscú, trabajaba como traductor en la Oficina de Prensa Extranjera del Ministerio de Estado. Entre ellas nos llaman poderosamente la atención las del Casal Carles Marx y el Hotel Colón, los dos impresionantes "castillos" del entonces poderosísimo PSUC, y en sus fachadas el característico despliegue de gigantescos retratos, entre ellos los de Lenin y Stalin; las de la variopinta cartelería tapizando las paredes de la ciudad, instantáneas que nos hablan, como las del francés André Zucca en el París ocupado (y en color Agfa), de la importancia que en los conflictos del siglo XX había adquirido la propaganda; la de la curiosa escultura monumental de un miliciano, desmesurada, y de estilo casi cubo-futurista; las de la Feria del Libro, y entre ellas las de los lectores precipitándose sobre una reedición de la Biblia, sin duda lo más parecido a propaganda que hizo, involuntariamente pues sus fotografías no parece que se utilizaran entonces en la prensa ni en libros, el joven cuáquero...

Por el lado de los retratos, nos emocionan la imagen del gran poeta inglés Stephen Spender, amigo de Manuel Altolaguirre y otros de nuestro 27, leyendo en el hospital de Benicàssim, o asomándose a un balcón del de Uclés; y la del jovencísimo Coco Robles, que al igual que Wainman trabajaba en la Oficina de Prensa Extranjera, y que era hijo de José Robles Pazos, que terminaría siendo víctima de los servicios secretos soviéticos, una historia espantosa que ha contado muy bien Ignacio Martínez de Pisón. En otro orden de cosas de más alegría, nos sorprende la efigie de un hombre de otra generación y cuyo aspecto de "senyor de Barcelona" contrasta con el de los demás retratados, el jovial pintor Joaquim Mir (aquél del "jo pinto, i prou") en su estudio barcelonés. Por el relato, sobrio y lleno de detalles exactos, escrito por Wainman, sabemos que en la España republicana en lucha también conoció a los combatientes comunistas alemanes Gustav Regler y Ludwig Renn —de destinos a la postre tan contrapuestos entre sí—, a una serie de ingenieros militares soviéticos activos en el apoyo a la industria aeronáutica de la República, a Hemingway en el mítico Hotel Florida de la madrileña plaza del Callao, a Caridad Mercader, al aviador Ignacio Hidalgo de Cisneros y a su mujer Constancia de la Mora, precisamente la responsable de la Oficina de Prensa Extranjera del Ministerio de Estado. En el archivo del británico no parece haber desgraciadamente retratos de ninguna de estas importantes (y muy controvertidas) figuras del bando republicano, todas ellas de destino a la postre mexicano, con excepción del narrador norteamericano. Lo cierto es que tuvo mejor suerte el discreto Wainman, en su tarea de intérprete, que la que tuvo el aludido José Robles Pazos, el hombre que sabía —y hablaba— demasiado, por culpa de cuyo asesinato su gran amigo John Dos Passos empezaría a perder la fe en la causa que hasta entonces había hecho suya, peleándose de paso para siempre con Hemingway.

Aunque no sea el objeto principal del presente volumen, nos interesan también los detalles exactos que nos proporciona su hijo, sobre la novelesca vida del Wainman de después, para el cual la Guerra Civil Española marcó a sangre y fuego su vida. Tras la caída de la República, apoyó la instalación en Gran Bretaña de refugiados como el periodista Marcelino Sánchez, o un muy importante hombre de teatro, el *barraco* alicantino José Estruch, hoy redescubierto en su tierra, y nunca olvidado en Uruguay, que se convertiría en su segunda patria. Aquel mismo año 1939, su arriesgada incursión humanitaria en la España de después de la victoria franquista, y más concretamente el País Vasco, la documentó mediante algunas instantáneas, entre las que cabe destacar las tomadas en trenes rigurosamente vigilados. Vinieron luego su trabajo como oficial de Inteligencia inglesa en Italia durante la Segunda Guerra Mundial, y durante los años 1945-1947, su papel como *major* en una Viena muy a lo *Tercer hombre*, y en la que quienes lo trataron recuerdan que advirtió de que, dada la suerte que les esperaba, era aconsejable detener el retorno de los cosacos a la URSS. Más tarde, su definitiva integración a Canadá, donde se convertiría en un reputado eslavista, no cejando, por lo demás, en la lucha por causas humanitarias, y concretamente su ayuda a refugiados húngaros (tras la revolución de 1956 y su consiguiente represión), checos (tras la Primavera de Praga de 1968, de idéntico destino) e incluso tibetanos. Volvió en una ocasión, en 1982, a una España que llevaba ya un lustro redescubriendo la democracia, acogiendo a los exiliados así como a antiguos *internacionales* de visita, y viviendo un proceso de reconciliación nacional, tarea en que fue muy importante el papel del PCE, que a mediados de la década del cincuenta había optado por esa línea.

Estas imágenes de Wainman, felizmente rescatadas gracias a la devoción filial, se han integrado ya al que podríamos llamar *romancero fotográfico* de la guerra civil, al que contribuyeron tantos jóvenes de la izquierda europea que vinieron a España a luchar en defensa de la República, documentando algunos episodios de una contienda en la que muchos de ellos —sobre todo aquellos naturales de Centroeuropa, algunos de los cuales, para más *inri*, eran judíos— veían, con certera intuición, una prefiguración de lo que pronto sería la Segunda Guerra Mundial. A los ya citados Robert Capa, David Seymour o Gerda Taro —esta, fallecida en la sierra de Madrid durante la propia guerra civil, atropellada, durante un bombardeo, por un tanque amigo—, a aquel Hans Gutmann que en México se convertiría en Juan Guzmán, a sus compañeros de la misma diáspora Walter Reuter y Kati Horna —a la cual visité en 1989, en mi primer viaje al país azteca, y cuando en España apenas se conocía aún su historia—, a Jean Moral, a Margaret Michaelis, que terminaría en Australia, y cuyo redescubrimiento promoví desde el IVAM, o al trabajo cinematográfico de Henri Cartier Bresson, felizmente se ha venido a sumar estos últimos tiempos el joven cuáquero inglés, de destino por siempre español debido a su compromiso nunca desmentido con la causa republicana, y a estos centenares de instantáneas que constituyen su legado, al que se suma su nada desdeñable testimonio escrito.

Vidas, no iconos

• • •

ERNEST ALÓS

El verano del 2016 el editor Joan Sala hizo llegar a mis manos las pruebas de imprenta de la edición en catalán de *Live Souls*. Con ellas, y con un puñado de fotografías adicionales facilitadas por Serge Alternês, recorrí ese mes de agosto los escenarios del sitio de Huesca: Vicién, Pompenillo, Bellestar, Monflorite, Siétamo, Quinto, Tierz, Quicena, Loporzano... El motivo fue la fotografía de la página 107 del libro que ahora se traduce al castellano en la que aparecía un viejo conocido. Un personaje sonriente, con barba y rizos; el mismo que protagonizaba una conocida fotografía del germano-mexicano Hans Gutmann, o Juan Guzmán. Aquella que supuestamente mostraba a un sacerdote mirando sereno a la cámara momentos antes de ser fusilado, identificado como el beato Martín Martínez Pascual, ejecutado el 18 de agosto de 1936 en Valdealgorfa (Teruel). Una imagen que se ha intentado convertir en los últimos años en el icono de la persecución religiosa durante los primeros meses de la guerra civil, en el reverso del miliciano caído de Robert Capa.

Alguna cosa no funcionaba allí. O muchas. Para empezar, en las fotografías de Alec Wainman nuestro personaje aparecía con uniforme y cartuchera al cinto, conversando amigablemente con otro miliciano en la puerta de un hospital de campaña. Para proseguir, la fotografía estaba datada el 23 de septiembre, al cabo de un mes de la ejecución del beato. Poner en orden esta contradicción no fue fácil, pero la colaboración de Xulio García Bilbao, documentalista de la fototeca de Efe, donde se conservan los negativos de Gutmann, fue clave para deshacer la confusión. El reportaje de Hans Gutmann en que aparecía nuestro joven de aspecto muy poco clerical, identificado incorrectamente, correspondía en realidad a la toma de Siétamo el 13 de septiembre de 1936. Y el supuesto cura mártir (de quien se habían llegado a imprimir estampas con su imagen) era con toda probabilidad un miliciano presente en esa jornada en Siétamo y diez días después, a pocos kilómetros de allí, frente a la cámara de Alec Wainman, en Castillo Pompién o Pompenillo, en primerísima línea del frente de Huesca, donde pudimos localizar otras fotos tomadas por el joven británico ese 23 de septiembre. Por la disposición y movimientos en esas jornadas de las fuerzas republicanas, quizá podría tratarse de un voluntario comunista alemán. Antes siquiera de empezar a adentrarnos en el trabajo de Alec Wainman, ya nos había servido para deconstruir un icono de la guerra civil.[1]

El trabajo de documentación que emprendimos ofreció otra sorpresa: la fotografía de un herido evacuado ese mismo día, puño en alto, no podía corresponder al poeta John Cornford como se creía. Cornford, el autor del poema *Luna llena en Tierz*, fue evacuado del frente de Aragón el 12 de septiembre, como muestra la correspondencia recogida en su biografía,[2] y el 14 de septiembre dejaba Barcelona camino de Londres. Tras recuperarse, caería heroicamente, en diciembre de 1936, el día en que cumplía 21 años, en el frente de Córdoba.

En las fotografías de Alec Wainman, por lo tanto, apenas aparecen personajes conocidos, ni tampoco contienen imágenes destinadas a convertirse en iconos. Tampoco importa. Ya vemos lo que sucede con fotografías como la del supuesto mártir (o la del igualmente supuesto miliciano caído de Capa con la que se quiso equiparar). Imágenes que no resisten ningún análisis desde el punto de vista de la deontología profesional del fotoperiodismo y que tienen sentido en otro campo: el de las artes plásticas al servicio de la propaganda bélica, una digna disciplina capaz de crear obras como el *Gernika* (o la fotografía de Robert Capa).

Las fotografías de Alec Wainman no juegan en ese terreno, aunque algunas de ellas fuesen utilizadas como apoyo en materiales gráficos para llamar la atención y recaudar fondos para las unidades médicas voluntarias británicas. Su valor reside en lo que tienen de testimonio de primera mano, su mirada limpia de intenciones propagandísticas. Y desde el punto de vista documental, en concreto, de la actividad de la medicina de campaña en primera línea.

Aunque no sea este el tema trabajado más intensamente por los fotoperiodistas durante la guerra civil (mediatizados siempre, de nuevo, por las necesidades de la propaganda, que no hacía de los heridos en combate el material más publicable). Tenemos, no obstante, algunos testimonios gráficos similares. Incluso uno de ellos de los mismos hospitales de primera línea dispuestos por los británicos en el frente de Huesca en los que sirvió inicialmente Wainman: las fotografías que acompañan las memorias de Agnes Hodgson, una enfermera australiana destinada allí también.[3]

1. Ernest Alós: «La guerra civil, vista por un voluntario inglés» y «No era un mártir, que era un miliciano», *El Periódico de Catalunya*, 3 y 4 de septiembre del 2016.

2. Peter Stansky & William Abrahams: *Journey to the Frontier. Julian Bell and John Cornford: thier lives and the 1930s*, Constable & Company, Londres, 1966.

3. Agnes Hodgson: *A una milla de Huesca. Diario de una enfermera australiana en la guerra civil española*, Publicaciones de Rolde de Estudios Aragoneses / Prensas Universitarias de Zaragoza, Zaragoza, 2005.

Pero aquí entra un segundo elemento: la calidad plástica del trabajo de un joven aficionado como Wainman. El álbum fotográfico de Hodgson es pintoresco, pero ni una sola de sus imágenes se acerca al buen hacer fotográfico que demuestra ese joven inglés que llega como conductor de ambulancia (aunque su trayectoria anterior y posterior pueda hacernos volar la imaginación: antes de la guerra civil en la embajada del Gobierno de Su Majestad en Moscú, a lo largo de ella traductor de los ingenieros aeronáuticos soviéticos y agente de prensa de la república, en el espionaje militar británico durante la Segunda Guerra Mundial, en la autoridad de ocupación de Viena en la primera posguerra, en la acogida de refugiados húngaros y checos en Canadá, donde se instalaría como académico).

En algunas de las fotografías de Wainman despunta un buen retratista, con resultados equiparables a los de un fotoperiodista profesional en esos mismos días. Con capacidad para cazar al vuelo expresiones como las de la imagen de la página 251, que aconsejo mirar con atención antes de proseguir con la lectura del libro: el gesto de extrañeza de un hombre trajeado que hojea una Biblia en la feria del libro de la Barcelona de 1938, observado por un joven idealista al que sus inquietudes pacifistas de raíz evangélica habían traído a España.

La guerra de la nueva mirada

• • •

TERESA FERRÉ PANISELLO

La década de los años veinte del siglo pasado significó en el ámbito de la imagen la culminación de la construcción y modernización de un lenguaje propio. Si nos fijamos en el cine, el paso del mudo al sonoro ejemplifica a la perfección este fenómeno, una transición que tiene lugar entre 1927 y 1928 y representa la consagración de Estados Unidos como potencia de la industria cinematográfica. Por el contrario, es Europa la que alberga la revolución fotográfica, un movimiento internacional que irradia desde un epicentro muy claro, la Alemania de la República de Weimar. En esta sociedad de posguerra donde todo ha de ser nuevo —desde la arquitectura hasta la tipografía— surgen dos estilos fotográficos: la Nueva Visión y la Nueva Objetividad, cuyos referentes son Lázló Moholy-Nagy y Albert Renger-Patzsch.

El objetivo principal de ambas corrientes es la renovación de la fotografía gracias a la ruptura radical con las convenciones, hasta entonces dominadas por el pictorialismo. Los pioneros y pioneras de la modernidad trabajaron con recursos expresivos intrínsecos del medio, como la nitidez, el detalle o bien la plasmación directa de la luz, ampliando así el lenguaje visual gracias a fotografías creadas sin cámara, fotomontajes y fototipos. Así, la fotografía se reivindica como un medio de creación por sí mismo, que construye un lenguaje a través de la forma (nuevas perspectivas, picados y contrapicados, fragmentación, etc.) y el contenido, mostrando productos industriales cotidianos, poniendo de relieve la urbanidad y redescubriendo la naturaleza.

Aunque Alemania es el centro de esta transformación, existían nuevas formas de expresión visual vinculadas a movimientos artísticos en otros países, como por ejemplo el constructivismo soviético con el inolvidable Aleksandr Ródtxenko, o la experimentación surrealista parisina encabezada por Man Ray. El intercambio y relación entre todos ellos es constante, porque coincidían en círculos artísticos o centros de enseñanza como la Bauhaus. El canal habitual de difusión de su obra continuaban siendo las exposiciones, entre las que destaca *Film und Foto* (*FIFO*), celebrada de abril a julio de 1929 en Stuttgart y, tras el éxito, en Zúrich, Berlín, Viena, Danzig, Agram, Tokio y Osaka. Esta muestra internacional significó la apoteosis de una nueva cultura visual representada por los dos medios mecánicos: el cine y la fotografía —con 1.200 imágenes de más de 150 fotógrafos europeos pero también los norteamericanos de la *straight photography*.

Sin embargo la manera real de popularizar este fenómeno no fue en los museos, sino a través de dos canales de difusión estrechamente vinculados, el mundo editorial y los medios de comunicación, es decir, las revistas y, en menor medida, los diarios. La poderosa industria editorial alemana se ocupó de ilustrar todo tipo de publicaciones con fotografías, además de potenciar una especialidad, el fotolibro, que gracias al desarrollo de técnicas fotomecánicas permitió plasmar en papel la nueva mirada y, a su vez, innovar el diseño gráfico. Aunque sin duda, fueron los medios de comunicación impresos —en alerta por la irrupción de un nuevo competidor, la radio— los que revelaron la modernizada fotografía a las masas.

La publicación de revistas ilustradas era habitual desde el siglo XIX a nivel internacional. En Alemania ya eran tradición y, tras la Primera Guerra Mundial, a las que existían se sumaron otras nuevas. El semanario gráfico más conocido era el *Berliner Illustrierte Zeitung (BIZ)* del gigante editorial Ullstein. En los años veinte el *BIZ* llegó a los dos millones de ejemplares, convirtiéndose en el más popular. Le seguía de cerca, también con cifras millonarias, el *Müncher Illustrierte Presse* (*MIP*). Las dos publicaciones contaban con una figura determinante para su transformación: el editor gráfico. Tanto Kurt Korff del *BIZ* como Stefan Lorant del *MIP* fueron elementos clave en la evolución del periodismo durante la considerada edad de oro del semanario gráfico de actualidad.

Este tipo de publicaciones rompieron con la manera habitual de articular texto e imagen hasta el punto que a principios de los años treinta ya no se trataba de ofrecer una sola fotografía para centrar el interés del lector, sino de que texto y mosaico fotográfico, claramente inspirado en los noticiarios cinematográficos, explicaran una historia interpretando los hechos, asumiendo un punto de vista y creando metáforas de la realidad. La fotografía no acompaña, es mensaje en sí misma y además de informar ha de satisfacer la curiosidad y provocar el sentimiento del lector.

Es curioso observar los titulares llamando la atención sobre «El mundo desde arriba», «Bellezas arquitectónicas de acero» o «Viajes de descubrimiento con la cámara», entre reportajes de políticos captados sin posar, el modelo de la nueva mujer, la vida alrededor de un circo o una fábrica, las posturas deportivas imposibles, además de anuncios de todo tipo de productos muchas veces realizados por los mismos fotógrafos.

En otros países nuevos semanarios gráficos que bebían de este modelo combinado con su propio contexto recibieron de inmediato el favor del público. En Francia *Voilà, l'hebdomadaire du reportaje* (1931-1940) y la más rompedora, *Vu* (1928-1940) en la línea alemana de *UHU* (1924-1934). En España *Estampa* (1928-1938) y su rival *Crónica* (1929-1938). Cabe citar también la más popular de la URSS, *Ogonëk*, creada en 1923, mientras que Gran Bretaña publicó la nueva fotografía en revistas como la decimonónica *The Graphic*.

Los fotógrafos más experimentales ven como su obra circula en prensa al mismo tiempo que los reporteros gráficos incorporan a su oficio aspectos del nuevo lenguaje. La relación entre editores, fotoperiodistas y redactores evoluciona hacia un trabajo más cooperativo. El fotógrafo se convirtió en un profesional reconocido, que firmaba sus imágenes y, gracias a las agencias, veía como su trabajo se editaba en otros semanarios y publicaciones internacionales. El más famoso fue Erich Salomon —alias «Herr Doktor»— cuyo estilo fue bautizado como *candid camera*, expresión que se hizo famosa en la inglesa *The Graphic* y que representa la foto en vivo, desapercibida.

Además del contexto cultural la contribución alemana es fundamental en la evolución técnica, especialmente en los aparatos de pequeño formato. Durante los veinte la cámara más popular en Alemania fue la Ermanox (1924), pequeña, ligera y con un objetivo de luminosidad f:2. El año siguiente se presentó en la Feria Industrial de Leipzig la célebre Leica, que se erigió como la cámara de toda una generación de profesionales en los años treinta. Diseñada por Oskar Barnack, ingeniero de Leitz, fue pensada para realizar pruebas en filmaciones cinematográficas. Pero Barnack se dio cuenta de las ventajas de un aparato pequeño y ligero con el que se pudiera enfocar a través de un visor directo a la altura del ojo y capaz de cargar un rollo para docenas de impresiones. Por primera vez se utilizaba en fotografía la película de 35 mm del cine surgiendo el paso universal, que pronto se estandarizó. Hay que añadir también que en 1929 la marca Rollei lanzó la cámara reflex de doble objetivo Rolleiflex, con formato medio 6 × 6 cm. Otros avances alemanes en esta década son el perfeccionamiento del *flash* de lámpara y las nuevas emulsiones sensibles.

La fascinación y veneración por la imagen reproducida técnicamente cautivaron al mundo occidental durante la segunda mitad de los años veinte y, gracias a la tecnología, también se consolidó la fotografía de aficionado especialmente entre las clases urbanas, que plasmaron en sus imágenes domésticas esta nueva manera de mirar y los estereotipos generados por unos medios de comunicación de cultura de masas. Cualquier acontecimiento podía convertirse en espectáculo visual, incluso la guerra.

Es en la Guerra Civil Española donde la nueva mirada y la modernización técnica se citan por primera vez en un conflicto bélico, sentando las bases iconográficas de la Segunda Guerra Mundial. También debutaron el cine sonoro y la radio como medios de propaganda masivos. Aunque el fenómeno de la guerra ya había empezado a ser retratado y difundido en la prensa desde Crimea, es ahora cuando se entra en una relación nueva entre el autor y la tragedia. El fotógrafo muestra la perspectiva humana ligándose al acontecimiento y también el punto de vista técnico y estético eligiendo encuadre y momento perfectos.

La primera confrontación entre democracia y fascismo llamó la atención de los medios internacionales, que mandaron a sus enviados especiales al territorio leal al gobierno legítimamente elegido. Evidentemente los centros de producción y difusión más importantes de la industria mediática eran Madrid y Barcelona, seguidos de Bilbao y Valencia, de aquí que la estructura comunicativa fuerte sea la de la República. Las autoridades no tardaron en controlar a periodistas y fotógrafos a través de la censura, las autorizaciones para circular y un decreto de tenencia de cámaras que también afectaba a cualquier ciudadano. A medida que avanza el conflicto, los sublevados pondrán en marcha sus medios a base de incautación por derecho de conquista en lo material, y consejo de asesores nazis en lo ideológico y para la creación de organismos de control.

Aquel julio de 1936 varias generaciones de reporteros gráficos profesionales salieron a cubrir el que había de ser un breve alzamiento militar más en la tradición española. En Madrid, José María Díaz Casariego, Luis Ramón Marín y las sagas Alfonso y Campúa; en Barcelona, las veteranas dinastías Branguli y Pérez de Rozas, los afamados Josep Badosa, Josep Maria Sagarra y Pablo Luis Torrents y el más joven Agustí Centelles, entre otros. Sus fotografías circularon en los medios españoles e internacionales a través de agencia. Sin apenas darse cuenta se transformaron en corresponsales de su propia guerra mientras iban llegando periodistas y fotógrafos extranjeros como por ejemplo Robert Capa, Gerda Taro, David Seymour, Hans Namuth o Georg Reisner que también cubrieron la contienda.

Es el instante del pueblo como protagonista absoluto de las imágenes, de la alegría de la victoria contra el golpe de estado y del nacimiento inmediato de la iconografía de una revolución, con el miliciano y la miliciana elevados a héroes de la página impresa. Posteriormente, a la fotografía de guerra realizada en el frente en plena batalla y también retratando la vida cotidiana de los soldados, hay que sumar la imagen de la retaguardia, llena de acontecimientos masivos como manifestaciones, entierros y mítines. Durante la Guerra Civil Española se desdibuja la frontera entre frente y retaguardia con los bombardeos masivos sobre las ciudades. En consecuencia, significa el nacimiento de la iconografía del refugiado y se muestra la muerte de la población civil —especialmente la de niños como denuncia—, además de la destrucción y devastación de pueblos y ciudades constituyendo la visualización de la guerra moderna del siglo xx.

Sin embargo, la obra y nombres de las decenas de fotógrafos y alguna fotógrafa que cubrieron el conflicto han quedado sepultados hasta hoy bajo la firma *Robert Capa*, popular internacionalmente. Proclamado el «mejor fotógrafo de guerra del mundo» en 1938 por la recién creada revista inglesa *Picture Post*, que contaba con Stefan Lorant —huido del nazismo— como editor, su obra se había publicado desde 1936 en las francesas *Vu* y *Regards* y había llegado a Estados Unidos difundida en la que sería considerada la revista gráfica por excelencia, *Life*, creada en 1936 bajo la concepción y asesoramiento de Kurt Korff, exiliado a EE.UU.

Ochenta años después, sumergirse en el legado fotográfico de Alec Wainman significa para el lector descubrir la Guerra Civil Española a través de una mirada que en cierto modo difiere de la iconografía heredada, aquella que difundieron los medios y organismos propagandísticos durante el conflicto y la que se ha repetido y elevado a obra de arte durante décadas después, que prácticamente es la misma. La obra de Wainman es un testimonio sin censura oficial porque no tenía que ser pública, es decir, es un álbum familiar con los camaradas con quien este joven voluntario compartió experiencia como sanitario. La mayoría de las imágenes nos los muestra en momentos de receso, con expresiones casi alegres. A estos recuerdos más íntimos se suma aquello que llamaba la atención del observador en una sociedad muy diferente de la suya: desde vida cotidiana rural a feria del libro en Barcelona. También asume las imágenes de milicianos y milicianas, efectos de los bombardeos, niños refugiados o carteles propagandísticos ocupando la ciudad. Pero su punto de vista no es el de un profesional que ha de encontrar la espectacularidad para que su trabajo, y no el de otro, sea aceptado por la redacción de un medio. Y su aportación excepcional: las fotografías de sanitarios en plena actividad.

En definitiva, el legado visual y escrito de Alec Wainman cobra fuerza ochenta años después desde la experiencia personal y la sencillez de la mirada, aportando naturalidad y dignidad a los protagonistas de este viaje vital a un conflicto donde miles de personas de todo el mundo lucharon por la libertad al lado del gobierno de la República y su pueblo.

Prefacio

• • •

SERGE ALTERNÊS

«"¡Alejandro!", gritaba la gente del pueblo de Valdeganga mientras se precipitaba hacia mí [...] Cuando el coche se detuvo, los niños habían salido corriendo de las casas para ver quién había llegado. Parecía una escena del Flautista de Hamelín. Nos dieron a beber leche y nos hicieron regalos como pimientos rojos (¡ya sabéis cuánto me gustan!), peras, membrillos y un pollo [...] Acabo de volver a visitar el hospital de Valdeganga. Está muy bien llevado. Actualmente tiene 70 pacientes convalecientes. Muchos de ellos aprenden a leer y escribir por primera vez así como las chicas que se ocupan de las tareas domésticas. En breve, el personal del hospital abrirá una escuela para los niños que viven en las inmediaciones. De otro modo tendrían que andar varios kilómetros hasta el pueblo más próximo.»

Alec Wainman escribía esta descripción en una carta a su madre en Inglaterra el 20 de septiembre de 1937, mientras servía voluntario como conductor de ambulancia, intérprete y oficial administrativo con la British Medical Unit (BMU) en la España leal a la República durante la guerra civil.

A sus veintitrés años cuando se presentó voluntario en agosto de 1936 para la BMU, Alec estaba lleno de esperanza e ideales, como tantos de los jóvenes, hombres y mujeres, que optaron por unirse a la lucha por la libertad en la República Española. Alec era también aficionado a la fotografía y sentía un profundo interés por la gente afectada por la Guerra Civil Española, ya fuesen civiles locales, la variedad de grupos políticos o los numerosos voluntarios de todo el mundo. Captó el espíritu de la gente a través de la lente de su cámara Leitz Leica. Lingüista que dominaba múltiples idiomas, Alec alcanzó una afinidad especial con aquellos que fotografió, conversando con ellos en su propia lengua. La elección de su material fotográfico no era las fotos sensacionalistas que acaparan titulares o reflejan las atrocidades de la guerra; quería que sus fotos evocaran respeto y contemplación en los espectadores y les permitieran reflexionar sobre la humanidad de aquellos a los que retrataba.

Alec se definía en España como un «cuáquero» apolítico. Su pacifismo y respeto por los demás provenían de sus ideales cuáqueros y de su educación anglicana. Al defender la libertad de la República Española seguía los pasos de su pariente de Pensilvania que había defendido la libertad en la Revolución Americana. Samuel Wheeler, su tatarabuelo, fue un herrero e inventor al que George Washington pidió que construyera una cadena capaz de detener el avance de la marina británica aguas arriba del río Hudson.

Tras perder a su padre en la Primera Guerra Mundial, Alec pasó algunos de sus años de formación en un rancho en Vernon, Columbia Británica (Canadá), con su madre y tres hermanos. En 1929 la familia regresó a Inglaterra, donde Alec completó su educación en la Universidad de Oxford. Después de la experiencia de la Guerra Civil Española, sirvió como oficial de inteligencia en el ejército británico durante la Segunda Guerra Mundial. En 1947, Alec regresó a Canadá para aceptar una cátedra en la Universidad de Columbia Británica (UBC) en Vancouver. La Columbia Británica se convirtió en su refugio, recordándole su juventud antes del sufrimiento de la Guerra Civil Española y una década en una Europa desgarrada por la guerra.

Alec fue discreto acerca del tiempo que pasó como voluntario humanitario, intérprete y oficial de prensa en la España republicana, como consecuencia de los riesgos personales durante el conflicto y la posterior estigmatización profesional. Compartió el trauma de la Guerra Civil Española con muy pocos. Para muchos el tabú era también demasiado grande. Sin embargo, mantendría apasionados debates con algunos amigos íntimos y un colega de la UBC, el catedrático George Woodcock, con quien Alec colaboró en un documental de la CBC, y por supuesto cuando se reunía con refugiados españoles.

Alec fue amigo de mucha gente y pasó buena parte de su vida ayudando a refugiados que eran víctimas de dictaduras (tanto fascistas como comunistas). En 1939, después de su estancia de dos años en la España republicana, facilitó el traslado seguro de refugiados desde los peligrosamente insalubres campamentos improvisados en las playas de Francia al Reino Unido. Cientos de miles de refugiados republicanos españoles habían cruzado de España a Francia durante la «Retirada» posterior a la caída de Cataluña. Entre ellos se incluían José (Pepe) Estruch en el campamento de Le Barcarès y muchos otros notables españoles. Quedan numerosos testimonios de la valentía de Alec en ayudar a esos refugiados españoles. En aquella época, después del triunfo de la revuelta nacionalista de Franco, Alec también regresó al País Vasco, en España, para visitar las familias de los refugiados que estaba ayudando en Inglaterra.

Tras la muerte de Franco en 1975, Alec se sintió obligado a escribir su propia historia de la Guerra Civil Española. La grave situación de los ciudadanos de la República Española y su lucha por la libertad estaban grabadas en su mente. Su colección de fotografías le haría regresar a su época como voluntario médico, su función de intérprete aeronáutico entre expertos rusos y americanos y finalmente su puesto como oficial de prensa en el último gobierno de la República. En aquel período, en 1937-1938, el gobierno del primer ministro Juan Negrín luchaba por sobrevivir después de un embargo de armas de facto durante la cuenta regresiva hacia la Segunda Guerra Mundial. Las aptitudes de Alec como lingüista eran valoradas por sus superiores en España, quienes creían que el Pacto de No-intervención entre Gran Bretaña y Francia se podía modificar. Alec presenció la gradual erosión de la República, la naturaleza sistemática de la violencia nacionalista que continuaría mucho después de la guerra y el éxodo de los refugiados españoles. Se sintió obligado a ayudar donde podía. Su cautivadora historia y su excepcional colección de fotografías, junto con sus carnets de identidad y de seguridad que documentan todos sus movimientos, aportan una perspectiva única de «detrás de las líneas» de momentos memorables y evocadores de la guerra civil en España.

Existe muy poco material publicado sobre Alec. Masha Williams, colega y amiga personal suya que fue intérprete con la Comisión Aliada para Austria, le dedica un capítulo titulado «Viajes con Alec» en su libro *White among the Reds*. Su primer capítulo le describe en los siguientes términos:

«Tenía una cara afable, una sonrisa dulce y un aspecto muy poco militar [...] En el fondo era un pacifista [...] Tenía una expresión alegre en el rostro [...] solía ser divertido y ocurrente pero también contemplativo y respetuoso [...] Siempre se compadecía muy profundamente del dolor de los demás. Por fortuna, yo sabía que también compartía su gozo con facilidad.»

En la primavera de 1975 Alec fue contactado para publicar su colección de fotografías de la Guerra Civil Española. Por desgracia, esa publicación no llegó a producirse. Se llegó a imprimir una pequeña selección de sus fotos, que se exhiben en el Museo Imperial de la Guerra en Londres. Algunas fotos se incluyeron también en el documental de 1983 de Granada Television. Unas docenas de sus fotos se han utilizado, sin créditos, en numerosos libros, sobre todo las que ilustran el batallón británico tomando el tren en Benicàssim y las que muestran los trenes hospital del frente del Ebro.

Alec luchó con la enfermedad de Alzheimer desde 1981 hasta su muerte en 1989 y ya no volvió a ver jamás su colección. Se consideró perdida. Casi cuarenta años más tarde, por casualidad y pura determinación, me puse en contacto con Jeanne Griffiths, quien había mantenido correspondencia con Alec en relación con la publicación de su colección de fotografías. También por casualidad, Jeanne había rescatado la colección de fotos de Alec del domicilio de un editor de Soho jubilado y ya fallecido, y la había guardado y conservado en un maletín. Curiosamente, esto fue parecido a lo que sucedió cuando se descubrieron más de 4.500 fotos de los corresponsales de guerra Robert Capa (André Friedmann), Gerda Taro (Gerta Pohorylle) y Chim (David Seymour), también dentro de un maletín, y fueron publicadas en el célebre volumen *La maleta mexicana*.

Soñando con una España libre y democrática cuatro décadas antes de su cumplimiento, Alec optó por defender la libertad como voluntario humanitario. Finalmente, en 1982, presenció una España liberada después de la era de Franco, en los experimentos culturales y artísticos de la Movida Madrileña (caracterizada por las películas de Pedro Almodóvar), con las recién descubiertas libertades y multitudes noctámbulas en las ciudades españolas. Se sintió profundamente conmovido por su experiencia de la nueva identidad española posterior a Franco y como si los ideales por los que había luchado como voluntario en la Guerra Civil Española se estuvieran cumpliendo por fin.

Bosquejo histórico de la Guerra Civil Española

• • •

1931 Después de derrotas coloniales y políticas, el rey Alfonso XIII abandona España y se proclama la Segunda República. El documental *Mourir à Madrid* afirma: «En esa época la mitad de la población española es analfabeta, un tercio vive en la pobreza, dos millones de campesinos no poseen tierras y la mitad del país es propiedad del 0,1% de la población. La nueva república es un rayo de esperanza para los desposeídos.»

Octubre de 1934 La revuelta de los mineros en Asturias es sofocada violentamente por el gobierno. El general Francisco Franco, un joven oficial del ejército, se erige como líder de la represión.

Primavera de 1936 La coalición del Frente Popular (republicanos y socialistas apoyados por otras fuerzas de izquierdas) gana las elecciones generales españolas. Se produce agitación social y un cierto grado de polarización política.

Julio de 1936 El general Mola y el general Franco protagonizan una revuelta militar, con el apoyo de la derecha política, contra el gobierno electo del Frente Popular, lo que conduce a la Guerra Civil Española. La jerarquía de la Iglesia Católica, excepto en el País Vasco, apoya la rebelión del ejército.

A los ojos de la derecha conservadora, la sublevación militar nacional es el «restablecimiento del orden por medio de la espada y la cruz» (Rossif y Chapsal).

El Ejército Español de África en Marruecos, una fuerza de combate bien entrenada, sustenta la rebelión de los generales contra las milicias leales a la República Española, desarmadas y no capacitadas, respaldadas por sindicatos de izquierda y anarquistas.

La Alemania nazi y la Italia fascista apoyan decisivamente a los rebeldes nacionales en el plano militar. Siguen haciéndolo a lo largo del conflicto, preparando el escenario para la Segunda Guerra Mundial. Aviones alemanes transportan las tropas rebeldes del Ejército de África de Franco de Marruecos a España. La guerra en territorio español es la *guerre totale* inaugural, una transición de la contienda de trincheras de la Primera Guerra Mundial a la lucha «moderna» de la Segunda Guerra Mundial con saturación de bombardeos y tanques.

Agosto de 1936 Los fotoperiodistas refugiados Robert Capa, húngaro, y Gerda Taro, alemana, abandonan París hacia España para apoyar la causa antifascista de la República Española.

Gran Bretaña y Francia firman el pacto de no intervención, en virtud del cual se comprometen a no intervenir en España.

Septiembre de 1936 La British Medical Unit (BMU), de financiación civil, es de las primeras en desplegarse, seguida por de cuatro a cinco mil voluntarios humanitarios. Estos vienen para apoyar la administración sanitaria de la República Española, que cuenta con muy pocas enfermeras calificadas y ha perdido muchos de sus médicos al bando nacional. Estos humanitarios constituyen los primeros modelos para las organizaciones «Médecins sans Frontières» y «Médecins du Monde» que intervendrían más tarde en conflictos de guerra civil como los de Nigeria, Vietnam, el Congo y la antigua Yugoslavia.

Los primeros voluntarios militares internacionales llegan para defender el gobierno electo de la República Española, a los que seguirán más de cuarenta mil de cincuenta países.

El mayor apoyo civil (no gubernamental) proviene de Francia, Alemania, Italia, Yugoslavia, Gran Bretaña, EE.UU., Canadá, Austria, Polonia y Latinoamérica.

Inicialmente, la España republicana recibe la ayuda parcial de la Unión Soviética de Stalin, que la mantiene «a flote» (Graham). México apoya a la República a lo largo de toda la guerra y acepta la mayor parte de sus refugiados.

Octubre de 1936 Madrid es sitiada y bombardeada por los nacionales, con pilotos/bombarderos alemanes de la Legión Cóndor, lo que impulsa la opinión pública a favor de la República Española.

Las Brigadas Internacionales inician el reclutamiento e instrucción globales, básicamente bajo la dirección del Comintern (la Internacional Comunista) para defender la España republicana.

Noviembre de 1936 Madrid es heroicamente defendida por sus habitantes y las Brigadas Internacionales. El eslogan es «¡No pasarán!».

Invierno de 1936 El batallón estadounidense Abraham Lincoln de las Brigadas Internacionales, así como Ernest Hemingway y Martha Gellhorn, llegan a España en apoyo de la República Española.

Primavera de 1937 El Dr. Norman Bethune y su Unidad de Transfusión Sanguínea Canadiense y el Dr. Reginald Saxton, de la BMU, colaboran en transfusiones y camiones frigoríficos para el transporte de sangre, haciendo historia médica. Las unidades móviles de transfusión ayudan a la República Española a mantener su frente de 1.000 km.

Abril de 1937 Guernica, la localidad histórica del pueblo vasco, es bombardeada por la Legión Cóndor alemana. Pablo Picasso representa el suceso en su célebre pintura homónima, que moviliza la opinión internacional contra la agresión fascista. Este evento es considerado como el precursor del bombardeo de saturación de la Segunda Guerra Mundial. Tras el bombardeo, unos cuatro mil niños son trasladados de España a Gran Bretaña en el *Habana* por Leah Manning, miembro fundador de la BMU. Aproximadamente unos cuatrocientos se quedan en el Reino Unido después de la Guerra Civil Española.

Mayo de 1937 Estalla el conflicto armado entre las facciones izquierdistas y los anarquistas del Frente Popular del gobierno republicano en Barcelona con la depuración política y persecución de los anarquistas y de su revolución (con los asesinatos de Andreu Nin, exsecretario de León Trotsky, y del italiano Camillo Berneri).

Julio - noviembre de 1938 La Batalla del Ebro es decisiva dado que los nacionalistas contienen la última ofensiva republicana. La República española pierde muchas de sus mejores tropas.

Otoño de 1938 Los voluntarios internacionales son mandados a casa. Muchos procedentes de países como Alemania, Austria, Italia, Hungría y la Unión Soviética terminan en campos de concentración.

Febrero de 1939 La mayoría del medio millón de exiliados pasa de España a Francia en «la Retirada» durante la derrota de la República Española y son internados a menudo en campamentos improvisados e insalubres.

Marzo de 1939 Los nacionales entran finalmente en la capital, Madrid.

Abril de 1939 El general Franco declara el triunfo absoluto y posteriormente funda un Estado monopartidista con la presidencia vitalicia y el catolicismo romano como religión estatal.

En esa época se calcula que España tiene medio millón de casas destruidas. En tres años se han producido en torno a un millón de muertes violentas y medio millón de exiliados (Rossif y Chapsal).

Noviembre de 1975 Después de más de treinta y cinco años en el poder, Franco muere y deja su sucesión a cargo del rey Juan Carlos I.

Julio de 1976 Adolfo Suárez es designado presidente del gobierno por el rey Juan Carlos I para garantizar la transición a la democracia.

Diciembre de 1978 Se ratifica una nueva Constitución democrática.

Febrero de 1981 Fracasa un intento de golpe de estado militar en España.

Octubre de 1982 El Partido Socialista Obrero Español (PSOE), el partido socialdemócrata, gana las elecciones con Felipe González, con lo que se completa la plena restauración de la democracia.

LA HISTORIA
DE ALEC

Mapa del apoyo médico británico durante la Guerra Civil Española

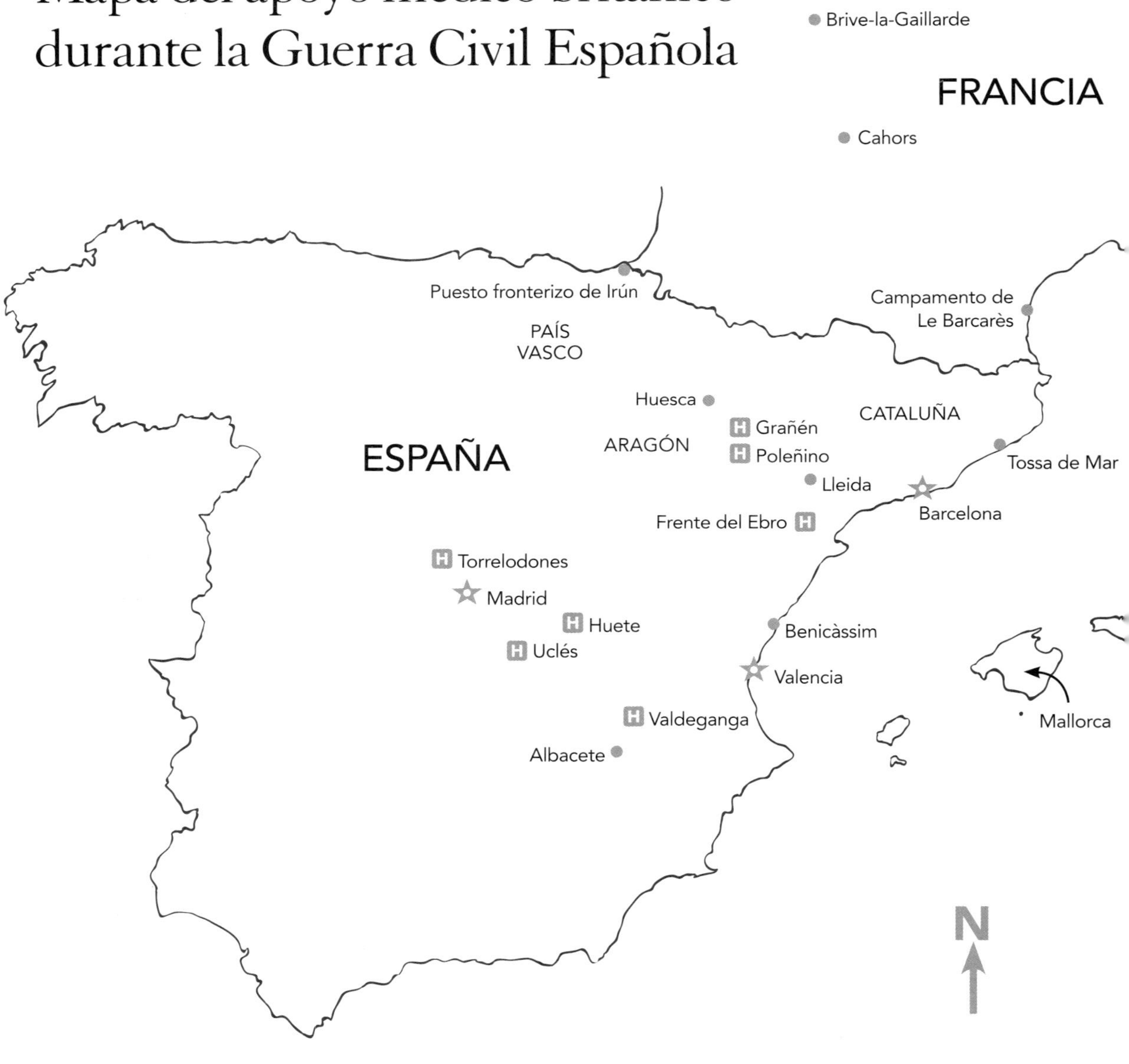

Hospitales apoyados por la British Medical Unit (BMU) en 1936 y a partir de entonces por el Spanish Medical Aid Committee (SMAC) durante 1937-1938

CAPÍTULO 1

¿Por qué defender la libertad?

• • • (JULIO DE 1936 A ENERO DE 1937)

«¿Quién demonios me ha pasado esta lata de agua en vez de gasolina?», gritó el conductor, indignado. Un pensamiento terrible me vino a la cabeza mientras veía desaparecer las últimas gotas de preciosa agua potable por el cuello del depósito de gasolina y caí en la cuenta de que el culpable era yo.

Ahí estábamos, con nuestro convoy de ambulancias y vehículos de abastecimiento tirados al sol del mediodía de finales de verano de 1936 entre los áridos yermos de la Cataluña interior, y todo porque yo había tratado de ser excesivamente servicial y ahorrar unos valiosos momentos adelantándome con lo que había supuesto erróneamente que era una lata de combustible de reserva. Me sorprendió la paciencia del conductor afectado, quien, tras el exabrupto inicial, ahora se arrastraba resignadamente debajo de su camión para vaciar el agua antes de verter el contenido de una lata de gasolina de verdad.

Si se hubiera dicho algo más del asunto, quizá me habrían mandado a casa castigado por alistarme con falsos pretextos en la British Medical Unit (BMU) con destino a la España republicana. Pero la suerte se alió conmigo, como sucediera con el idioma. Porque, aparte de mi declaración de ser un chófer calificado, también había alegado en mi solicitud que tenía un buen conocimiento de la lengua española. No tardé en constatar, sin embargo, que leer un idioma en un libro de texto es algo muy distinto a usarlo en la conversación cotidiana. Iba a pasar por varias semanas o incluso meses de aprendizaje, a menudo en situaciones en las que entender mal un mensaje o una orden habría podido acarrear consecuencias graves, hasta que pudiera afirmar que había adquirido una buena fluidez. Durante ese período, me las arreglé para sobrevivir sin que ocurriera ningún desastre.

¿Cómo fue que yo, a los veintitrés años, me viera envuelto en una guerra civil que, aparentemente, no me afectaba de forma directa? Sin embargo, en los dos años siguientes, iba a vivir una experiencia que, cuando escribo estas líneas más de cuarenta años después, aún sigue indeleblemente marcada en mi mente.

Mi primer contacto breve con España había tenido lugar nueve años antes, en diciembre de 1927, cuando la viuda de un primo americano, con quien pasábamos el invierno en Saint Jean de Luz, en el sudoeste de Francia, decidió trasladarse a Roma y sintió la necesidad de confesarse al prior irlandés del monasterio cartujano de Miraflores, en las afueras de Burgos. Mi madre y yo la acompañamos en aquel viaje. Aún recuerdo nítidamente ciertos detalles de aquella experiencia: la Guardia Civil con sus tricornios patrullando lentamente en parejas de un lado a otro del andén de la estación fronteriza de Irún; los Pirineos alzándose tras ellos, cubiertos de un manto de nieve fresca; el viento gélido azotando las llanuras de Castilla la Vieja; el Hotel de Londres y del Norte, donde todo el mundo estaba de luto por la reciente defunción del dueño, y la imagen de mi madre, paseándose como una tigresa por el exterior del comedor, que, fiel a la tradición hispana, no abría sus puertas para cenar hasta las diez de la noche.

Esa era todavía la España bajo la monarquía, una institución que atisbaríamos fugazmente el 29 de noviembre de 1927, aquel mismo invierno de 1927-1928. Acabábamos de capear una de las peores travesías del Canal de la Mancha y hacíamos cola, con paso vacilante, para desembarcar en Calais cuando la multitud se abrió de repente y alguien susurró: «¡La reina de España!». Y allí estaba la consorte de Alfonso XIII y nieta de la reina Victoria, seguida por las dos infantas adolescentes, vestidas con ropa sencilla y tocadas con boina.

A partir de esa impresión momentánea mis pensamientos se adentraron en el pasado y se irguió frente a mí la figura de un apuesto oficial de caballería, el mayor William Wainman, del 14º Ligero de Dragones, mi bisabuelo. Llegó a la península Ibérica como subalterno a finales de 1808 con veintiún años y durante los seis años siguientes luchó con Wellington contra los ejércitos napoleónicos en España, Portugal y el sur de Francia. Desde mi tierna infancia puedo recordar su medalla de la guerra en la península, que todavía perdura dentro de una vitrina en nuestro salón junto a las medallas de la Guerra de los Bóeres y la Primera Guerra Mundial de mi padre. Me aprendí de memoria los nombres y las fechas de las batallas grabados en sus ocho broches: Talavera (1809), Busaco (1810), Fuentes de Oñoro (1811), Salamanca (1812), Vitoria (1813), Pirineos (1813), Orthez (1814), Toulouse (1814), recordando que los ingleses que combatieron en la península Ibérica fueron el último baluarte de la libertad en una Europa dominada por el emperador francés. El nombre de Talavera debía de tener un significado especial para mi antepasado, por cuanto supuso su bautismo de fuego y resultó herido allí en julio de 1809 en las yermas colinas que dominaban el río Tajo. Junto a su medalla, obtenida en 1848, solo dos años antes de su muerte, reposa su reloj de plata, que le había acompañado durante toda la campaña. Constituía una parte fundamental de su equipo militar, pues en ocasiones actuó como edecán de Wellington, una misión que requería una escrupulosa puntualidad.

¿Qué tenía yo en común con mi antepasado de la caballería? En pocas palabras, ambos participamos, a poco más de los veinte años, en una lucha de la libertad contra la tiranía y, si iba a vencer la tiranía, Europa entera quedaría esclavizada.

Siendo un joven todavía lleno de ideales, había quedado horrorizado por la invasión fascista de Abisinia [Etiopía] por parte de Mussolini el año anterior (1935) y ahora Hitler iba a aliarse con los nacionales del general Franco, uniéndose abiertamente a él contra una indefensa República Española. Fue con estos pensamientos en mente que me presenté en la oficina de la British Medical Unit, en el número 24 de New Oxford Street en el centro de Londres. Lo hice con cierta inquietud, pero para mi sorpresa me aceptaron de inmediato sin revisar mis credenciales. A partir de entonces los acontecimientos se precipitaron: una fugaz visita a mi domicilio en Oxfordshire para despedirme de la familia y dejar a mi madre las llaves de mi apartamento londinense para que pudiera disponer de mis pertenencias; regreso a la ciudad para elegir un uniforme de dril color caqui para el esperado calor de España; un encuentro vespertino en la Estación Victoria, donde me junté con el resto de los rezagados; una travesía del canal a medianoche, y, por último, llegada vía Dieppe a un París todavía dormido a las 5.23 de la mañana.

Tras encontrarme con el grupo principal de miembros de la BMU en el desayuno en el Hôtel de la Gare du Nord, tomamos parte en sus ajetreadas actividades: discusiones con la aduana francesa en Batignolles y la selección del material para el viaje al sur.

Éramos unos veinticinco los que habíamos unido nuestras fuerzas, básicamente enfermeras y médicos recién graduados y veinteañeros, aunque algunos conductores de ambulancia contaban treinta o más años. Un mes después íbamos a recibir un bienvenido refuerzo en forma de seis enfermeras y cuatro trabajadores sanitarios más que a partir de entonces nos ahorrarían hacer turnos de noche después de todo un día de trabajo.

Todo se hizo con la mayor premura porque temíamos que la lucha hubiera concluido antes de que hubiésemos llegado al frente. La guerra había comenzado seis semanas antes, el 19 de julio de 1936, y para la mayoría de nosotros parecía improbable que se prolongara mucho más. Esto condujo a lo que resultó ser una decisión precipitada por parte de nuestros superiores al ordenar a los conductores de ambulancias y camiones —éramos una decena— que emprendiéramos el viaje de París a Barcelona aquella misma tarde y condujéramos durante la noche, turnándonos al volante. Como consecuencia de ello, un chófer pelirrojo llamado Belcher —todavía puedo verle en mi imaginación— chocó contra un árbol y se rompió la nariz: nuestro primer herido. Debido a este percance todos perdimos veinticuatro horas y el pobre Belcher tuvo que volverse a Inglaterra. Los aproximadamente otros quince de nuestro personal, incluidas todas las mujeres, viajaron al sur en tren y llegaron a Barcelona antes que nosotros, sin ningún incidente adverso.

Era la época del Front Populaire en Francia, y por todas partes nos saludaban con el puño cerrado. Pero mientras que la actitud de los franceses era de solidaridad, el ambiente en Cataluña, y sobre todo en Barcelona, era revolucionario. Notamos ese cambio cuando nuestro pequeño convoy ascendió lentamente el paso de Le Perthus antes de bajar abruptamente hacia España en La Jonquera. Cualquiera que cruce esta frontera se siente impresionado enseguida por el cambio de escena. La vegetación predominante da paso bruscamente a la aspereza de un paisaje de tipo africano, un altiplano del que se eleva una sucesión de sierras o cadenas montañosas en dientes de sierra.

En esa ocasión la árida aparición del paisaje español se vio intensificada por una ola de calor de finales de verano. Pero si el calor era un obstáculo a nuestro avance hacia Barcelona, no fue el único. Porque, aunque nos habíamos provisto de salvoconductos de manos de diversas autoridades republicanas en Francia, no tardamos en darnos cuenta que no nos eran de mucha ayuda ahora que estábamos en territorio español.

En la situación revolucionaria que se había producido después de la sublevación del ejército, la autoridad del gobierno leal a la República había mermado y había sido sustituida por la autoridad de los partidos políticos y los sindicatos. En consecuencia, a la entrada y salida de cada población por la que pasábamos, había que revisar y revalidar nuestros pases. En aquel momento, en Cataluña, la mayor parte de las barreras estaban en manos de los anarquistas, la FAI [Federación Anarquista Ibérica] y su brazo sindical, la CNT [Confederación Nacional de Trabajadores], aunque el PSUC [Partido Socialista Unificado de Cataluña] y su organización sindical, la UGT [Unión General de Trabajadores], eran también notorios. Estos últimos órganos abarcaban tanto a socialistas como comunistas. Todos los hombres que custodiaban las barreras lucían largas barbas en el rostro y se parecían a Alí Babá y los cuarenta ladrones. De no ser por sus brazaletes, resultaba imposible distinguir quién era quién. No llevábamos en España el tiempo suficiente para constatar que cualquier español que no se había afeitado en más de veinticuatro horas parecía un rufián.

Como habíamos desayunado temprano, a la hora del almuerzo teníamos un hambre de lobo. De modo que nuestros guías catalanes nos llevaron a una granja junto a la carretera donde habían preparado una comida. No recuerdo en qué consistía, pero el sabor del delicioso vino blanco persistía en nuestras bocas. Afortunadamente nos habían advertido que el vino español es más fuerte que el francés, y por consiguiente pudimos controlar nuestra sed.

La viveza de las nuevas impresiones recogidas por el camino solo fue superada por las de nuestra llegada a Barcelona al caer la noche. Cuando subíamos por las Ramblas, un antiguo lecho fluvial rellenado y convertido en paseo, caímos repentinamente en la cuenta que rebosaban de hombres que llevaban rifles al hombro. Uno tenía la sensación de que la rebelión nacional de Franco había sido sofocada la víspera.

Nos dirigimos hacia el Hotel Lloret, allí donde las Ramblas desembocan en la Plaza Cataluña. Aquel sería el cuartel general de nuestra unidad durante nuestra estancia en Barcelona. Prager, uno de nuestros chóferes que había viajado conmigo desde Londres, y yo fuimos alojados en la Fonda del Lince, una pequeña pensión en la calle lateral que parte de la esquina del Hotel Lloret. No entraba ni un soplo de aire fresco en nuestra habitación de día ni de noche y el calor era sofocante.

La primera mañana recuerdo que intenté sacar a relucir mi español llamando y pidiendo el desayuno. «Enseguida», me respondió la camarera. «Llegará de inmediato.» Lo transmití. Cuando había transcurrido media hora sin que apareciera el desayuno, Prager decidió que yo no sabía tanto español como decía. Sin embargo, cuando al cabo de una hora llegó una bandeja con café y bollos recién hechos, recobré la confianza en mí mismo y despachamos el desayuno con deleite.

Los siguientes días transcurrieron en una discusión acerca de dónde seríamos de mayor utilidad. Nuestros superiores querían ir a Madrid, que recibía publicidad mundial, mientras que el frente de Aragón apenas se mencionaba en la prensa extranjera. No obstante, el PSUC estaba igualmente decidido a que fuéramos a este último sector, que se hallaba, por así decirlo, en el patio trasero de Cataluña. Mientras se mantenía esta discusión, nosotros, los miembros inferiores de la unidad, tuvimos la posibilidad de pasear por Barcelona. Asistimos a una corrida de toros en la plaza principal, pero, a pesar de su colorido, no me causó buena impresión y hasta me alegré cuando oí poco después que las corridas se habían prohibido mientras durase la guerra para evitar grandes concentraciones de gente que ofrecieran un blanco fácil a la aviación enemiga.

Las personas con las que trabamos amistad señalaban el lugar donde el 19 de julio los anarquistas habían tomado por asalto las posiciones del ejército en la Plaza de Colón, el espacio que daba al mar al final de las Ramblas. Su única protección fueron grandes fardos de algodón tras los que se parapetaban mientras los hacían rodar hacia los nidos de ametralladora, armados solo con granadas de mano. Cuando caía un anarquista, otro ocupaba su lugar. De este modo los rebeldes nacionales fueron paulatinamente desalojados y esta zona clave fue tomada por los obreros. Pero si esto era la historia referida por terceros, no tardaríamos en presenciar la gestación de la historia con nuestros propios ojos.

Dos o tres días después de nuestra llegada, al anochecer, observamos de pronto formaciones de hombres disciplinados, pero de aspecto cansado, que subían por las Ramblas. En respuesta a mi pregunta de quiénes eran, uno de ellos nos contó que eran los supervivientes de la fuerza expedicionaria republicana que habían mandado a tomar Mallorca, controlada por los nacionales. Pero habían sido rechazados porque los rebeldes fueron apoyados primero por tres y más tarde seis bombarderos italianos Caproni, mientras que los republicanos no disponían de cobertura aérea. Al cabo de varios días de constante castigo, se vieron obligados a abandonar su cabeza de playa. Esto era un ejemplo de lo poco que costaba en aquellos días iniciales de la guerra decantar la balanza a un lado o al otro. Jamás llegué a saber qué fue de aquel valeroso grupo de hombres, pero antes de marcharse con sus compañeros mi informante me dio su pañuelo empapado en sudor, que he conservado hasta hoy, aunque debo reconocer que ha transcurrido mucho tiempo desde que lo lavé. Tuve una especie de presentimiento cuando les vi perderse en la oscuridad.

De hecho, el fracaso mallorquín fue un símbolo de todo el curso futuro de la contienda. Por la falta de apoyo aéreo, así como de tanques y cañones, los dos tercios del territorio español inicialmente en manos republicanas fueron reducidos paulatinamente.

Pero, entretanto, estábamos en Barcelona para contribuir al esfuerzo bélico, no para ceder al derrotismo. Al cabo de varios días de discusiones, el PSUC se salió con la suya y en menos de una semana desde nuestra llegada íbamos camino del frente de Aragón, donde nos consideraban más necesarios que en Madrid, que poseía canales rápidos de comunicación y hospitales de primer nivel en proximidad del frente. Recuerdo claramente algunos detalles de aquel viaje. Después de rodear Montserrat nos detuvimos a pasar la noche en una pequeña ciudad, Igualada según creo, donde fuimos saludados por sus habitantes. Fue la primera vez que oí hablar en catalán. Nuestro intérprete era un alemán llamado Emerich, que al parecer hablaba catalán como un nativo. Semanas más tarde nos llegó el rumor de que los anarquistas lo habían fusilado por espía, aunque jamás pude confirmarlo. Pero todo era posible en Cataluña en aquella época.

A la mañana siguiente nos dirigimos hacia Lérida (Lleida en catalán), cuyo castillo como de cuento de hadas se alzaba cada vez más alto frente a nosotros mientras nos acercábamos a través del llano reseco. Rebasamos el punto donde inicié este relato y nos encontramos con un almuerzo servido para nosotros en Sariñena, la primera parada en Aragón, una región que llegaríamos a conocer bien durante las siguientes semanas. Fue aquí donde nos enseñaron a manejar un recipiente para el vino conocido como «porrón», omnipresente en aquella parte de España. Esta vasija de vidrio tiene un pitorro largo del que hay que verterse el vino en la boca y tragárselo al mismo tiempo. El novato casi invariablemente se atraganta al primer intento, y por tanto es aconsejable practicar con vino blanco en vez de tinto para evitar unas manchas feas y reveladoras en la ropa. Sin embargo, es un método muy higiénico, por cuanto el porrón circula de mano en mano sin que el pitorro llegue a estar en contacto en ningún momento con la boca del bebedor.

Aprendí el truco a la primera y todavía hoy puedo manejarlo cuando estoy en compañía de amigos españoles. Reanudamos el viaje después de la pausa del mediodía y llegamos a media tarde al pueblo aragonés de Grañén, pocos kilómetros detrás del frente, donde nos habían asignado una casa de granja grande en la que instalar nuestro hospital. Aunque era propiedad del médico local, quien al comienzo de la sublevación había huido a la vecina capital provincial de Huesca, apenas estaba a la altura de las normas médicas requeridas por los jóvenes doctores de nuestra unidad o por los altamente calificados cirujanos catalanes que se nos habían agregado. Para empezar, el corral estaba ocupado por un montón de estiércol de dos metros de alto.

Cuando nuestro superior, el Dr. Kenneth Sinclair Loutit, pidió al líder anarquista local, conocido con el nombre del guerrillero mexicano Pancho Villa, que lo retirasen, el hombre se mostró sorprendido y comentó que siempre había estado allí. Entretanto el estercolero siguió siendo un lugar de cría de moscas y otros insectos hasta que Rosita Davson, uno de los miembros más eficientes de nuestra unidad, sugirió que nos pusiéramos las máscaras antigás, que parecía poco probable que las necesitáramos con cualquier otro fin, y retiráramos el estiércol nosotros mismos. Apenas habíamos iniciado la hercúlea tarea de limpiar los establos de Augías cuando Pancho regresó y ofreció a sus hombres para sustituirnos. Aun así, continuamos librando constante batalla con las moscas. Me fijé que les agradaba especialmente posarse sobre una sustancia maloliente y apergaminada que colgaba de la pared del corral. Un día aquella sustancia desapareció, y no fue hasta la hora del almuerzo que constatamos que nos la estábamos comiendo, ahora identificada como bacalao en salazón, servido con un nuevo aspecto. Nos llevó varios días librarnos de aquel sabor. En cambio los españoles, cuando se enteraron de que había bacalao para comer, dijeron: «¡Qué rico!»

La comida era de hecho un problema constante. Mientras que en Barcelona habíamos embuchado todo lo que nos habían puesto delante, exceptuando quizá la carne de membrillo, servida sobre una rebanada que tenía la consistencia de la lengua de un gato. Ahora aquí, en Aragón, el dulce de membrillo era lo único que podíamos comer sin enfermar del estómago. El principal culpable era el aceite de oliva rancio con el que se cocinaba todo y que echaban sobre los tomates, que de otro modo serían comestibles.

Un día que habíamos salido a dar un paseo, algunos de nosotros dimos con un maizal. Regresamos cargados de mazorcas doradas, que entregamos al cocinero pidiéndole que nos las hirviera. Cuando la comida siguiente el tan esperado maíz no apareció, el cocinero explicó que creía que bromeábamos: «Solo los cuervos y los cerdos comen eso», comentó. La única solución era complementar nuestra comida española con los paquetes que nos mandaban desde casa. Recuerdo la expresión decepcionada en la cara de Mary Slater, una de nuestras mejores enfermeras, una muchacha veinteañera de Lancashire, cuando abrió un paquete de tabletas de chocolate. «¿Por qué tienen que mandarme chocolate con nueces? Saben que no me gustan las nueces», protestó en su dialecto de Lancaster.

A menudo hacía el turno de noche con Mary. En cierta ocasión había un niño en la sala que había sido operado de apendicitis y no le permitían ingerir líquidos. Mary vino a verme consternada. «Le he ofrecido la bacinilla tres veces, pero no la quiere.» Pregunté al muchacho qué quería. «Agua, agua», respondió. Me volví hacia Mary y dije: «Quiere agua.» Su respuesta fue: «¿Entonces por qué no lo dice?»

Si los británicos eran puntillosos con la comida, lo mismo puede decirse de los españoles con el agua mineral. Un día se nos terminó la variedad local de Vichy Catalán y, por más que lo intenté, no pude convencer a un joven miliciano que bebiera agua del grifo. Finalmente se me ocurrió una estratagema. Cogí una cucharadita de sales de fruta Eno, la mezclé con el agua corriente y el paciente se la bebió sin más.

Con el tiempo los miembros de la unidad iban conociéndose mejor, junto con sus puntos fuertes y débiles. Un joven médico tenía una aventura con una enfermera cuando llegó un equipo de inspección desde Londres. Se oyó comentar a un miembro de este último: «Ojalá se hubiese quitado antes las botas.» Hubo una tensión creciente entre los miembros desplazados a España y el comité en Londres. Uno de estos últimos afirmó que no le habían hecho caso cuando pidió que le mostraran dónde estaban los aseos: «Y yo, el presidente de la British Medical Unit, tuve que salir a orinar en la hierba.»

Me vienen a la cabeza en ese período dos miembros del equipo paramédico británico que dormían en el desván conmigo y un grupo de catalanes. Primero estaba Derry Atkinson, de Keswick, en el Distrito de los Lagos, un paramédico calificado que había salido ileso de la campaña de Abisinia, pero con una experiencia inestimable. Me sentía fuertemente atraído por su actitud tranquilizadora, por no hablar de sus aptitudes médicas. Ya había decidido unirme a él en el campo cuando un día llegó una carta de la Oficina de Guerra británica en Londres reclamándole porque se le necesitaría en el conflicto mundial que se esperaba estallaría en breve. Recuerdo que lloré cuando se marchó.

La partida de Derry me dejó a merced del otro trabajador, un conductor de ambulancia llamado Emmanuel Julius. Era de origen modesto de Londres. A diferencia de Derry, que era apolítico, Julius era un comunista convencido de temperamento agresivo y encima intimidador. Tenía la habilidad de hacer sumamente desgraciados a todos los que servían con él o a sus órdenes. Pensé que no podía seguir con él e incluso me planteé la posibilidad de renunciar y volverme a casa. Pero la solución llegó de la parte más inesperada, del propio Julius, que cierto día anunció que la unidad médica resultaba demasiado aburrida para él —aquella era de hecho una de las pausas prolongadas en el frente de Aragón— y que se había alistado en la milicia. Cuánto nos alegramos de verle marchar y de poder desearle suerte. Pero aún tendríamos noticias suyas más adelante.

En aquel entonces la mayoría de los pacientes eran enfermos en lugar de heridos. La enfermedad venérea, la gonorrea, era el principal enemigo. Se propagaba con rapidez, en buena parte debido a la presencia de tantas mujeres jóvenes en las milicias.

Pendientes de una ofensiva enemiga, que no se esperaba por el momento, se apostaron dos de nuestras ambulancias en el sector pequeño del frente, en control de la milicia del PSUC, delante de Huesca, a tres o cuatro kilómetros. Yo fui uno de los conductores que enviaron allí. Un día típico era como sigue: Despierto al amanecer con lumbago agudo después de dormir en las incómodas camillas en la alquería en la que hemos pasado la noche. Hay ruido en aumento de fuego de armas pequeñas acompañado por el estallido de algún que otro obús. Pronto oímos el zumbido de la aviación sobre nuestras cabezas, bombarderos Caproni que sueltan su carga sobre las posiciones anarquistas de Vicién, a nuestra izquierda. No se reportan daños. Entonces hacemos nuestra visita matutina a los amigos alemanes en la trinchera de primera línea: Liesel Carritt, la nuera de un catedrático de Oxford, y un muchacho llamado Hermann. Si damos un rodeo al abrigo de las trincheras no hay peligro, pues las balas silban sin causar daños sobre nuestras cabezas. Pero los milicianos españoles consideran un gesto caballeroso dar una oportunidad al enemigo y cruzan campo a través a unos doscientos metros como un atajo. Los soldados fascistas disparan sus ametralladoras y los milicianos echan cuerpo a tierra. Finalmente consiguen ponerse a cubierto arrastrándose. Esta rutina se prolonga hasta cerca de las doce del mediodía, cuando los disparos se vuelven más esporádicos. A eso de la una ya han cesado por completo. Hacia las cinco de la tarde concluye la siesta y se reanuda el fuego hasta que oscurece alrededor de las seis y media. A partir de esa hora no acontece nada más notable hasta el amanecer del día siguiente.

Pero en ocasiones alguien resultaba herido al cruzar aquel campo abierto. Uno de ellos fue una enfermera inglesa, Margot Miller, que había sido puesta en peligro por la milicia, había quedado atrapada en el fuego enemigo y la habían herido en la pierna. Semanas después apareció en el Albert Hall de Londres como víctima de la agresión fascista y recaudó una fuerte suma para la BMU. Unas semanas antes Peter Spenser (el nombre utilizado por Lord Churchill), uno de nuestros superiores, observaba las filas republicanas desde un vehículo español cuando él y sus acompañantes se percataron de repente que se encontraban en tierra de nadie y frente a las bocas de las ametralladoras republicanas. Por fortuna el chófer conocía personalmente a los hombres que controlaban ese sector y les gritó que no disparasen.

Era ese un período en el que se forjaban amistades con facilidad. Manteníamos una relación especialmente buena con el Dr. Francesco Scotti, un italiano que más tarde llegaría a ser una importante figura comunista en Milán, y con la unidad de señales local, que constaba de un alemán, Micki; un joven catalán, Joaquín Xerta, y un cantante de ópera italiano, Ennio Tofoni, quien solía dar serenatas a la susodicha enfermera, Margot Miller, debajo de su ventana antes de que fuera herida.

También recibíamos algún que otro visitante de nuestra unidad. Entre ellos se incluía John Cornford, un joven y prometedor poeta de Cambridge que había participado en la toma de Siétamo, un pueblo al este de Huesca, e iba camino del sector de Madrid cuando le mataron meses después. Otros visitantes fueron un inglés, Tom Wintringham, que se trajo consigo a dos alemanes, Gustav Regler y Ludwig Renn, todos los cuales se implicarían poco después en la fundación de las Brigadas Internacionales.

De vez en cuando prestábamos ayuda a la población civil. Recuerdo que a eso de medianoche me hicieron llevar al médico local, cuyo coche había sido requisado por la milicia, a un pueblo cercano donde una mujer estaba teniendo complicaciones en el parto. Me pasé las horas siguientes en la cocina con el marido y su amigo mientras en la habitación contigua la pobre mujer no paraba de gritar: «¡Me muero!». No solo no falleció sino que además dio a luz un bebé sano. Mientras tanto me vi obligado a escuchar y hablar español sin parar durante cuatro o cinco horas y, en lo que a mí respecta, eso fue el espaldarazo a mi aprendizaje del castellano, pues a partir de entonces ya no tuve dificultades para entender o hablar el idioma.

Sin embargo, había excepciones entre los hispanohablantes. Uno de ellos era un joven andaluz, apodado el Negus, quizá porque se parecía al emperador de Etiopía, quien, contando un chiste tras otro en su dialecto del sur, era una fuente constante de deleite para los catalanes que compartían el desván con él. Transcurrieron varios meses hasta que pude comprender su rápida forma de hablar.

Nos preparábamos para lo que creíamos iba a ser un largo paréntesis cuando sonó el teléfono. Para entonces yo sabía que podía entender a un español que me hablase cara a cara, aunque se tratase del Negus. Pero ¿podría estar seguro de lo que decía una voz emocionada al otro extremo de una línea telefónica llena de estática? En cualquier caso, supe que lo había comprendido. La voz anunció con excitación que el enemigo había atacado el pueblo de Leciñena, en la ladera sur de la sierra de Alcubierre, y había obligado a la milicia y la población civil a refugiarse en aquellos montes. Transmití la noticia al médico español que estaba de guardia y enseguida partí con él hacia el pueblo, al norte de la sierra que ocupábamos nosotros, de donde había venido el SOS.

Aunque ya era noche cerrada cuando llegamos, seguía entrando un torrente de refugiados en la plaza del pueblo. Mujeres y niños, descalzos y con los pies destrozados, pedían atención médica. Y acompañaban a esos refugiados los inevitables relatos de horror de cómo el enemigo, que contaba con tropas marroquíes, les había arrollado sin previo aviso.

Todavía podíamos oír el traqueteo de las ametralladoras en los montes que se alzaban sobre nosotros, pero pronto se hizo evidente que la ofensiva había llegado a su fin y que los fascistas no tenían intención de seguir persiguiendo a los republicanos. De hecho, estos últimos montaron un contraataque al día siguiente, en el que tomaría parte, cómo no, Emmanuel Julius, al que no veíamos desde que había abandonado la BMU para alistarse en la milicia varias semanas atrás. No le vi en esta ocasión, pero un testigo presencial me contó que le había visto subir una ladera yerma antes de ser abatido momentos después por una lluvia de balas enemigas. Si Julius fue un personaje controvertido en vida, no cabe duda que se portó como un héroe a la hora de la muerte.

Entre los visitantes asiduos del hospital en Grañén constaban los miembros de la Centuria Thaelmann alemana (así llamada por el líder comunista germano que más tarde sería ejecutado por los nazis), que se habían alistado en Barcelona poco después de estallar la rebelión. Eran refugiados políticos que huían del régimen de Hitler, muchos de ellos judíos. Si bien eran completamente novatos para la vida militar, no tardaron en manejar con destreza las armas pequeñas que portaban. Dos de ellos se llamaban Otto. Uno, el mayor de los dos, era un hombrecillo simpático que hablaba inglés. Tenía el pelo canoso y cincuenta y tantos años de edad. El otro Otto era un tipo sensible, unos veinte años más joven. Daba la sensación de que no estaba hecho para la vida militar.

Esta compañía de hombres se empleaba como fuerza de choque para mantener o recuperar posiciones estratégicas. Una de sus misiones consistió en tomar al asalto la ermita de Santa Quiteria, situada en lo alto de un espolón al sudoeste de la estación ferroviaria de Tardienta. Los alemanes capturaron con diligencia su objetivo, que entregaron a la milicia local española para que se hiciera cargo del mismo. Sin embargo, esta última lo perdió rápidamente en un contraataque fascista. En ese momento el grupo Thaelmann emprendió la misión de recuperar la cota antes del amanecer. Fue entonces cuando se pidió la actuación de nuestra unidad, pues el segundo ataque fue mucho más costoso en bajas que el primero, y finalmente fracasaron por falta de sorpresa. Veo frente a mí como si fuera ayer las siluetas oscuras de los hombres de la Cruz Roja recortadas sobre la penumbra, trasladando a dos de los heridos antes de cargarlos en mi ambulancia. Evacuarlos a Grañén fue un largo suplicio, pues las ambulancias Bedford, de fabricación británica, tenían una suspensión muy dura y no estaban hechas para transitar por los escabrosos caminos de Aragón. Los heridos gritaban de dolor con cada sacudida.

Cuando llegó la segunda ambulancia, traía al Otto más viejo, que tenía un boquete en la parte superior de la cabeza por el que asomaban los sesos. La pérdida de nuestro buen amigo fue un terrible golpe para todos nosotros. Más tarde nos enteramos de que había sido trasladado a un sanatorio del Cáucaso, en la Unión Soviética, pero sé que no llegó a restablecerse del todo. La imagen de aquel boquete en el cráneo aún sigue grabada en mi mente.

Este curso de actividad esporádica continuó durante aquel otoño de 1936. De vez en cuando estallaban bombas, que invariablemente nos pillaban por sorpresa. Uno de esos ataques acaeció en Tardienta, un pueblo en el lado republicano de la tierra de nadie. Apenas habíamos advertido el bombardeo lejano cuando una llamada pidió que mandáramos una ambulancia de inmediato. Me tocó ir a mí. Esperaba encontrar milicianos heridos, pero la única persona herida con la que di en todo Tardienta fue una anciana a la que la explosión de un proyectil le había quemado la cara y el pelo canoso. Estaba visiblemente en *shock*, y tenía una pierna colgando de su cuerpo por un hilo.

Para mí aquella mujer tipificaba los millones de otras mujeres españolas a las que la guerra les había destrozado la vida. La llevé a nuestro hospital. Murió esa misma noche.

Cierto día trajeron a nuestro hospital un extraño paciente. Era un jinete marroquí nacional, que cinco días antes se había caído del caballo durante una carga y había permanecido en tierra de nadie hasta que oyeron sus débiles gritos y fue rescatado por unos camilleros republicanos. El desdichado presentaba una herida gangrenosa en el muslo en la que podría caber un puño. El hedor era insoportable, y cuando le examiné el orificio en la pierna con más detenimiento, vi que contenía miles de gusanos. Mientras nuestro personal médico se disponía a amputarle la pierna, los anarquistas locales entraron en escena y exigieron que se ejecutara al marroquí en el acto. Pero nuestros médicos insistieron que había que dispensar un trato igual a todos los prisioneros de guerra, incluidos los marroquíes. Por fortuna el asunto jamás llegó a un punto crítico, ya que el marroquí murió sobre la mesa de operaciones.

Cuando fallecían pacientes en nuestro hospital, los cuerpos se trasladaban hasta las puertas del cementerio en el que crecían unos cipreses, situado alrededor de un kilómetro del pueblo. Desde allí los cadáveres eran entrados en camillas por cuatro personas y colocados en la pequeña capilla ardiente.

La primera ocasión en la que hicimos esto, pese al brillo de la luz de la luna, uno de los camilleros delanteros tropezó y se cayó en una fosa, con lo que el cadáver se le vino encima. El pobre hombre casi se muere del susto; ya no volvimos a dejarle entrar en el cementerio.

Pasó el otoño sin grandes sucesos en el frente de Aragón. Nuestra unidad médica se habituó a una rutina de silenciosa eficiencia. Teníamos un excelente cirujano jefe en la persona del mallorquín Dr. Aguiló, mientras que los jóvenes médicos ingleses de la BMU iban acumulando experiencia sin cesar. Pero era la labor de las enfermeras inglesas la que más se apreciaba. Nos dijeron que al comienzo de la guerra había tan solo media docena de enfermeras calificadas en España. Los heridos eran atendidos por monjas, semiformadas como enfermeras. En muchos casos después de una intervención con éxito, los pacientes fallecían por la falta de cuidados de enfermería. Así pues, las enfermeras inglesas valían su peso en oro. Permítanme rendir homenaje aquí a las Mary Slater, las Annie Murray, las Margaret Powell y las docenas más por el desinteresado servicio que prestaron mientras la unidad estuvo en España. En cuanto a los enfermos y heridos españoles, eran insensibles al ruido. Permanecían impasibles ante un estruendo que habría matado a un paciente inglés.

Como tercer lado del triángulo de médicos y enfermeras debo mencionar el parque móvil o grupo de vehículos de transporte. Habríamos tenido muchos más problemas con nuestros camiones y ambulancias de no haber sido por el excelente trabajo de mantenimiento realizado por Frank Farr. Yo mismo no estaba hecho para ser mecánico ni en la Guerra Civil Española ni más tarde en la Segunda Guerra Mundial. Recuerdo que años después, cuando me gradué en Sandhurst como oficial del Royal Armoured Corps, recibí el siguiente informe: «Sus múltiples años de estudio en otros campos le han dificultado la asimilación del material impartido en este curso. Con todo, se ha esforzado: aprobado.» Por suerte, los conocimientos prácticos de mecánica de Frank compensaban con creces mis deficiencias. Pese al eficiente programa de mantenimiento de Frank, carecíamos permanentemente de transportes y los pocos de que disponíamos los custodiábamos celosamente.

En cierta ocasión un líder sindical anarquista había muerto en el frente, y sus compañeros anarquistas pidieron a Loutit que les prestara una ambulancia para llevar el cuerpo a Barcelona para su entierro. Esto desembocó en una divertidísima discusión entre los dos, que discurrió mitad en mal francés mitad en catalán y en la que a la postre se impuso Loutit. El cadáver se mandó a la mañana siguiente, no en ambulancia sino en el tren diario.

Solo una vez hubo un combate aéreo sobre Grañén. Sucedió en septiembre de 1936, al poco de nuestra llegada. Al oír el traqueteo del fuego de ametralladora, levantamos los ojos y vimos un avión que perseguía a otro y finalmente lo derribaba. Se estrelló alrededor de un kilómetro del hospital, justo en las afueras del pueblo. Fui hasta el lugar en ambulancia y, al bajar, observé que el piloto se me acercaba empuñando un revólver. Levanté las manos para mostrarle que no iba armado. Por la explicación que siguió me enteré de que el avión abatido era republicano, y el piloto temía haber aterrizado en territorio enemigo. Solo estaba conmocionado, no malherido, aunque su aparato se había hecho trizas.

Llevaba en el hospital de Grañén unas diez semanas cuando fui llamado de vuelta a Barcelona y me pidieron que me presentara ante el PSUC. Este austero organismo se alojaba en el Hotel Colón, en la esquina del Paseo de Gracia y la Plaza Cataluña. Todos los extranjeros que venían a trabajar en España con el bando republicano debían ser examinados por uno de los dos comunistas extranjeros de alto rango: Fedeli, un italiano, y Scheier, un alemán. Ambos eran pseudónimos. Jamás averigüé sus verdaderos nombres.

Después de llevarme en presencia de Scheier, este me dijo que me necesitaban para una misión de interpretación clave. Empezaban a llegar a la República aviones soviéticos y había que revisar regularmente los motores. Yo trabajaría con un ingeniero ruso, Gurevich, y un estadounidense, Al Edwards. La revisión de los motores se realizaría en las fábricas de Elizalde e Hispano Suiza en Barcelona. Gurevich también tenía una intérprete, Liza, que hablaba español además de ruso. Yo debería utilizar el español, el inglés y el ruso. Había estudiado ruso e italiano en Oxford y lo había empleado con intensidad durante un año mientras servía en la Embajada Británica en Moscú en 1934-1935. Gurevich y Liza tenían a su disposición un coche conducido por un joven catalán, José Valldosera, pues debían efectuar visitas frecuentes a la base aérea operativa soviética.

Por supuesto que acepté mi nueva misión, que me ofrecieron tras someterme a un control de seguridad. Algunos extranjeros no eran aceptados tan fácilmente como yo. Recuerdo el caso de Millicent Sharples, una enfermera de Nueva Zelanda. Por los timbres en su pasaporte Fedeli constató que había estado recientemente en Italia y le preguntó qué pensaba de Mussolini. «Lo está haciendo bien: hace que los trenes circulen a su hora», respondió ella. Fedeli, que había transcurrido diez años en las islas Eolias, en una de las prisiones de Mussolini, no compartía una opinión tan benevolente sobre el dictador italiano. La situación solo se salvó gracias a otro miembro de la BMU, quien explicó que la enfermera Sharples era sumamente apolítica y motivada únicamente por consideraciones humanitarias. Al final le permitieron unirse al personal de Grañén.

Cuando llegué a Barcelona en noviembre, la ciudad tenía un aspecto distinto en comparación al de los pocos días que había estado allí diez semanas antes. Ya no había hombres armados en cada esquina, y uno tenía la sensación de que el gobierno controlaba por fin la situación. Me pasaba las noches con amigos tomando licores en los cafés. Winifred Bates, la esposa de un novelista inglés, me dijo que había sido invitada por una feminista catalana, la señora Mercader, a un congreso de la mujer en Barcelona. «¿Hará una intervención o se limitará a asistir?», le preguntó su presunta patrocinadora. Esta última iba a adquirir notoriedad como la madre del alias Robert Jackson, el hombre que años después asesinó a Trotski en México, bajo las órdenes de Stalin.

Winifred andaba ocupada practicando para obtener el carné de conducir español. Cuando por fin llegó el gran día, el examinador puso en fila a todos los candidatos, se subió a su propio vehículo, indicó a los demás que le siguieran y condujo a velocidad de vértigo hasta la cima de un monte situado a varios kilómetros. Aquellos que pudieron seguirle aprobaron, mientras que los que se quedaron en el camino suspendieron.

Para cuando llegó diciembre, el tiempo en Barcelona se estaba volviendo gélido. Pero la única ropa de la que disponía era el uniforme de dril color caqui que me había suministrado la BMU en Londres el mes de agosto. Los trabajadores de la fábrica Elizalde miraban mis piernas desnudas con compasión. «Pobre muchacho, qué frío debe de pasar». Pero pronto dieron con un remedio. Un día me mostraron un elegante traje que parecía nuevo. «Anoche matamos a un fascista«, dijo uno de ellos, «y hemos pensado que podrías utilizar su traje». Debo confesar que nunca me sentí a gusto con el atuendo del exfascista, que en cualquier caso me quedaba demasiado pequeño. Por fortuna pronto volví a casa de permiso y pude intercambiarlo por algunas de mis prendas más cómodas.

Ahora que me refiero al tema de la ropa, he pensado a menudo en la historia de Liza, la intérprete rusa. Me contó que su madre tuvo seis hijos y que vivían en un pequeño pueblo del Volga. Eran tan pobres que cada niño solo tenía un vestido y, los días de lavar, la madre envolvía a los seis en una manta y los dejaba así hasta que la ropa se secaba. «Ahora quizá podrás entender lo que el régimen soviético ha significado para nosotros». A menudo me pregunto si Liza fue uno de los muchos «voluntarios soviéticos» depurados por Stalin a su regreso de España.

Con todo, la vida entre aquellos rusos no era tan seria. Algunos pilotos volaban unos días a Barcelona para romper la monotonía de su base aérea de Los Llanos, cerca de Albacete, anteriormente el coto de caza de una marquesa española. Uno de los jóvenes pilotos era especialmente crédulo y sus compañeros decidieron gastarle una broma. Poniéndome un calcetín sobre la boca, me hicieron imitar una llamada de larga distancia que le ordenaba que estuviera listo para volar a París en pocas horas. El engaño surtió efecto y en cuestión de segundos irrumpía en nuestra habitación para contarnos la noticia presa de entusiasmo. Pero el momento de desilusión llegó cuando hice una segunda llamada que anulaba toda la operación. No creo que el joven piloto llegase a averiguar jamás que todo había sido un engaño.

CAPÍTULO 2

Viajando por aire, a pie y en tren

• • • (DE FEBRERO A MEDIADOS DE ABRIL DE 1937)

En una ocasión, a principios de febrero de 1937, regresaba a Barcelona con Al Edwards de un viaje a la base aérea próxima a Albacete. Habíamos bajado hacia el sur en el coche de Gurevich con José Valldosera al volante, pero teníamos prisa por volver. Quiso la suerte que en el aeropuerto de Valencia nos topáramos con el jefe de la aviación republicana, Ignacio Hidalgo de Cisneros, cuya esposa, Constancia de la Mora, estaba a cargo de Prensa Extranjera, el departamento que atendía las necesidades de los periodistas extranjeros, a cuyo personal, por cierto, me incorporaría meses después. El coronel Cisneros nos ofreció amablemente plazas en su avión y despegamos rumbo a Barcelona. El aparato era anticuado y lento, y me acuerdo bien que me parecía que no avanzábamos en relación con el suelo. Hacía un día increíblemente nítido y recuerdo que pensé que ofrecíamos un blanco perfecto a cualquier avión enemigo que patrullara por allí. A nuestra derecha, hacia el este, se podía distinguir vagamente el perfil brumoso de las islas Baleares con su base aérea italiana en Mallorca, mientras que a nuestra izquierda podíamos atisbar la posición aproximada de Teruel, el territorio en manos enemigas más próximo al oeste. Por más que me gustara el paisaje, me sentí profundamente aliviado cuando el vuelo de noventa minutos tocó a su fin y aterrizamos sanos y salvos en el aeródromo de Barcelona, El Prat de Llobregat. Esa fue mi única aventura en el aire durante los dos años que transcurrí en España, aunque de vez en cuando me encontré con el general Cisneros en el despacho de su esposa. Se separaron después de la guerra. Ella se marchó a México, mientras que Ignacio estableció su residencia en Rumanía, donde falleció hace unos años.

Solo recuerdo un viaje a pie bastante largo. Fue en marzo de 1937, cuando fui un fin de semana de Barcelona a la Costa Brava, una sucesión de promontorios rocosos intercalados con acogedoras calas de arena que se extiende desde unos kilómetros al norte de Barcelona hasta la frontera francesa. Coco (Francisco) Robles, un joven amigo del departamento de Prensa Extranjera, y yo habíamos sido invitados por Nancy y Archie Johnstone a su atractiva nueva pensión que se asomaba a Tossa de Mar, un pintoresco pueblo de pescadores defendido por una muralla medieval coronada por una antigua torre de defensa que domina la pequeña bahía.

Habíamos confiado en llegar a Tossa a última hora de la noche del viernes, pero al llegar a Blanes en tren hacia las 22 h no vimos ni rastro del autobús a Tossa, que creíamos nos estaría esperando. Cuando preguntamos, nos dijeron que no habría autobuses hasta la mañana siguiente, así que emprendimos camino hacia nuestro destino a pie, una distancia de unos 20 kilómetros.

La carretera ascendía a las lomas costeras y luego bajaba junto a las recortadas bahías. Era una noche serena e iluminada por la luna. Nos asombraba el hecho de encontrarnos en un litoral desamparado, sin nada entre nosotros y las islas Baleares, todas las cuales, salvo Menorca, estaban en manos rebeldes, pero durante toda la marcha de más de tres horas y media no vimos indicios de ningún puesto ni garita de guardia. Tampoco vimos ni oímos un solo ser humano en todo el trayecto desde Blanes a Tossa. Los Johnstone habían adivinado nuestros movimientos y nos dejaron una bandeja con refrigerios, lo que nos reanimó antes de derrumbarnos en la cama.

Los Johnstone tenían fama de gente hospitalaria. Nancy había recibido una pequeña herencia dos años antes de estallar la Guerra Civil Española y, en lugar de instalarse en Inglaterra, decidieron construir una pensión que atendiera principalmente los gustos de ingleses de clase media en la ladera que dominaba el pueblo y la bahía de Tossa. Casa Johnstone no tardó en representar un remanso idílico de paz y tranquilidad. No obstante, con el inicio de la Guerra Civil los Johnstone, como los nativos con quienes habían llegado a compartir las cosas buenas y malas de la vida, se vieron atrapados en la maraña de la política. Archie se hizo corresponsal de guerra para su viejo periódico, el *London News Chronicle*, que, como los propios Johnstone, era un firme defensor de la República. Se pasaba la mayor parte del tiempo viajando entre Tossa y Barcelona, y estaba bien preparado para esta misión por sus muchos años de experiencia como periodista en Fleet Street. Pese a las dificultades para conseguir víveres, los Johnstone abrían las puertas de su casa a las personas que necesitaban un descanso, como Coco y yo.

Tras reponernos del cansancio de la noche anterior, cuando despertamos a la mañana siguiente descubrimos un apacible pueblo de pescadores situado junto a una pequeña cala al pie de unos acantilados rocosos que en este punto se precipitaban abruptamente al mar. Los colores de primavera eran increíbles, y había por lo menos diez tonos distintos de verde además del turquesa o los matices morados del Mediterráneo, el blanco brillante de las casas y la madura textura arenosa de los acantilados. Las únicas notas discordantes en toda aquella escena bucólica eran las voces estridentes de las mujeres catalanas que remendaban las redes rasgadas por el peso de la captura nocturna. Hasta entonces Tossa no había conocido más que un puñado de extranjeros a la vez, y aun estos venían trayendo consigo la intención, la voluntad y los medios suficientes para hacer de Tossa su hogar y vivir como uno más de los dos mil habitantes del pueblo. La riqueza era poco común, no se tiraba el dinero ni se fomentaba el mal gusto.

Así que Tossa, a pesar de la guerra, a pesar del cese de la afluencia de visitantes extranjeros a España, pudo continuar su vida casi como si nada hubiera ocurrido, exceptuando acaso la pérdida de uno de los chicos del lugar, caído en el lejano frente de Madrid, o el ocasional zumbido de un hidroavión en busca de submarinos y minas cuando se lanzaba sobre la costa.

Como cualquier otro pueblo de la España republicana, Tossa temía por la capital asediada, Madrid. Varias semanas antes habían llegado veinte niños, algunos de ellos sin padres, otros sin madres, pero todos sin un hogar. Los bombarderos alemanes e italianos se habían ocupado de eso en sus visitas nocturnas a la capital durmiente. Y con la llegada de esos veinte niños se cernió, curiosamente, cierta decepción sobre la gente de Tossa, no porque no quisieran darles un hogar, sino porque cuarenta familias se habían ofrecido para acoger a un pequeño y no había suficientes para todas. La hospitalidad era algo más que un hábito para la gente de Tossa; era su propia esencia.

También de otra forma Tossa desempeñaba su papel en la ayuda a Madrid. Veinte de sus hijos estaban ya en el frente, y cincuenta más se incorporarían a la semana siguiente. «Sí», decían los habitantes de Tossa, «separarnos de nuestros hijos es duro, y la muerte, si se produce, lo es aún más. Pero Madrid ahí está, y Madrid no debe caer. Madrid», afirmaban, «está al borde del abismo, Madrid es el bastión de la libertad, la humanidad y todo lo que es bueno. Pero aquello... puede costar nuestros hijos y nuestros maridos, puede costar también nuestras mujeres, pero aunque suponga la muerte para cada uno de nosotros, preferimos eso a la derrota y a la dominación extranjera.»

Puede que su mentalidad fuese simple, pero su entendimiento es grande. Y son precisamente esas gentes de Tossa y las de los demás pueblos de España las que proporcionarán la fuerza y el valor para plantar cara al enemigo y ganar la guerra. Una vez que la muerte no le acobarda, el pueblo no puede perder.

De todos los medios de transporte, considero el tren, aunque sea a menudo el más incómodo, también el más emocionante, porque en un tren uno se acercaba más a la gente española que de cualquier otra forma. El viaje de Barcelona a Valencia que me dispongo a relatar tuvo lugar a mediados de abril de 1937. En aquella época los trenes tardaban entre doce y dieciocho horas en cubrir el trayecto de cuatrocientos kilómetros. Aquel día tuvimos suerte y tan solo nos llevó doce horas.

Pero la duración de nuestro viaje no nos impidió disfrutar cada minuto del mismo. Acompañaba a un grupo de voluntarios médicos que acababan de llegar de Inglaterra. Para ellos, España era una novedad. Como entonces solo había un tren diario, la cantidad de viajeros era enorme. Había personas de pie en los pasillos durante todo el trayecto y también en las plataformas entre los vagones. En cada pequeña estación los campesinos subían al tren y lanzaban naranjas a los pasajeros, una fruta que en condiciones normales se abriría camino hasta los mercados de Londres o de otras ciudades europeas, pero que ahora, de no ser por este gesto de generosidad española, estaba destinada a pudrirse en el suelo. Por todas partes el aire estaba impregnado de la fragancia de la floración del próximo año. A veces se limitaban a vaciar cestos de naranjas al interior de las ventanas.

Algunos de los viajeros más enérgicos irrumpían en los almacenes contiguos a las estaciones y se llenaban brazos, bolsillos y pañuelos de naranjas. Entonces, invariablemente, tenía lugar una carrera para alcanzar el tren, durante la que a menudo se caía la mitad del «botín» al suelo. Sin embargo, las naranjas solo eran parte de la diversión. En una estación un soldado subió con un mono diminuto atado al hombro y procedió a dar una vuelta por el tren, para gran deleite de los pasajeros. Cuando el soldado bebió agua de un cántaro, el mono acercó su boca e hizo lo mismo. Al pasar, el militar regaló una rosa de recuerdo a una de las enfermeras inglesas. Más tarde un hombre tocó el acordeón mientras recorría el tren de arriba abajo.

Una vez que dejamos Cataluña para entrar en la región de Valencia nos fijamos en cada estación en unos campesinos pintorescos, los hombres tocados con sombreros de ala ancha, en lugar de las gorras que llevaban los locales. Averigüé que se trataba de algunos de los 150.000 refugiados procedentes de Málaga y la zona circundante, que habían huido del avance rebelde que culminaría en la toma de Málaga en febrero de 1937. Más tarde fueron repartidos entre los pueblos costeros. Una mujer me refirió cómo ella y su familia habían escapado de Málaga a Almería, una distancia de unos 130 km a lo largo de la costa. Les llevó diez días cubrir ese trayecto. Mientras ellos huían por la carretera, cortada al borde del acantilado que se precipitaba en el mar, los buques de guerra de Franco disparaban metralla a las mujeres y niños presas del pánico. Para evitar esto hubieron de seguir los senderos de montaña, pero tampoco allí estaban a salvo, pues eran ametrallados por aviones alemanes e italianos. En un pueblo consiguieron huir solamente vadeando un río que casi les cubría la cabeza.

Un mes después tomé un tren nocturno de Barcelona a Valencia, ya que creí ingenuamente que sería un modo de ahorrar tiempo. Cuando accedí a la estación me encontré con dos conocidos de la Juventud Socialista y decidimos viajar juntos. Aunque llegamos a la estación casi una hora antes de la salida del tren, comprobamos que no quedaba ni un solo asiento libre. Así que optamos por pasar la noche entera sentados en el pasillo sobre mis maletas, que de repente habían pasado de ser una molestia debido a su peso y volumen, a ser unos asientos excelentes. Pero, a la hora prevista para la salida del tren, la multitud de viajeros sin asiento había aumentado en tal proporción que los funcionarios ferroviarios decidieron añadir tres coches más y finalmente, como seguía llegando gente, fletar dos trenes.

No es de extrañar que partiéramos dos horas más tarde de lo previsto y que llegásemos con tres horas de retraso. Pero incluso esto fue un precio pequeño que pagar por un trayecto en tren con españoles, que constituyen unos compañeros de viaje estupendos. Hablan, cantan y tocan instrumentos sin cesar. Un grupo de gente que iba a mi lado no dejó de charlar en toda la noche. Pero los españoles tienen la asombrosa capacidad de que no les molesta el ruido. Cuando quieren dormir, duermen, y cuando quieren escuchar lo que los demás hacen y dicen, escuchan. Tienen, por así decirlo, un interruptor que pueden accionar para volver sus oídos sensibles o insensibles a los sonidos externos.

En un hospital sucede lo mismo. La gente no susurra como en los hospitales ingleses. Todo el mundo habla en su tono de voz normal. Los pacientes muy enfermos, que en Inglaterra fallecerían si se produjera un portazo, podrían estar oyendo durante horas verborrea y risas combinadas con una gran variedad de otros ruidos que se oyen en todos los hospitales españoles, aparentemente sin ser afectados por lo que ocurre a su alrededor. Observé este fenómeno una y otra vez entre los heridos en Grañén, y he encontrado lo mismo en todos los demás sitios en los que he estado. En lo que se refiere a mí, me había vuelto medio español y a menudo, pero no siempre, conseguía dormir con ruido. Sin lugar a dudas resultaba algo muy útil.

Volviendo al tren: hacia las tres de la madrugada se acercó un hombre a preguntarme si hablaba francés. Parecía destinado a que me eligieran como intérprete adondequiera que fuese. Quizá había llegado —una idea terrible— a parecerlo. En esta ocasión lo hice para una francesa de treinta y pocos años que se había vuelto loca en el tren e insistía en intentar morderse las muñecas. Encontré a dos españoles que le sujetaban las manos para impedir que se hiciera daño. «*Je veux une mort humaine*» (quiero una muerte humana), repetía en aquella voz mórbida que solo los franceses pueden adoptar. Unas estaciones más adelante la bajaron del tren y vi cómo se la llevaban por la calle del pueblo con las primeras luces del alba, pronunciando aquella frase a voz en grito. Creo que el lector estará de acuerdo conmigo en que resulta bastante incómodo que una mujer enloquezca en un tren, sobre todo una francesa en un convoy español por la noche.

CAPÍTULO 3

El sitio de Madrid

• • • (MEDIADOS DE ABRIL DE 1937)

Era el 18 de abril de 1937 y acababa de llegar a Valencia de nuevo después del insólito viaje en tren que he tratado de describir anteriormente cuando me topé con Winifred Bates. Anunció: «Si quieres ver Madrid, es mejor que vengas conmigo ahora. Salgo en unos minutos.»

El motivo oficial de nuestro viaje era visitar el chalet de Torrelodones, un destino de recreo de verano y fines de semana para madrileños acomodados. Quedaba aproximadamente 30 kilómetros al noroeste de la capital, y el BMU lo había elegido como hospital en el frente para utilizarlo durante la contraofensiva republicana prevista para principios del verano de 1937. Todas y cada una de las diversas ofensivas rebeldes contra Madrid que habían empezado el verano anterior —Sierra de Guadarrama, Ciudad Universitaria, Jarama, Guadalajara— habían sido rechazadas o frenadas, y ahora le tocaba al bando republicano intentar romper el cerco del enemigo sobre la capital. Con el tiempo esto cristalizó en lo que llegó a conocerse como la ofensiva de Brunete en julio de 1937. Entretanto habíamos esperado que el frente de Madrid viviera una tregua. Pero, al contrario, llegamos a una ciudad sometida a un bombardeo casi constante que se había prolongado durante los últimos once días, cuyo principal objetivo eran las calles céntricas y en particular la Gran Vía. Cuando bajé del coche conté diez bombas en el primer minuto, si bien las explosiones eran lejanas y seguramente procedían de la Casa de Campo, un parque controlado por los rebeldes y situado al oeste del centro de la ciudad.

El bombardeo amainó por la noche. A la mañana siguiente, no obstante, los proyectiles estallaban por todo nuestro vecindario. La gente decía jocosamente que las paredes del Hotel Florida, en la Plaza del Callao, en el extremo oeste de la Gran Vía, donde nos alojábamos, eran de cartón. Porque, unos días antes, un periodista estadounidense acababa de abandonar su habitación para afeitarse en el baño contiguo cuando un proyectil atravesó el dormitorio y fue a estrellarse contra un edificio cercano antes de estallar. Por fortuna nuestro programa de viaje para inspeccionar el chalet de Torrelodones nos permitió salir de Madrid, que fue sometida a un duro bombardeo durante nuestra ausencia en las horas diurnas. Sin embargo, a la mañana siguiente, a las seis, comenzó un bombardeo terrible, y los proyectiles aterrizaron a tiro de piedra de nuestro hotel. Para mayor peligro, nuestras habitaciones se hallaban en el cuarto piso y daban al oeste, desde donde parecían disparar las baterías rebeldes. El bombardeo de primera hora de la mañana duró cerca de una hora, con cinco o seis proyectiles por minuto. Todos ellos cayeron a no más de medio kilómetro del hotel, muchos en la propia Plaza del Callao, a la que daban nuestras habitaciones.

Aquella misma tarde, a eso de las cuatro, se reanudó el bombardeo. Cuando creímos que se había apaciguado, nos dirigimos hacia el este por la Gran Vía hacia el edificio de la Telefónica, un blanco preferido por la artillería enemiga. Hasta ahora sus cañones habían estado situados de tal modo que solo podían alcanzar un lado de la Gran Vía, así que los peatones se habían acostumbrado a circular siempre por el lado opuesto. Pero ahora habían instalado una batería nueva que disparaba directamente calle abajo, de modo que no se estaba a salvo en ninguna parte. Avanzábamos por la acera «protegida» cuando se oyó un silbido. Creo que tuve la agilidad de cualquier madrileño para refugiarme en la primera casa que se encontraba a mi derecha. Mis compañeros ingleses le dijeron luego a mi madre que nunca me habían visto mover tan rápido. El proyectil estalló a unos veinte metros calle abajo. Tan pronto como entré en la casa, empezaron a llover escombros a través del tragaluz y cayeron a mis pies. Recogí un trozo de mármol y me lo guardé en el bolsillo como recuerdo. Desgraciadamente lo extravié en el transcurso de mis viajes. Era evidente que procedía de la parte superior de otro edificio y se había caído a través del tragaluz de la casa en la que me había cobijado.

Al cabo de unos minutos el bombardeo cesó, pero no nos arriesgamos y cruzamos la Gran Vía a la carrera hasta que nos encontramos a salvo dentro del edificio de Telefónica, cuyos muros eran demasiado gruesos para que los proyectiles del enemigo pudieran penetrar. Nos alegramos al ver que nos habían preparado la cena, no en el expuesto Hotel Florida sino a unos metros más lejos, en el sótano resguardado del Hotel Gran Vía. Uno de los presentes era Ernest Hemingway, quien, pese a todos los riesgos que corría durante el día, también prefería cenar tranquilo sin ser molestado por los inquietantes ruidos sobre la tierra. Esa fue la única ocasión en la que me encontré con Hemingway, y debo admitir que mi breve coincidencia con él no me dejó ninguna impresión especial. Posteriormente, unas cuantas veces, hablé con Martha Gellhorn, la que iba a convertirse en su tercera esposa, y me pareció un encanto de mujer. En lo que a nosotros se refiere, el bombardeo había terminado, ya que partimos hacia Valencia a las siete de la mañana siguiente.

Para entrar o salir de Madrid en aquellos días, había que atravesar las baterías rebeldes apostadas en el terreno elevado sobre el río Jarama. Superamos este obstáculo sin incidentes. Pero, más tarde, nos enteramos de que poco después de irnos el bombardeo del centro de Madrid se reanudó con el mismo brío. Jamás me he alegrado tanto de abandonar una ciudad que cuando salí de Madrid.

Si esa fue mi reacción a estar en una ciudad del frente, esta no era compartida por los madrileños. Su exposición continua, primero a las bombas y ahora a los proyectiles, les había envalentonado hasta el límite de la temeridad. Andaban por las calles aparentemente tan despreocupados como cuando los londinenses iban de compras en tiempo de paz, pero al primer silbido agachaban la cabeza por instinto y corrían hasta el portal más próximo, donde se quedaban observando el bombardeo. Algunos seguían andando y solo apretaban el paso al cruzar la Gran Vía hacia algún edificio en el lado «peligroso». Por lo general era esa gente que, de modo innecesario, se convertían en las víctimas de los proyectiles que estallaban.

A menudo se veían dos piernas sin tronco, o en ocasiones un cuerpo sin cabeza o las más de las veces un charco de sangre y carne que representaba lo que, apenas unos momentos antes, había sido una persona viva. Una tarde, en dos minutos, pasé junto a un caballo y tres mulos muertos en mitad de la calle. De haber estado allí unos minutos más pronto habría visto un número mucho mayor de seres humanos en una condición similar. El final de un período de bombardeo daba la impresión de que hubiese pasado una tormenta. La gente salía de las casas, al principio con cautela, pero en un número paulatinamente mayor. Un bocinazo o el petardeo de un tubo de escape les sobresaltaba. Y entonces el alivio de la tensión nerviosa les hacía reír, casi contra su voluntad: «¡Esta vez no ha sido nada, gracias a Dios!», parecían decir sus rostros. A los cinco minutos de un bombardeo vimos a un niño jugando en un socavón que un proyectil acababa de abrir en la calle como si se tratara de un arenal, completamente ajeno a cualquier peligro. Si uno se subía a un tranvía poco después de un bombardeo, oía a la gente hablar de las consecuencias de un modo tan desapasionado como de cualquier tema cotidiano: «Miren, en esa esquina había una mujer con su hijo en brazos», oí decir a un hombre. «A ella la han alcanzado en el pecho, pero el niño ha resultado ileso.» Y entonces alguien más contaba otro caso parecido. Hacía bien ver a una gente tan valiente, pues cada uno de ellos era consciente de que la próxima vez podía tocarle a él.

Sin embargo, resultaba la tarea más ardua del mundo inducir a los madrileños, incluso a los más jóvenes, a evacuar Madrid. Hablé con un grupo de niños que se acercaron curiosos a nuestro coche. Nos preguntaron si podíamos darles algo de comer. Una tableta de chocolate Cadbury les causó deleite, aunque tocaba solo a un par de cuadritos para cada chico hambriento: «En Madrid —dijeron— solo comemos pan y arroz. Muy pocas veces nos dan otra cosa. Pero preferimos comer eso aquí que irnos a Valencia y tener de todo.» Ese era el espíritu que se encontraba en todas partes. Era quizá una actitud fatalista, pero para nada desesperada. Porque cada uno de aquellos niños tenía un espíritu lleno de confianza y fortaleza. Por cierto que no estaban delgados ni parecían desnutridos, como se podría esperar. Sus mejillas eran redondas y no daban muestras de pasarlo mal por los meses de dificultades y escasez. Hacía mucho que no iban a la escuela, desde el pasado mes de noviembre, cuando una bomba cayó en un centro escolar de Getafe, un suburbio al sur de Madrid, y mató a más de setenta niños. «Nos pasamos todo el día jugando», me dijeron.

En muchos aspectos, la normalidad de la vida en Madrid me sorprendió. Pese al hecho de que el Hotel Florida estaba bajo el fuego constante de los cañones enemigos, yo disponía de un baño caliente mañana y noche. Los hoteles de Barcelona tenían agua templada dos veces por semana y agua fría el resto del tiempo. Y mi primera comida en Madrid consistió en sopa, pescado y carne, además de una porción de pan que era el doble de la ración en un restaurante de Barcelona. Por otra parte, la aparente ausencia de daños en Madrid me impresionó. Por supuesto que los edificios directamente alcanzados por grandes bombas incendiarias no conservaban más que el armazón. Pero la mayoría de las casas en las zonas céntricas seguían en pie y solo habían sido afectadas por el fuego de artillería.

El edificio de Telefónica iba muy destacado, con un registro, cuando salí de Madrid, de cincuenta y cinco impactos directos. Y sin embargo parecía tan sólido como siempre. Casi todos los demás edificios de la Gran Vía habían sido alcanzados por lo menos una vez por el fuego de artillería y, en su mayor parte, en varias ocasiones. No obstante, a menos que se buscara, la destrucción no era visible. Pese a la guerra, Madrid todavía conservaba buena parte de esa atmósfera española relajada que se describía en la primera página del folleto del Hotel Florida, que aconsejaba acudir a Madrid para descansar. Por ejemplo, la hora del almuerzo en España siempre había durado de la una a las cuatro de la tarde. Ahora, en tiempo de guerra, aunque el madrileño medio tenía relativamente poca comida, digamos dos platos en vez de los siete de antaño, la gente rara vez volvía a sus oficinas antes de las cinco de la tarde.

Otro rasgo del carácter de los españoles que la guerra no había conseguido aplastar era su infinito buen humor. A cualquier hora del día o de la noche a la que encontrara un centinela, siempre estaba alegre y sonriente. De hecho fue esta faceta del carácter hispano lo que me ayudó a salvar la brecha psicológica cuando más tarde, después de la Guerra Civil Española, visité la España de Franco.

CAPÍTULO 4

Un puerto seguro para ambos bandos

• • • (FINALES DE ABRIL DE 1937)

A finales de abril de 1937, poco después de mi regreso a Valencia desde Madrid, aproveché la oportunidad de ir en un coche que debía llevar a una enfermera al hospital de la BMU en Poleñino, en el frente de Aragón. Esto suponía un viaje de más de trescientos kilómetros que requería más de siete horas. Hasta ese momento lugares como Alcañiz, en el frente de Zaragoza, y Caspe habían sido para mí meros nombres en un mapa o referencias de pasada en el parte de guerra cotidiano, pero ahora iba a verlos con mis propios ojos. La única molestia era el polvo, ya que el asfalto se reducía al sector más próximo a Valencia. La carretera por la que circulábamos discurría a través de una parte de España poco poblada y apenas transitada, puesto que durante los últimos doscientos cincuenta kilómetros el único tráfico con el que nos encontramos se limitó a dos camiones. Aquí me sorprendió, al igual que en la caminata nocturna hasta Tossa de hacía un mes, la fragilidad defensiva del frente. El sitio más destacable era una hermosa y antigua localidad fortificada, Morella, encaramada en la cima de un monte con una fortaleza en lo alto. Todo el complejo, el pueblo y la fortaleza que se erguían al este de nuestro camino, estaba rodeado por una imponente muralla medieval. Pero incluso en ese recorrido desierto pudimos conseguir una comida de cuatro platos, que habría resultado difícil de encontrar en un restaurante de cualquier ciudad.

Llegamos a Poleñino inesperadamente, porque si bien un desplazamiento en coche desde Valencia llevaba solo siete horas, un telegrama tardaba el mismo número de días. A pesar de ello, fuimos recibidos con la portentosa hospitalidad por la que los españoles son justamente célebres. No pude resistir la tentación, cuando fui invitado por mi viejo amigo el Dr. Aguiló, con quien había trabajado en Grañén durante mis dos primeros meses en España, de quedarme un día más, aunque tenía intención de partir hacia Barcelona al amanecer del día siguiente. El Dr. Aguiló, como jefe del hospital de la BMU, había adquirido fama de cirujano experto y administrador de primera. Procedía de una antigua familia mallorquina, que según tengo entendido era de origen judío, aunque nunca habló de sus antepasados conmigo.

Curiosamente, pese a distar apenas quince kilómetros de las líneas enemigas, Poleñino era el sitio más tranquilo que había conocido en varias semanas. No se oía ni un solo disparo ni nada que perturbara la paz de aquellos aldeanos aragoneses, que seguían viviendo su existencia como si la guerra fuese algo desconocido para ellos. Solo la llegada de uno o dos heridos al día nos recordaba que estaba teniendo lugar una lucha decisiva.

Durante aquel día en el campo fui a bañarme y a montar a caballo, y respiré con deleite el aire seco de montaña. Era un cambio agradable después del calor sofocante de Valencia. Era una lástima que tuvieran que existir horrores como las ciudades. La mañana del segundo día tomé el tren diario a Barcelona. Mi compañero de viaje era uno de los miembros españoles del personal del hospital, que me contó algunos datos interesantes acerca de su funcionamiento durante los últimos meses. Desde la fundación del hospital original en Grañén en septiembre de 1936 hasta finales de abril de 1937, la BMU había atendido a más de seis mil pacientes solo en Aragón, por no hablar de la cifra mucho mayor de enfermos y heridos tratados en el frente de Madrid, donde otro hospital de la BMU había llevado el mayor peso de la asistencia médica en más de un ataque importante. Por cierto que el hospital de Poleñino tenía fama de poseer la dirección más eficiente de todo el frente de Aragón. Se llevaba un registro de todos los pacientes: nombre, edad, regimiento, dirección postal y descripción detallada de las heridas. Los que fallecían eran fotografiados, y sus fotos se adjuntaban a la correspondiente documentación que se remitía al Ministerio de Guerra.

Como se ha dicho más arriba, las enfermeras inglesas habían ganado una alta estima en España. En primer lugar eran notablemente más eficientes que la mayoría de enfermeras de otros países, y en segundo, hasta la Guerra Civil Española, una enfermera cualificada era un lujo prácticamente desconocido en España. Algo inaudito en España era una enfermera de turno de noche. A la hora de dormir, los pacientes recibían un vaso de agua y se les dejaba solos durante la noche. Si requerían «una cierta necesidad», se lo hacían en la cama. En consecuencia, es de suponer la sorpresa de los heridos cuando se encontraban con una enfermera a su disposición durante la noche entera.

Cuando llegué a Poleñino, el personal del hospital todavía estaba emocionadísimo por el ataque que las fuerzas republicanas acababan de lanzar contra los rebeldes en los alrededores de Zaragoza.

Era la primera demostración de fuerza del nuevo Ejército Popular y los resultados fueron notables, teniendo en cuenta el relativamente corto periodo de instrucción. Uno de ellos fue la captura de más de doscientos prisioneros rebeldes durante los tres días de la ofensiva. Dieciocho soldados rebeldes heridos habían sido traídos al hospital de la BMU en Poleñino. Eran sobre las nueve de la mañana del primer día cuando empezaron a llegar los heridos en ambulancias directamente desde el frente. Los heridos republicanos traían consigo la feliz noticia de que la ermita de Santa Quiteria, que había permanecido en manos de los rebeldes desde el pasado octubre, había sido tomada de nuevo por las tropas del gobierno.

Como confirmando esta noticia, llegaron nueve soldados rebeldes heridos, uno de los cuales era un teniente fascista de dieciséis años. «Era interesante ver cómo se recibía a los heridos», me dijo una de las enfermeras, primero por el personal del hospital, que, a excepción de las enfermeras, era íntegramente español y, segundo, por los soldados republicanos heridos que, apenas una hora antes, habían sido enemigos mortales de aquellos hombres que ahora yacían impotentes a su lado.

El Dr. Aguiló dio la orden de que se tratara a todos los heridos por igual, y sucesivamente, en función de su hora de llegada, ya fuesen rebeldes nacionales o leales a la República. Estas instrucciones se obedecieron al pie de la letra, y al día siguiente se podía ver a algunos heridos republicanos charlando e intercambiando experiencias con los prisioneros mientras tomaban el sol en la terraza uno al lado del otro.

«La condición física de los prisioneros era atroz», me informó la enfermera inglesa. «Parecía que no hubiesen tenido una comida decente desde el inicio de la guerra.» Y en realidad la desnutrición fue indirectamente la causa de la muerte de dos de los heridos más graves que, de no haber sido por esto, habrían sobrevivido a sus intervenciones. La enfermera subrayó el marcado contraste entre los robustos soldados republicanos y los débiles y desnutridos rebeldes nacionales. Si bien la sorpresa de los republicanos al ver delante de sus ojos a los heridos enemigos fue considerable, el asombro de los rebeldes fue todavía mayor. El joven teniente, de quien posteriormente descubrimos que era hijo de un conde zaragozano, no dejaba de decir: «No consigo entender por qué no me matáis.»

Y, de hecho, durante los nueve meses anteriores a cada uno de ellos les habían metido en la cabeza que caer prisionero a manos de las tropas del gobierno republicano significaba la muerte segura. Naturalmente, no daban crédito a sus ojos cuando comprobaron que recibían toda clase de atenciones en aquel hospital en el frente de gente a la que habían visualizado como «rojos» feroces. Cuando una de las enfermeras se disponía a poner una inyección a un soldado rebelde herido, observó que se apartaba rápidamente de ella con una expresión aterrorizada en el rostro. Más adelante averiguó que creía que iban a envenenarle.

De ese primer grupo de nueve prisioneros y de los demás que les siguieron, solo tres de ellos tenían algún conocimiento sobre la causa por la que luchaban. Los quince por restantes eran campesinos y obreros, y todos habían sido reclutados por el ejército de Franco contra su voluntad. Incluso uno de ellos llevaba en el bolsillo su carné del sindicato socialista y había aprovechado el ataque para desertar al bando del gobierno; durante la operación había sufrido una herida leve en la pierna. Una de las cosas que más asombraba a aquellos heridos era el hecho de que la bandera republicana siguiera siendo la tricolor del país. Se les había dicho que en aquella parte de España reinaba un estado de anarquía desenfrenada dominado por el gobierno de Valencia. Estaba claro que todos aquellos hombres, fascistas incluidos, habían sido burdamente engañados.

Estos son algunos de los emocionantes hechos que repasaba mentalmente mientras el tren traqueteaba a paso cansino rumbo a Barcelona. Poco me imaginaba entonces que no eran nada comparados con los trascendentales días y acontecimientos que se avecinaban.

CAPÍTULO 5

Insurrección de mayo, Barcelona

• • • (PRIMEROS DE MAYO DE 1937)

A media tarde del 3 de mayo de 1937 subía andando por las Ramblas desde el Hotel Oriente hacia la Plaza Cataluña. Había regresado a Barcelona desde el hospital de la BMU en Poleñino, en el frente de Aragón, hacía únicamente dos días. Como he mencionado más arriba, mi misión había consistido en acompañar a una enfermera recién llegada de Inglaterra que estaba destinada allí desde el cuartel general de la BMU en Valencia e informar sobre el funcionamiento del hospital de Poleñino y el papel que desempeñaban las enfermeras inglesas en aquella institución.

En aquella época yo trabajaba para varias organizaciones a la vez. Primero, junto con la intérprete rusa, Liza, estaba compilando un diccionario aeronáutico trilingüe —en inglés, ruso y español— para su uso por parte de pilotos y mecánicos de aviación. Para este trabajo me había instalado en el Hotel Oriente, donde los rusos, Gurevich y Liza, y los estadounidenses, Al Edwards y su esposa Rose, estaban alojados y donde teníamos todo nuestro material de consulta.

Segundo, existía un entendimiento tácito de que, siempre que fuera necesario, yo estaba al servicio de la BMU. Ahí mi principal función consistía en llevar a las enfermeras recién llegadas de Inglaterra a sus respectivos hospitales. El hecho de que me hubieran seleccionado para esa tarea me hacía sentir como un eunuco en el palacio del sultán en Constantinopla. Tercero, siempre que fuera necesario, me mantenía a disposición de Richard Bennett, que estaba a cargo de las emisiones en lengua inglesa organizadas por el PSUC en Barcelona. Era la combinación de la segunda y la tercera de estas tareas lo que me llevó de mi trabajo con el diccionario en el Oriente al edificio del

PSUC, donde iba a dar esa noche una emisión por radio sobre el funcionamiento del hospital en Poleñino.

Cuando cruzaba la Plaza Cataluña noté una cierta tensión que atenazaba a los que me rodeaban. Los tenderos empezaron a bajar las persianas precipitadamente, pero no del todo, pues dejaban suficiente espacio para que los posibles compradores pudieran entrar y salir agachándose casi hasta el suelo. Como era lógico en tiempo problemático, decidí encaminarme hacia el piso donde se alojaban algunos de mis amigos ingleses en el Paseo de Gracia número 33 y donde, en caso de necesidad, había una cama para mí.

Al atravesar la Plaza Cataluña por el lado sur no había notado el gentío concentrado en el lado norte cerca de Telefónica, que los anarquistas afirmaban que les había sido arrebatada traicioneramente por las fuerzas del gobierno unas horas antes. Ahora, sin embargo, los indicios de un conflicto inminente —una guerra interna entre los anarquistas y las fuerzas gubernamentales— eran inequívocos. Hombres y muchachos ya estaban arrancando los tacos de madera de la calzada en la parte alta de las Ramblas y los apilaban sobre los bancos, que habían desatornillado de sus fijaciones. El número de barricadas levantadas aumentó al caer la noche y cada vez más patrullas anarquistas de policía «ilegal», los llamados «descontrolados», aparecieron en coches armados con rifles y, en algunos casos, con ametralladoras. Una tensión nerviosa se hizo palpable entre la masa de gente corriente que todavía estaba en la calle. Pero actuaban con calma y lo único que llamaba la atención era que apresuraban el paso de camino hacia su casa. Los cafés y comercios cerraron uno tras otro.

A pesar de la tensión, la emisora de radio aún funcionaba y pude efectuar la emisión que había preparado sobre los prisioneros rebeldes en el hospital de Poleñino. Resultaba irónico que hubiese tenido que venir desde el frente de Aragón para dar una charla sobre las tropas rebeldes de Franco cuando Barcelona estaba atestada en aquel momento de insurgentes de otra índole, en realidad una guerra civil dentro de otra. Luego despachamos una frugal cena en nuestro piso —estaba destinada a ser nuestra última comida organizada, una especie de Última Cena simbólica, en las próximas semanas— y después cruzamos el Paseo de Gracia para alcanzar el cuartel general del PSUC, que se había trasladado unas semanas atrás desde el Hotel Colón y se ubicaba ahora en el antiguo Jockey Club, casi justo enfrente de nuestro piso.

El PSUC había pedido voluntarios, y cuatro respondimos a la llamada. Entretanto los anarquistas andaban ocupados levantando barricadas fuera de sus oficinas de la CNT, una manzana calle abajo. La entrada al edificio del PSUC estaba bien protegida por sacos de arena. A eso de las diez de la noche comenzó el tiroteo en serio. Creí que iban a asediar la sede del PSUC, pero aparte de algunos disparos durante la noche desde coches anarquistas de paso, no hubo ningún intento de asaltarla.

El tiroteo continuó toda la noche, aunque no en la vecindad inmediata. Nosotros, un grupo de

POSICIÓN DE LAS FUERZAS EL 4 DE MAYO DE 1937
(basado en un boceto de Alec Wainman)

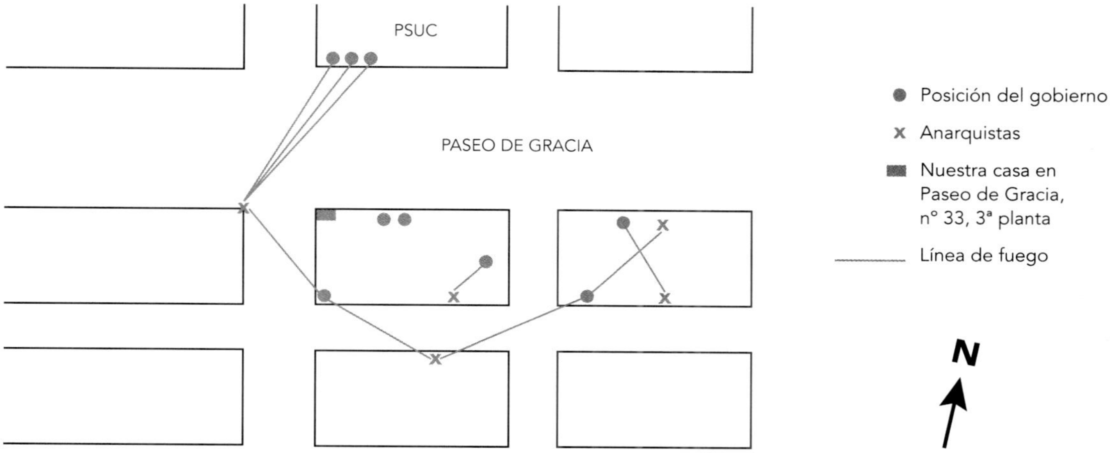

NO A ESCALA

cuatro ingleses, entre ellos una chica, nos acostamos sobre sillas duras o en el suelo y dormimos cuanto pudimos. Hacia las cinco, poco después del alba, cuando los disparos nocturnos habían acabado, regresamos a nuestro piso y encontramos a Winifred Bates aún vestida, pues el tiroteo la había mantenido en vela toda la noche. Al día siguiente Barcelona iba a sostener una guerra en miniatura y nosotros estábamos justo en medio. Siempre habíamos pensado que nuestro piso era «bonito y céntrico». Ahora sabíamos muy bien que lo era.

Puesto que la mayor parte de los disparos provenían de las azoteas, y no eran muy precisos, es de imaginar cuántas balas perdidas tocaron la pared exterior y habrían podido alcanzar las ventanas y a nosotros detrás de ellas. Casi todos los edificios fortificados disponían por lo menos de una ametralladora y a menudo más, así como numerosos rifles. En casos como estos, nuestros grandes ventanales no ofrecían la más mínima protección hasta ras de suelo. Puesto que había un anarquista de aspecto amenazador apostado en la torreta de la casa al otro lado de la calle a nivel de mi ventana, que disparaba su rifle alocadamente contra el edificio del PSUC, decidimos mantenernos bien alejados de las ventanas durante el día y, al caer la noche, correr nuestras camas hasta el pasillo o, en todo caso, extender nuestros colchones sobre el duro suelo de baldosas. Ya no nos necesitaban para ocuparnos de las defensas del PSUC, que estaban en manos más profesionales que la víspera anterior. No lo lamenté.

Por supuesto, durante todo aquel primer día, el 4 de mayo, no pudimos salir, ya que la puerta de salida principal estaba amenazada por ambos bandos. Así que estábamos literalmente sitiados. Hacia la tarde los combatientes —no sé de qué bando— utilizaban granadas de mano y, al decir de algunos, también dinamita. Por suerte el teléfono funcionaba, de modo que pudimos intercambiar noticias con amigos en otras zonas de la ciudad. Nos enteramos, por ejemplo, que la parte baja de las Ramblas, incluidos mis amigos en el Hotel Oriente, seguía firmemente controlada por los anarquistas, aunque nadie allí había resultado herido.

La impresión general era que la lucha se intensificaba a medida que avanzaba el día. Sin embargo, a las 7:30 de la tarde el tiroteo se había vuelto mucho menos intenso. Se me ocurrió que los combatientes debían de estar cenando. También se había producido una calma casi total entre la una y las dos de la tarde. Esto me recordó uno de los primeros días en el frente, cuando ambos bandos hacían una pausa para las comidas. Se difundió la noticia de que el gobierno tenía la situación bien controlada y que los anarquistas resistían solo en tres o cuatro edificios, mientras que la policía tenía el control absoluto de las calles. Había una orden gubernativa que prohibía a la población salir a la calle. El gobierno preveía que el estado de alarma duraría tres días a lo sumo.

No obstante, en la mañana del segundo día, el 5 de mayo, los disparos en el exterior de nuestro bloque de pisos eran tan frecuentes como antes. También habían aparecido barricadas en las arterias principales. En el sector nuestro de la ciudad parecía que el gobierno controlaba las calles, si bien los anarquistas seguían apostados en varios edificios disparando contra cualquiera que pudiera pertenecer al otro bando. Nuestra casa aún parecía enfilada por fuego de ametralladora desde todas las direcciones, de modo que era imposible salir. Así es cómo describí los sucesos posteriores en una carta a mi madre, que un amigo sacó de España y envió desde Francia: «En un momento determinado llamaron a la puerta y, cuando la abrí, vi dos hombres con boina, y rifles al hombro, que salían del ascensor. Mi primera reacción fue tomarlos por anarquistas, de modo que les cerré la puerta en las narices. Entonces se pusieron a llamar enérgicamente y anunciaron que pertenecían al bando del gobierno. El incidente se resolvió sin ningún percance.

«Media hora después llamaron más fuerte, esta vez a la puerta de atrás, y aparecieron dos tipos sin afeitar. Se habían dejado la barba de dos días con la que se suele identificar a los anarquistas. Cada uno llevaba dos bombas en la mano, y quisieron saber a qué partido pertenecíamos. Todos los presentes, excepto yo, eran miembros del PSUC, y por lo tanto considerados enemigos acérrimos por los anarquistas. Mis amigos me hicieron salir de mi habitación y me pidieron que me entrevistara con ellos, por cuanto hablaba mejor el español. Caí en cuenta de que una respuesta en cualquier sentido podía resultar fatal. Entonces, por fin, me llegó la inspiración y dije de manera autoritaria: "Pertenecemos a la Unidad Médica Británica." Esto les dejó satisfechos y anunciaron que eran de la policía y necesitaban la llave de la azotea, para poder disparar desde allí contra una plaza fuerte anarquista próxima, aparentemente instalado en la torreta frente a la ventana de mi habitación.»

Y, en efecto, eso fue lo que ocurrió. No os podéis imaginar el ruido que siguió. Dio la impresión de que todo el mundo lanzaba granadas desde todas las azoteas vecinas al mismo tiempo y en particular desde la nuestra.

Después de este episodio el ruido empezó a disminuir, y al poco rato la gente comenzó a salir a la calle para hacer sus compras. Las españolas compraban en pequeñas cantidades, de modo que en tiempo de conflicto los bandos opuestos se veían obligados a declarar una breve tregua no oficial para que las familias no pasaran hambre.

Aproveché aquella calma para adentrarme en las Ramblas e ir a ver a mis amigos en el Oriente, donde seguí trabajando en el diccionario. Allí pasé las siguientes noches. Aunque no había disparos mientras bajaba a pie por las Ramblas, los anarquistas, con sus banderas rojinegras, eran todavía muy visibles. Recuerdo un muchacho que llevaba, literalmente, un puñado de granadas. Parecía ignorar el hecho de que, si por un descuido se le caía alguna, no solo se volaría a sí mismo sino también a cualquier transeúnte que pasara por allí.

No recuerdo haber visto ningún indicio de los miembros del POUM [Partido Obrero de Unificación Marxista] durante la sublevación, aunque en el Hotel Oriente me encontraba tan solo a un tiro de piedra del cuartel general de ese partido, tal como lo describía George Orwell en su libro *Homenaje a Cataluña*. En ningún momento me topé con el propio Orwell ni oí hablar de él mientras estuve en España.

El siguiente suceso digno de mención fue la llegada de la Guardia de Asalto desde Valencia. La población les aplaudió cuando llegaron en transportes de tropa y se desplegaron Ramblas abajo. Y entonces se produjo la más española de las situaciones. Los Guardias de Asalto se pusieron a caminar del brazo con la gente, hombres y mujeres. Lo único que los diferenciaba, aparte de sus uniformes, era el rifle que portaban al hombro. Paulatinamente convencieron a los anarquistas de que depusieran las armas.

Y así, la sublevación de mayo fue amainando hasta que prácticamente dejó de existir. Sin embargo, a consecuencia de lo ocurrido, el gobierno central no quiso correr más riesgos y poco después decidió trasladarse de Valencia a Barcelona. Pero ya hablaré de esto más adelante.

La revuelta también tuvo sus momentos divertidos. Se dijo, aunque no llegó a confirmarse, que las fuerzas opuestas que servían dos barricadas, una frente a otra, en un momento crítico agotaron las municiones con las que cargar sus armas. Cuando comprobaban que el otro bando disponía de munición suficiente, hacían un trueque y así pudieron seguir disparándose indefinidamente. Como dirían los italianos: *Se non è vero, è ben trovato* (Si no es verdad, está bien hallado).

El otro episodio sí fue confirmado por Charlie Innocent, de la BMU. Durante la tregua en el combate él, otro miembro varón de esa organización y Sybil Clarke, del personal administrativo, cruzaban despacio el Paseo de Gracia, una versión barcelonesa de los Campos Elíseos, ondeando pañuelos blancos a la vista de las dos barricadas enfrentadas. De repente sonó un disparo procedente de un lado, seguido de una detonación en el otro. «¡Échate al suelo, Sybil!», gritó Charlie. Sybil se quedó inmóvil, de pie, entre las dos barricadas y con expresión perpleja exclamó: «¿Por qué debo hacerlo? ¡No me disparan a mí!», hasta que sus dos compañeros la obligaron a poner cuerpo a tierra.

Del diario de Alec Wainman:
14 de mayo de 1937, Barcelona, Paseo de Gracia,

Las cosas muy tranquilas otra vez; todavía algunas consecuencias del conflicto; las calles aún atestadas de gente en sus horas de ocio, tanto o más que antes. Porque, además del deleite habitual de pasear por Barcelona, existe el aliciente añadido de examinar los orificios de balas y compararlos con los del 19 de julio. Unos días después de disminuir el conflicto, junto con John Langdon Davies, un corresponsal inglés, visité las zonas donde habíamos estado confinados. Él no había podido dejar el Hotel Ritz mientras que yo había pasado varios días encerrado en nuestra casa (Paseo de Gracia, 33). Había un orificio de bala en el escaparate de la planta baja de esta última, mientras que muchas más debían de haber alcanzado la mampostería de los pisos superiores.

La autoridad del gobierno había aumentado enormemente como consecuencia de su astuto manejo de la situación. La policía de Valencia, que vino para poner fin al conflicto, se ganó una magnífica reputación. No hay que imaginárselos como policías en el sentido corriente de la palabra, es decir, hombres altos de uniforme impecable que aporrean a la población civil con la mínima excusa. El 90% de ellos son campesinos y obreros reclutados en el cuerpo policial en el transcurso de la guerra. En otras palabras, tienen la misma mentalidad y las mismas simpatías que el hombre de la calle.

Para ilustrarlo, hace un par de días estaba mirando desde una ventana del hotel y vi que de repente un miembro del cuerpo de policía daba un abrazo a la española a un limpiabotas en la calle. Por lo visto eran viejos amigos ya que, como gesto de cortesía, el limpiabotas se ofreció para limpiar los zapatos al policía. Desgraciadamente el agente solo calzaba unas sandalias, de modo que tuvo que declinar la invitación. De hecho, casi todos los policías llevaban sandalias y un sucio mono de color azul. Sus únicas marcas distintivas eran el rifle o un revólver y una pequeña insignia que les identificaba como guardias. La situación se había vuelto tan normal que los periódicos dedicaron sus titulares dos días atrás a la coronación británica. Un diario local se hizo un lío y anunció que Eduardo era ahora rey, ¡mientras que Jorge se había escapado con la señora Simpson!

CAPÍTULO 6

Ataques aéreos, Valencia

• • • (FINALES DE MAYO DE 1937)

Durante mi estancia en España hubo frecuentes ataques aéreos y bombardeos. Anteriormente he intentado describir los que viví durante mi breve, pero azarosa, visita a Madrid. El posterior bombardeo de Barcelona fue el ataque más prolongado de la guerra contra un objetivo civil.

Me parecía que en Madrid, y después de Madrid, finalmente el enemigo la había tomado conmigo. Porque, durante las primeras horas de la mañana siguiente a mi regreso de la capital, cuando todavía me recuperaba del agotamiento de muchas noches sin dormir, me despertó bruscamente un bombardeo naval de la zona portuaria de Valencia, seguido por un ataque aéreo. Este último no causó daños, pues las bombas cayeron en el mar, pero uno de los proyectiles alcanzó una tubería de abastecimiento de agua, de modo que la mayor parte de la ciudad se quedó sin suministro durante veinticuatro horas.

Semanas después hubo un ataque sorpresa de noche contra el centro de Valencia. Tampoco se registraron grandes daños, pero una de las bombas cayó junto a la Embajada Británica, que se había trasladado allí desde Madrid. Mientras comprobaba los daños, el mayordomo encontró la pecera del embajador hecha añicos en el suelo, con los peces de colores agonizando. Con gran presencia de ánimo, el hombre se apresuró a recogerlos, se dirigió hacia el baño y los arrojó dentro del retrete, que contenía la única agua disponible. Los peces revivieron, pero la historia no refiere si el mayordomo o cualquier otra persona, distraídamente, ¡descargó la cisterna sobre ellos!

Durante esa época, la primavera de 1937, la BMU tenía su cuartel general en el barrio marítimo de La Malvarrosa, junto a una playa de arena a tres kilómetros del puerto valenciano de El Grao. Los ataques aéreos eran bastante frecuentes, pero la mayoría de las bombas caían en la arena sin causar daños. Trabé amistad con el equipo de una batería antiaérea apostada en la playa unos centenares de metros al sur de nuestras oficinas.

Rosita Davson, con su eficiencia habitual, se ocupaba del funcionamiento diario del chalet, bien respaldada, en lo que se refería a la comida, por Inocencia, nuestra rechoncha y bondadosa cocinera, que había sido cariñosamente rebautizada como Intendencia por los miembros de la BMU a los que servía sus deliciosos platos. Inocencia me enseñó algunas expresiones en dialecto valenciano, que es una forma modificada de catalán.

No solía ocurrir, ni siquiera en el frente, que uno tuviese la oportunidad de presenciar un ataque aéreo en curso. Sin embargo, en cierta ocasión acabábamos de detenernos a comer en la localidad costera de Benicàssim, en el trayecto de Barcelona a Valencia, cuando oímos el traqueteo de fuego de ametralladora procedente del mar. Casi de inmediato se hizo visible un buque, con rumbo al norte, a aproximadamente un kilómetro de la costa. Era hostigado por dos aviones, que procedieron a bombardearlo. Disponía de una vista privilegiada y pude contar cada una de las bombas mientras descendían. La mayoría cayeron en el agua, pero finalmente una impactó de lleno y en el acto empezó a salir humo de la parte central del barco. Algunos miembros de la tripulación comenzaron a evacuarlo en botes salvavidas.

Ese fue mi día de suerte en cuanto a cobertura informativa, pues tenía mi Leica preparada e incluso encontré tiempo para enroscar el teleobjetivo antes de tomar las fotos. Una vez vaciada su carga, los aviones se alejaron en dirección a Mallorca. Cuando los botes salvavidas alcanzaron la costa, nos sorprendió que la tripulación nos interpelara en un inglés del este de Londres. Resultó que aquel buque era un mercante británico —ya hace tiempo que olvidé su nombre, si es que llegué a conocerlo—, que irónicamente había estado bordeando el litoral buscando protección en ruta hacia Marsella. Los tripulantes que se habían quedado a bordo llevaron el barco hacia tierra, donde lo vararon y apagaron el fuego. Ya no volvería a presenciar un bombardeo desde tan cerca, ni siquiera durante los ataques aéreos por saturación sobre Barcelona en la primavera de 1938.

Debido a sus problemas de salud en 1981, los recuerdos personales de Alec quedan interrumpidos aquí sin terminar. No obstante, el resto de su historia continúa y es narrado por Serge Alternês, quien también ha redactado las leyendas que acompañan cada una de las fotos de Alec.

CAPÍTULO 7

Exilios: ciudadanos y voluntarios

• • • (DE AGOSTO DE 1938 A FINALES DE 1939)

La última participación de Alec con voluntarios de la BMU tuvo lugar en el hospital de campo del frente del Ebro. El 8 de agosto de 1938 regresó a Inglaterra, aquejado de hepatitis. Tras recuperarse de su dolencia, Alec se quedó sin perspectivas de trabajo. Como voluntario veterano en España, tendría que esperar varios años para poder incorporarse al esfuerzo bélico de Gran Bretaña en la Segunda Guerra Mundial. Esto era consecuencia de la estigmatización atribuida a quienes habían apoyado la República Española.

Durante ese tiempo, con el apoyo de su madre Christine, se dedicó a la causa de los refugiados republicanos españoles. El trágico éxodo de medio millón de refugiados de España a Francia en el invierno de 1938-1939 movió a Alec a actuar. Mientras la Segunda Guerra Mundial se cernía en el horizonte, sabía que luchaba contra el tiempo en sus esfuerzos por ayudar a aquellos exiliados de la España republicana a salir de los campos de refugiados franceses y llegar hasta Inglaterra. Por aquel entonces, historiadores como Anthony Beevor señalan que solo unos centenares de esos refugiados fueron autorizados a entrar en Gran Bretaña.

En enero de 1939, Alec y Christine consiguieron que Saint Michael's House, un edificio vacío que era propiedad de la Iglesia Anglicana en Shipton-under-Wychwood, alojara una treintena de muchachos vascos reasentados. Estos habían llegado a Inglaterra después del bombardeo de Guernica diecinueve meses antes a bordo de un buque atestado de gente, el *Habana*. Esos jóvenes refugiados dependían por completo de la ayuda de donantes privados, por cuanto no existía ninguna ayuda del gobierno.

El campo de reasentamiento de Shipton (en un principio se había denominado extraoficialmente «la colonia») era administrado por Walter Leonard, de veintisiete años, conocido como «Leon» (nacido Walter Levy), un refugiado judío alemán. Leon y los chicos vascos visitaban asiduamente a los Wainman, que vivían cerca, en Shipton. La residencia de los Wainman se convirtió en su retiro especial, que contaba incluso con tiendas de campaña.

En 1939, antes de estallar la Segunda Guerra Mundial, Alec viajó a los campos de refugiados españoles en Francia para ayudar en el traslado de un grupo de jóvenes e intelectuales hispanos. En algunos campamentos insalubres se producían hasta cien muertes diarias. Uno de esos refugiados era el director de teatro José (Pepe) Estruch, de veintitrés años. Antes de la guerra civil, Pepe formaba parte del grupo teatral universitario de Federico García Lorca, un icono de la República Española cuyo asesinato a manos de los nacionales todavía se está aclarando. Tras su llegada a Inglaterra, después de ocho meses en un campo de internamiento francés, Pepe produciría numerosas funciones de teatro en los alrededores de Londres con los jóvenes refugiados vascos.

En la primavera de 1939, Alec también pudo ayudar a trasladar a Marcelino Sánchez, un periodista republicano español ya mayor que él al que había conocido mientras se encontraba en España con la BMU, desde un campo de refugiados francés hasta Inglaterra. Entonces el periodista exiliado se instaló en la residencia de los Wainman y les echó una mano con el cuidado del jardín. Sánchez gustaba de contar historias cuando estaban todos sentados junto al fuego al aire libre. Se reunían alrededor de las hogueras en una pequeña isla en el Evenlode, un afluente del Támesis, a la que apodaron «California». Allí cantaban, contaban historias y planificaban el traslado de refugiados españoles y su bienestar.

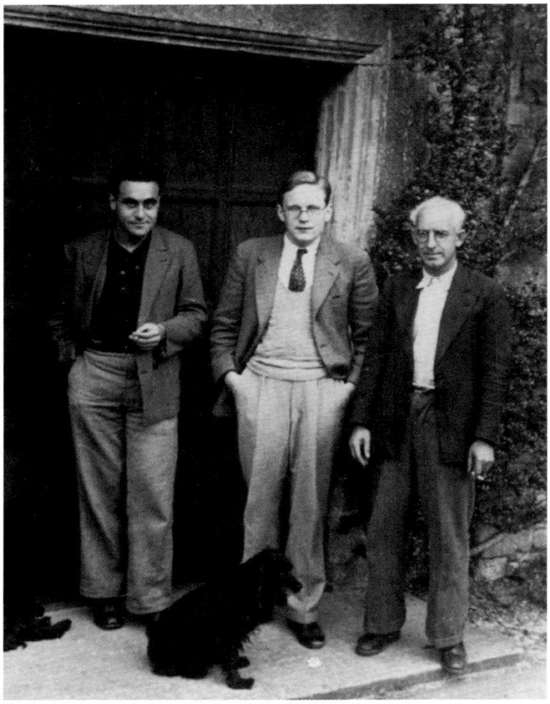

Pepe Estruch, Alec Wainman y Marcelino Sánchez en la Old Prebendal House, Shipton-under-Wychwood, 1939.

Alec también visitó el País Vasco español, en la España nacional, para ofrecer su ayuda a familias de refugiados que estaban en Gran Bretaña. Los refugiados adultos no podían volver a España por motivos políticos y se sintieron más tranquilos al contar con Alec como emisario suyo. La mayoría de los chicos vascos refugiados en Shipton pudieron regresar a sus familias en España una vez concluida la guerra civil en 1939. Las últimas fotografías de la colección de Alec sobre la España de la guerra civil muestran a sus familias anfitrionas en el País Vasco español. Poco después regresó a Gran Bretaña y más tarde se unió al Intelligence Corps del ejército británico durante la Segunda Guerra Mundial, un conflicto que creía habría podido evitarse si los Aliados hubiesen emprendido la lucha contra el fascismo en España.

FOTOGRAFÍAS DE ALEC

BARCELONA, MARZO DE 1937

El hombre detrás del lente, a los veinticuatro años,
en un tranvía de Barcelona.

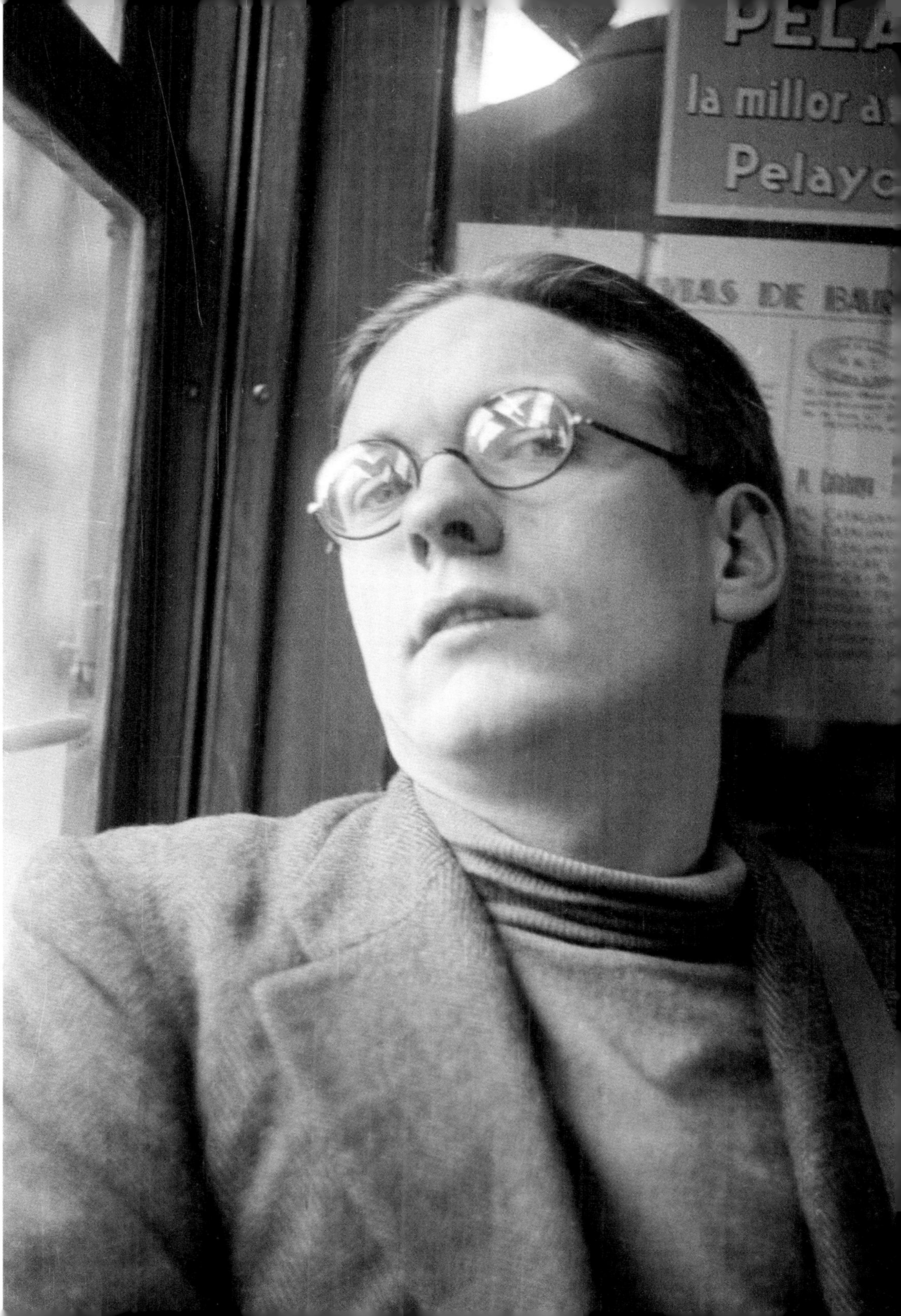
la millor

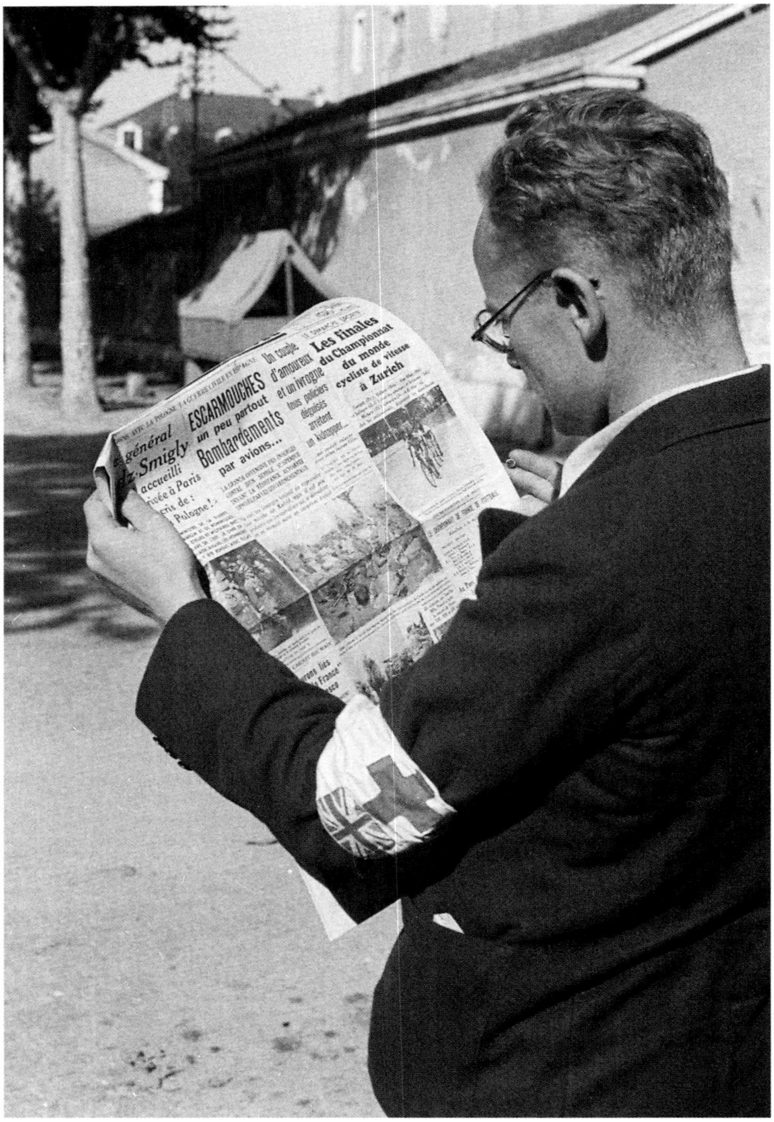

30 DE AGOSTO DE 1936, BRIVE-LA-GAILLARDE, FRANCIA

Voluntario de la British Medical Unit (BMU) en ruta para ayudar a la España republicana leyendo un periódico francés sobre el bombardeo aéreo por parte del bando nacionalista de Franco en la Guerra Civil Española.

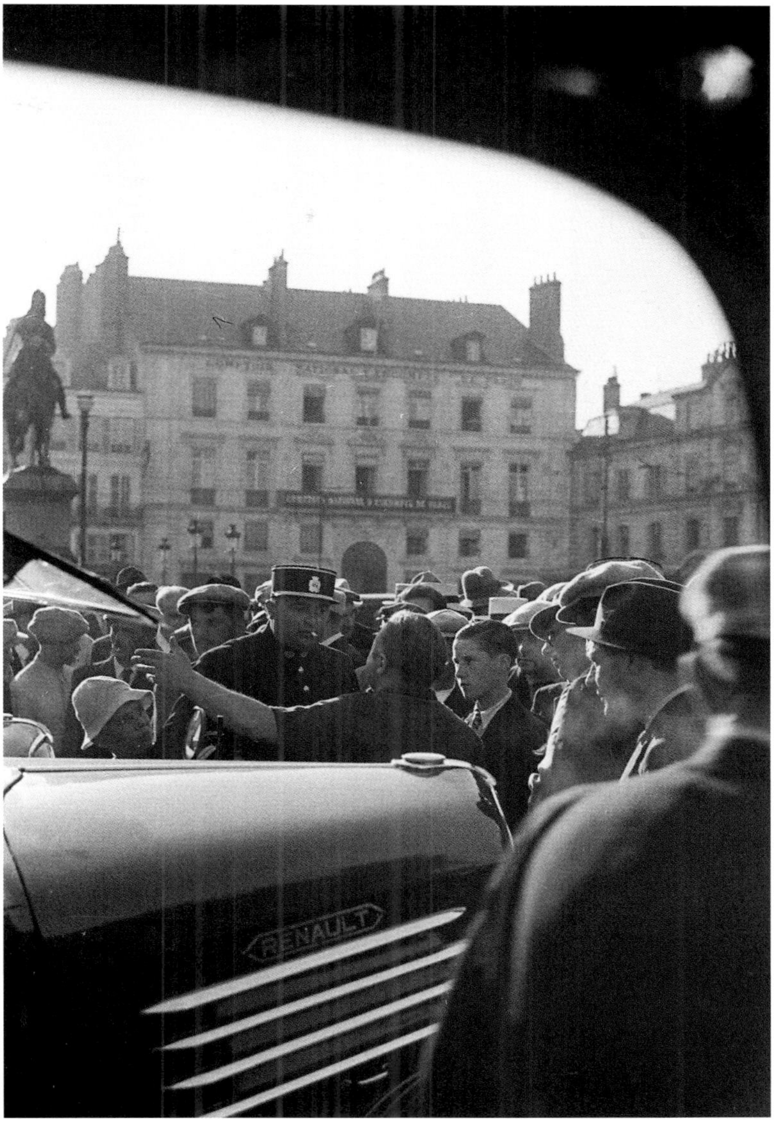

30 DE AGOSTO DE 1936, BRIVE, FRANCIA

Altercado entre un policía francés y partidarios. El público se puso de parte del apoyo de la BMU a la República Española, pero las autoridades francesas y británicas se mantuvieron neutrales.

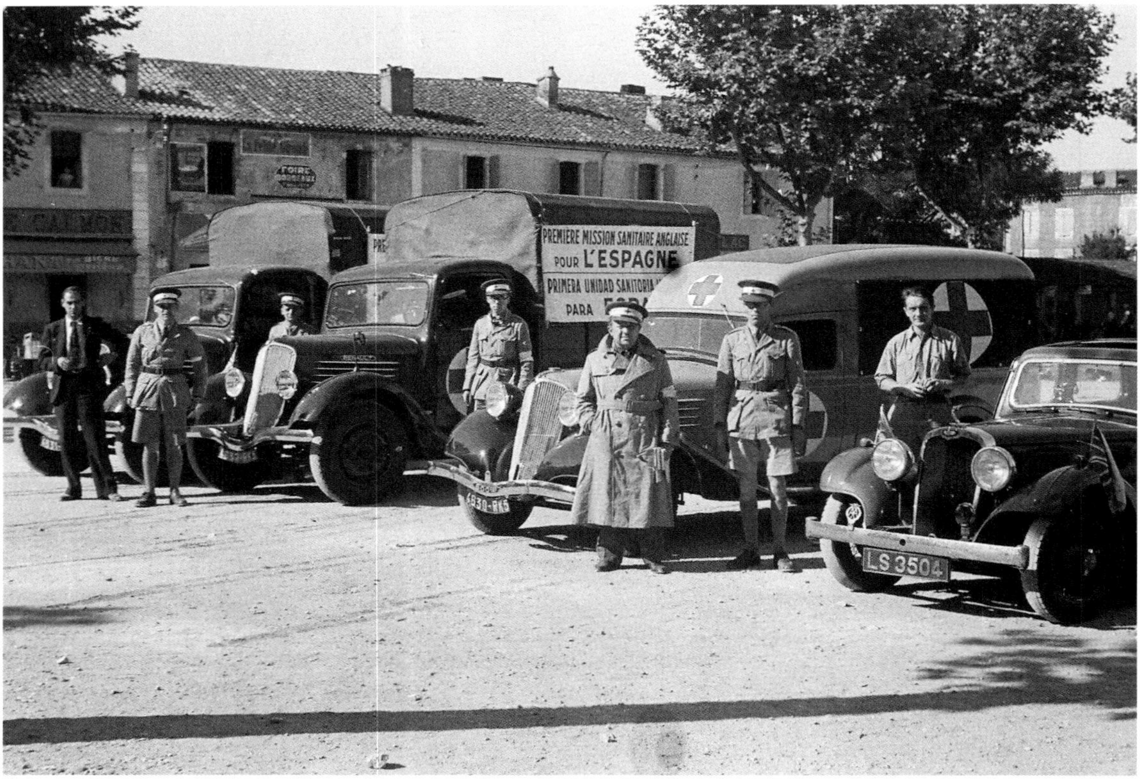

30 DE AGOSTO DE 1936, BRIVE, FRANCIA

Los primeros voluntarios ingleses de la misión sanitaria con la BMU. El rótulo del camión está en francés por cuanto la base de operaciones para la ayuda internacional humanitaria y militar a la República Española era París.

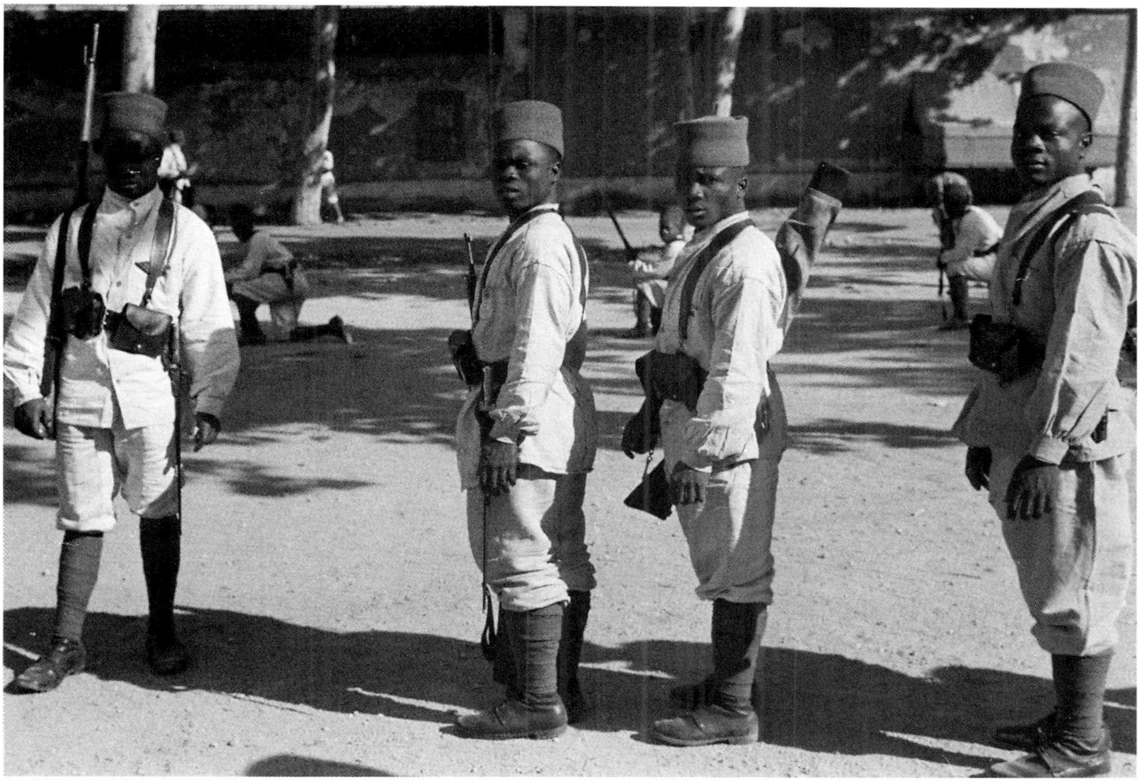

31 DE AGOSTO DE 1936, CAHORS, FRANCIA

Las tropas africanas francesas en un ejercicio. Tras la rebelión del ejército nacional contra la República, las fuerzas del general Franco estaban constituidas al principio básicamente por el cuerpo africano marroquí y la legión extranjera española.

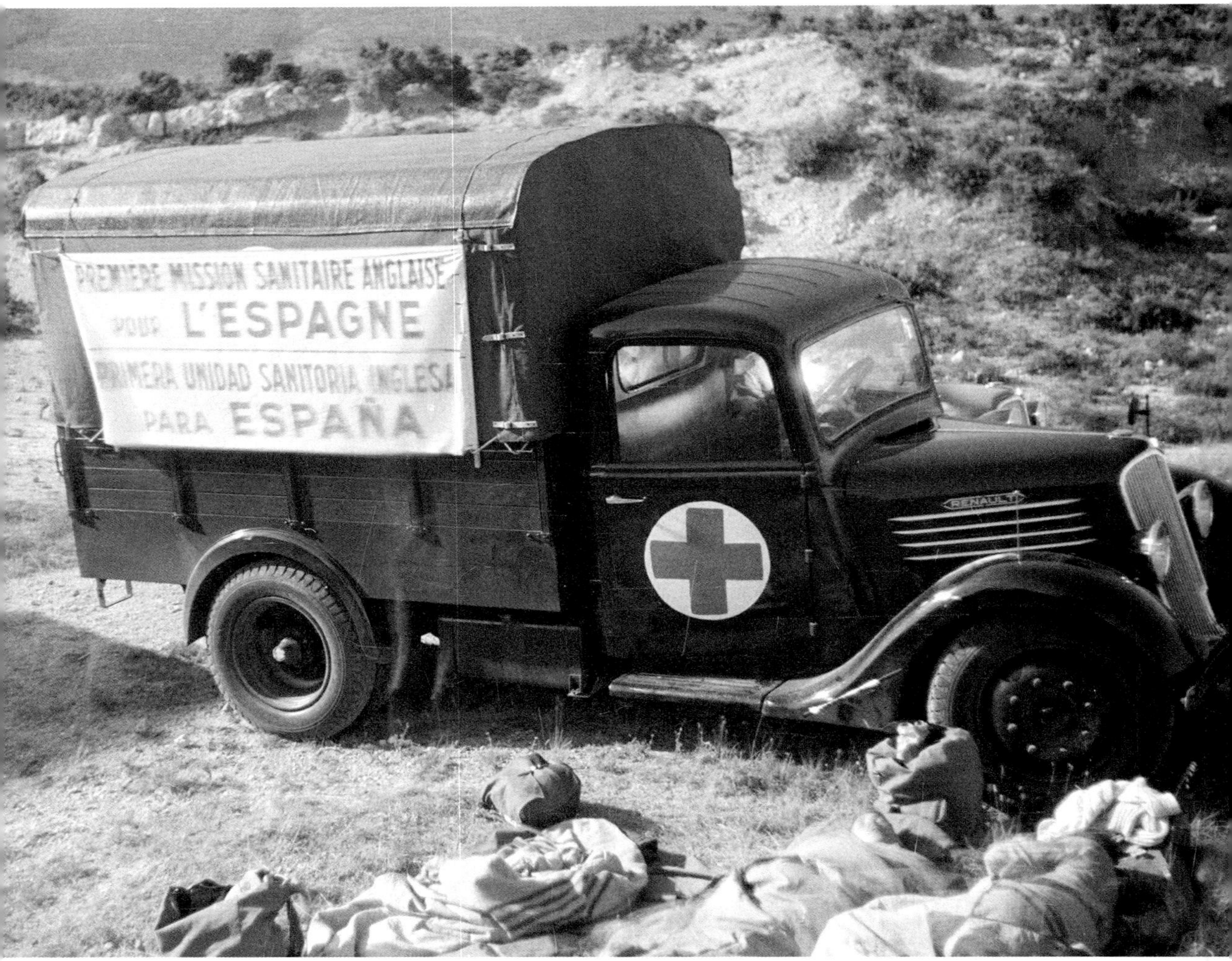

31 DE AGOSTO DE 1936, CERCA DE NARBONA, FRANCIA

Un camión de la BMU con su pancarta «Primera unidad sanitaria inglesa para España», con miembros de la misión acampados para pasar la noche antes de llegar a la España republicana al día siguiente.

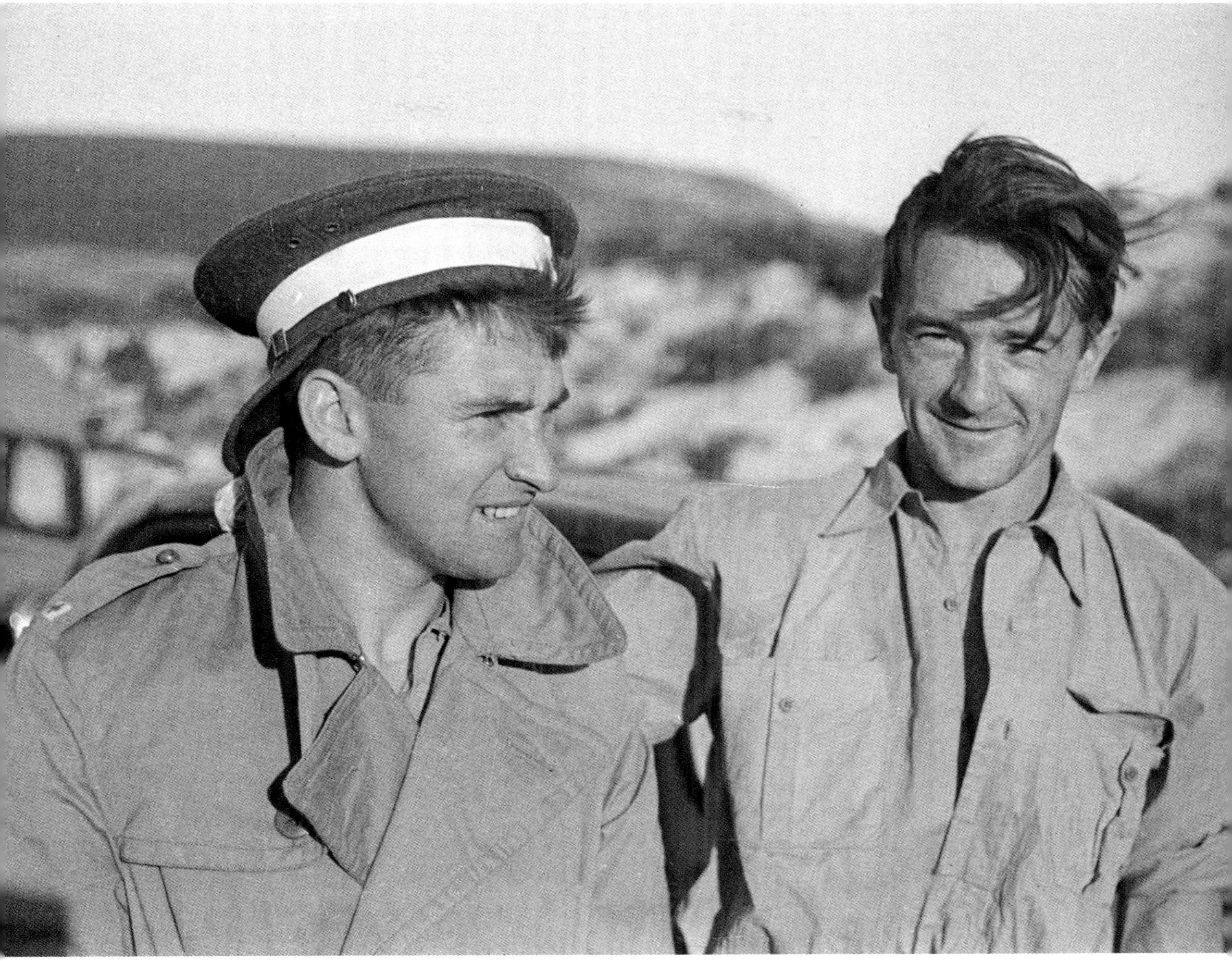

31 DE AGOSTO DE 1936, CERCA DE NARBONA, FRANCIA

El Dr. Archie Cochrane (derecha) y otro voluntario en el campo francés camino de España.

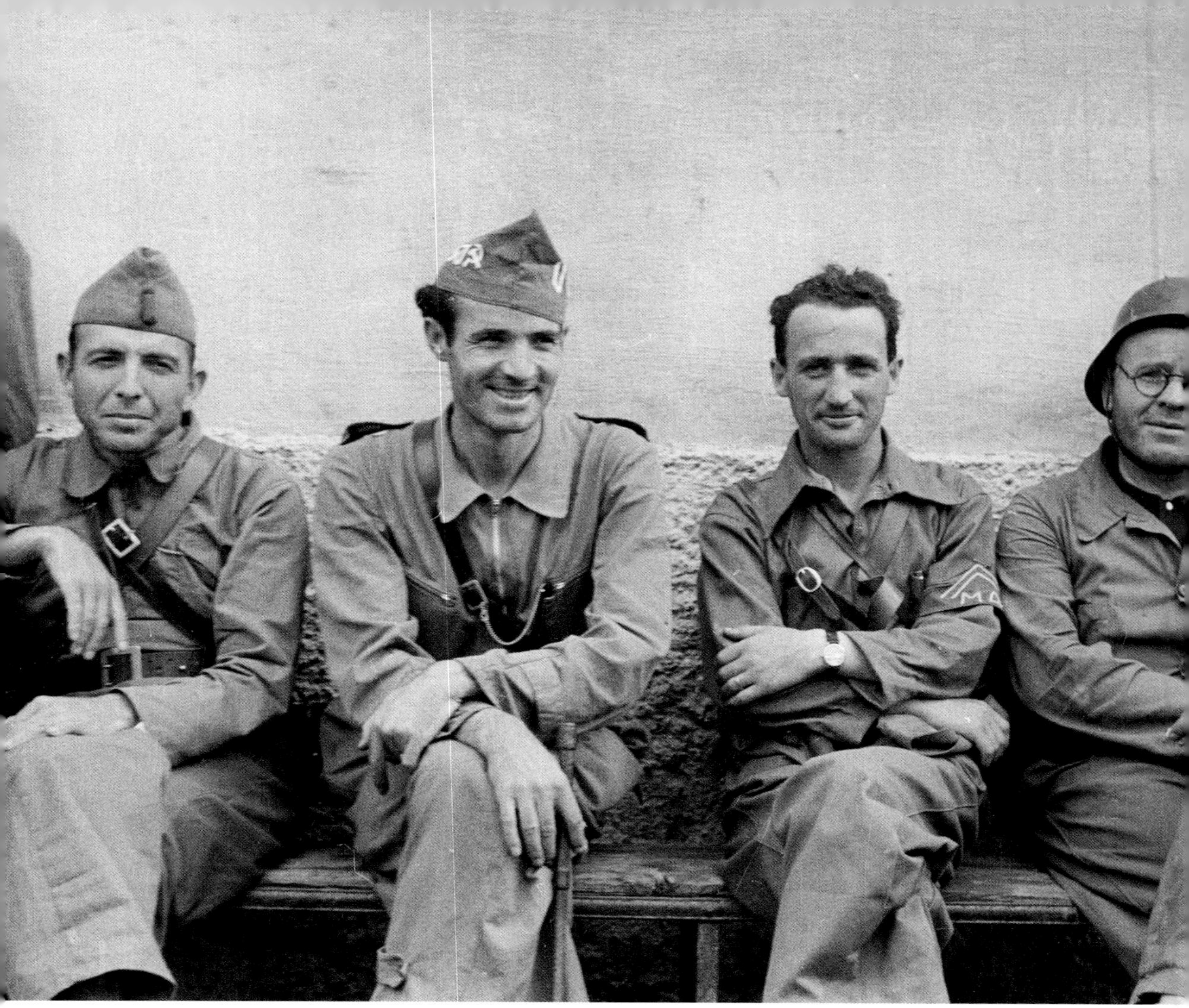

12 DE SEPTIEMBRE DE 1936, GRAÑÉN, FRENTE DE ARAGÓN EN LA ESPAÑA REPUBLICANA

Oficiales de la milicia de la República Española, entre ellos un comandante con la insignia de la UGT (Unión General de Trabajadores) en su gorra, y un segundo comandante con un brazalete con la leyenda MA, posiblemente las siglas de Milicia Antifascista.

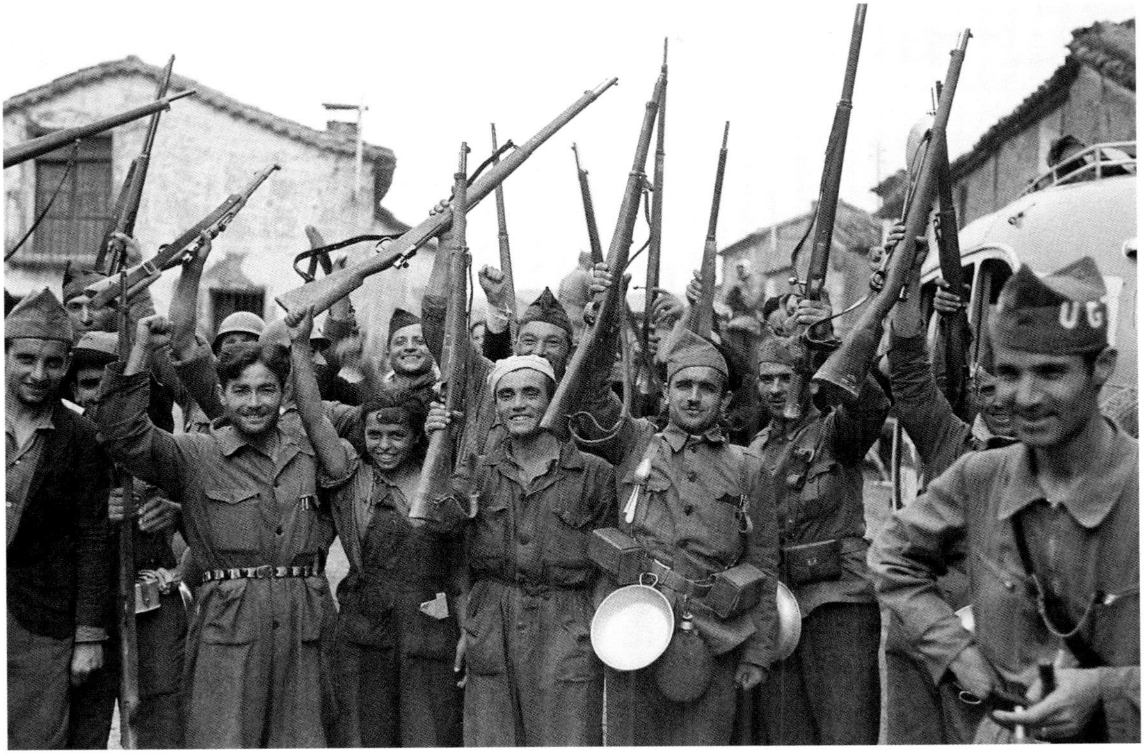

12 DE SEPTIEMBRE DE 1936, GRAÑÉN, FRENTE DE ARAGÓN

Una jubilosa milicia republicana española. Estas compañías incluían mujeres y voluntarios extranjeros ya presentes en suelo español. El comandante lleva la insignia de la UGT en su gorra.

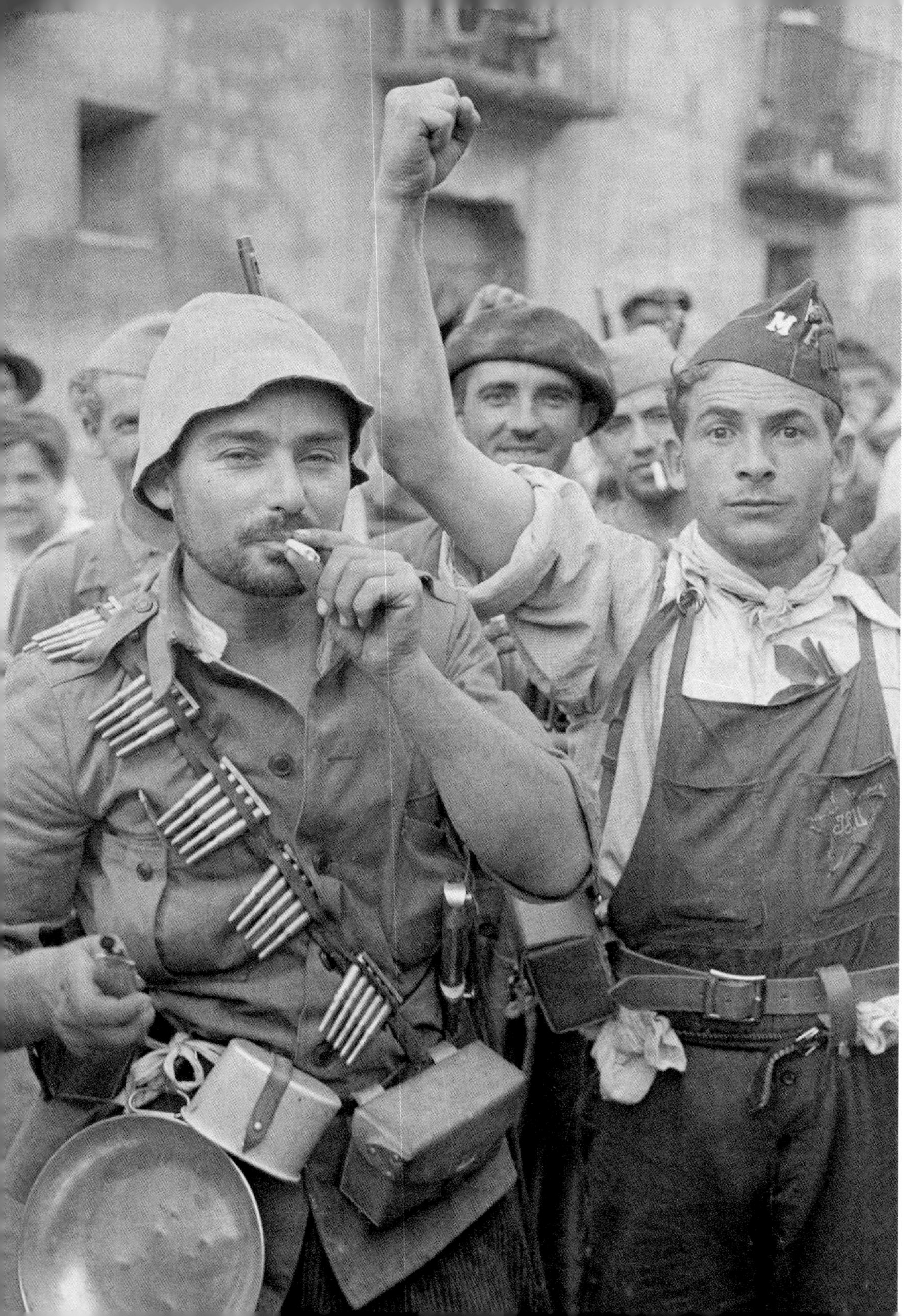

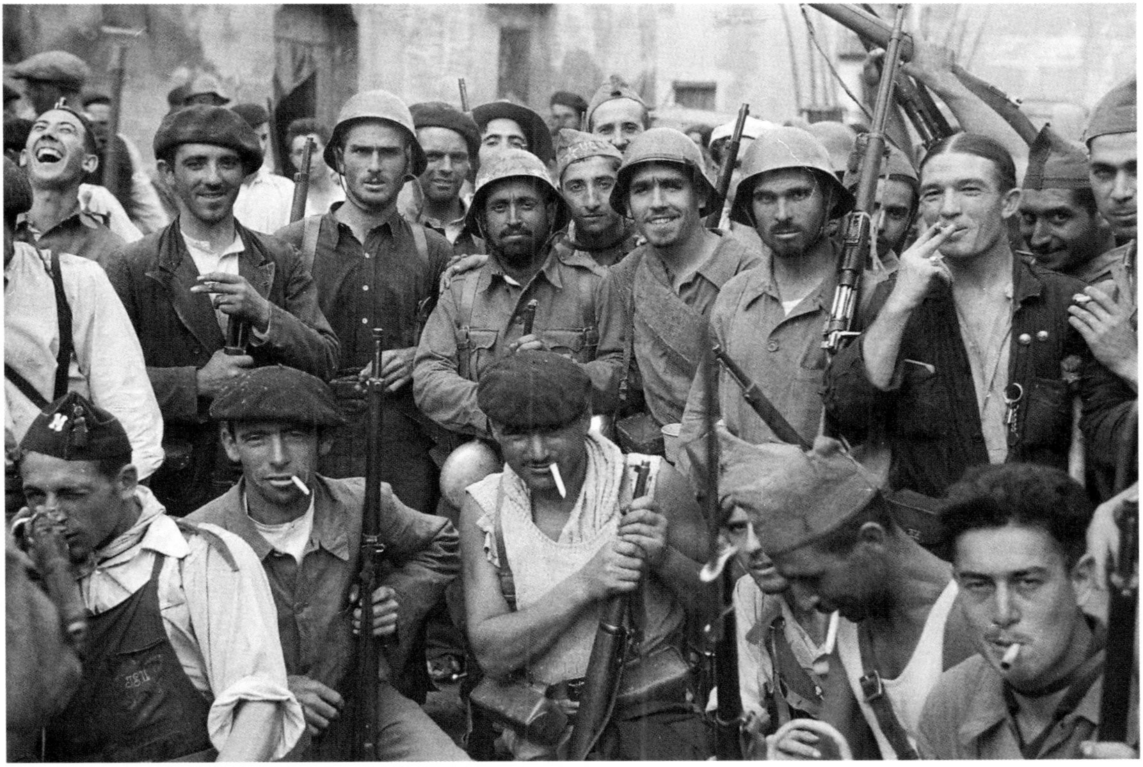

[ARRIBA] 12 DE SEPTIEMBRE DE 1936, GRAÑÉN, FRENTE DE ARAGÓN

Las milicias republicanas no tenían uniforme oficial y elegían su propio atuendo, lo cual explica la enorme disparidad en la ropa. Había pocos cascos para combatir.

[IZQUIERDA] 12 DE SEPTIEMBRE DE 1936, GRAÑÉN, FRENTE DE ARAGÓN

Milicianos republicanos. El de la izquierda ostenta la muy codiciada munición; el de la derecha, que cierra el puño con fervor, lleva puesto su mono de trabajo con una flor metida. Su gorra luce la insignia MA.

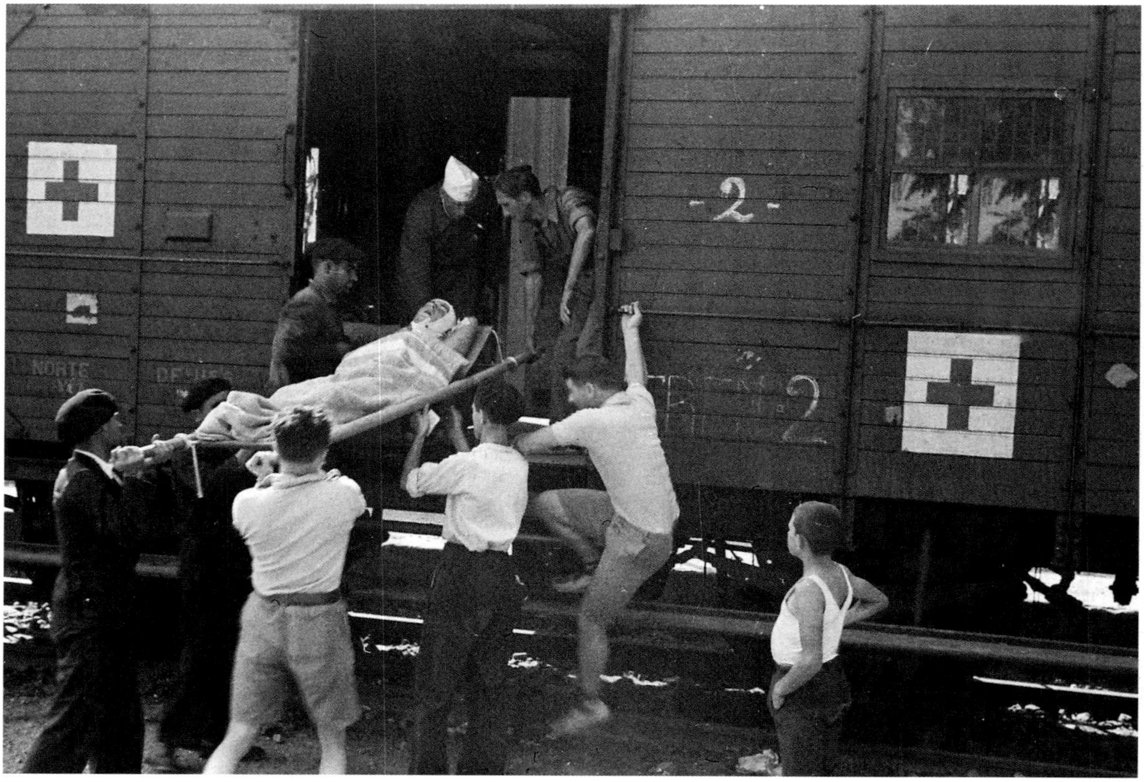

13 DE SEPTIEMBRE DE 1936, GRAÑÉN

Un miliciano republicano herido es subido a bordo de un tren. A menudo se empleaban trenes para transportar a los heridos al hospital más próximo.

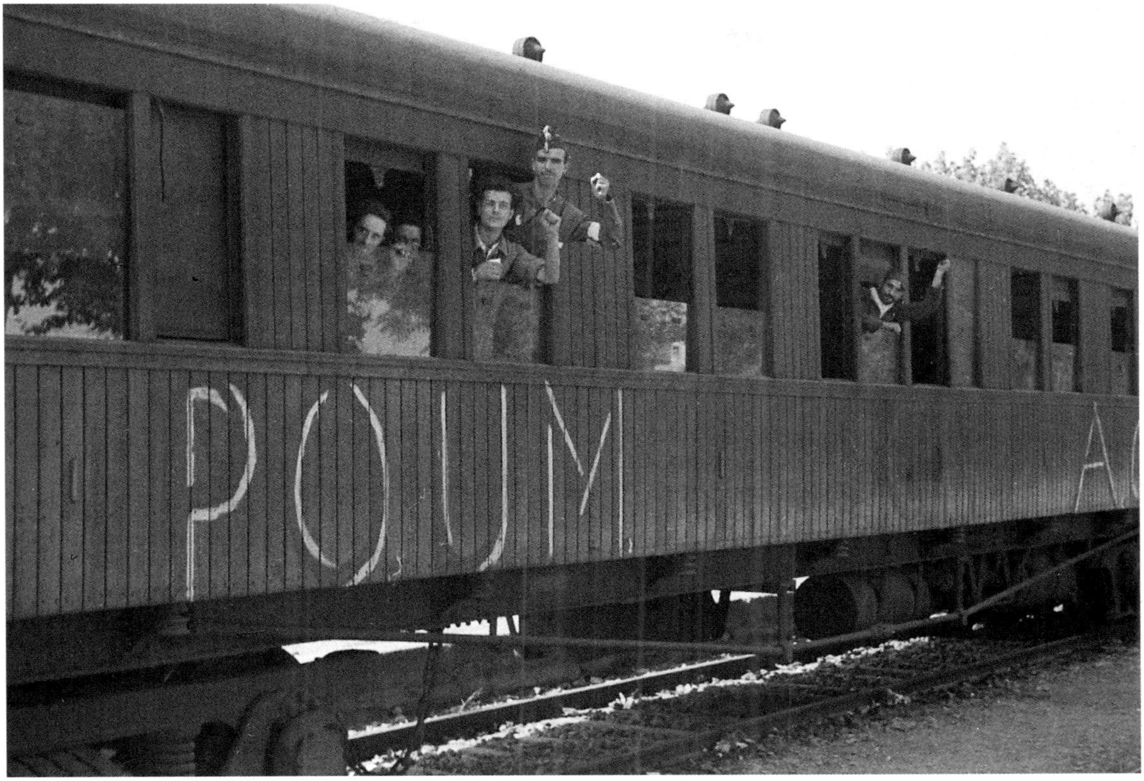

13 DE SEPTIEMBRE DE 1936, GRAÑÉN

El tren de la milicia del POUM (Partido Obrero de Unificación Marxista) pasa por Grañén. George Orwell describe la lucha del POUM en el frente de Aragón en el curso de aquel año en *Homenaje a Cataluña*.

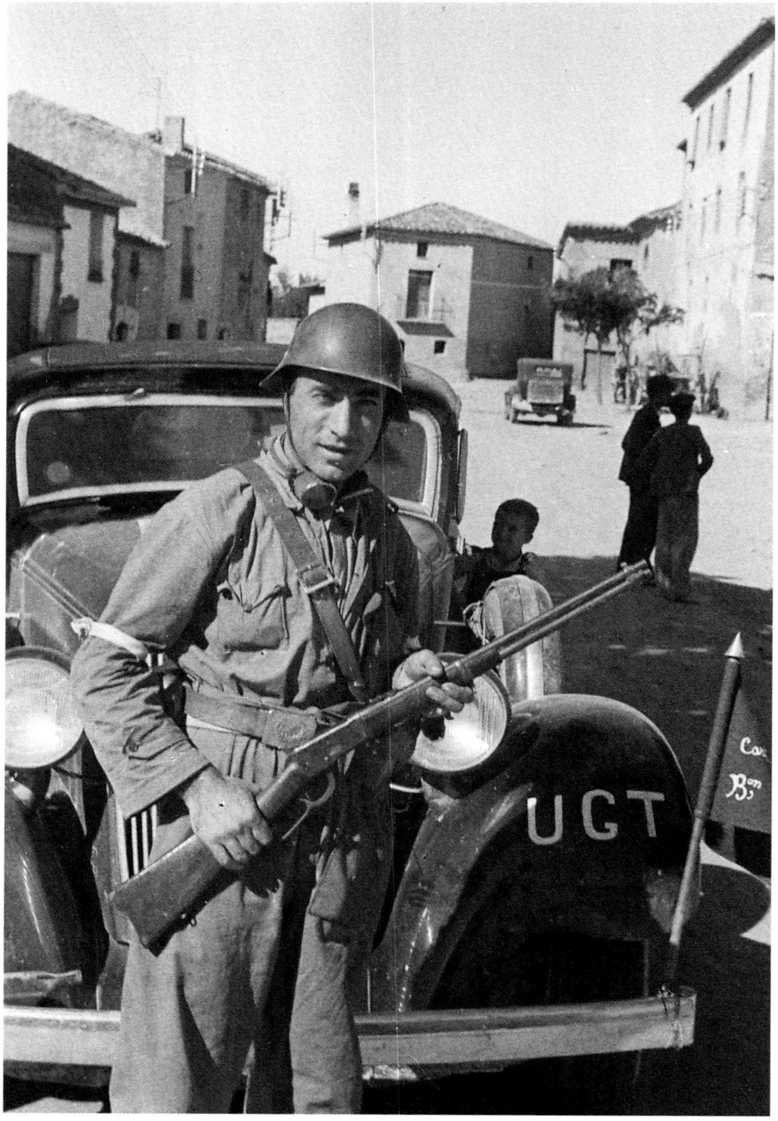

14 DE SEPTIEMBRE DE 1936, GRAÑÉN

Un miembro de la Unión General de Trabajadores pasa por Grañén. Los emblemas de la UGT aparecen también en el coche.

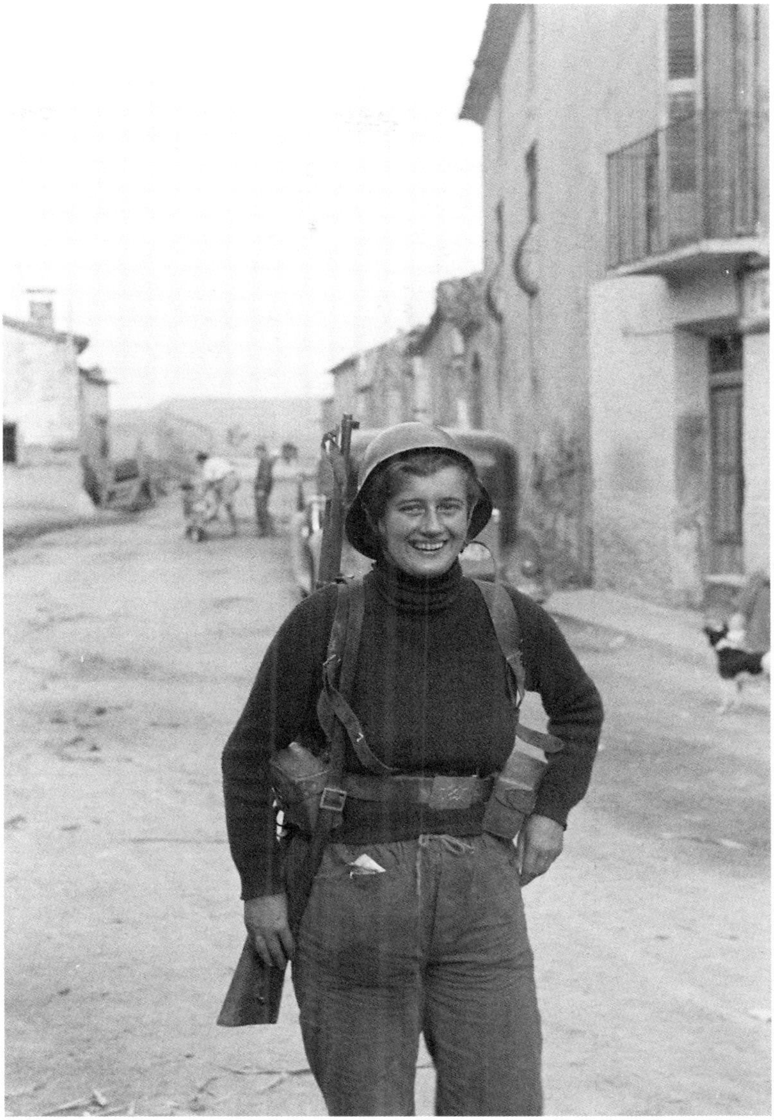

14 DE SEPTIEMBRE DE 1936, GRAÑÉN

La voluntaria miliciana Liesel Carritt (nacida Mottek) había huido de Alemania con su familia rumbo a Gran Bretaña. Su cuñado resultó malherido mientras conducía una ambulancia en Brunete, a resultas de lo cual murió.

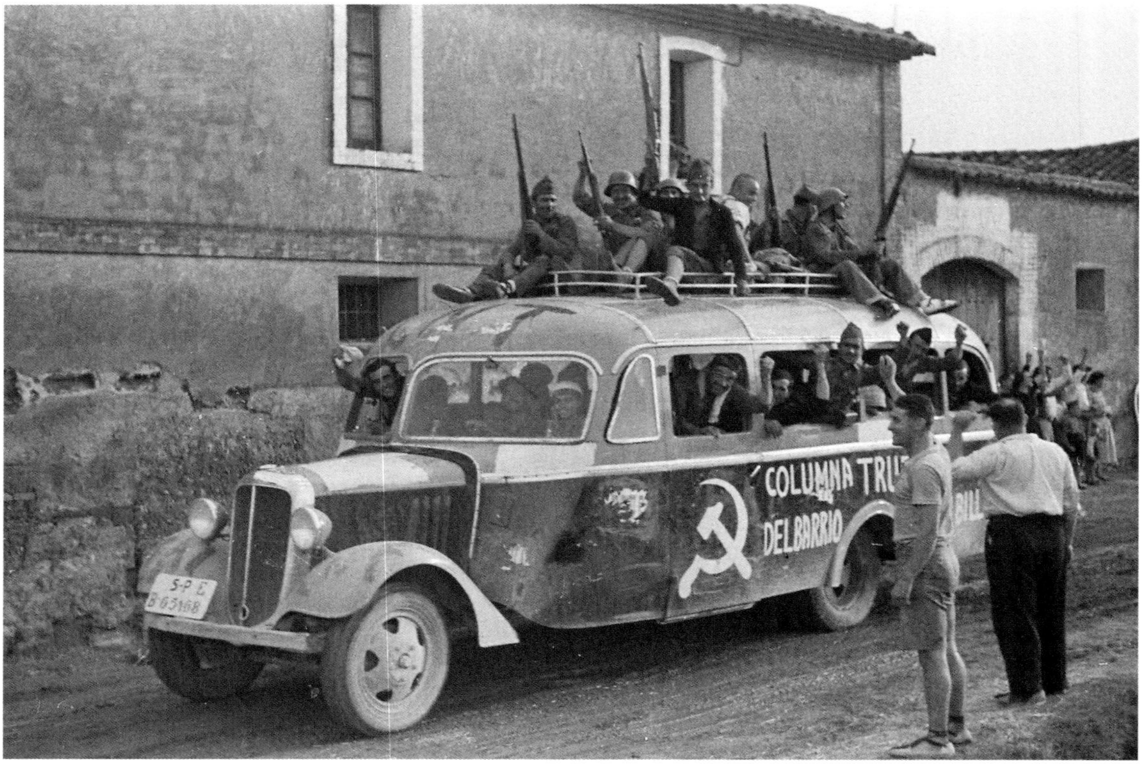

[ARRIBA] 14 DE SEPTIEMBRE DE 1936, GRAÑÉN

La milicia republicana requisaba a menudo vehículos para su propio uso. Estos solían ir atestados de voluntarios.

[DERECHA] 14 DE SEPTIEMBRE DE 1936, GRAÑÉN

Milicianos descansando en la trasera de un camión a su paso por Grañén.

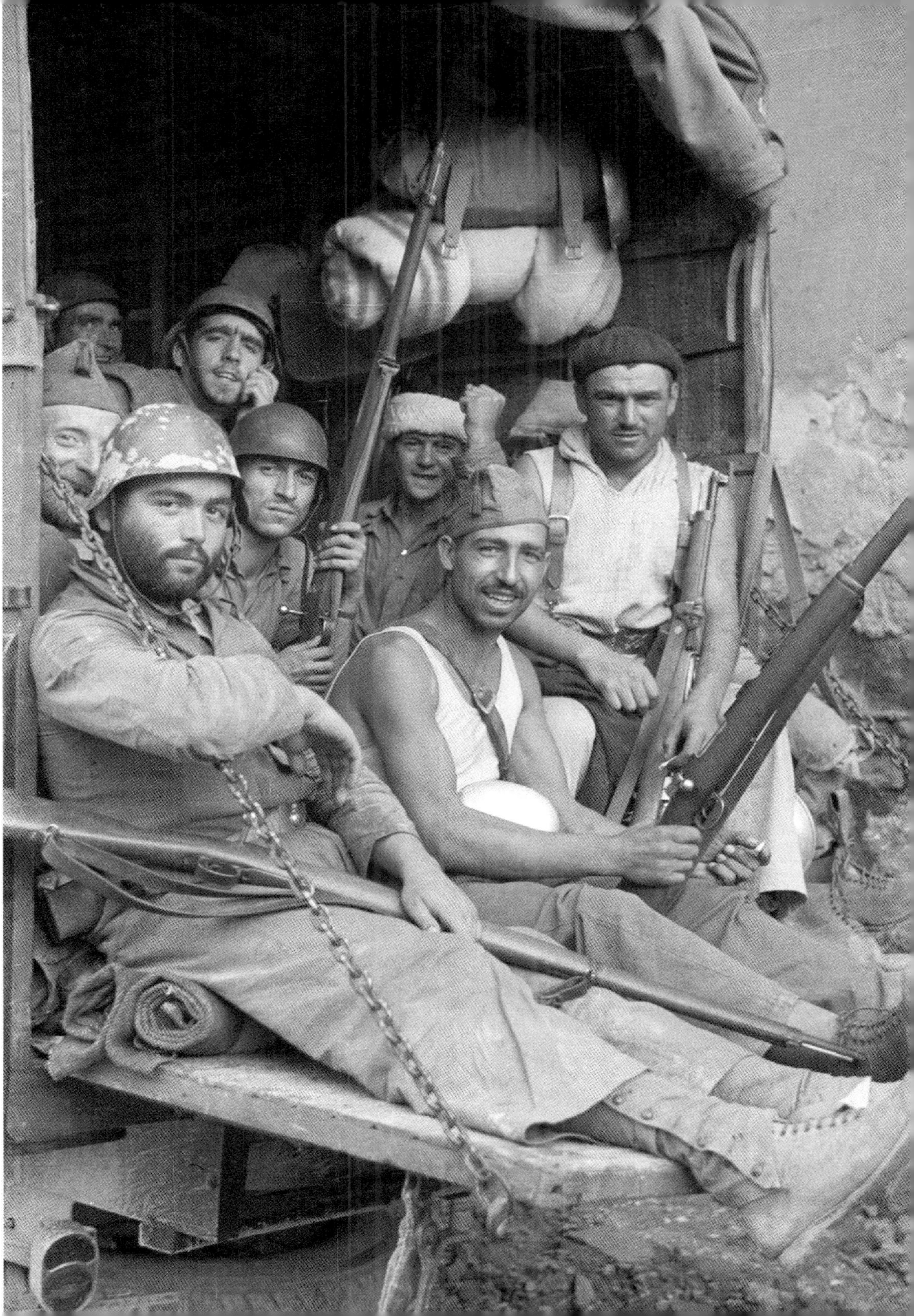

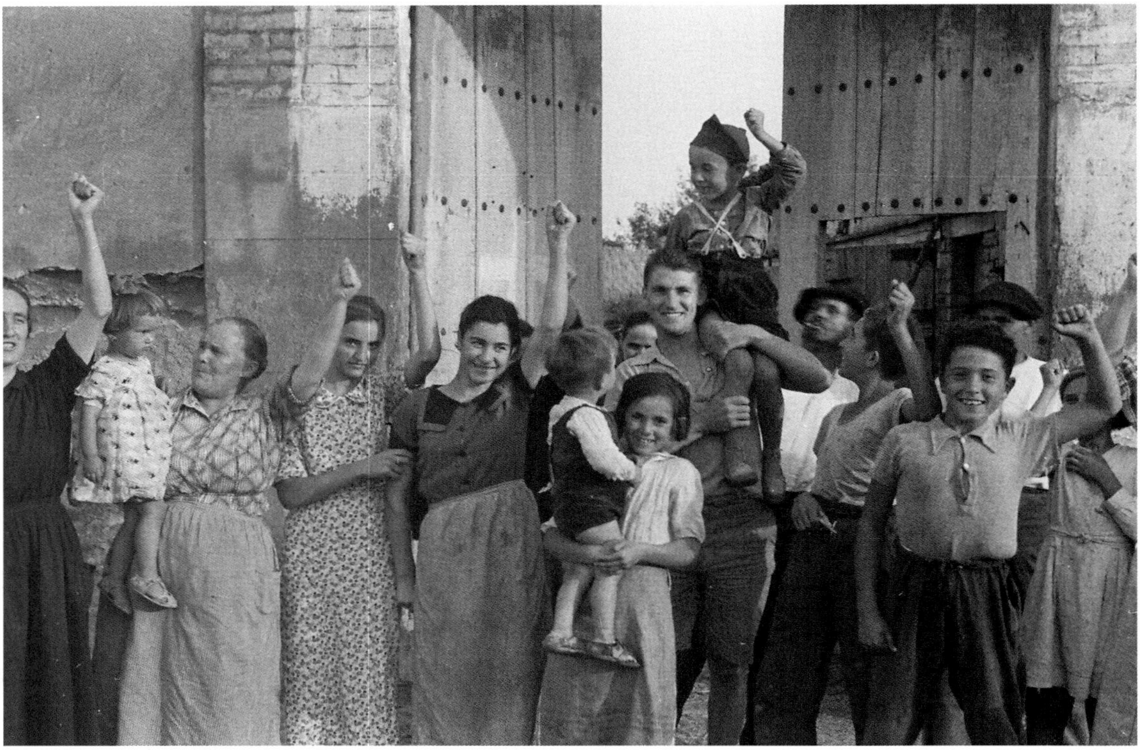

14 DE SEPTIEMBRE DE 1936, GRAÑÉN

La población civil aclama cuando la milicia pasa por Grañén, mientras un voluntario de la BMU sostiene a un niño de la localidad sobre el hombro.

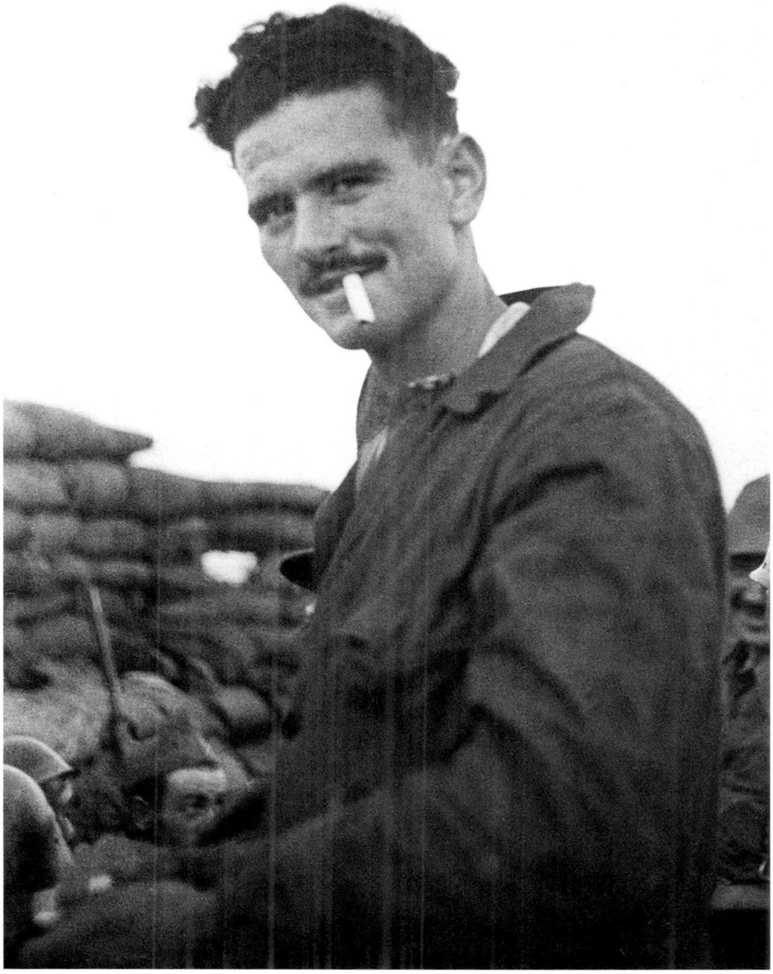

21 DE SEPTIEMBRE DE 1936, TRINCHERAS JUNTO A POMPENILLO

Voluntario de la milicia en las trincheras. Durante el período de la Guerra Civil Española, la guerra se transformó de la lucha de trincheras de la Primera Guerra Mundial en combate aéreo, con el bombardeo sistemático por el bando nacional de Franco de Guernica, Madrid y Barcelona.

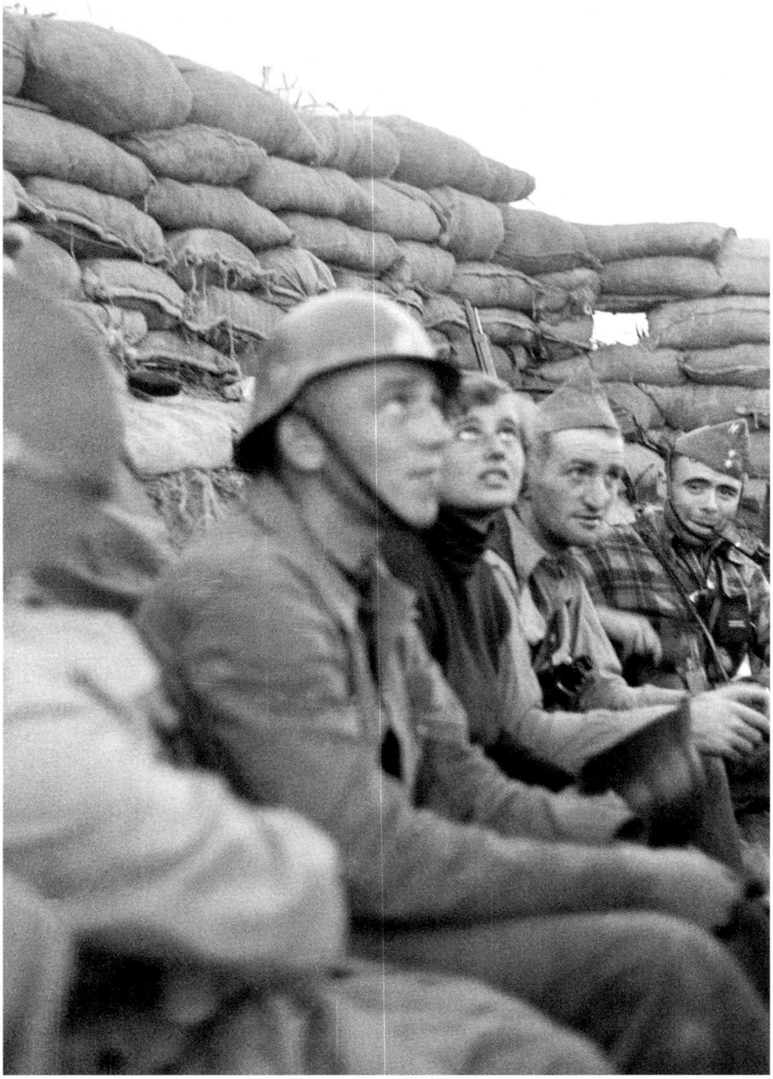

21 DE SEPTIEMBRE DE 1936, TRINCHERAS DE LA UGT CERCA DE LAS LÍNEAS NACIONALES

Los voluntarios alemanes Hermann, posiblemente un nombre de guerra (izquierda), y Liesel Carritt a su lado. Antes de la formación de las Brigadas Internacionales, los voluntarios extranjeros luchaban junto a sindicatos españoles como la UGT, la CNT y el POUM.

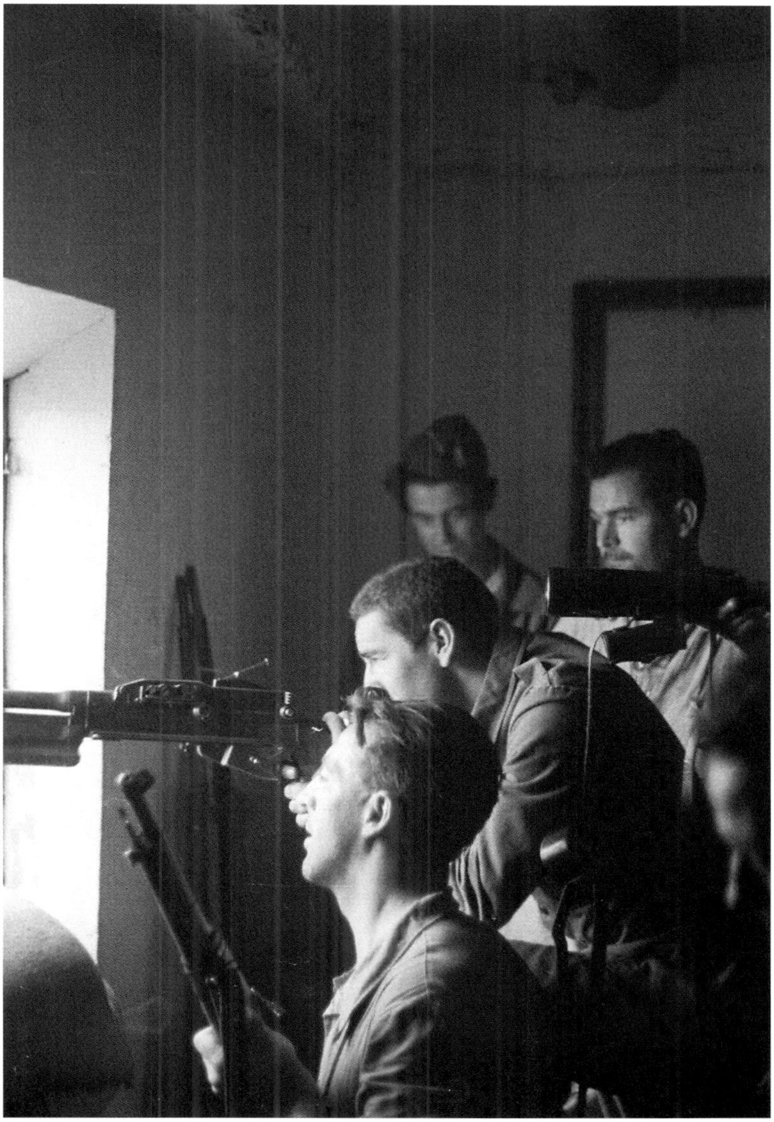

22 DE SEPTIEMBRE DE 1936, HUESCA

Francotiradores de la milicia en un puesto avanzado republicano. Durante la guerra civil, la España republicana tuvo dificultad para conseguir armamento y munición apropiados.

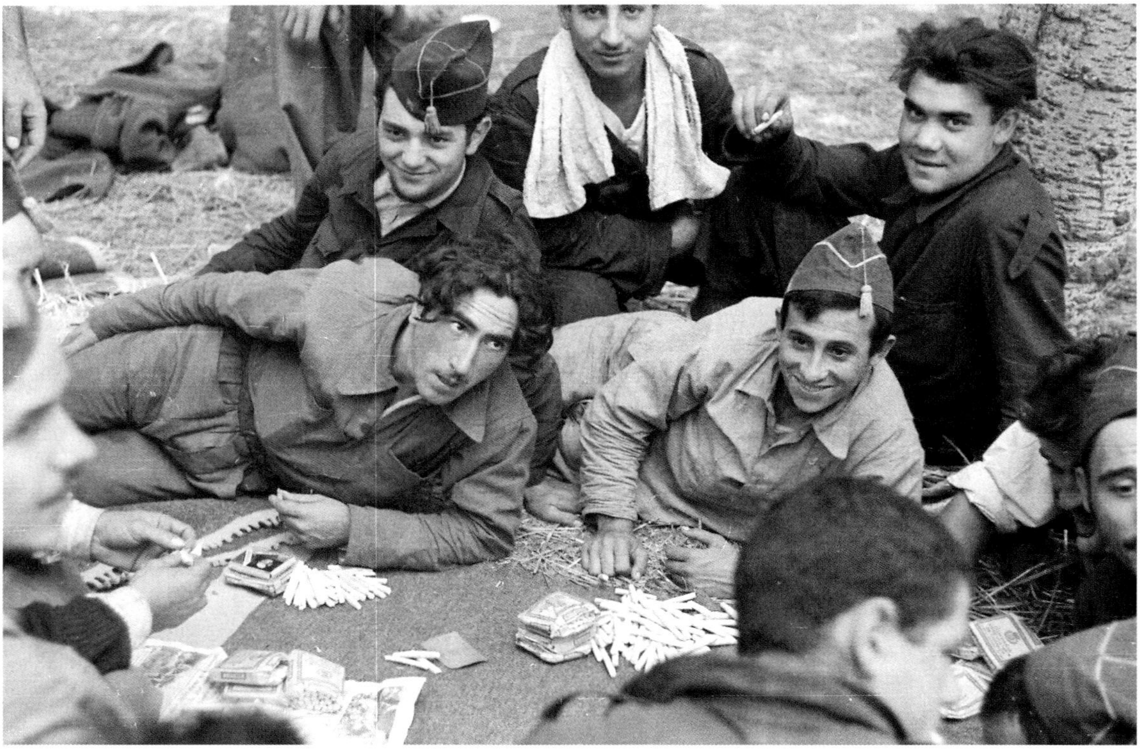

[ARRIBA] 22 DE SEPTIEMBRE DE 1936, HUESCA

Jóvenes milicianos republicanos compartiendo cigarrillos. Muchos de los miembros de la milicia todavía no eran adultos.

[DERECHA] 22 DE SEPTIEMBRE DE 1936, HUESCA

Hermann aparece aquí con la hoz y el martillo en su casco. Por lo general los voluntarios procedentes de dictaduras como Alemania o Italia utilizaban nombres de guerra o seudónimos.

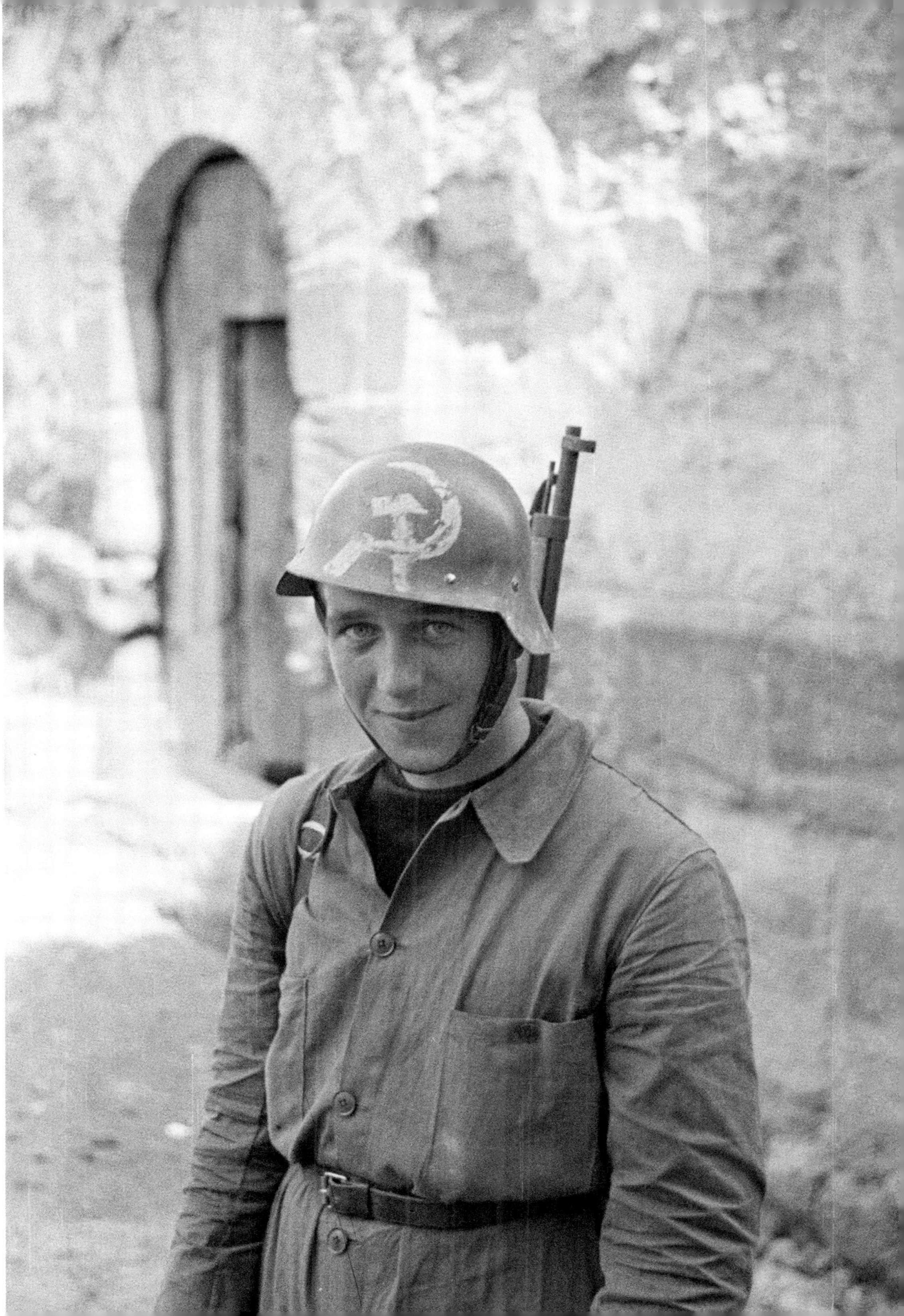

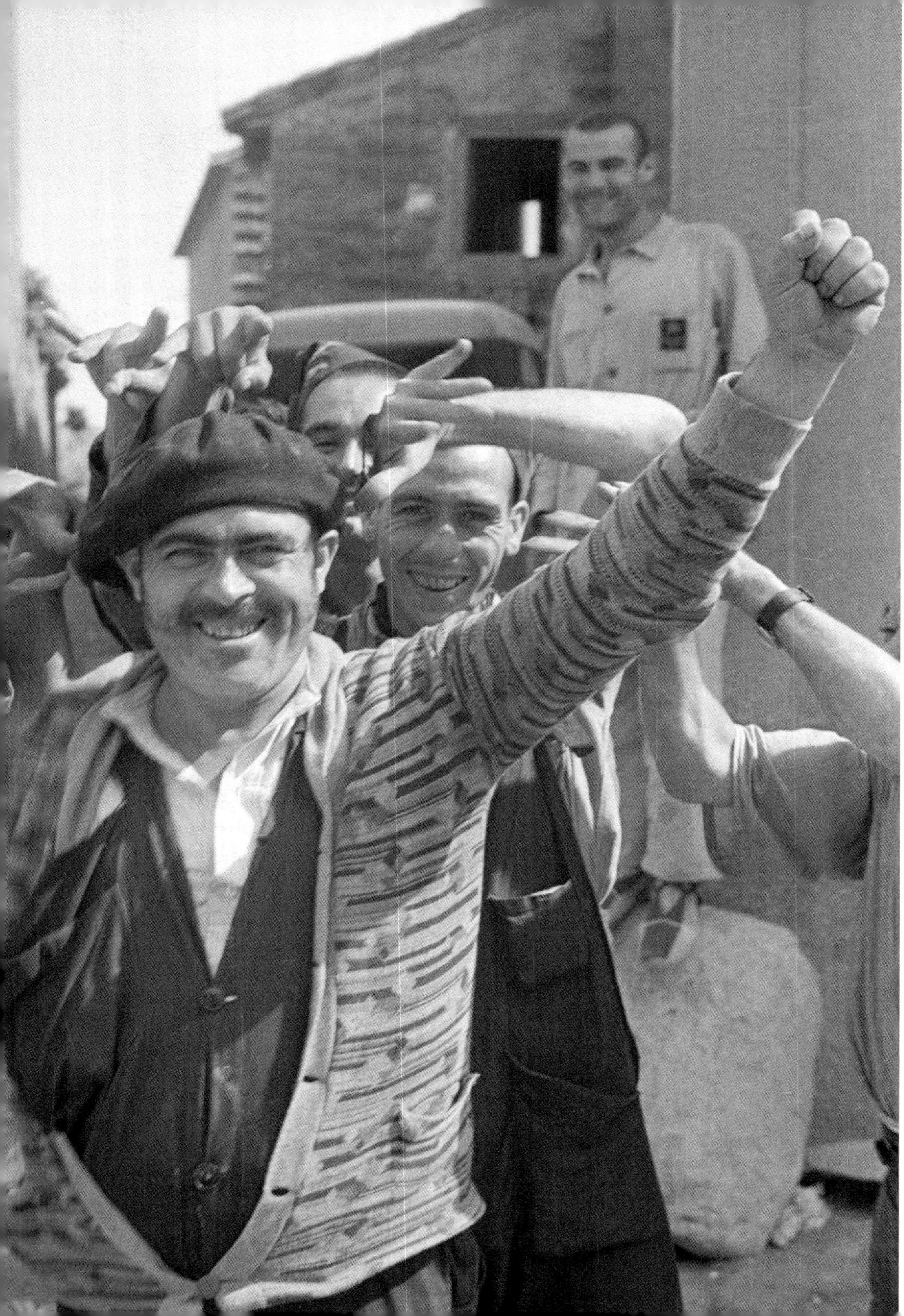

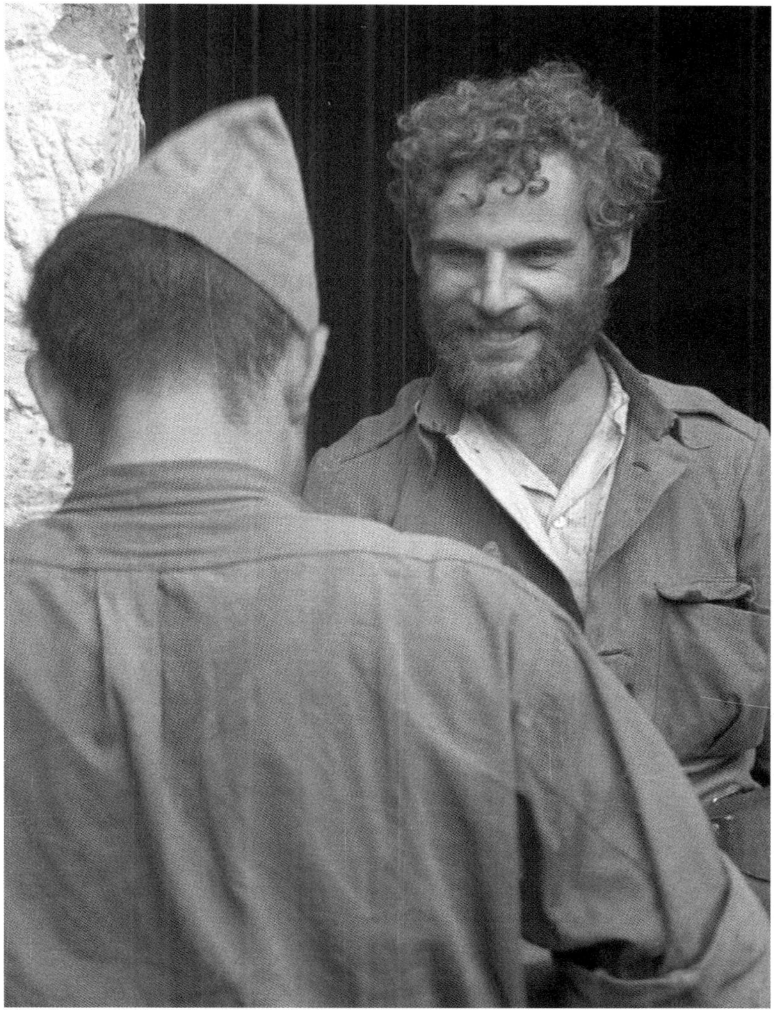

[ARRIBA] 23 DE SEPTIEMBRE DE 1936, POMPENILLO

Este hombre barbudo es la misma persona que aparece en la célebre foto de Juan Guzmán. Este documentó que se trataba de un sacerdote que iba a ser asesinado. Miles de sacerdotes fueron asesinados por las milicias republicanas anticlericales.

[IZQUIERDA] 22 DE SEPTIEMBRE DE 1936, HUESCA

Partidarios en Huesca aclamando a los combatientes republicanos.

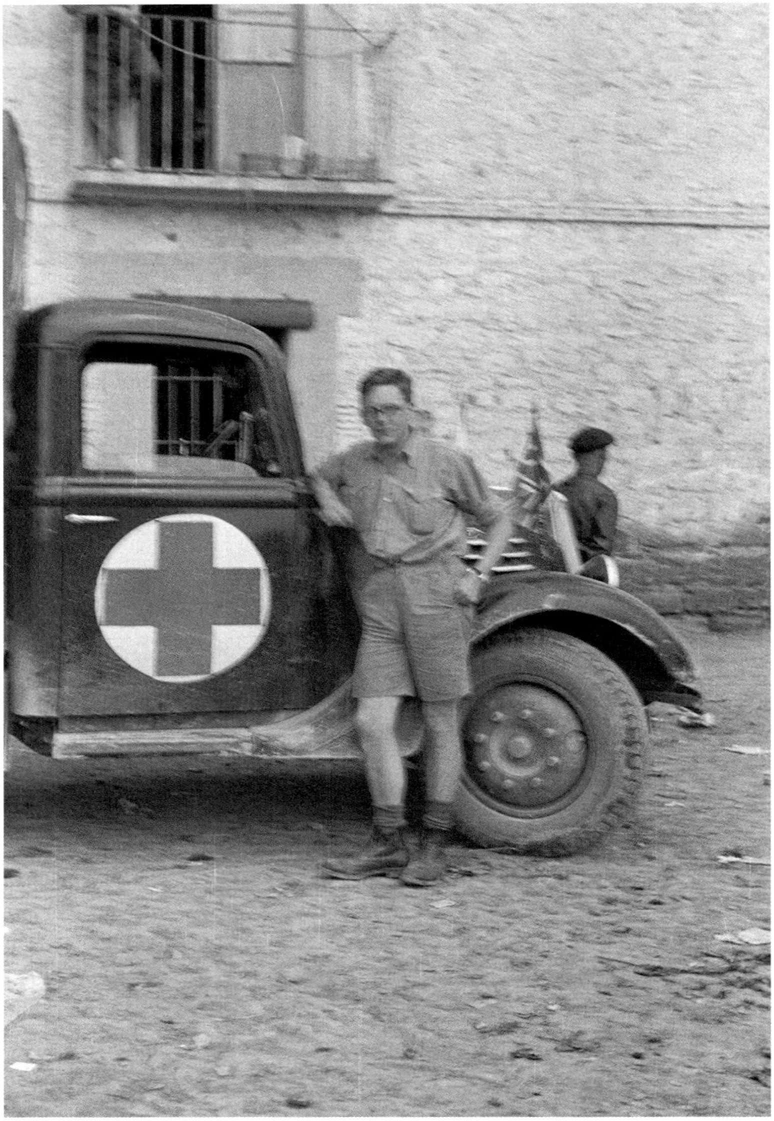

23 DE SEPTIEMBRE DE 1936, POMPENILLO

Alec Wainman, fotógrafo y escritor, a los veintitrés años, junto a la ambulancia de la BMU que conducía. Como simpatizante cuáquero, se ofreció voluntario para el servicio de ambulancias en la España republicana. Foto de un compañero.

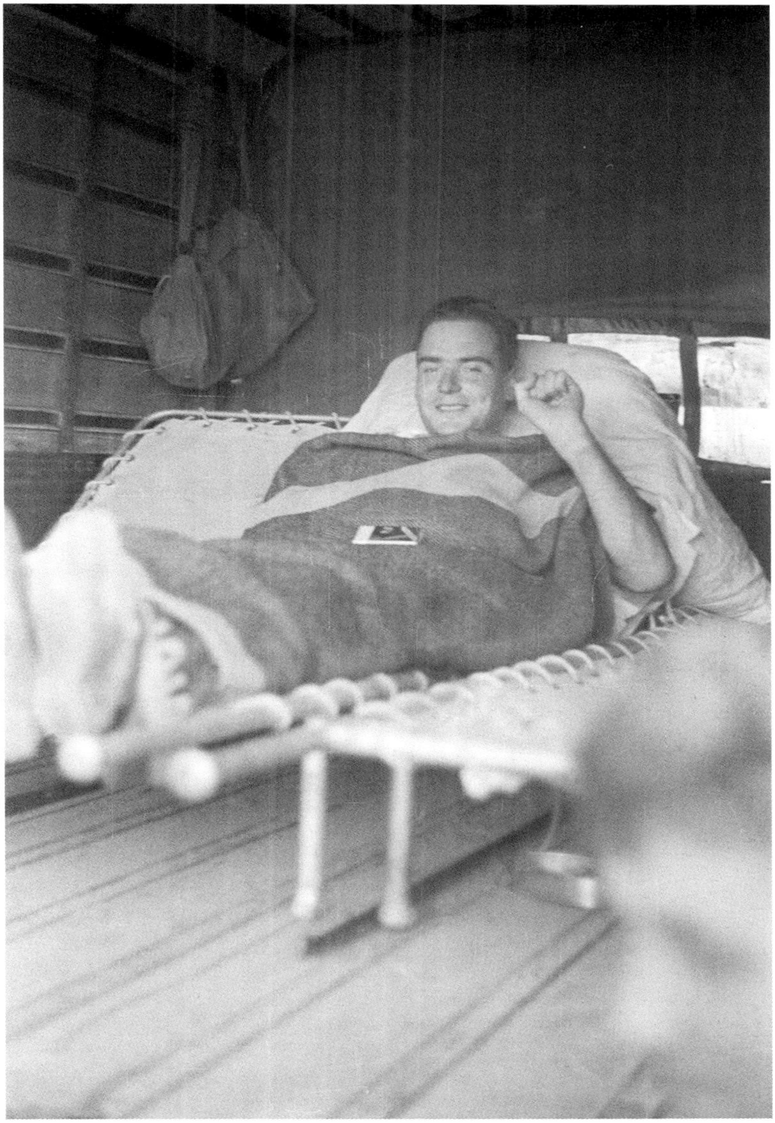

23 DE SEPTIEMBRE DE 1936, POMPENILLO

Uno de los primeros voluntarios británicos con la milicia del POUM haciendo el saludo republicano desde la ambulancia en la que era evacuado.

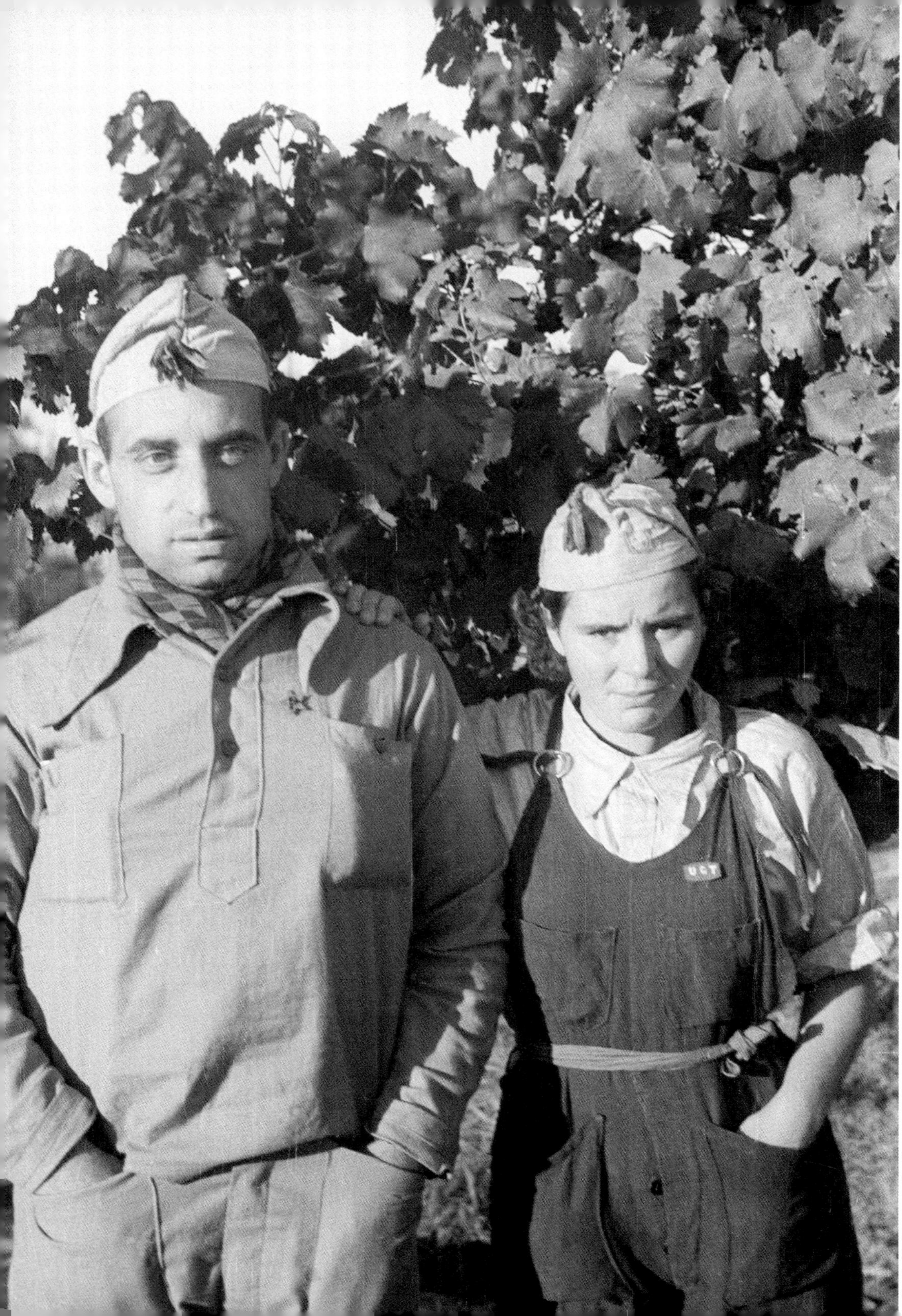

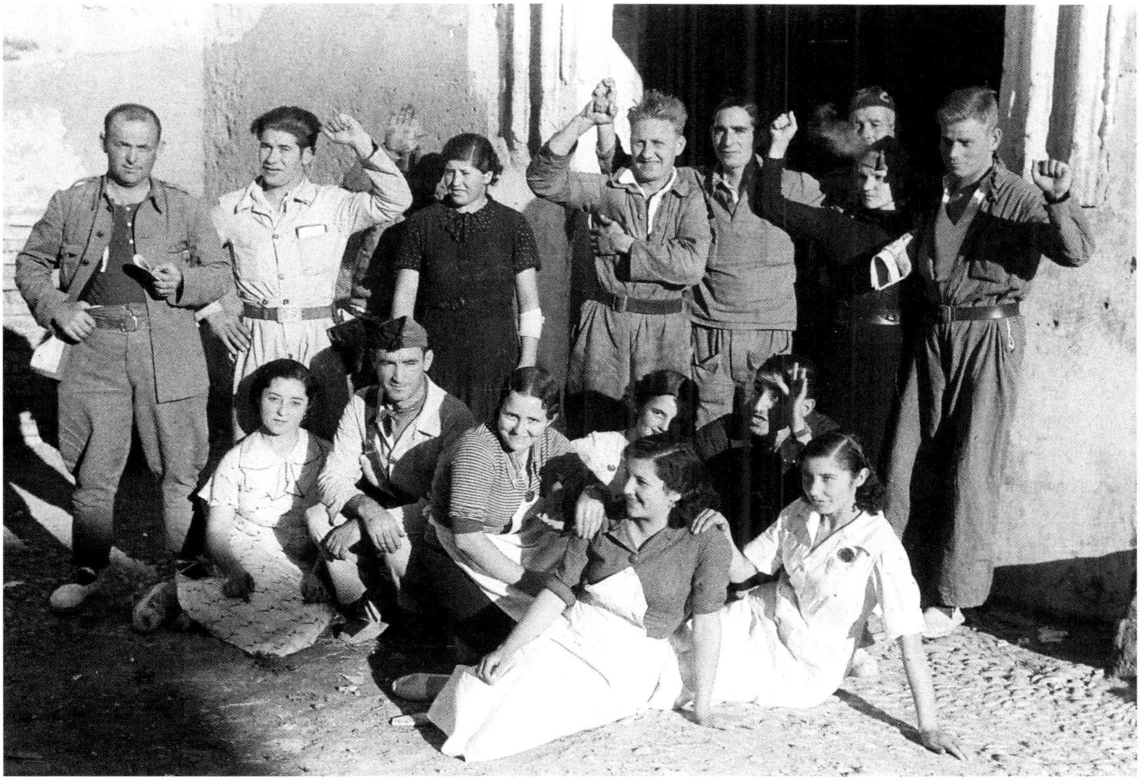

[ARRIBA] 3 DE OCTUBRE DE 1936, GRAÑÉN

Habitantes y voluntarios de Grañén, que era gobernado por un alcalde anarquista que se apodaba «Pancho Villa» en alusión al libertario mexicano.

[IZQUIERDA] 1 DE OCTUBRE DE 1936, GRAÑÉN

El primer paciente civil del hospital de la BMU tenía neumonía. Aquí le vemos con su esposa. Ambos lucen insignias políticas y sindicalistas.

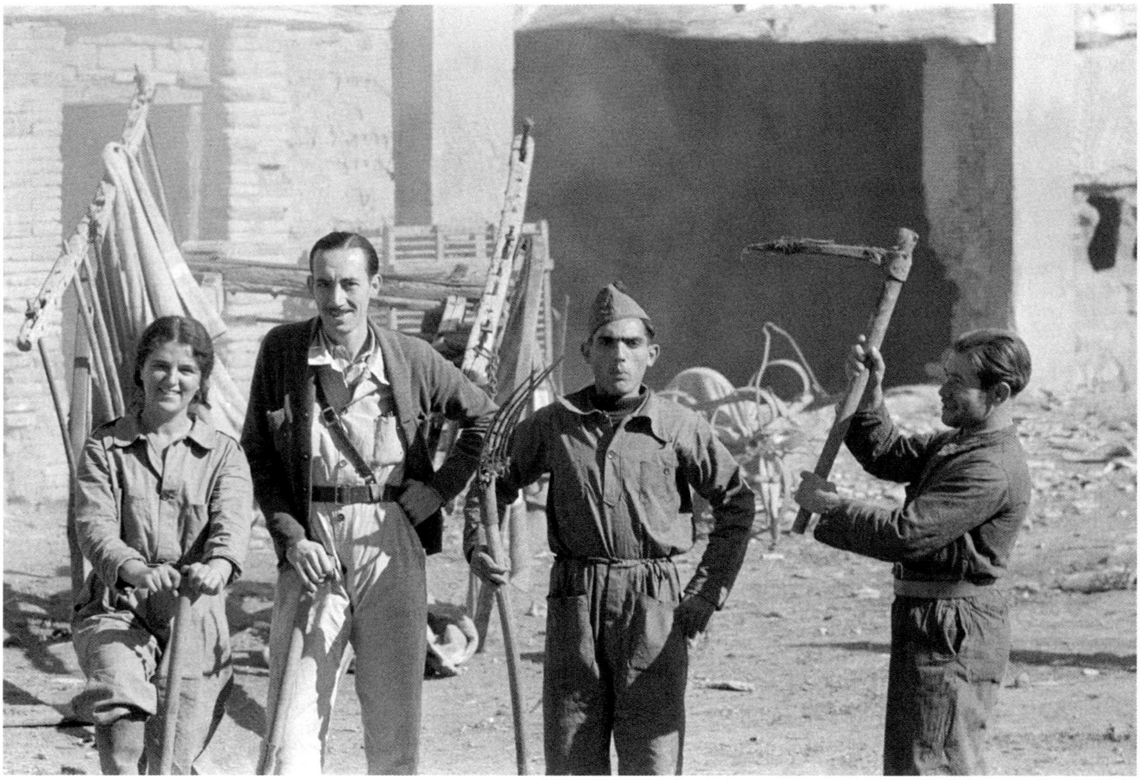

8 DE OCTUBRE DE 1936, GRAÑÉN

Miembros de la BMU y la milicia anarquista trabajando codo a codo para limpiar el corral de una alquería que más tarde fue utilizada como el primer hospital de la BMU.

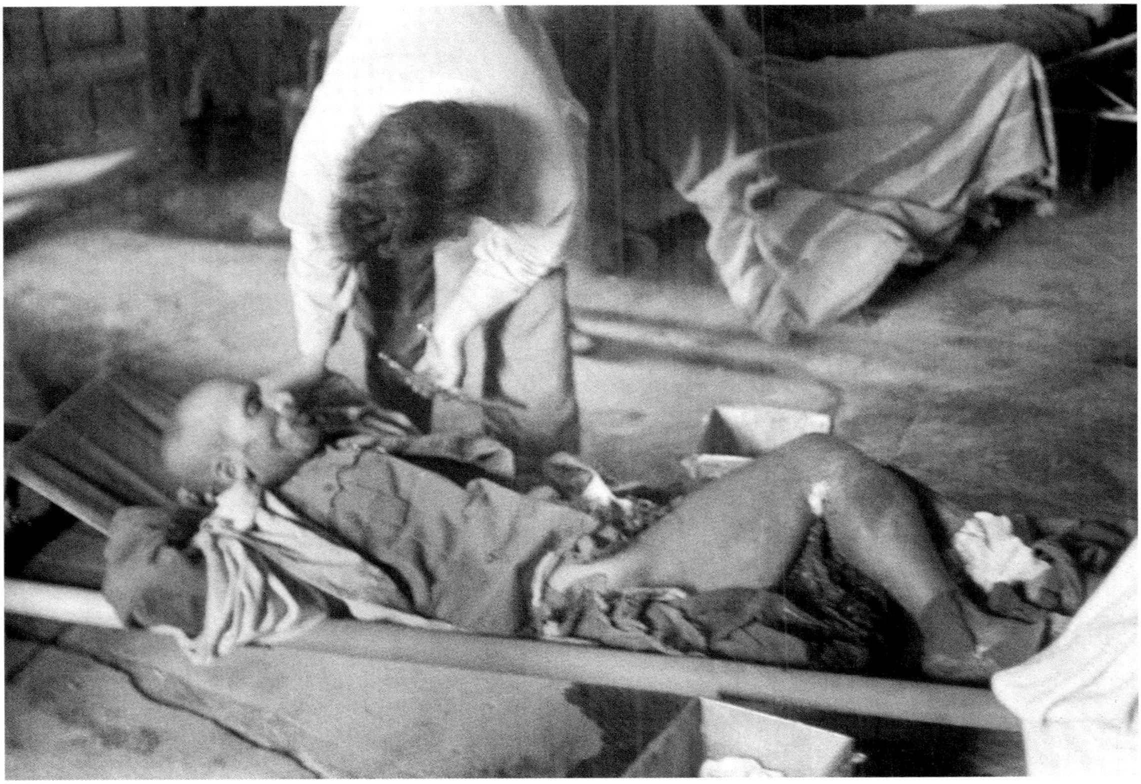

24 DE OCTUBRE DE 1936, GRAÑÉN

Un jinete marroquí del bando nacional herido recibiendo asistencia médica de emergencia en el hospital de la BMU en Grañén. La milicia anarquista quería ejecutarle, pero los médicos y el personal sanitario se opusieron. Pese a los buenos cuidados, no sobrevivió a la amputación.

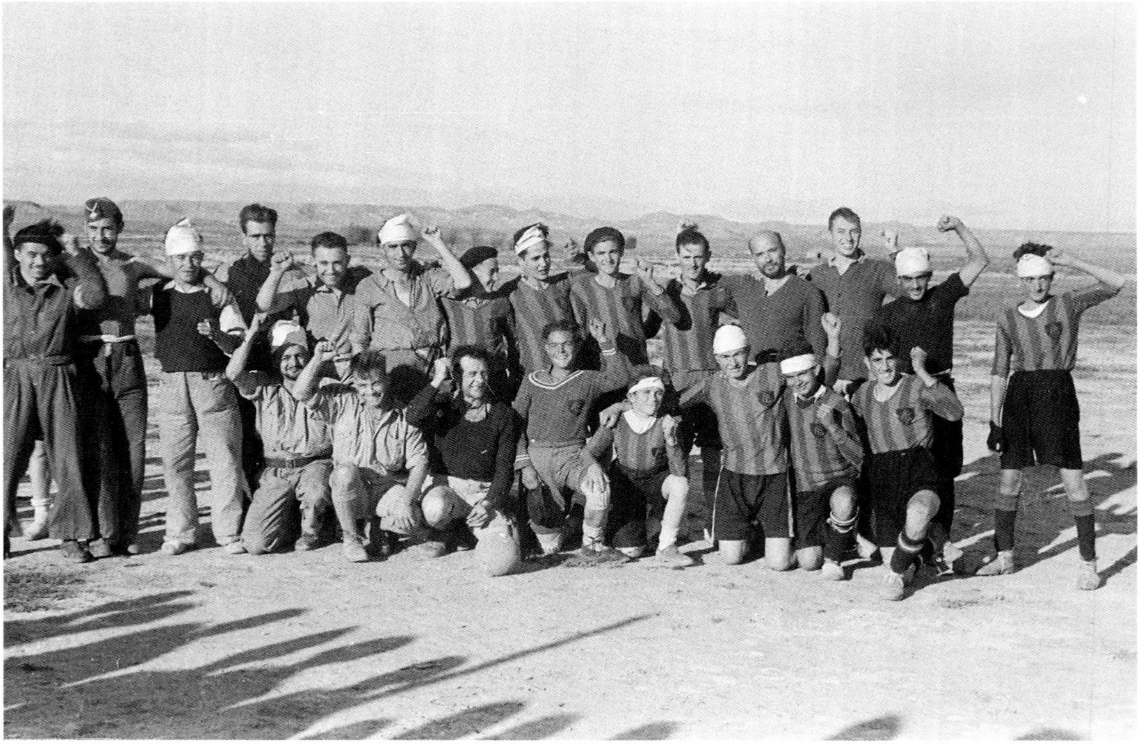

25 DE OCTUBRE DE 1936, GRAÑÉN

Los equipos de fútbol del pueblo y del hospital incluían a soldados republicanos convalecientes.

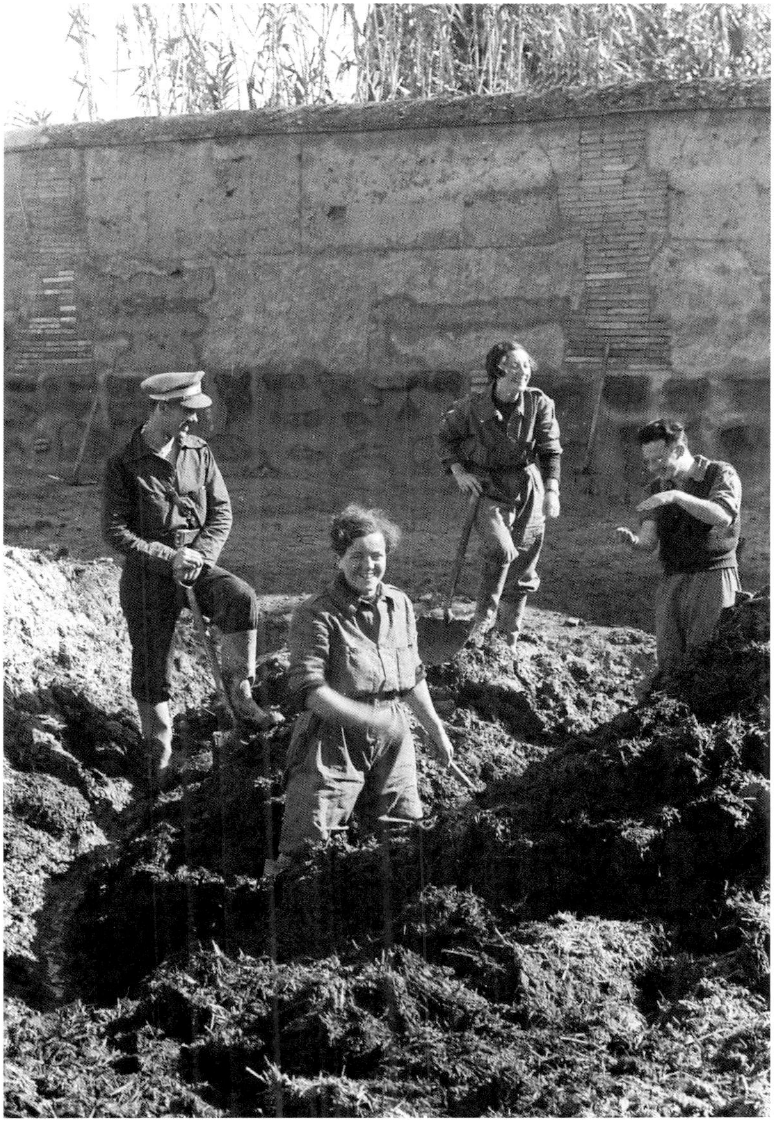

4 DE NOVIEMBRE DE 1936, GRAÑÉN

El Dr. Kenneth Sinclair-Loutit (izquierda) y Lilian Urmston (en primer plano) con otros voluntarios retirando estiércol del corral del hospital.

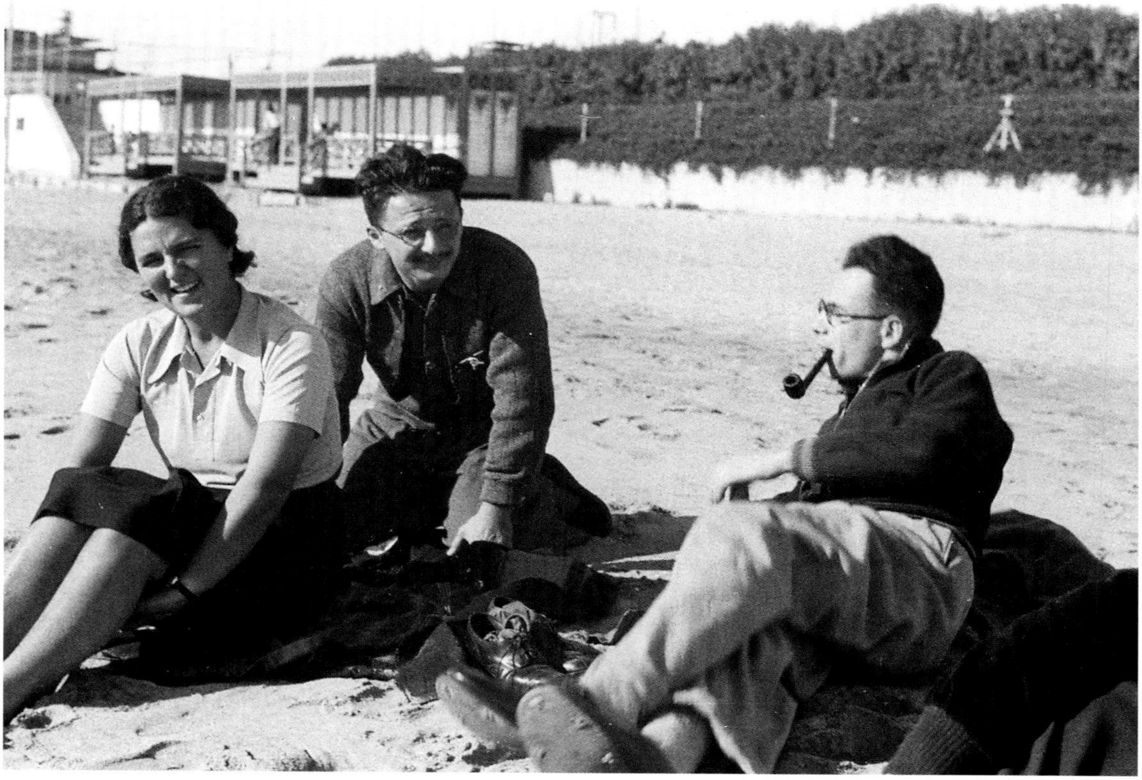

15 DE NOVIEMBRE DE 1936, SITGES

Voluntarios de la BMU durante una relajante escapada a la playa.

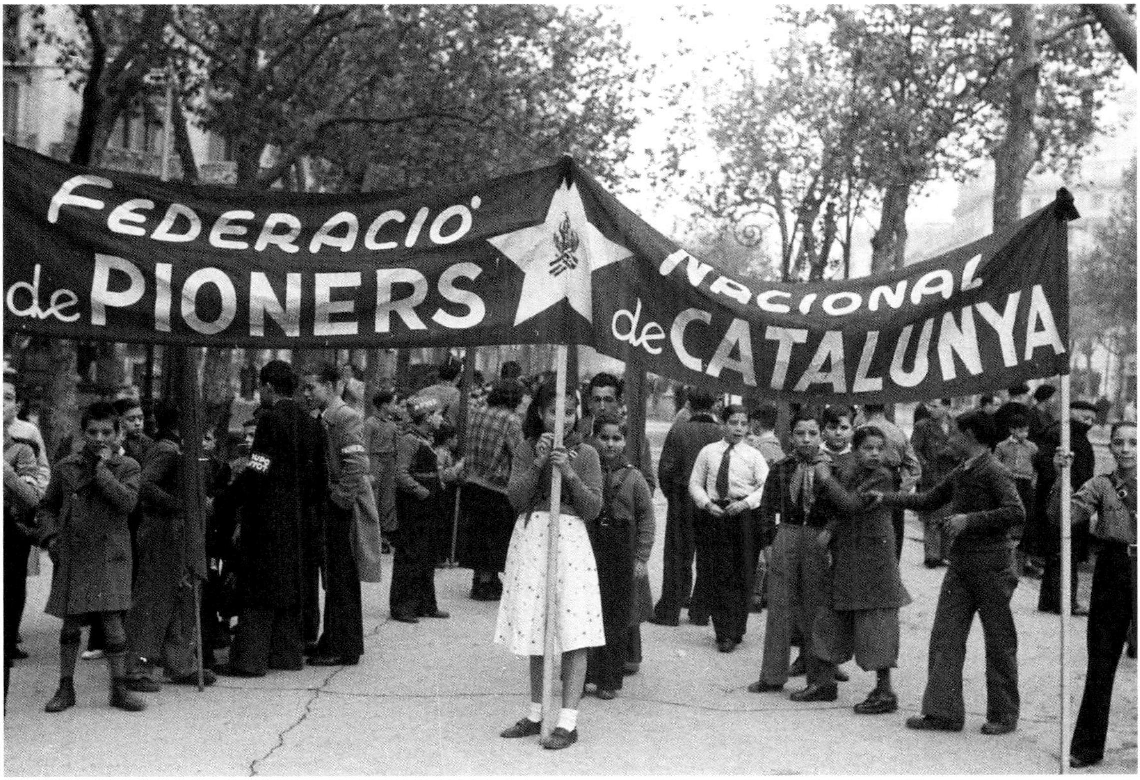

6 DE DICIEMBRE DE 1936, BARCELONA

El grupo de las juventudes pioneras republicanas de Cataluña en el cortejo fúnebre por Hans Beimler. Beimler fue un político alemán que huyó del campo de concentración de Dachau. Jefe de una de las Brigadas Internacionales, cayó en la defensa de Madrid.

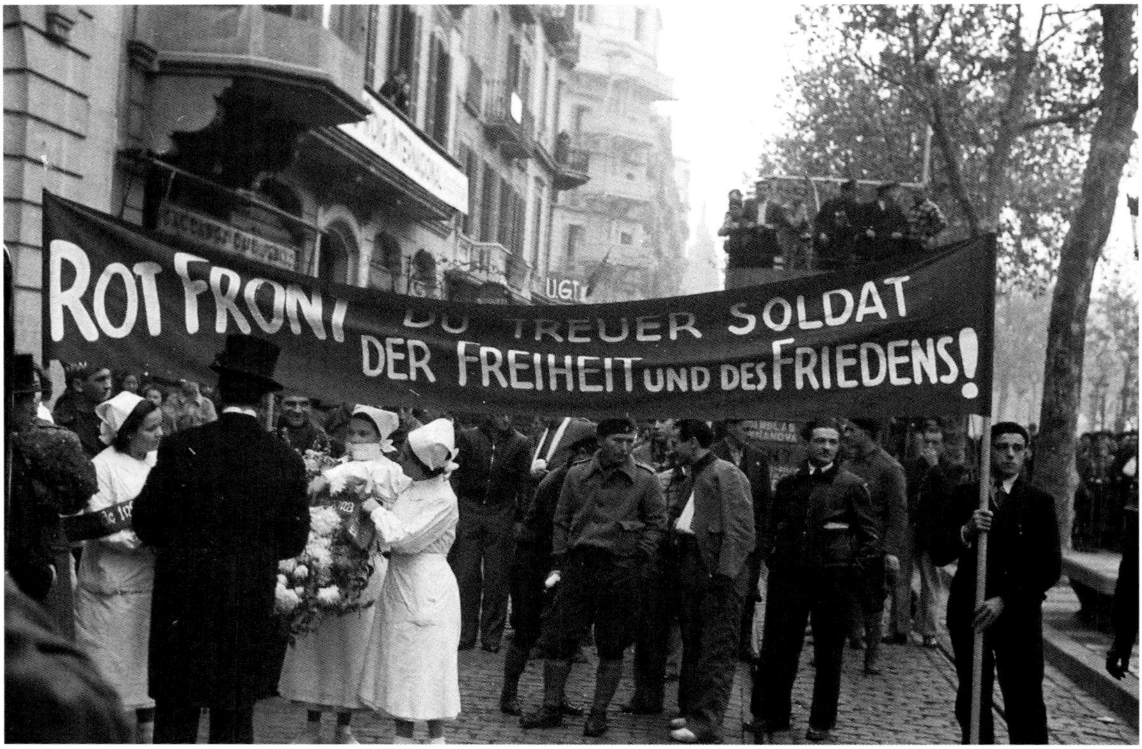

6 DE DICIEMBRE DE 1936, BARCELONA

Cortejo fúnebre por Hans Beimler. La pancarta propagandística en alemán reza: «Frente Rojo: ¡eres un verdadero soldado de la paz y la libertad!».

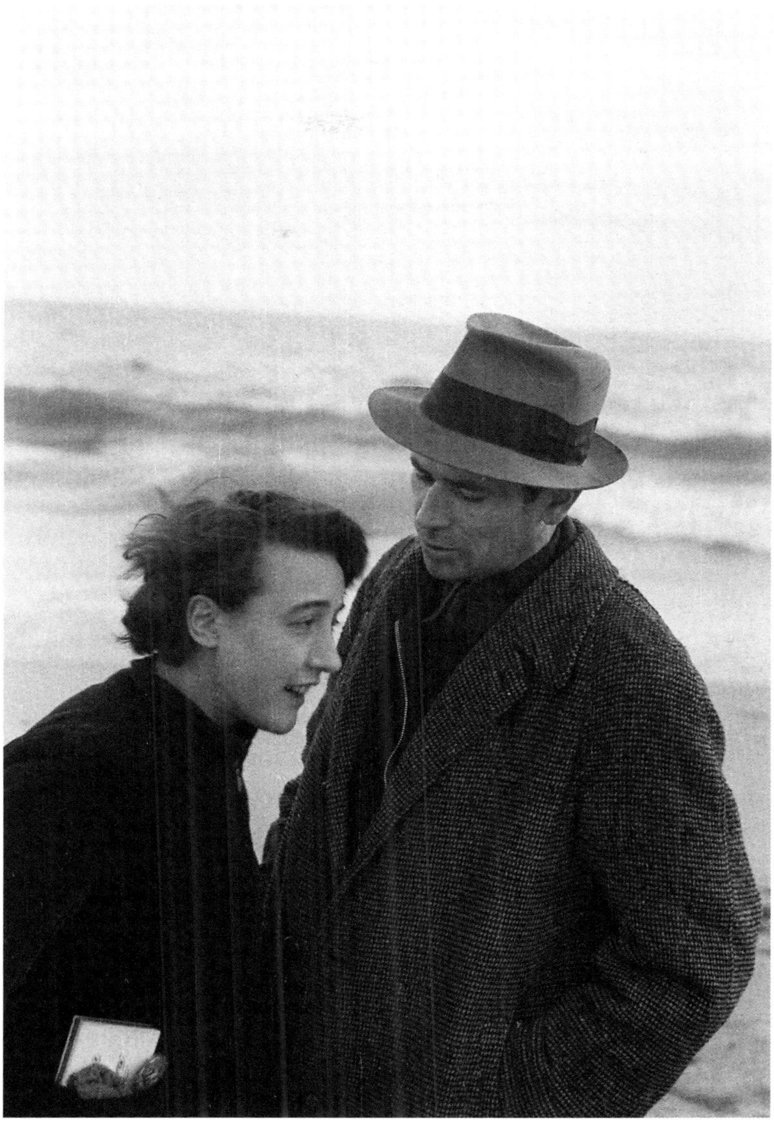

17 DE ENERO DE 1937, BARCELONA

Al y Rose Edwards en la playa de El Masnou. Al era un ingeniero neoyorquino encargado de reparar los motores de los aviones republicanos y más adelante fue organizador de la Brigada Americana.

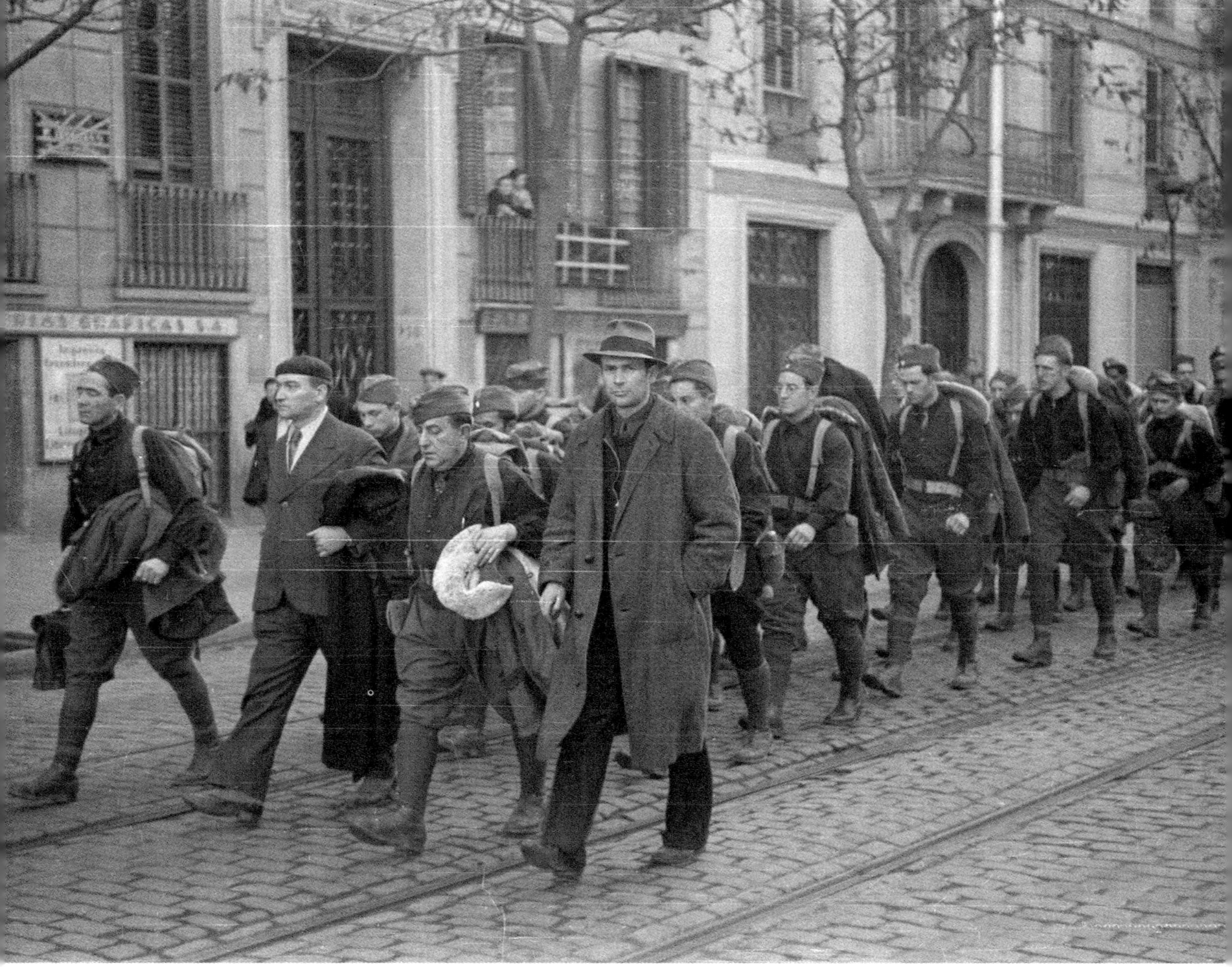

17 DE ENERO DE 1937, BARCELONA

Llegada del contingente Abraham Lincoln de la Brigada Internacional a Barcelona, acompañada por Al Edwards. Fue la primera unidad americana que luchó en el conflicto.

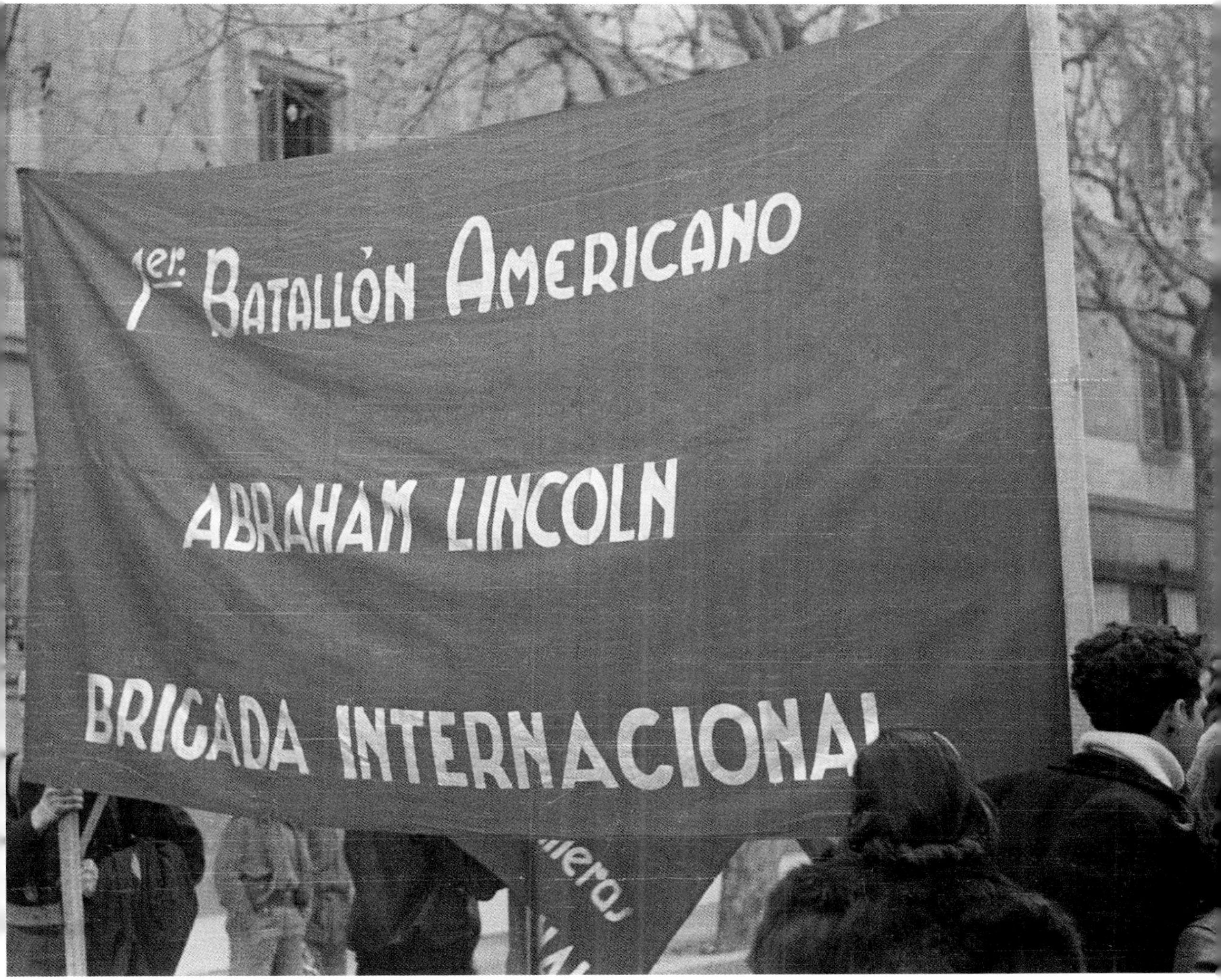

17 DE ENERO DE 1937, BARCELONA

Pancarta del contingente Abraham Lincoln de la Brigada Internacional.

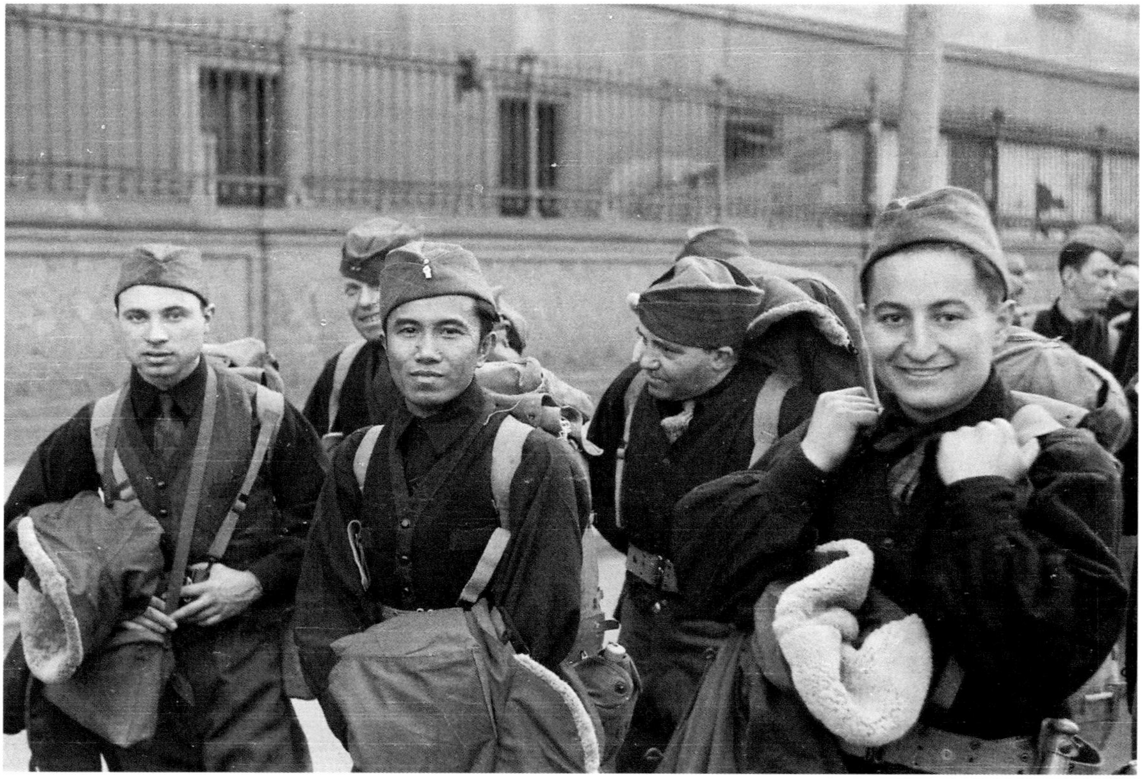

17 DE ENERO DE 1937, BARCELONA

El Batallón Lincoln fue una de las brigadas cuyos voluntarios eran más jóvenes.

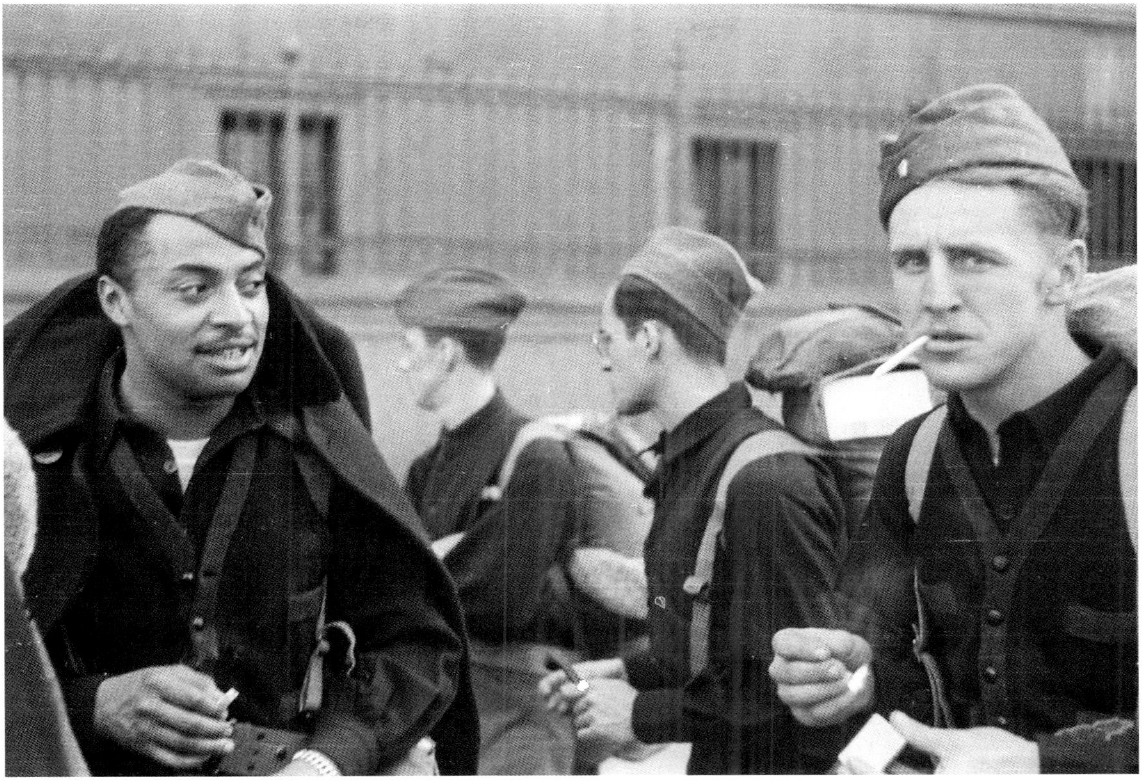

17 DE ENERO DE 1937, BARCELONA

Voluntarios del Batallón Lincoln en una pausa. Hubo muchas bajas en la contienda. Aproximadamente un tercio de los 2.800 voluntarios procedentes de los Estados Unidos no regresaron.

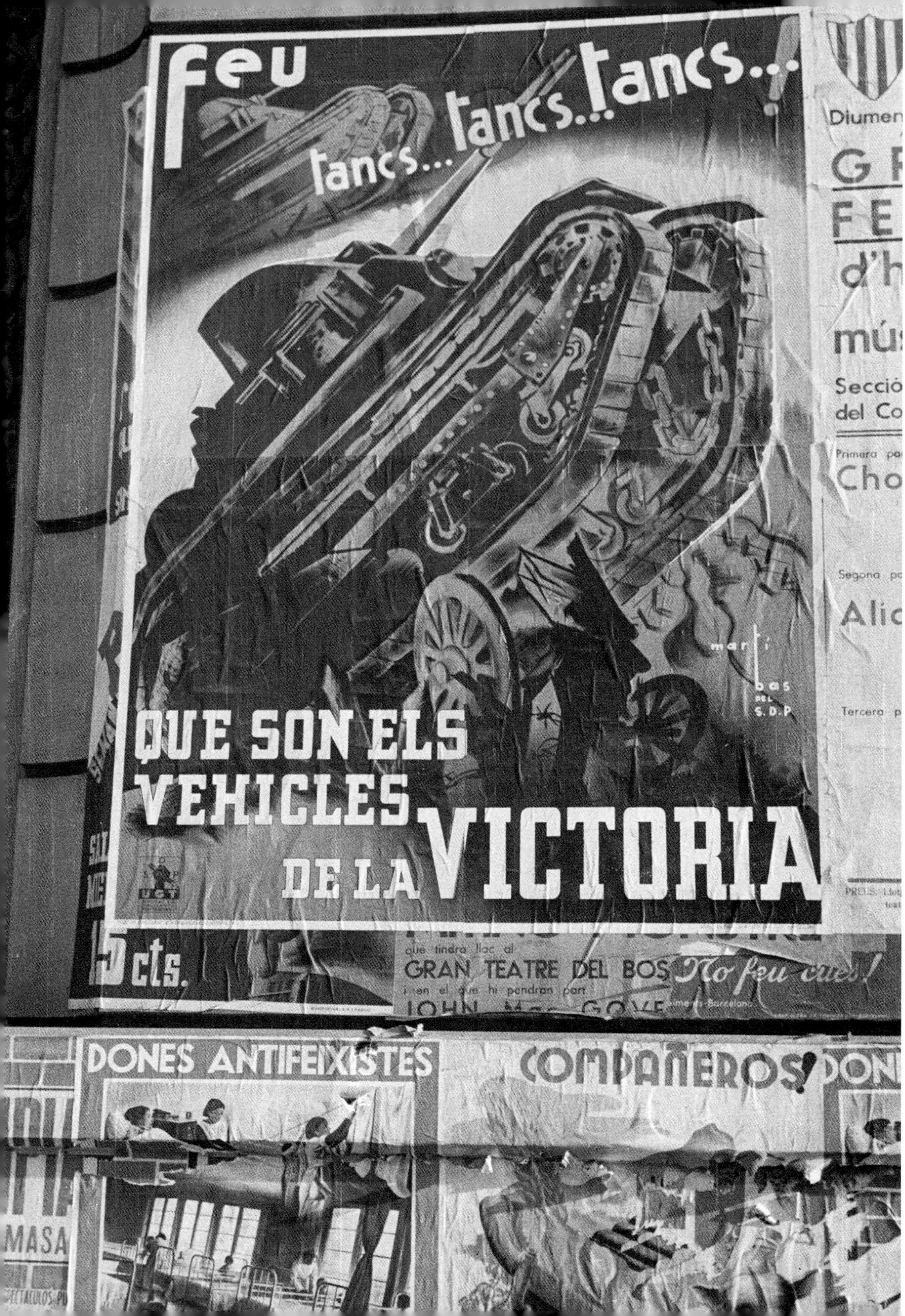
feu
tancs... tancs... tancs...!
QUE SON ELS
VEHICLES
DE LA VICTORIA
marti bas del S.D.P.
UGT
15 cts.
que tindrà lloc al
GRAN TEATRE DEL BOS
i en el que hi pendran part
No feu cues!
DONES ANTIFEIXISTES
COMPAÑEROS!
MASA

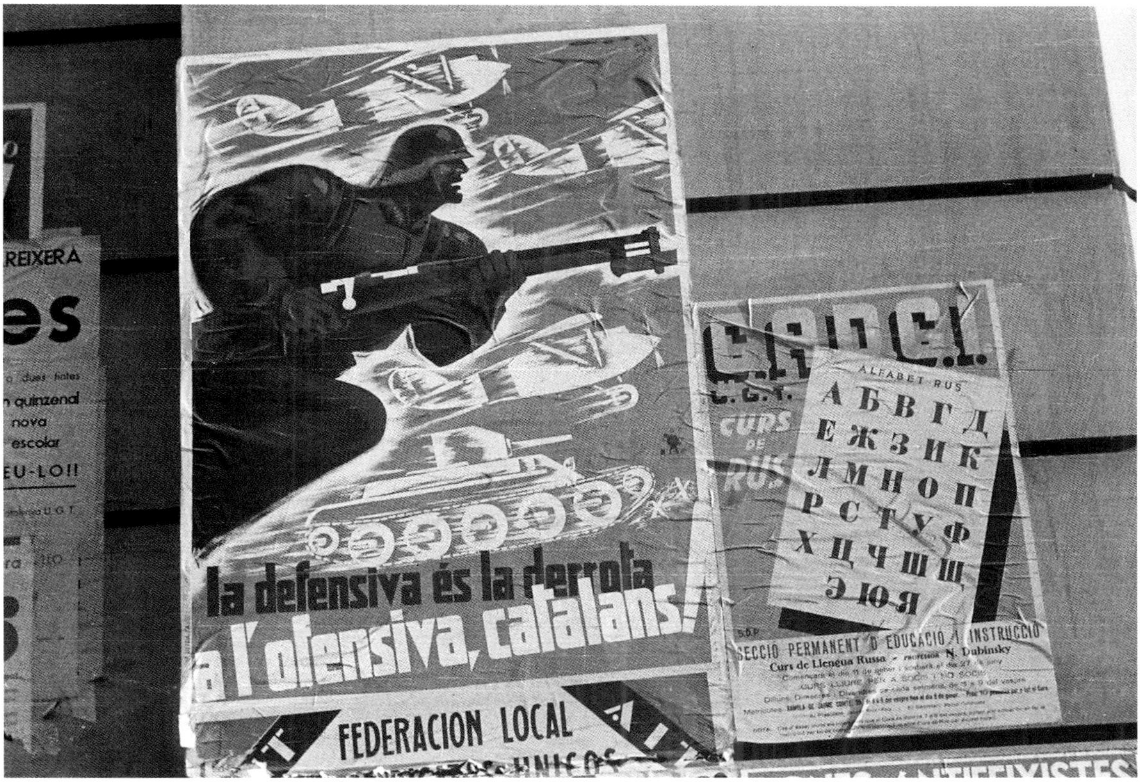

[ARRIBA] 26 DE ENERO DE 1937, BARCELONA

Carteles de propaganda republicana incitando a los catalanes al esfuerzo bélico.

[IZQUIERDA] 26 DE ENERO DE 1937, BARCELONA

Cartel de propaganda republicana que reza: «Los tanques son los vehículos de la victoria.» A menudo estos carteles eran creados por artistas célebres.

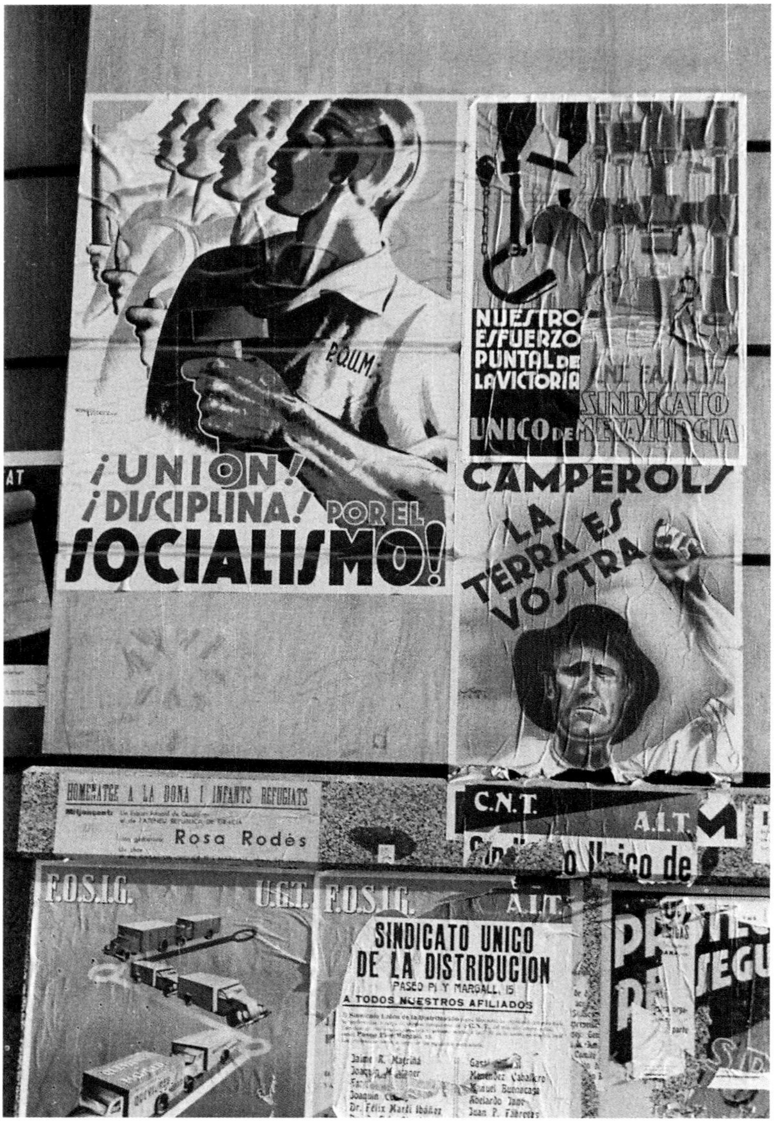

26 DE ENERO DE 1937, BARCELONA

Carteles de propaganda de los diversos sindicatos.

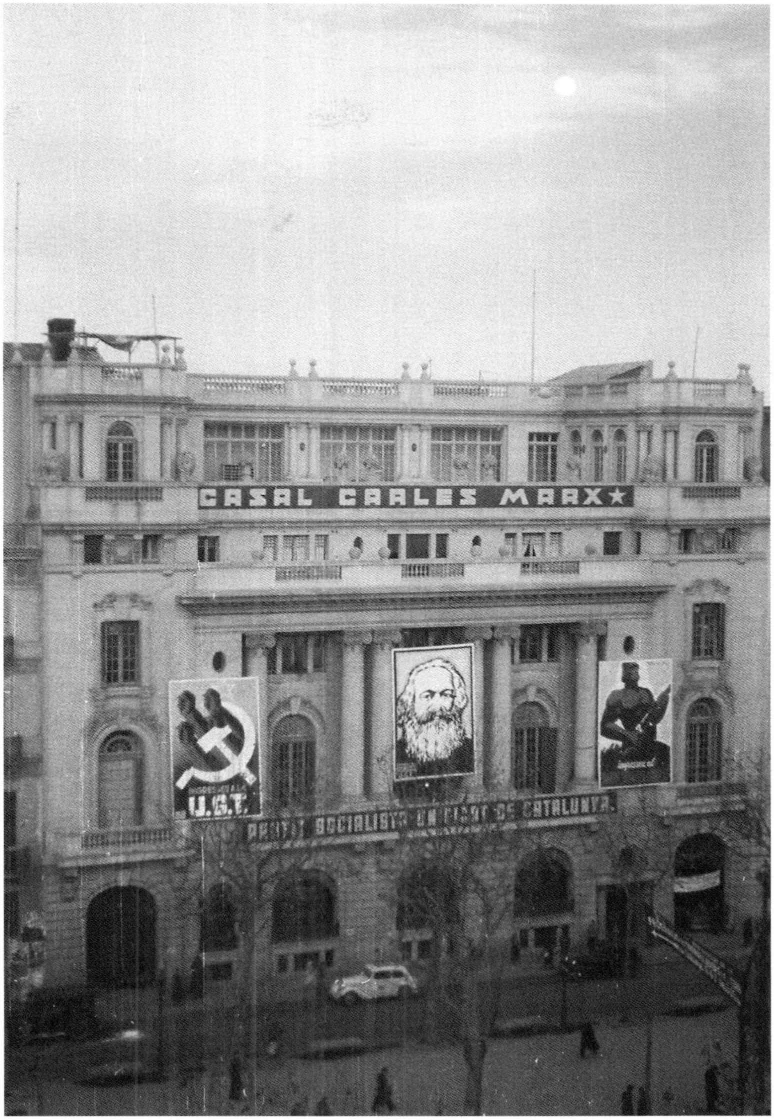

26 DE ENERO DE 1937, BARCELONA

El edificio Karl Marx en Barcelona. Durante los primeros meses se respiraba una atmósfera revolucionaria. La Unión Soviética era el único aliado incondicional de la República, pero luego Stalin abandonó su interés para prepararse para la Segunda Guerra Mundial.

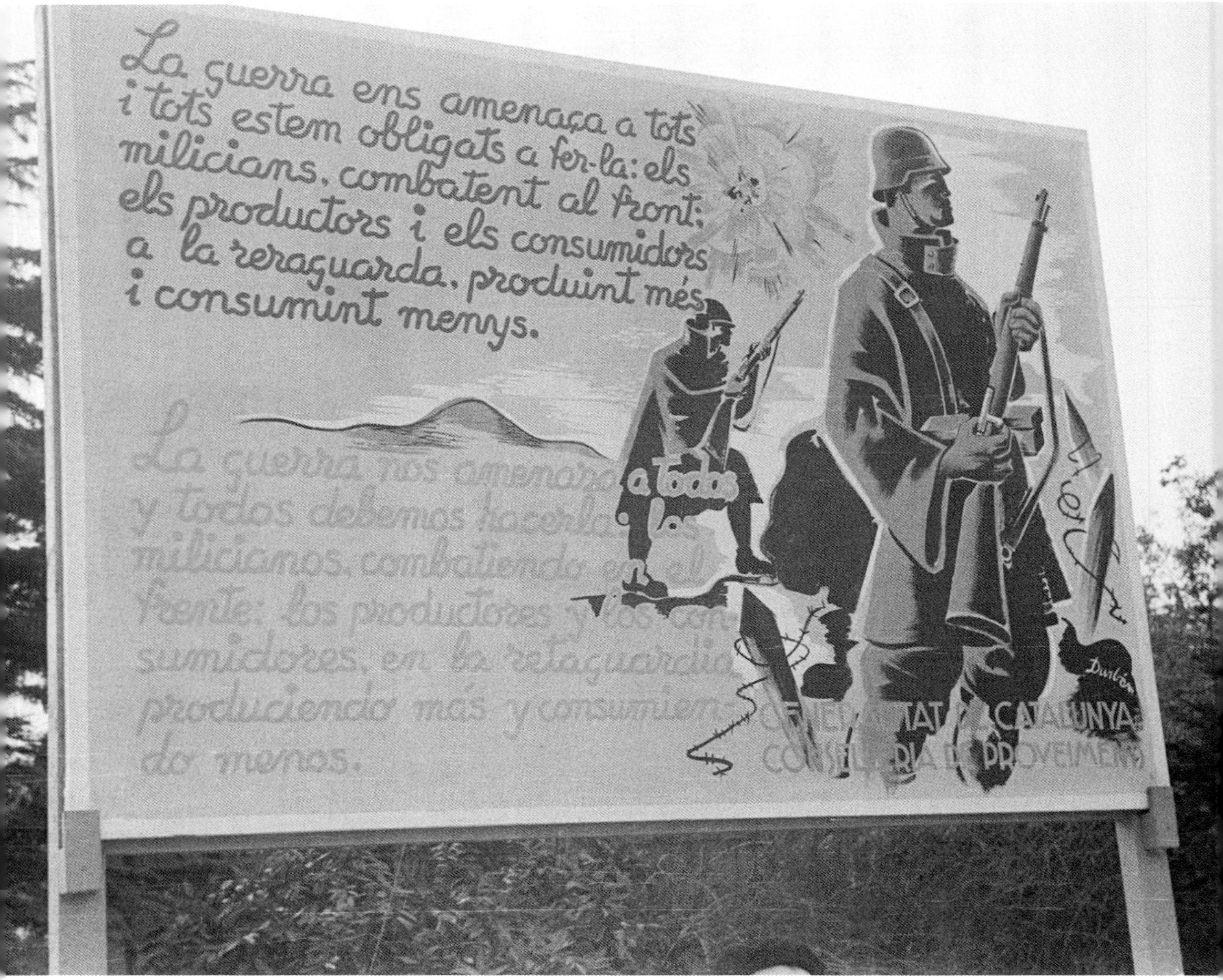

5 DE FEBRERO DE 1937, BARCELONA

En la República Española, los carteles solían escribirse también en el idioma de la región (aquí en catalán en la parte superior).

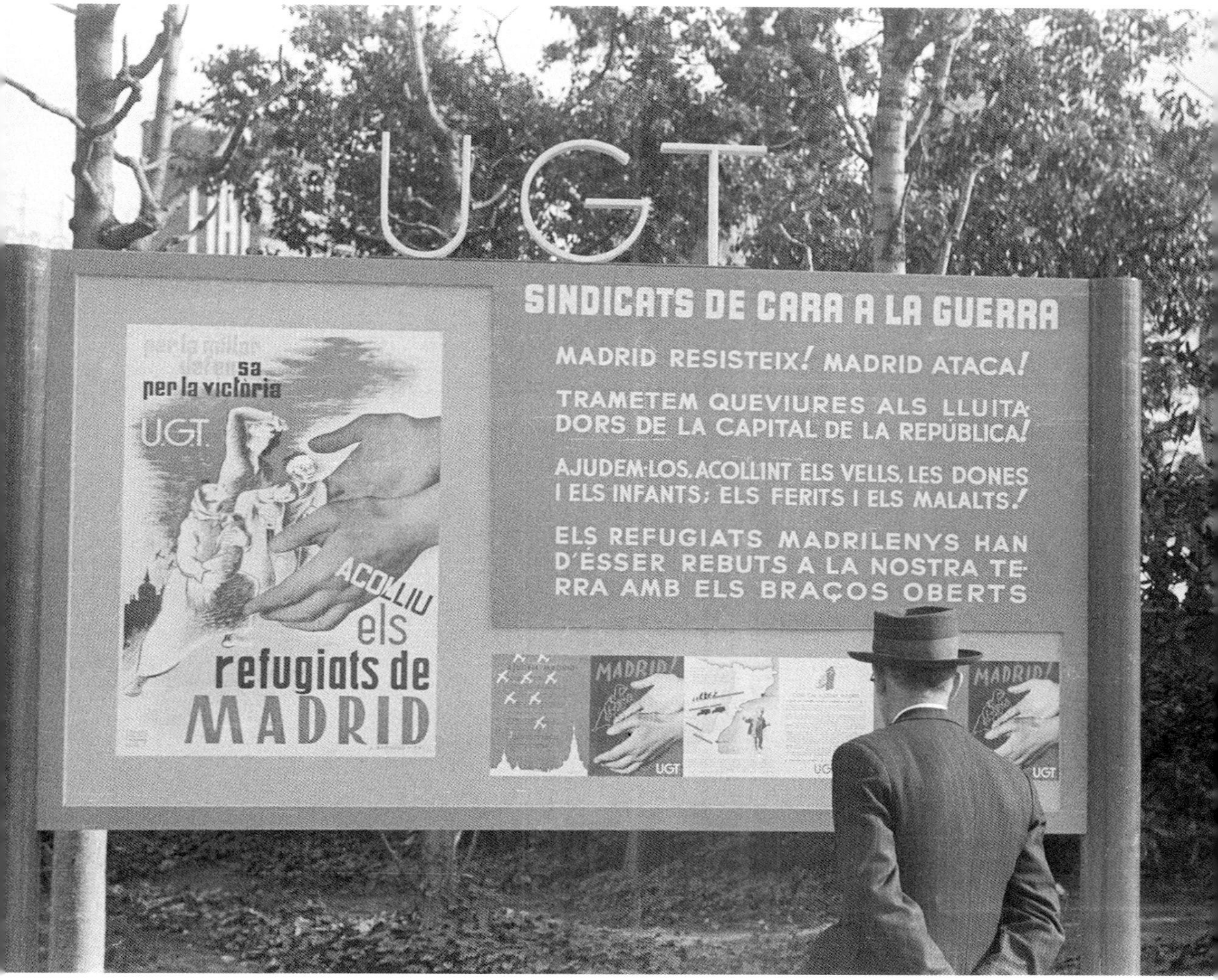

5 DE FEBRERO DE 1937, BARCELONA

Un cartel del sindicato UGT pidiendo ayuda para los refugiados del sitio de Madrid.

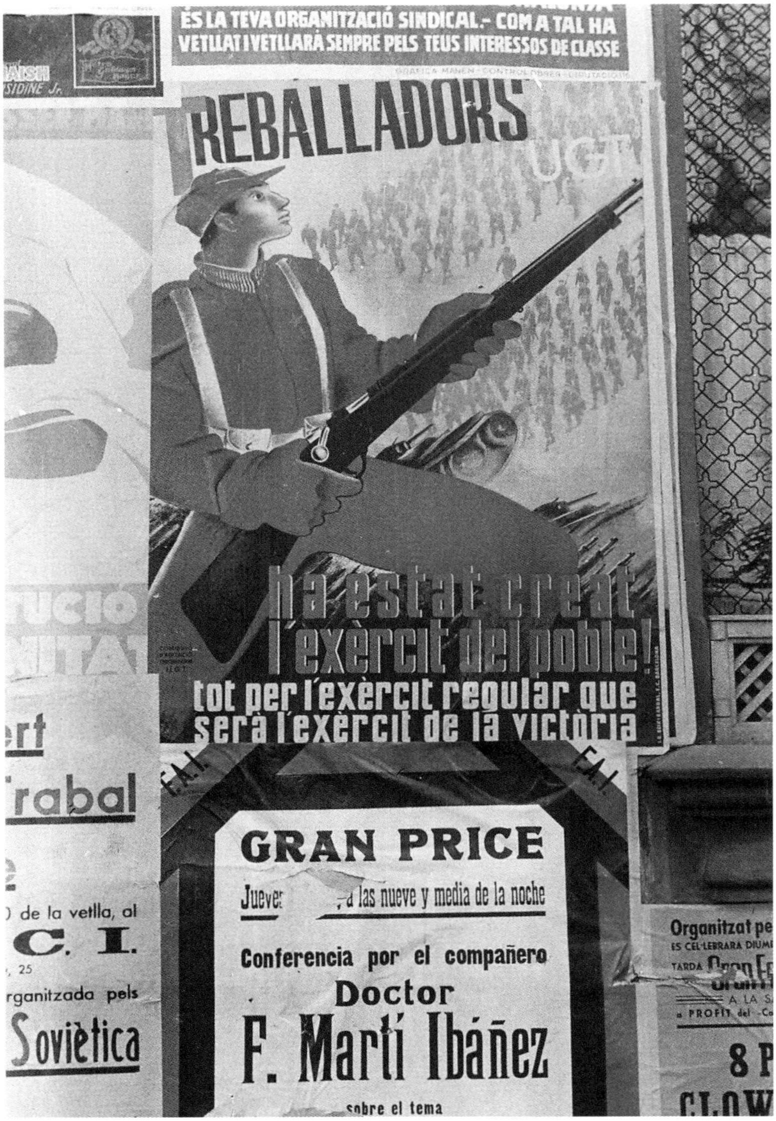

5 DE FEBRERO DE 1937, BARCELONA

Cartel de propaganda de la UGT en catalán: Unió General de Treballadors.

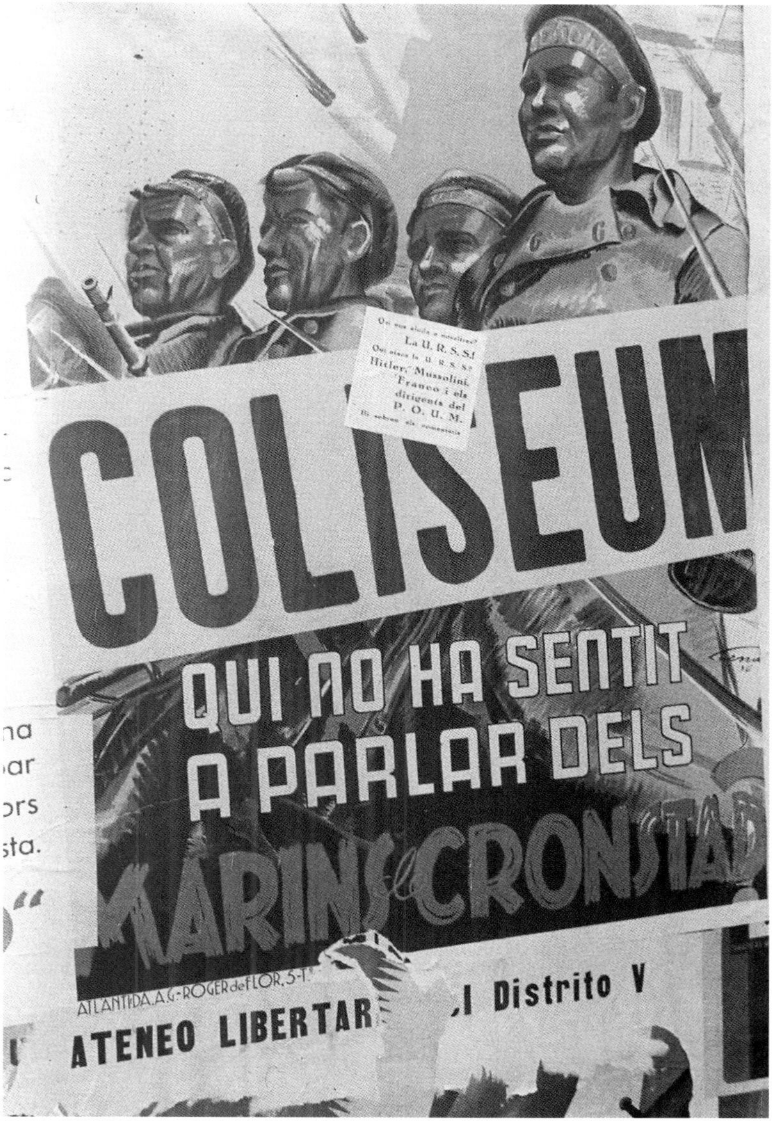

5 DE FEBRERO DE 1937, BARCELONA

Cartel que anuncia la película *Marinos de Cronstad*, una historia revisionista que describe la supuesta integración de los anarquistas en el Ejército Rojo.

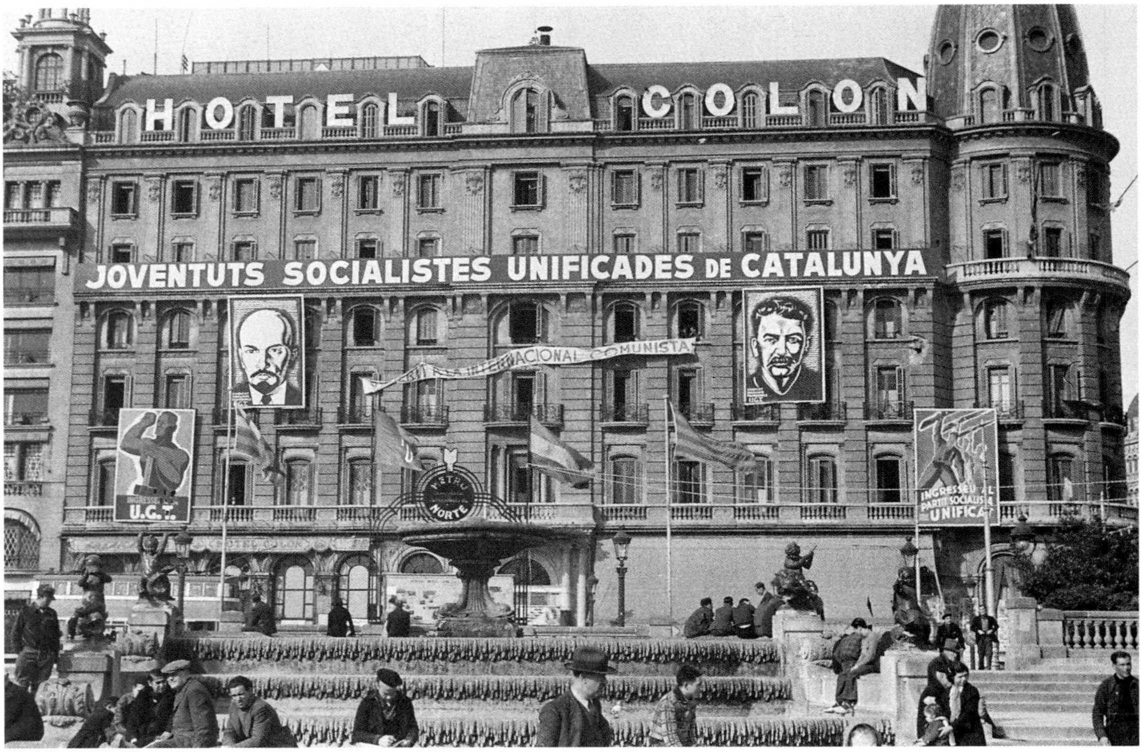

[ARRIBA] 5 DE FEBRERO DE 1937, BARCELONA

El Hotel Colón era la sede central del Partido Socialista Unificado de Cataluña. Los voluntarios extranjeros eran examinados aquí por funcionarios extranjeros del partido comunista. La sede del PSUC sería un elemento central en la sublevación de mayo de 1937 en Barcelona.

[DERECHA] 14 DE MARZO DE 1937, BARCELONA

Una barcelonesa luce un broche político de un puño cerrado con la leyenda «¡No pasarán!», el eslogan de la defensa de Madrid. Las mujeres se implicaron notablemente en la causa republicana.

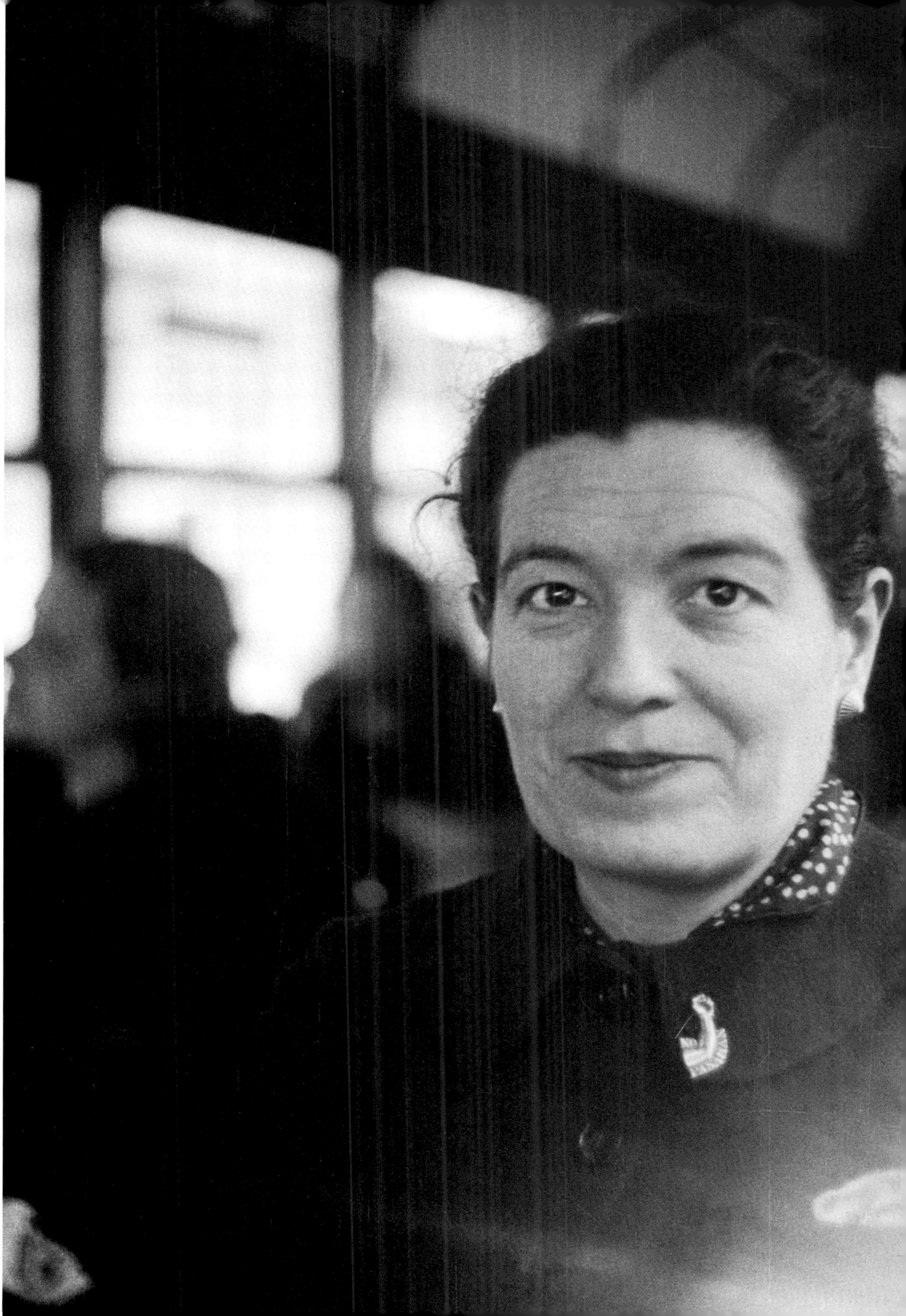

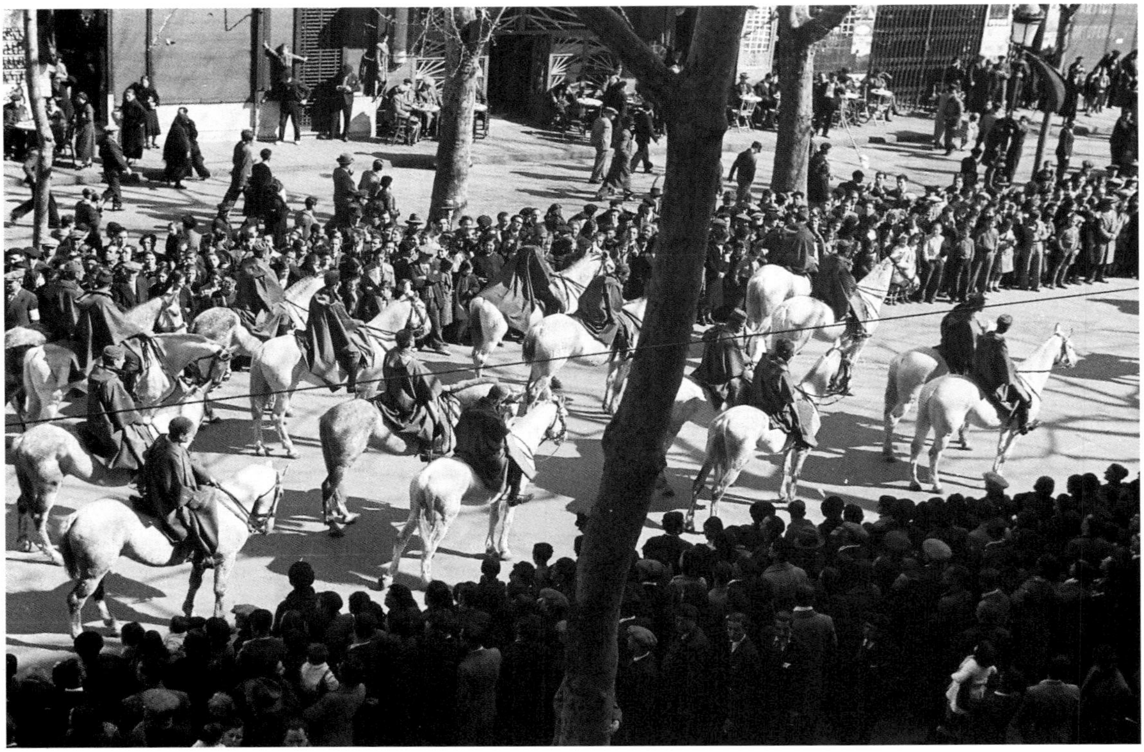

28 DE FEBRERO DE 1937, BARCELONA

El recién formado Ejército Popular de la República Española en un desfile de caballería.

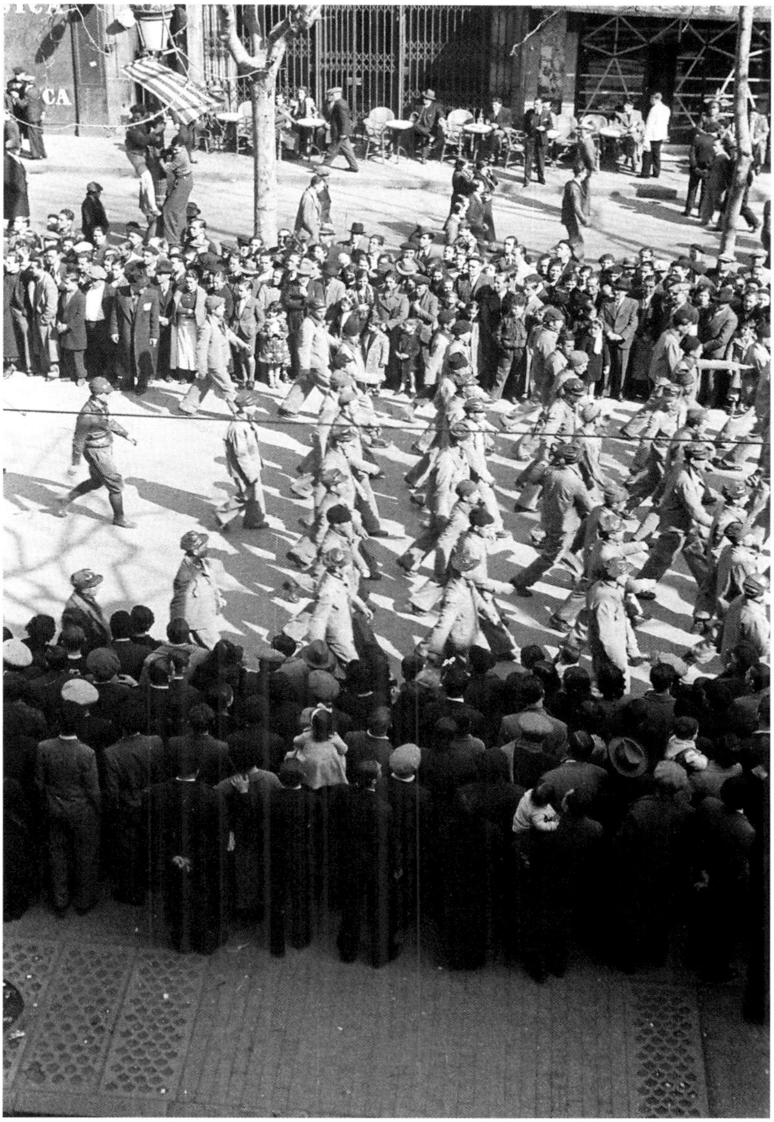

28 DE FEBRERO DE 1937, BARCELONA

La infantería del Ejército Popular desfilando.

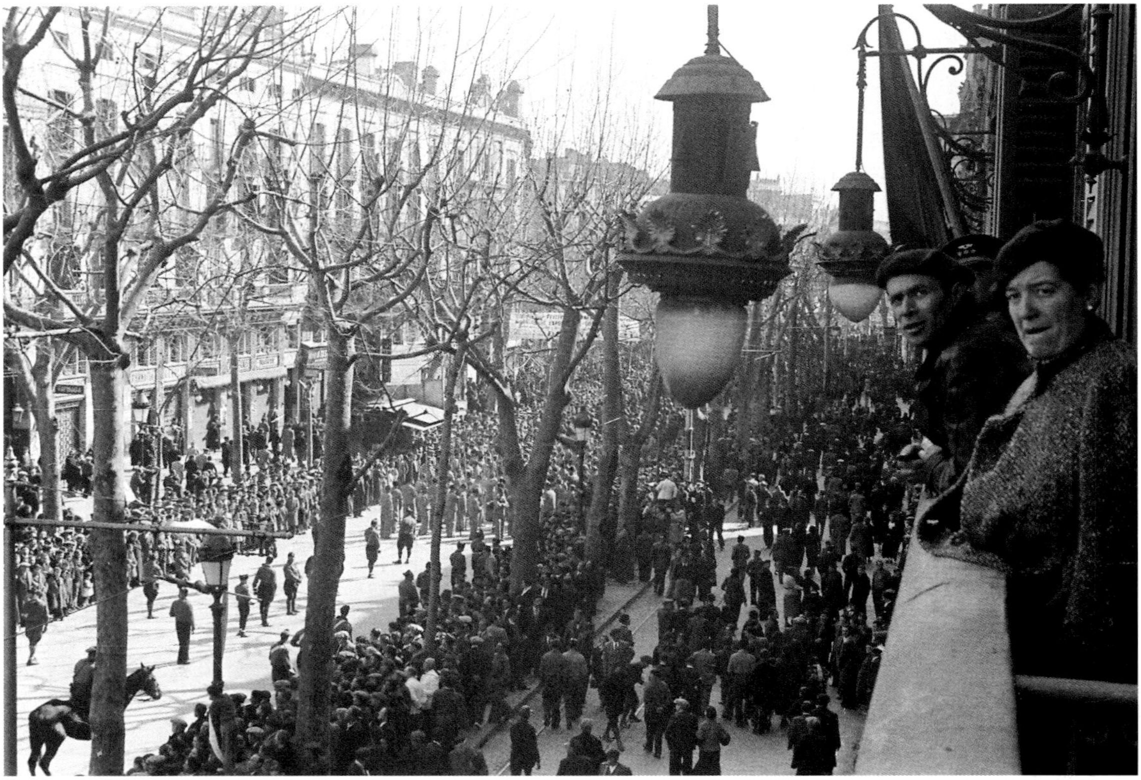

28 DE FEBRERO DE 1937, BARCELONA

Barceloneses presenciando el desfile del Ejército Popular.

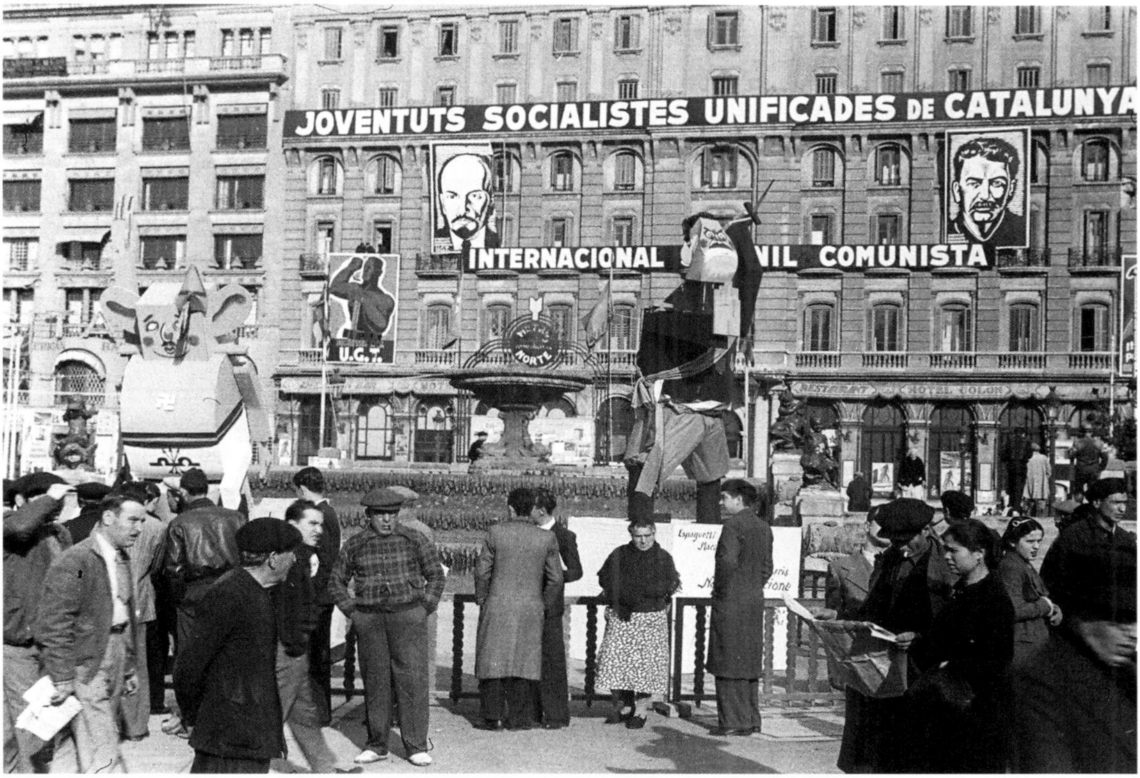

28 DE FEBRERO DE 1937, BARCELONA

El Hotel Colón con imágenes prosoviéticas de Lenin y Stalin y efigies satíricas de Hitler (izquierda) y Mussolini (derecha). La Guerra Civil Española enfrentó a alemanes e italianos antifascistas con compatriotas suyos enviados por Hitler y Mussolini a respaldar la rebelión del ejército nacional de Franco.

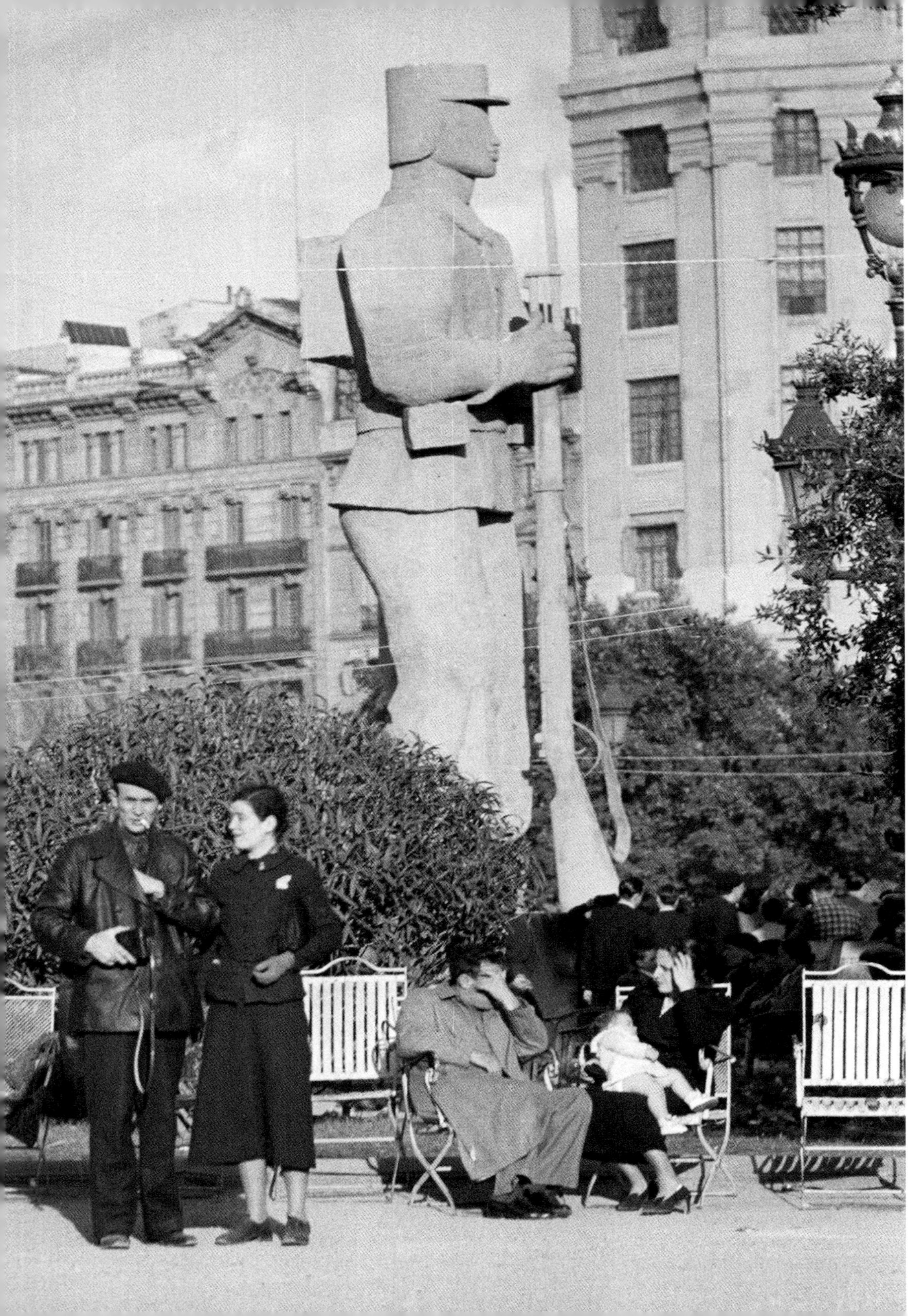

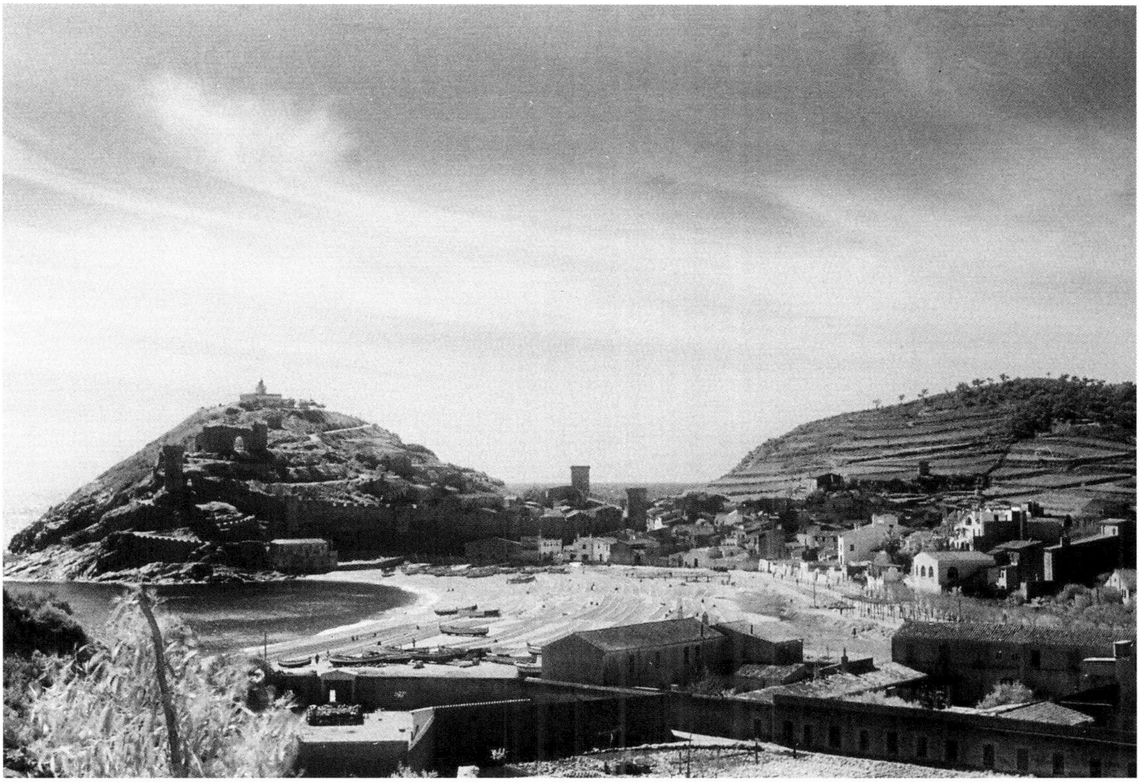

[ARRIBA] 21 DE MARZO DE 1937, TOSSA DE MAR

Tossa, al norte de Barcelona, un pueblo pesquero y agrícola, aparece aquí relativamente ajeno a la guerra.

[IZQUIERDA] 14 DE MARZO DE 1937, BARCELONA

Estatua de un soldado del Ejército Popular fomentando la integración de las milicias anarquistas y sindicalistas.

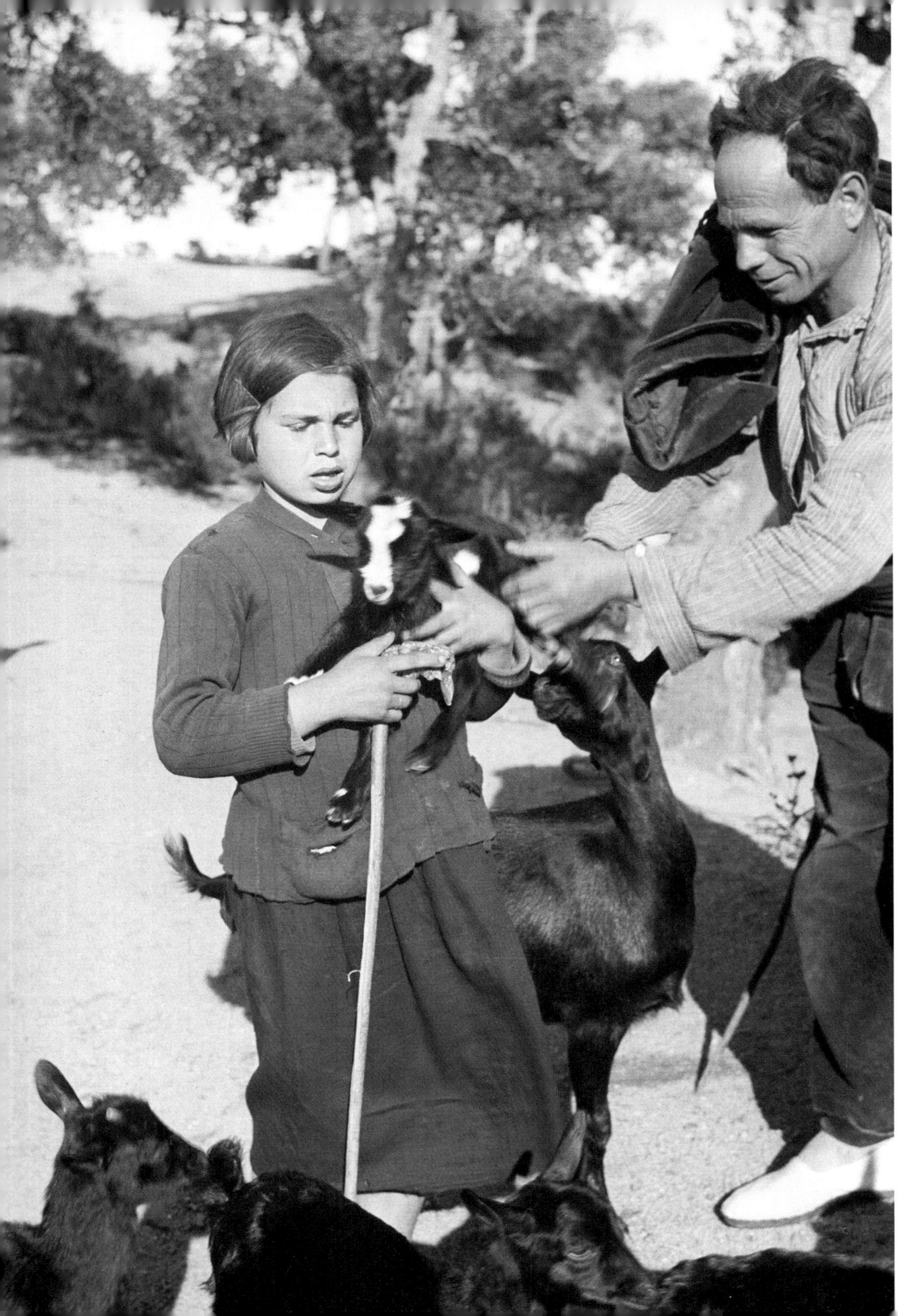

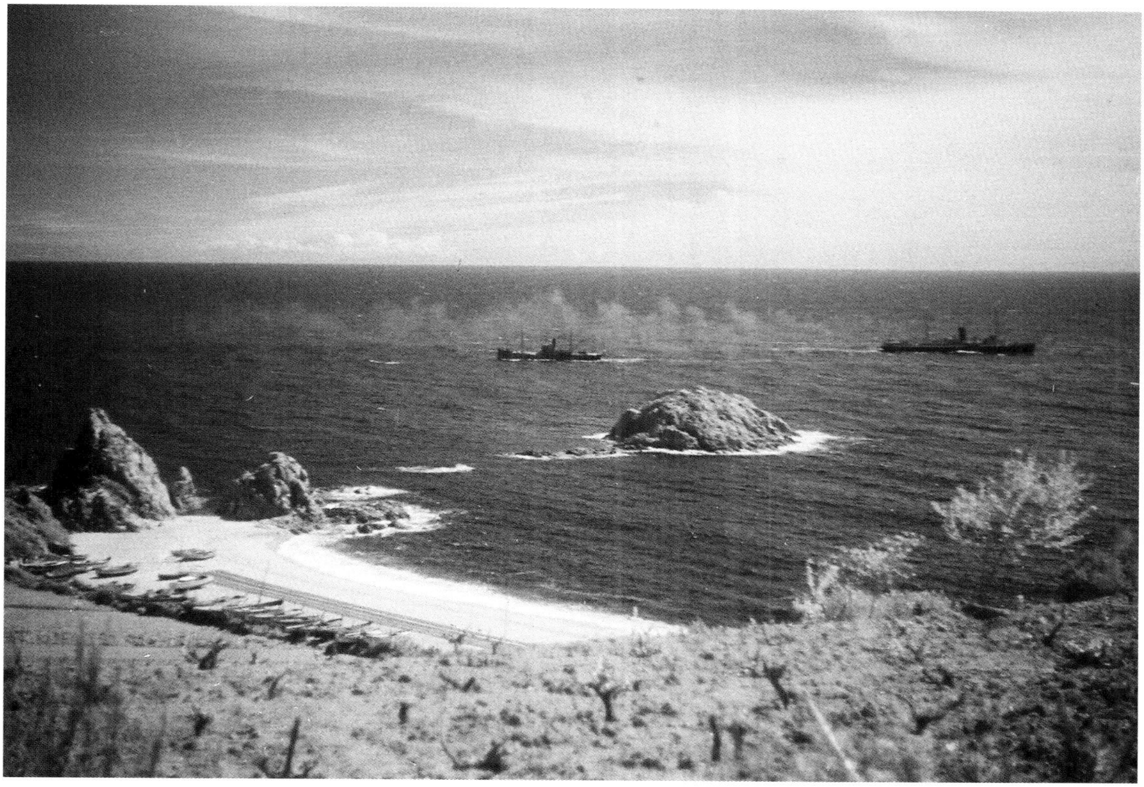

[ARRIBA] 21 DE MARZO DE 1937, TOSSA DE MAR

En un principio el bando republicano contó con ventaja naval, con más buques. Posteriormente, las flotas italiana y alemana apoyaron al bando nacional de Franco.

[IZQUIERDA] 22 DE MARZO DE 1937, TOSSA DE MAR

Niña de la localidad, con una cabrita recién nacida, ayudando a cuidar del ganado.

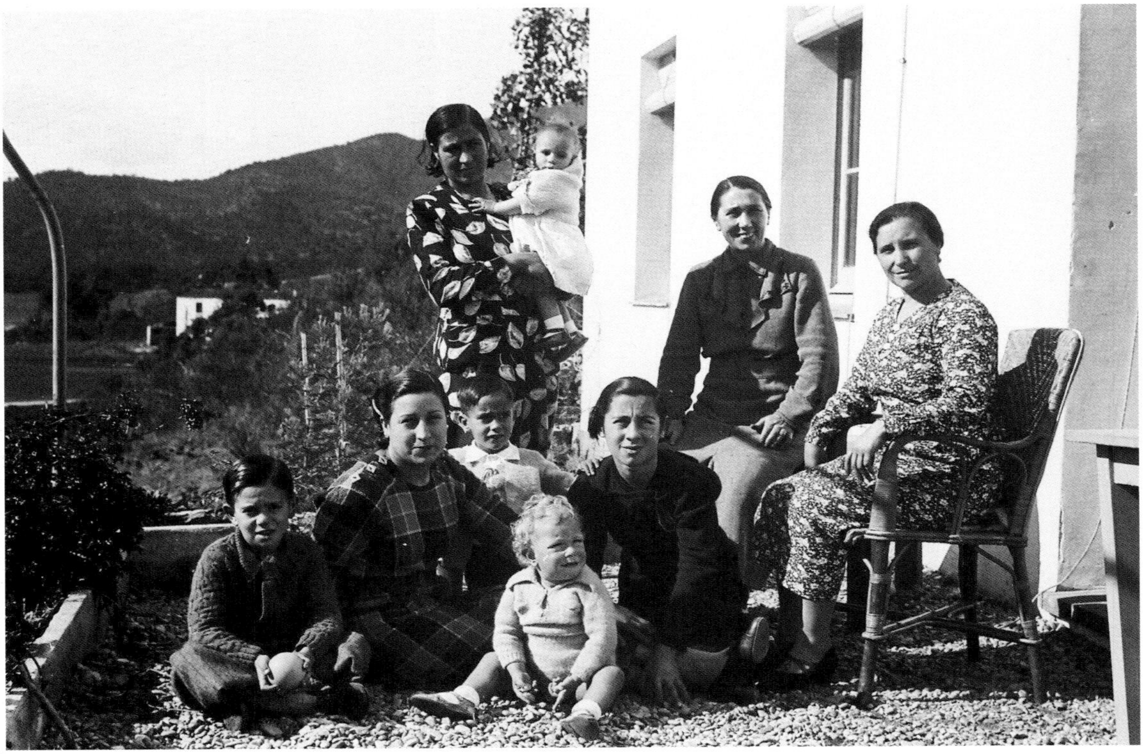

22 DE MARZO DE 1937, TOSSA DE MAR

Retrato de una familia de la localidad.

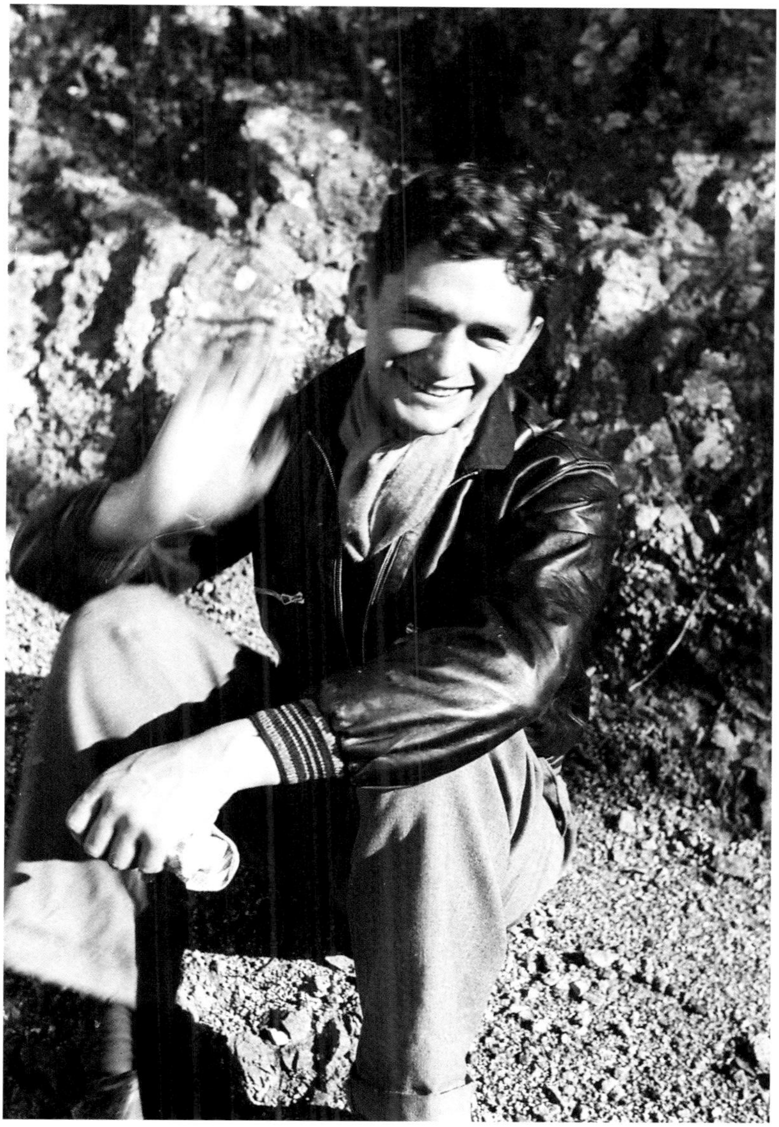

22 DE MARZO DE 1937, TOSSA DE MAR

Dick Bennett, periodista británico.

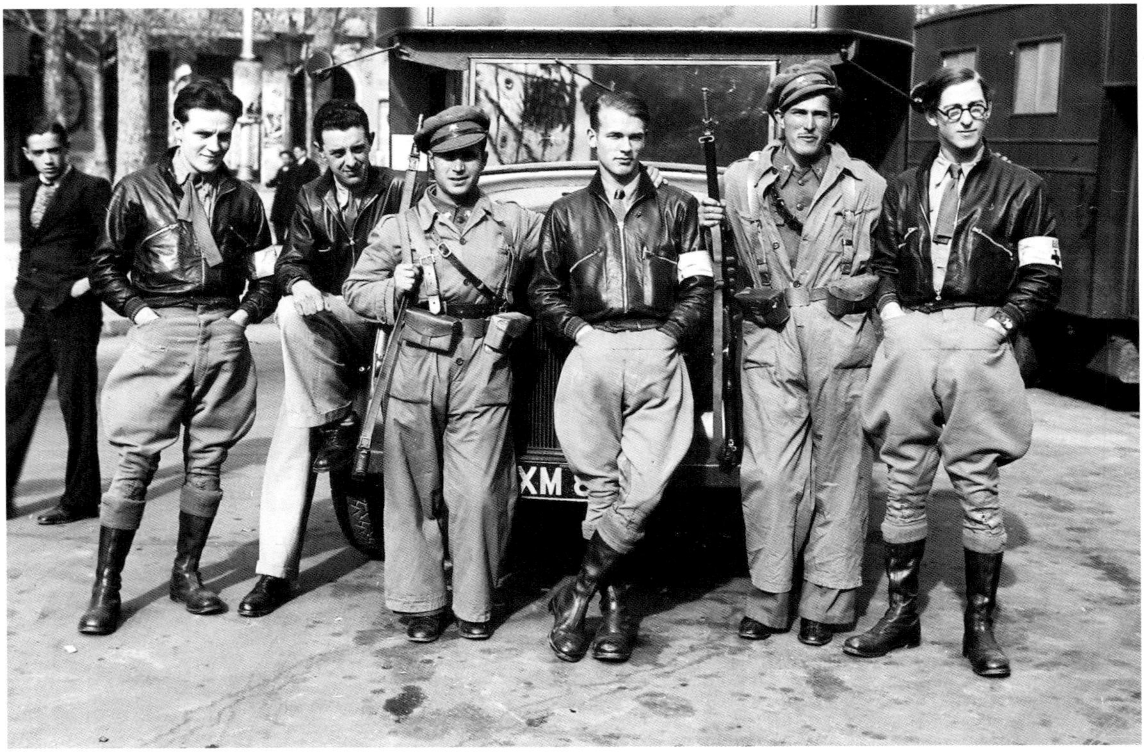

2 DE ABRIL DE 1937, BARCELONA

Un equipo de conductores de ambulancia, con Roy Poole (segundo por la izquierda), Peter Harrison (segundo por la derecha) y John Boulting (al final a la derecha).

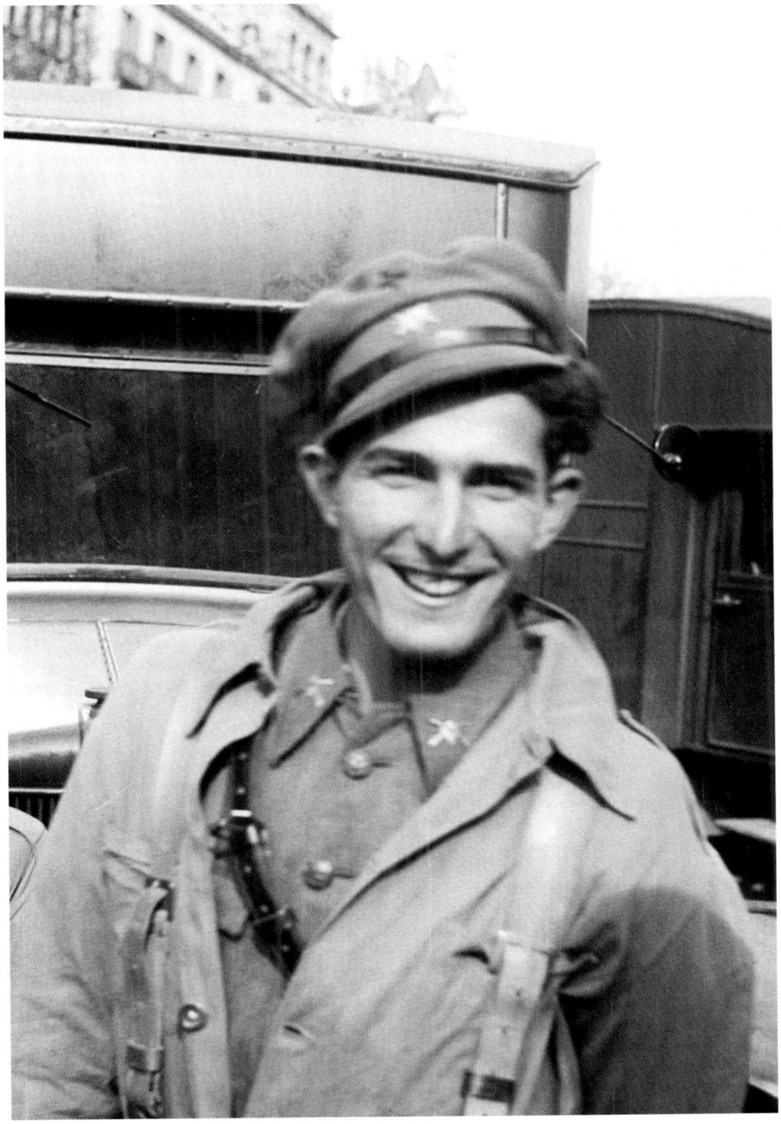

2 DE ABRIL DE 1937, BARCELONA

Peter Harrison, recién llegado del Spanish Medical Aid Committee (SMAC), sucesor de la British Medical Unit (BMU).

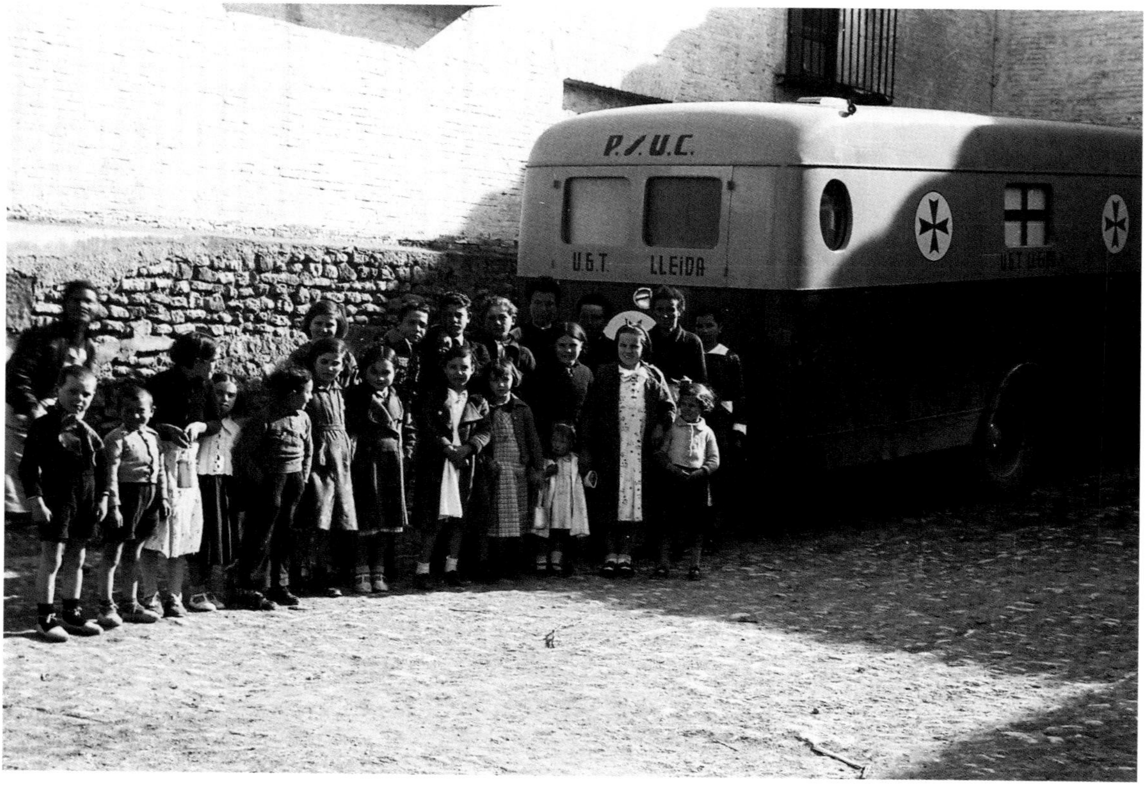

3 DE ABRIL DE 1937, POLEÑINO

Niños de la localidad reunidos delante del hospital del SMAC en el frente de Aragón.

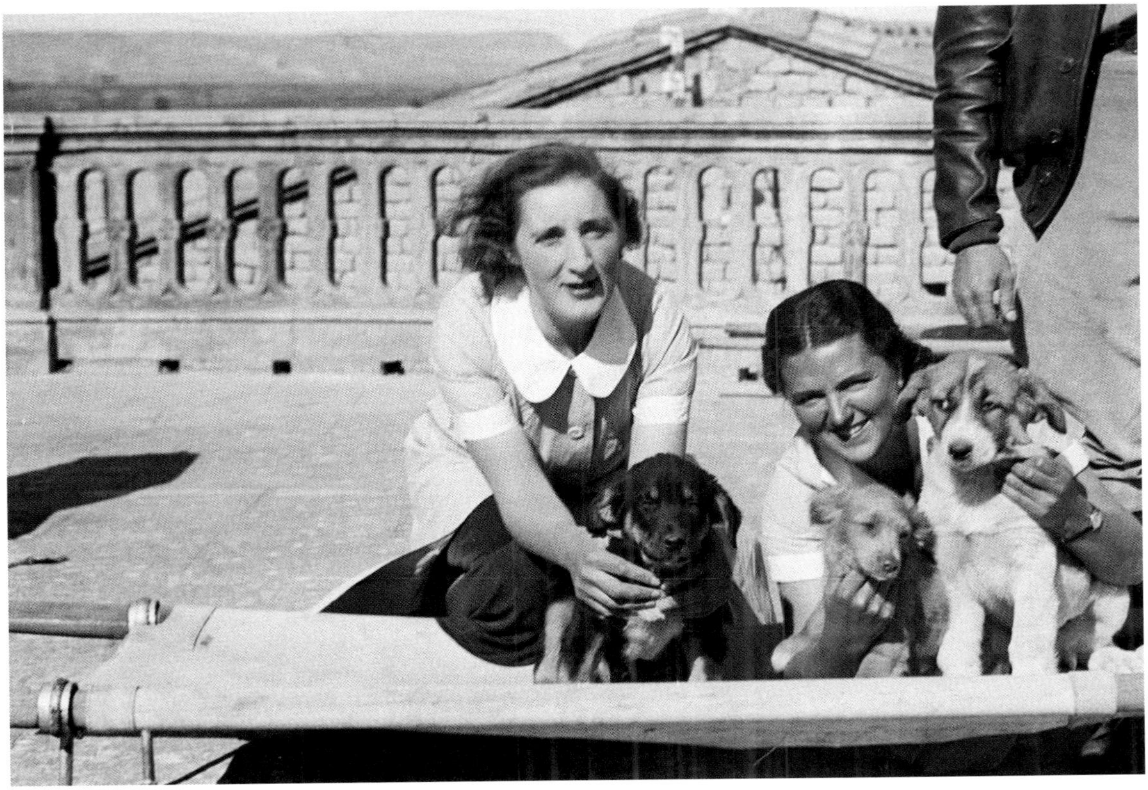

3 DE ABRIL DE 1937, POLEÑINO

La enfermera Ann Murray y Rosita Davson con sus animales del hospital del SMAC.

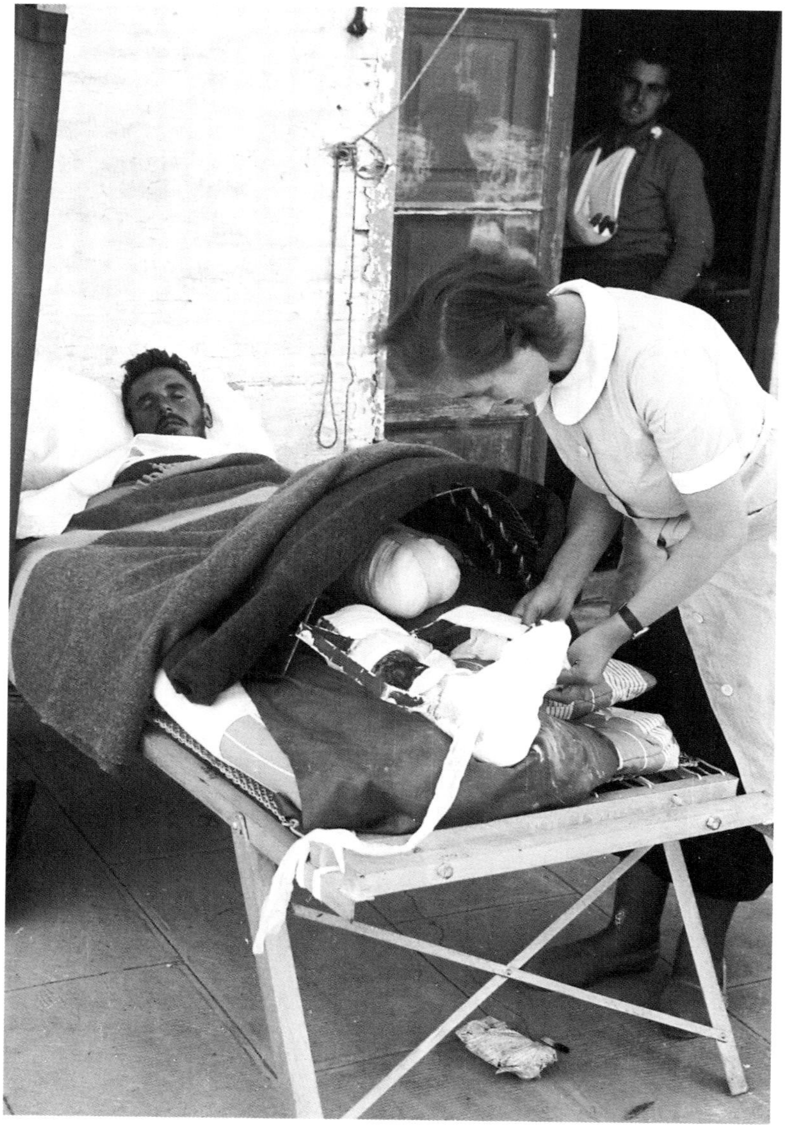

3 DE ABRIL DE 1937, POLEÑINO

Enfermera atendiendo a un herido en el hospital del SMAC.

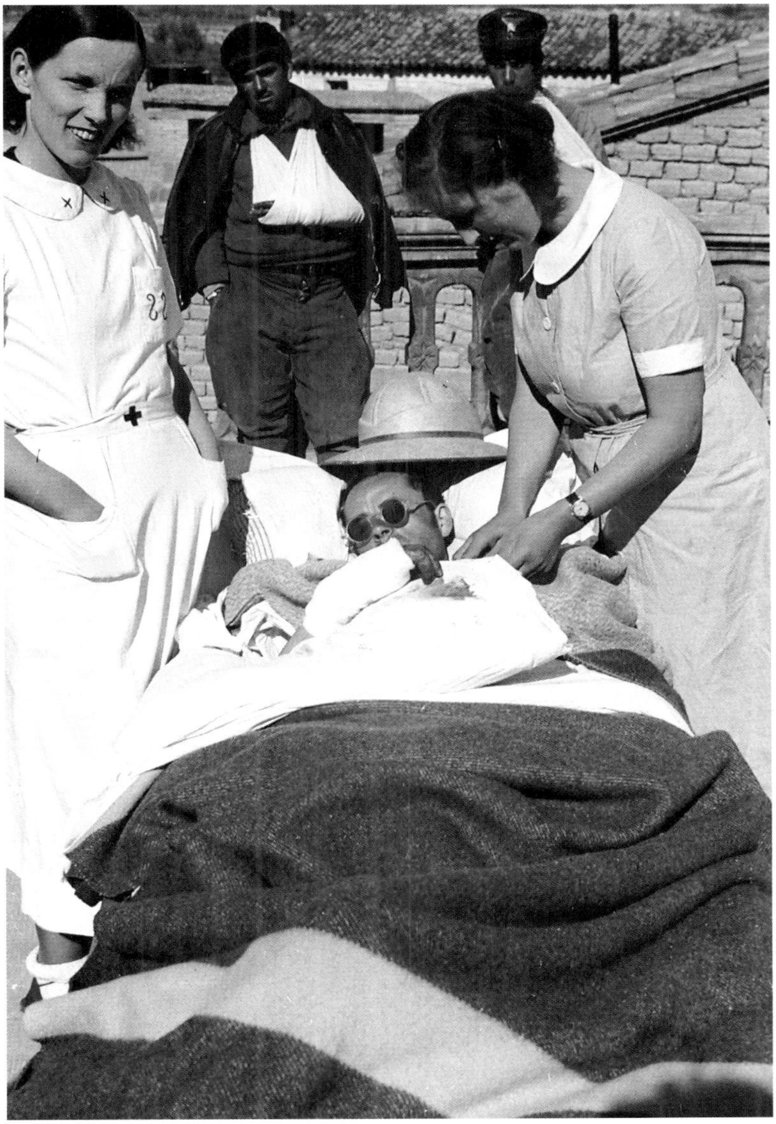

3 DE ABRIL DE 1937, POLEÑINO

Un paciente convaleciente expuesto al sol con mantas para mantener el calor en un día fresco de primavera.

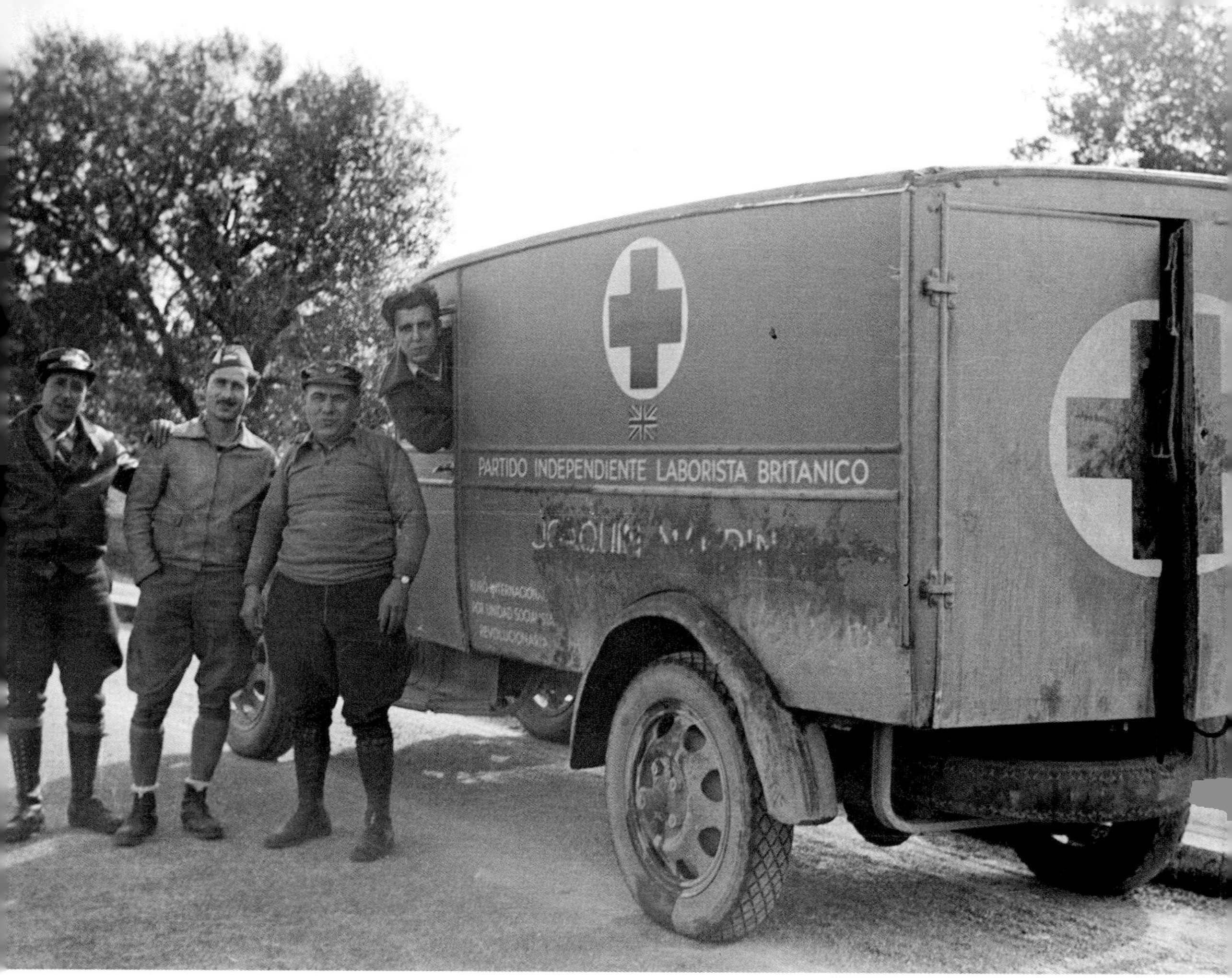

4 DE ABRIL DE 1937, POLEÑINO

Voluntarios del Partido Laborista Independiente británico (ILP).
George Orwell llegó a España con este grupo.

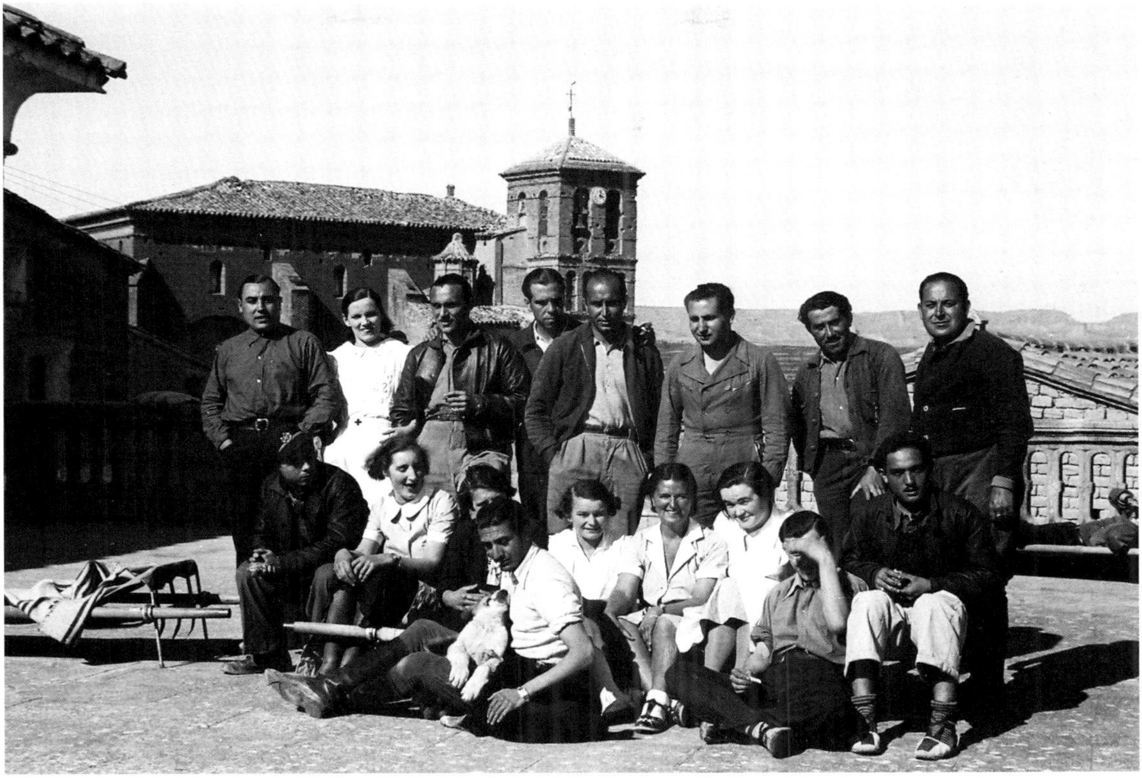

3 DE ABRIL DE 1937, POLEÑINO

Personal del hospital del SMAC.

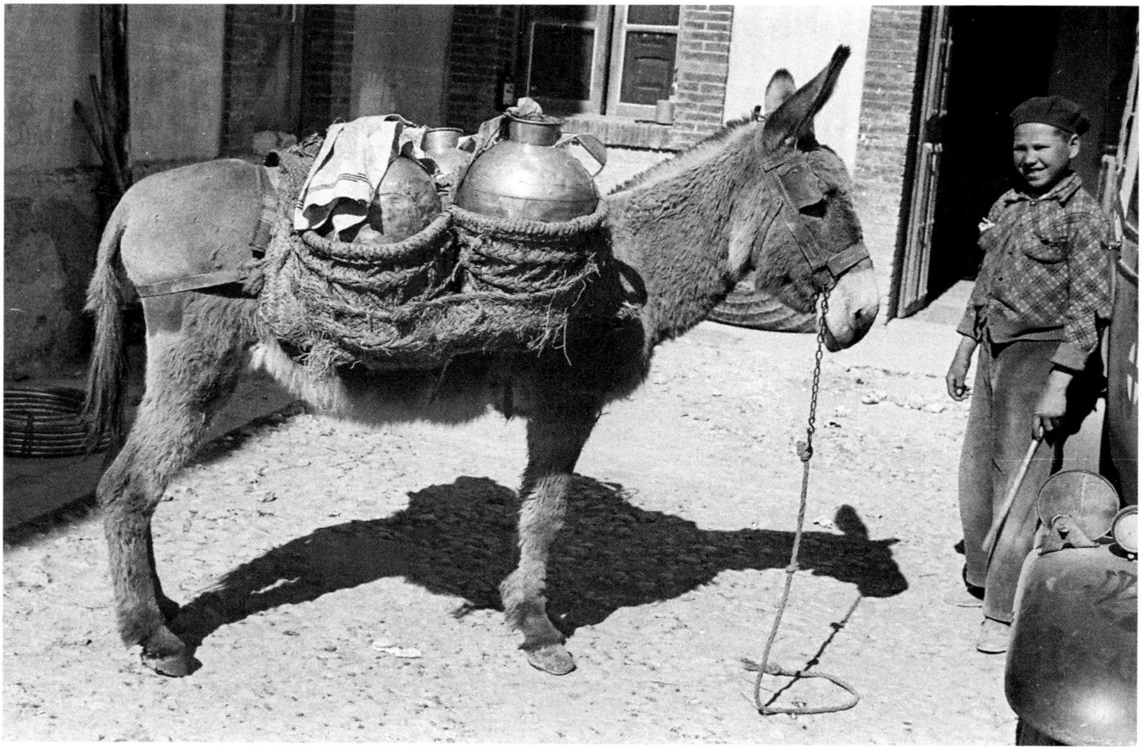

17-19 DE ABRIL DE 1937, MADRID

En el esfuerzo bélico se empleaba toda clase de transportes, asnos incluidos.

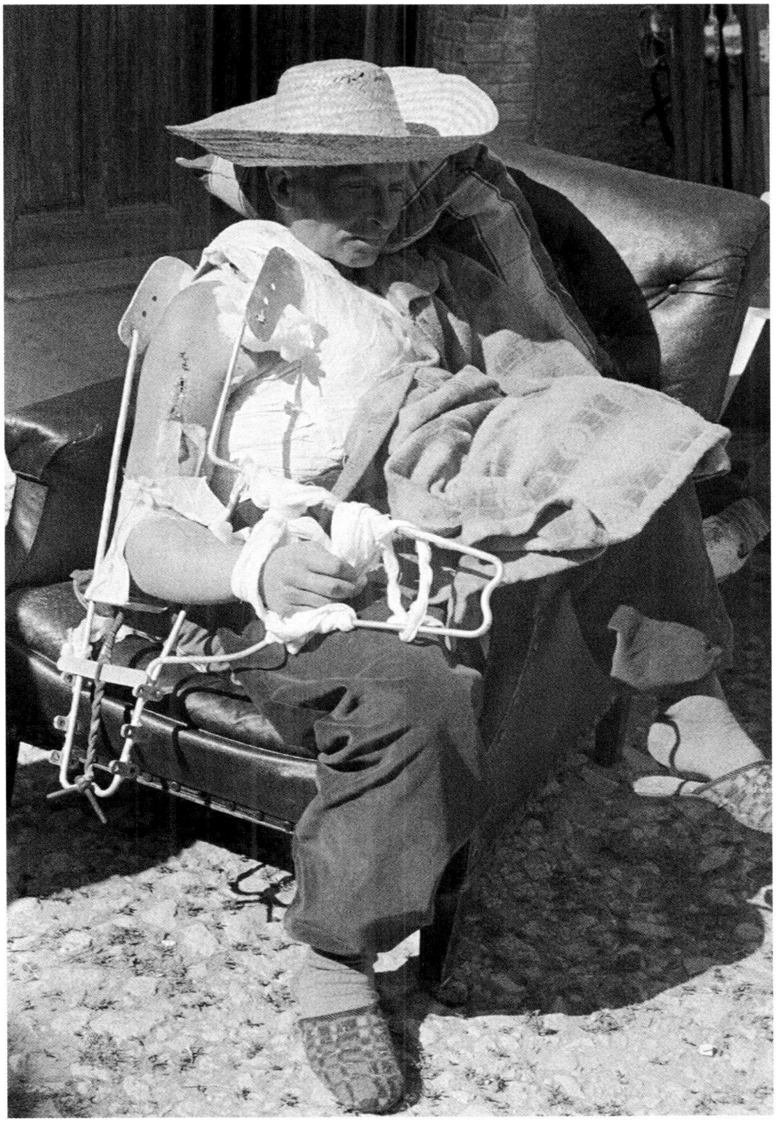

17-19 DE ABRIL DE 1937, MADRID

Una víctima del primer bombardeo de la guerra moderna, con el brazo derecho herido en un sofisticado cabestrillo.

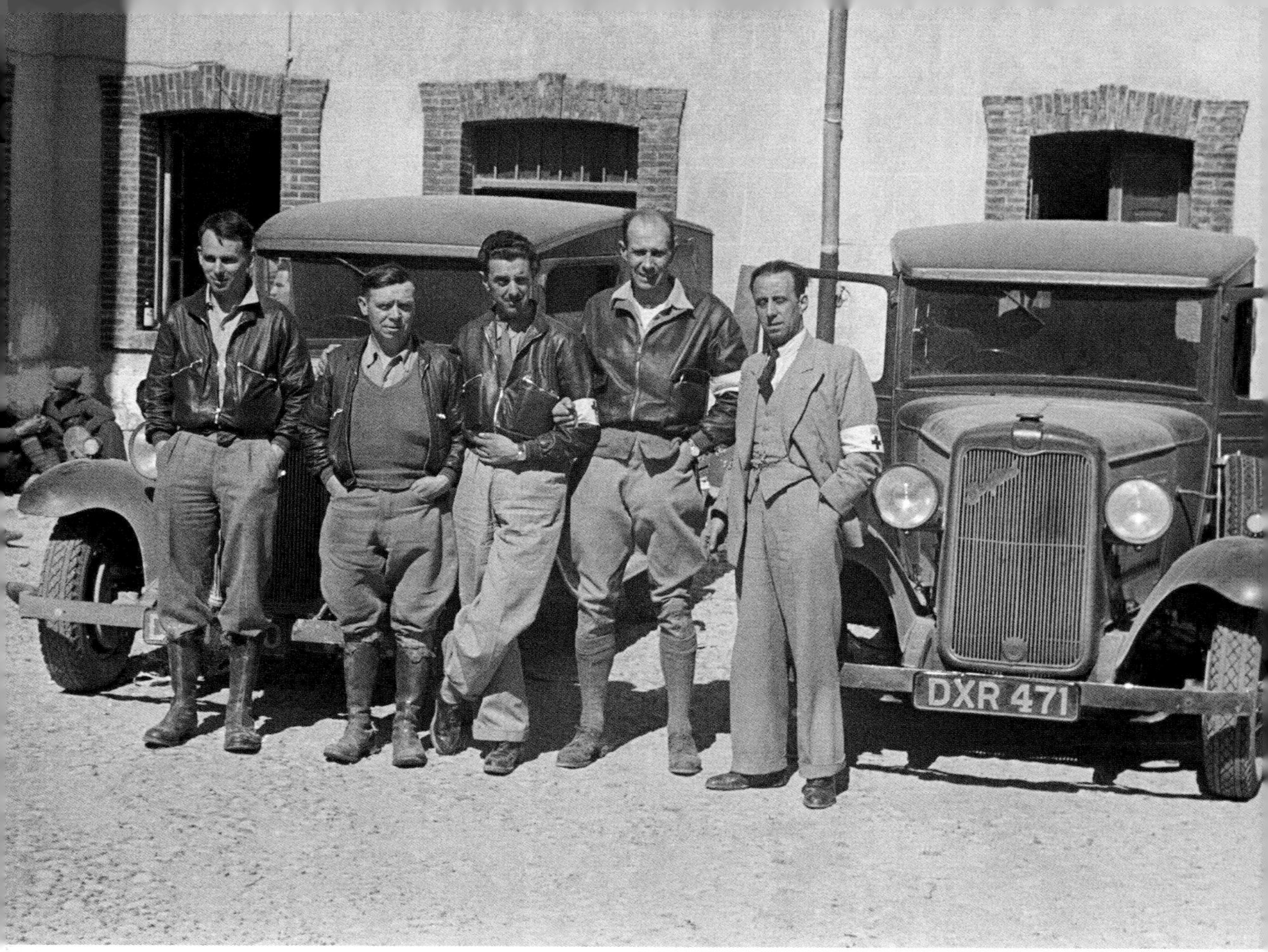

[ARRIBA] 17-19 DE ABRIL DE 1937, MADRID

Voluntarios del SMAC delante de sus ambulancias.

[DERECHA] 17-19 DE ABRIL DE 1937, MADRID

Personal del SMAC en un tranvía en el Madrid sitiado.

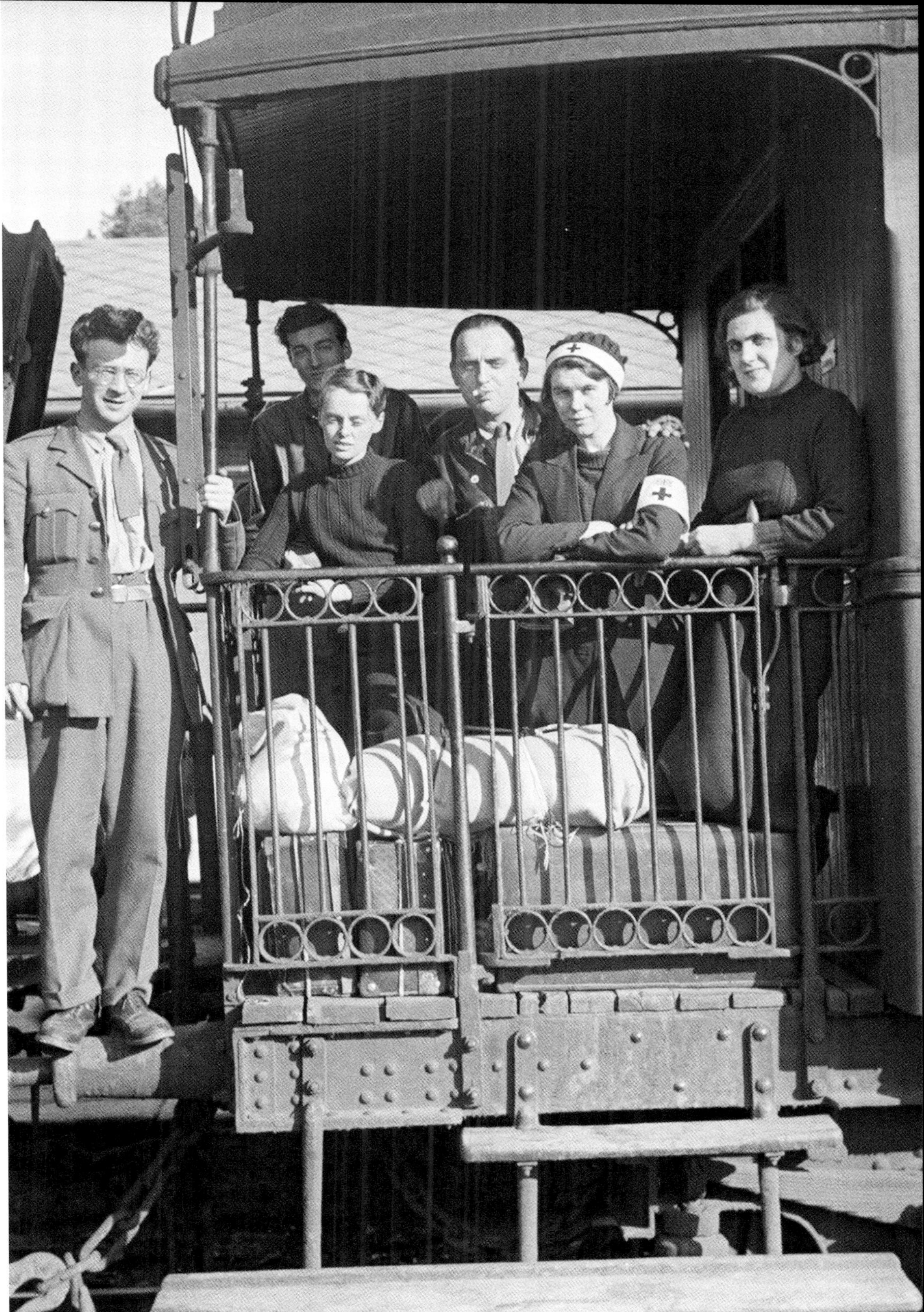

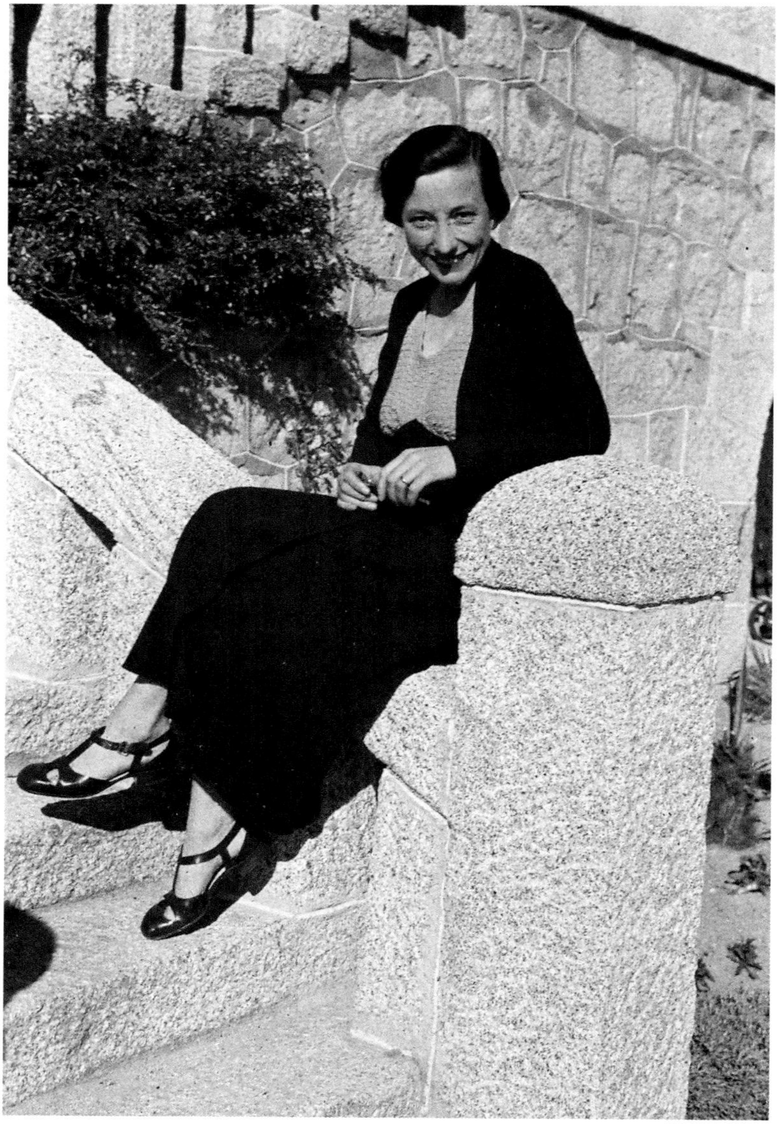

20 DE ABRIL DE 1937, TORRELODONES, CERCA DE MADRID

Enfermera del SMAC descansando en una escalera.

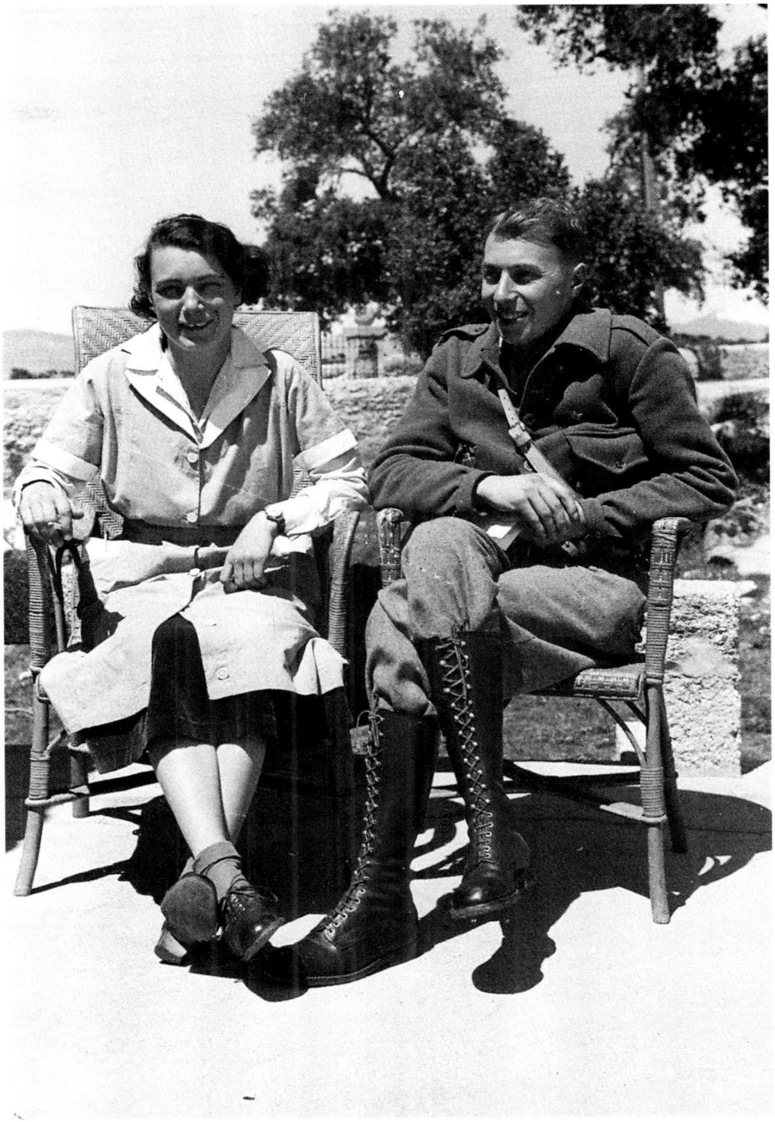

20 DE ABRIL DE 1937, TORRELODONES, CERCA DE MADRID

Los voluntarios del SMAC Rosaleen Smythe y el Dr. Reginald Saxton.

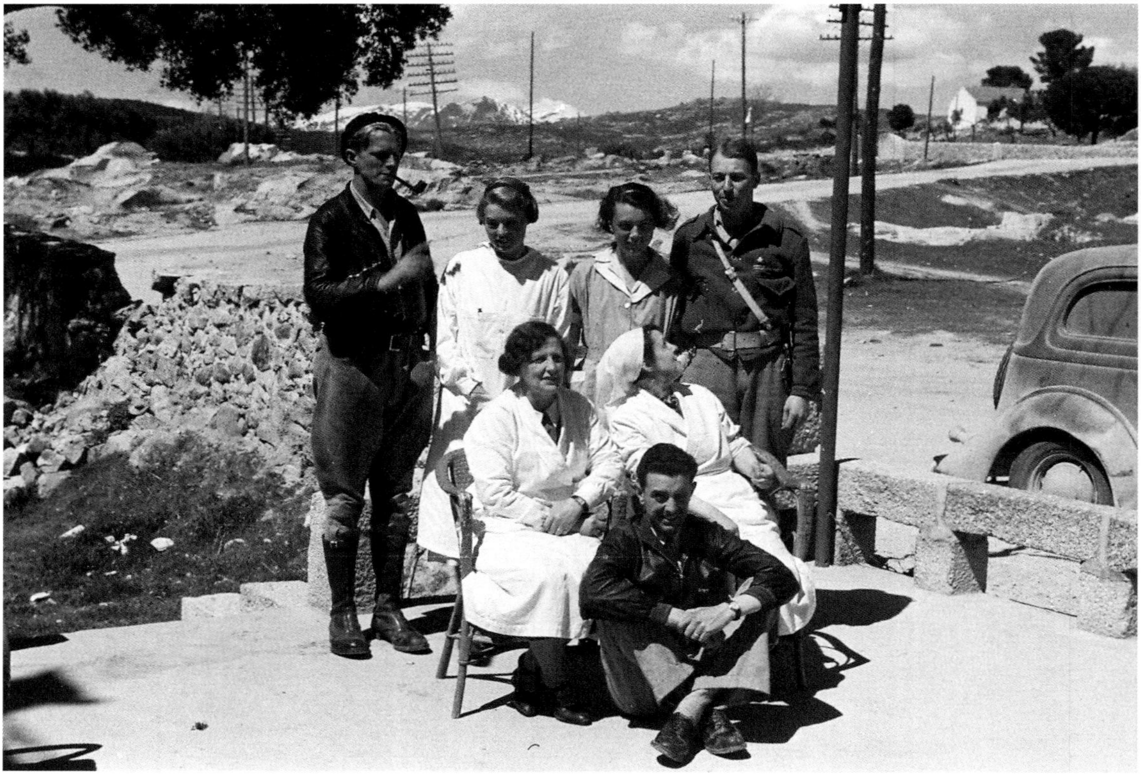

20 DE ABRIL DE 1937, TORRELODONES, CERCA DE MADRID

Personal hospitalario y enfermeras del SMAC con el Dr. Reginald Saxton (al final a la derecha).

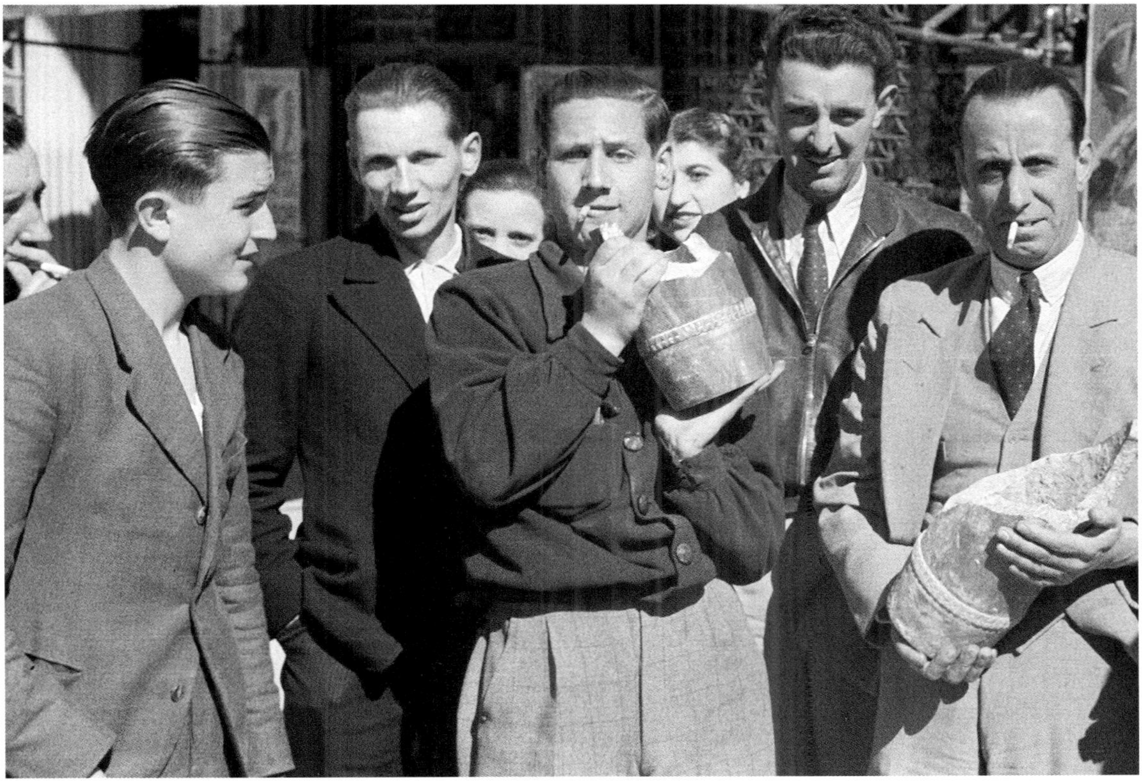

21 DE ABRIL DE 1937, MADRID

Civiles mostrando un proyectil estallado durante el fuerte bombardeo de la capital. Sufriendo cuantiosas bajas, la población resistió al ejército nacional durante dos años con la ayuda de los voluntarios internacionales.

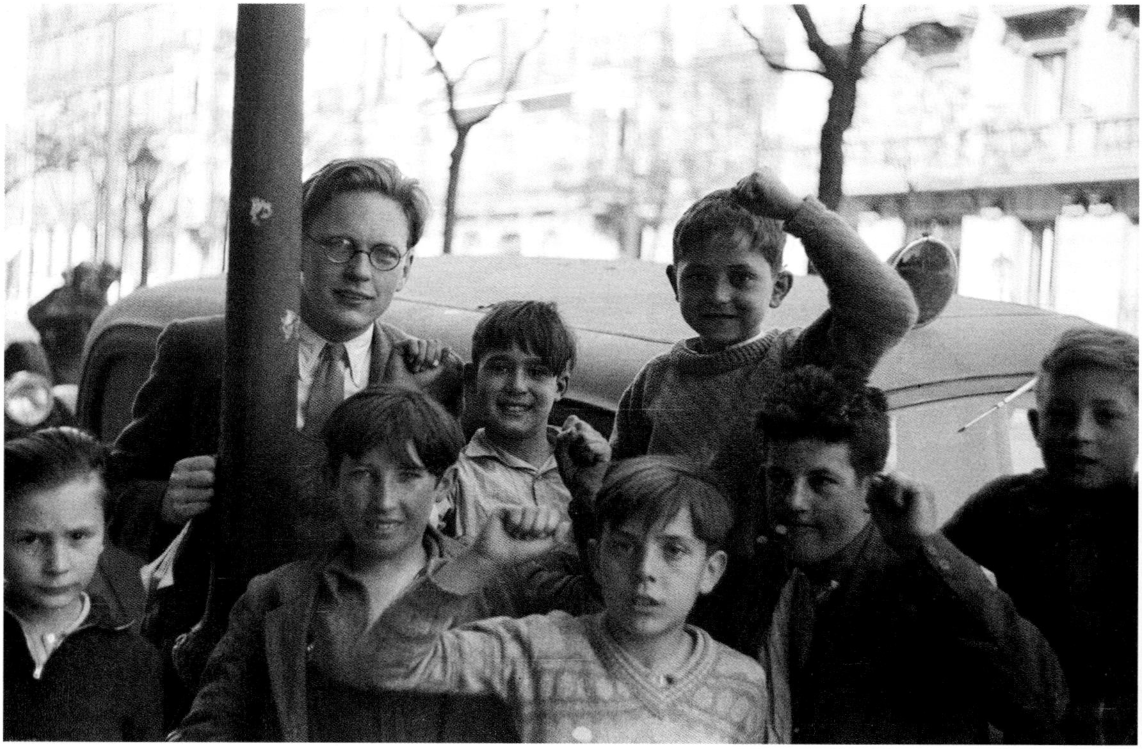

21 DE ABRIL DE 1937, MADRID

Alec Wainman, fotógrafo y escritor, con muchachos locales durante la visita de un periodista estadounidense.

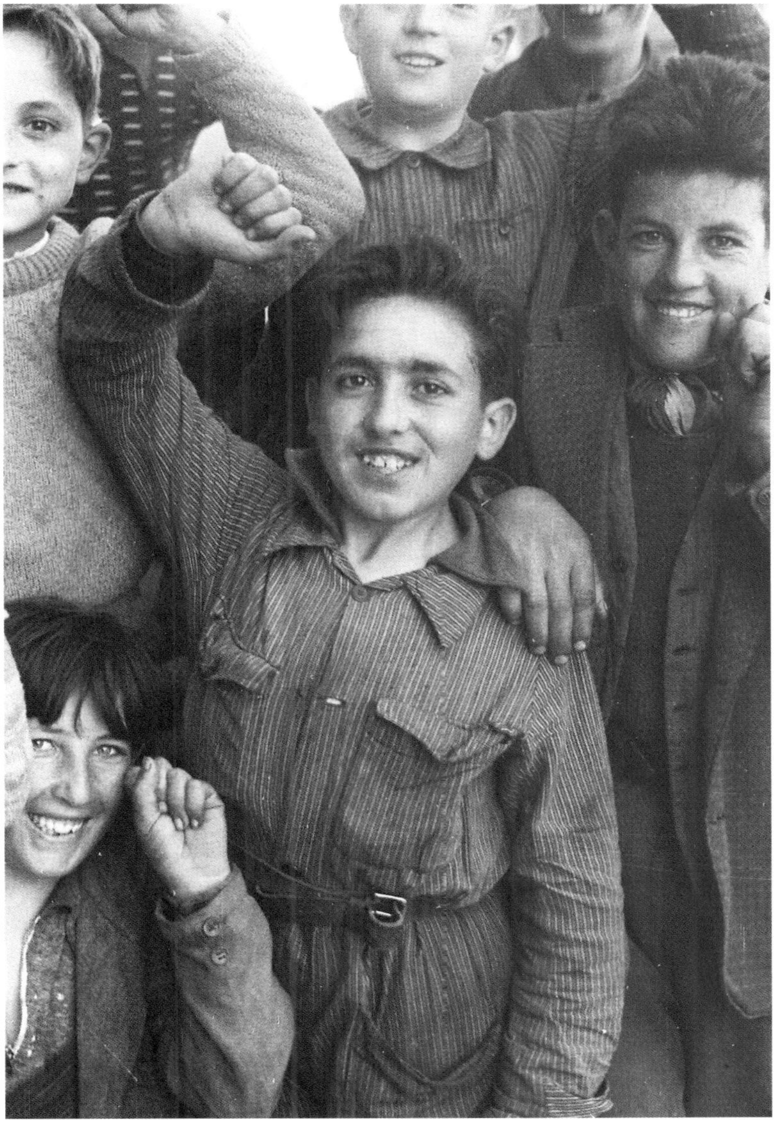

21 DE ABRIL DE 1937, MADRID

Niños alegres y desafiantes en la capital sitiada.

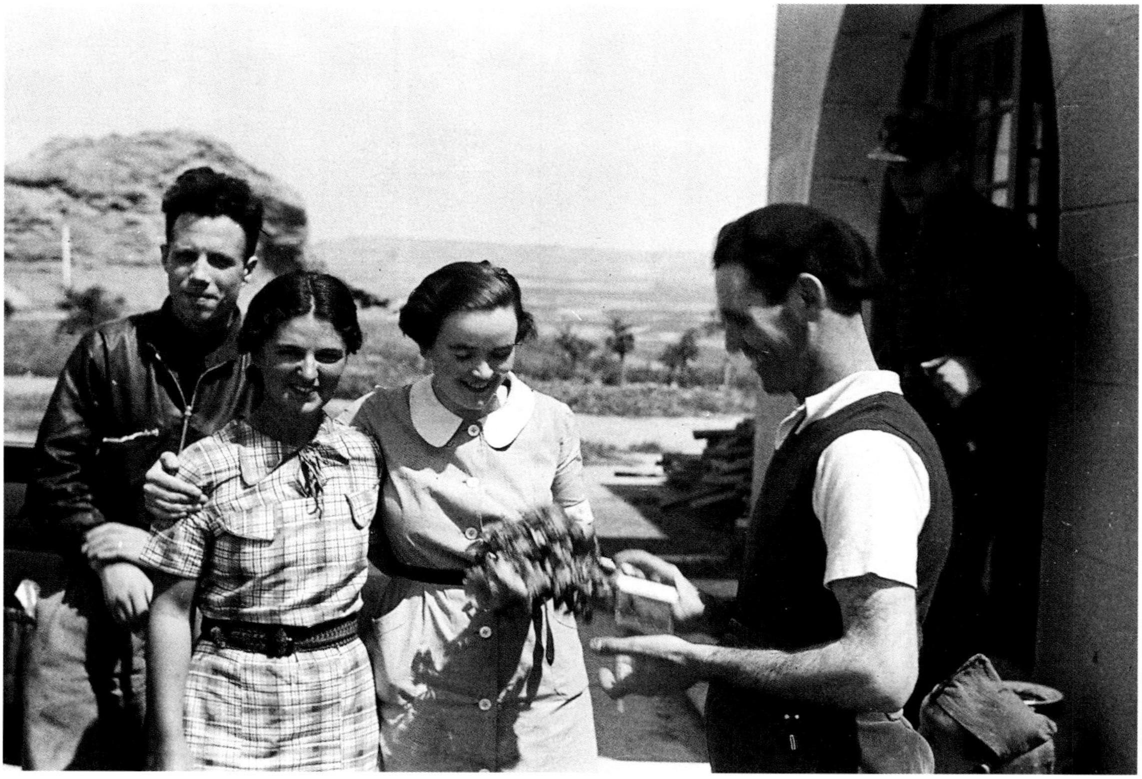

28 DE ABRIL DE 1937, POLEÑINO

La voluntaria del SMAC Rosita Davson (izquierda) y la enfermera Margaret Powell (centro). Después de la guerra civil Margaret estuvo internada en el campo de refugiados de Argelès-sur-Mer, en Francia, de donde fue rescatada por un grupo de ayuda cuáquero.

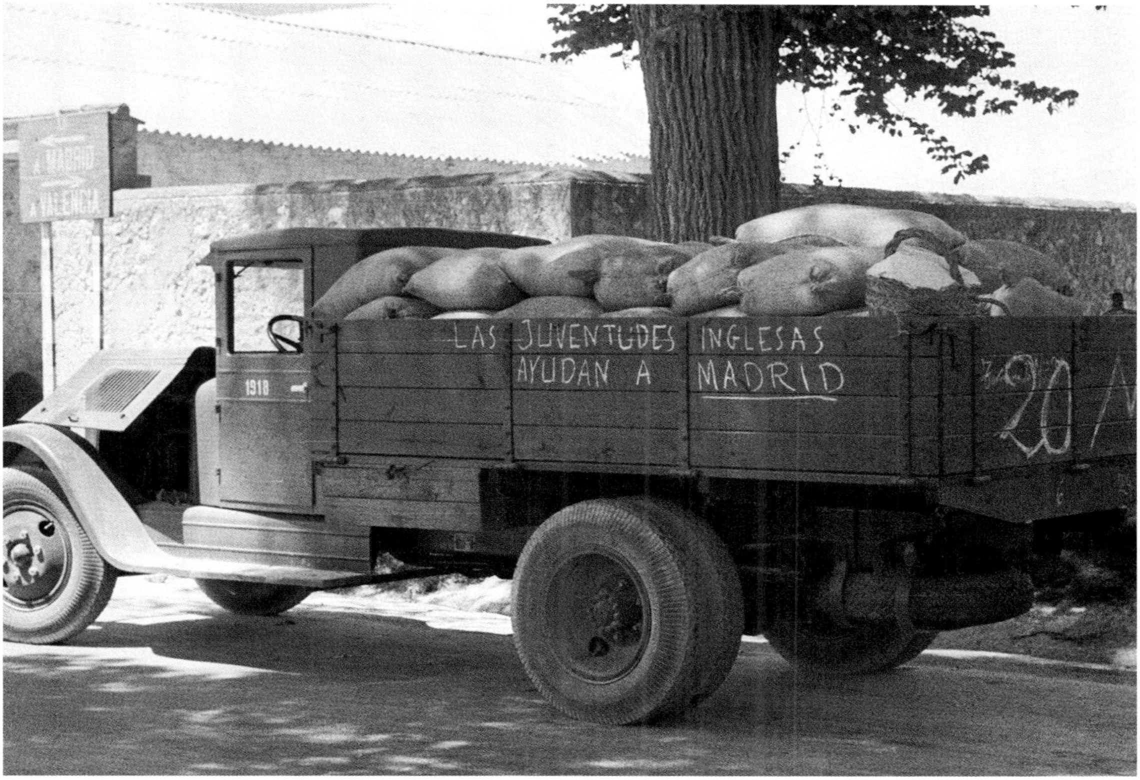

28 DE ABRIL DE 1937, POLEÑINO

Este camión en el frente de Aragón exhibe el eslogan «Las juventudes inglesas ayudan a Madrid».

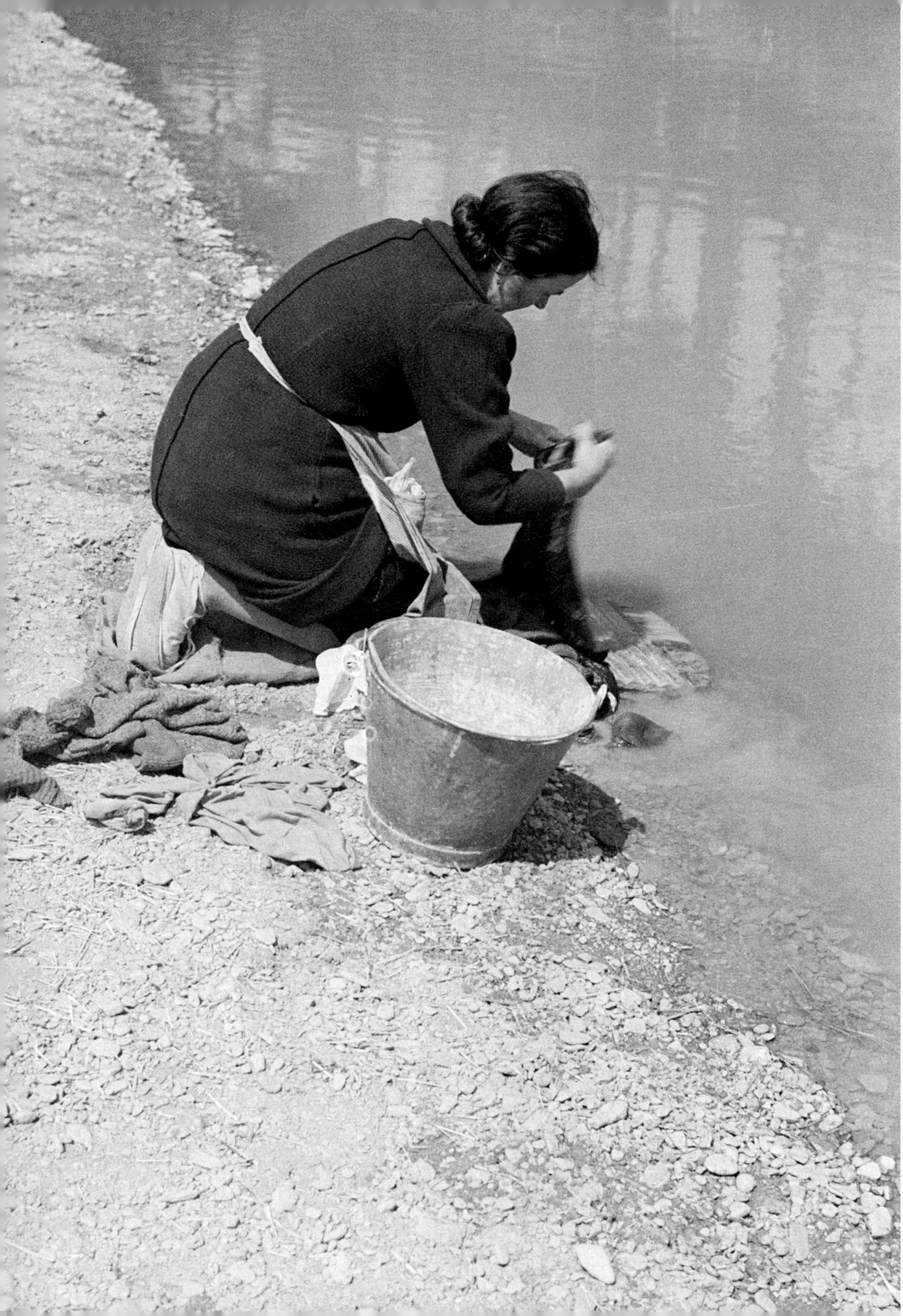

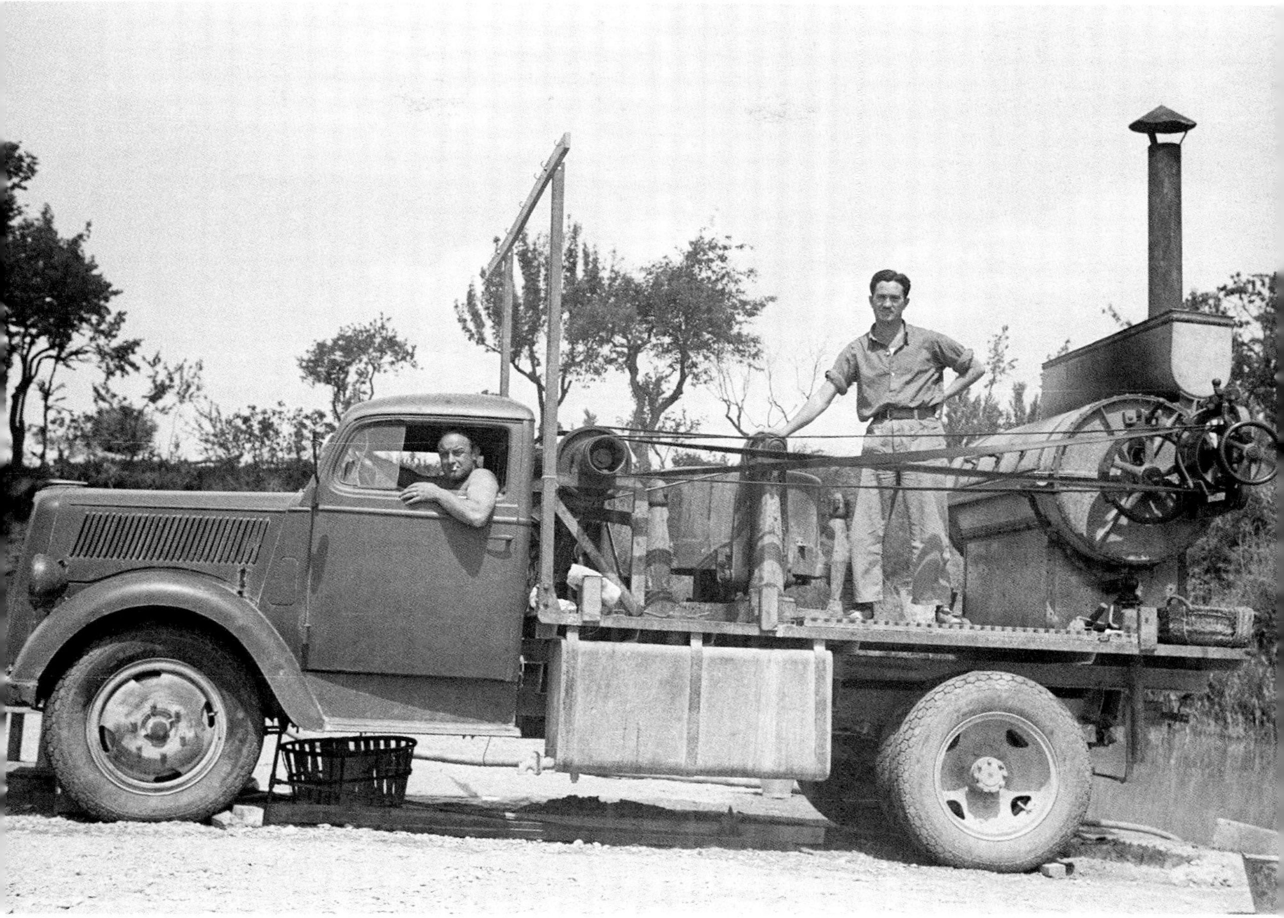

[ARRIBA] 28 DE ABRIL DE 1937, POLEÑINO

Se improvisó un camión-lavandería con la maquinaria que se pudo encontrar.

[IZQUIERDA] 28 DE ABRIL DE 1937, POLEÑINO

Al principio la ropa del hospital se lavaba a mano en un río próximo.

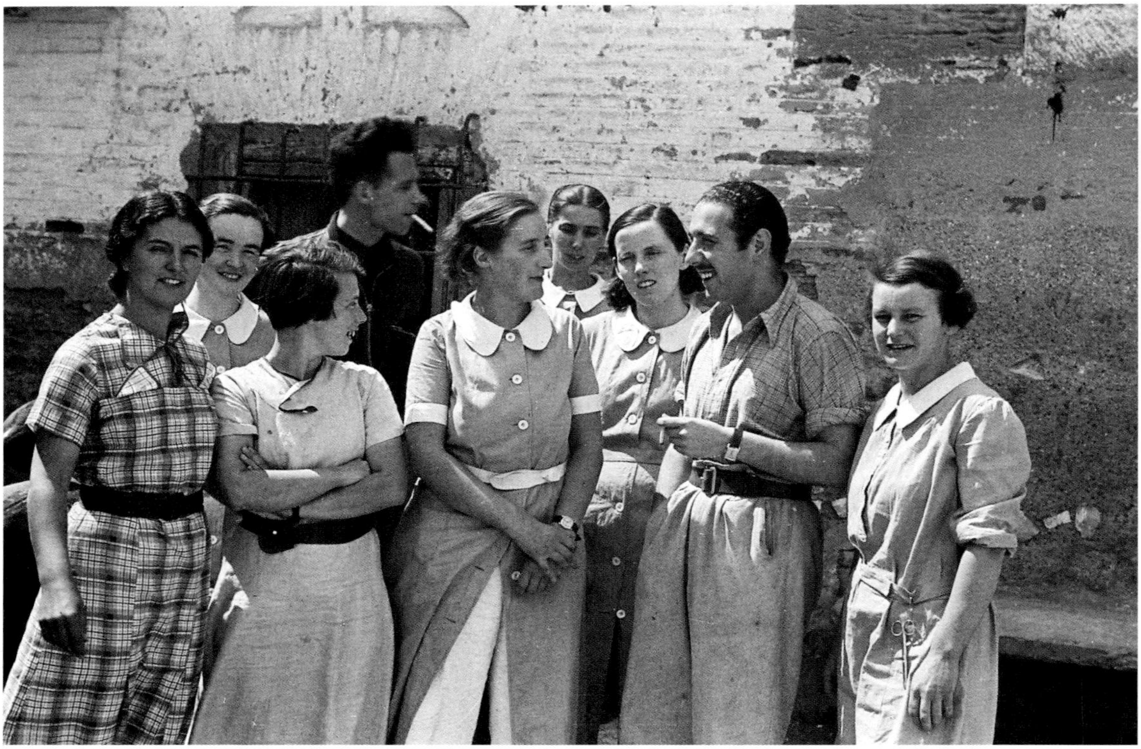

28 DE ABRIL DE 1937, POLEÑINO

El cirujano catalán Dr. González Aguiló (primera fila) administró eficientemente el hospital con las enfermeras del SMAC. (Primera fila: Rosita Davson, Mary Slater, Ann Murray y Agnes Hodgson, australiana; segunda fila: Margaret Powell, Roy Poole, Patience Darton y Susan Sutor, quien posteriormente se casaría con el médico.)

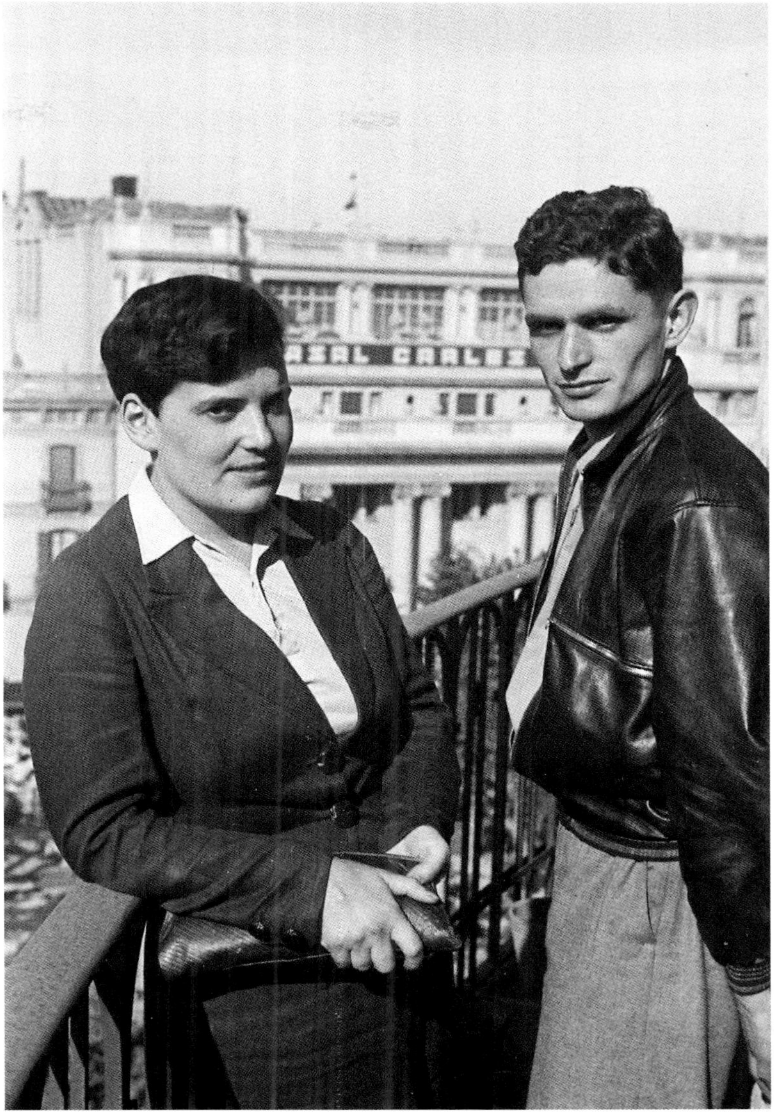

14 DE MAYO DE 1937, BARCELONA

El periodista Dick Bennett y su esposa Margot
en el balcón del piso donde, unos días antes, Alec Wainman
se había refugiado durante la sublevación de mayo.

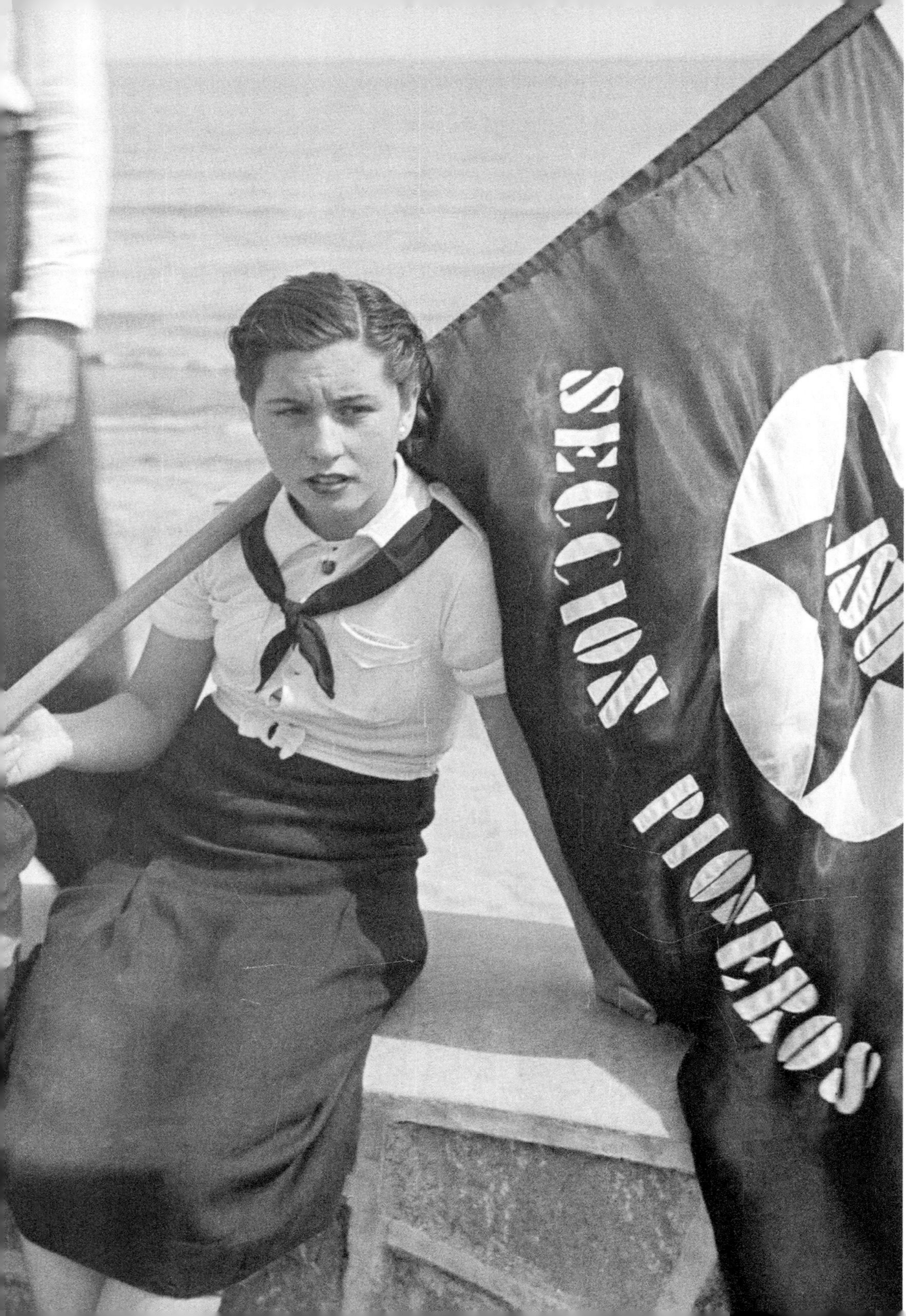
SECCION PIONEROS
JSU

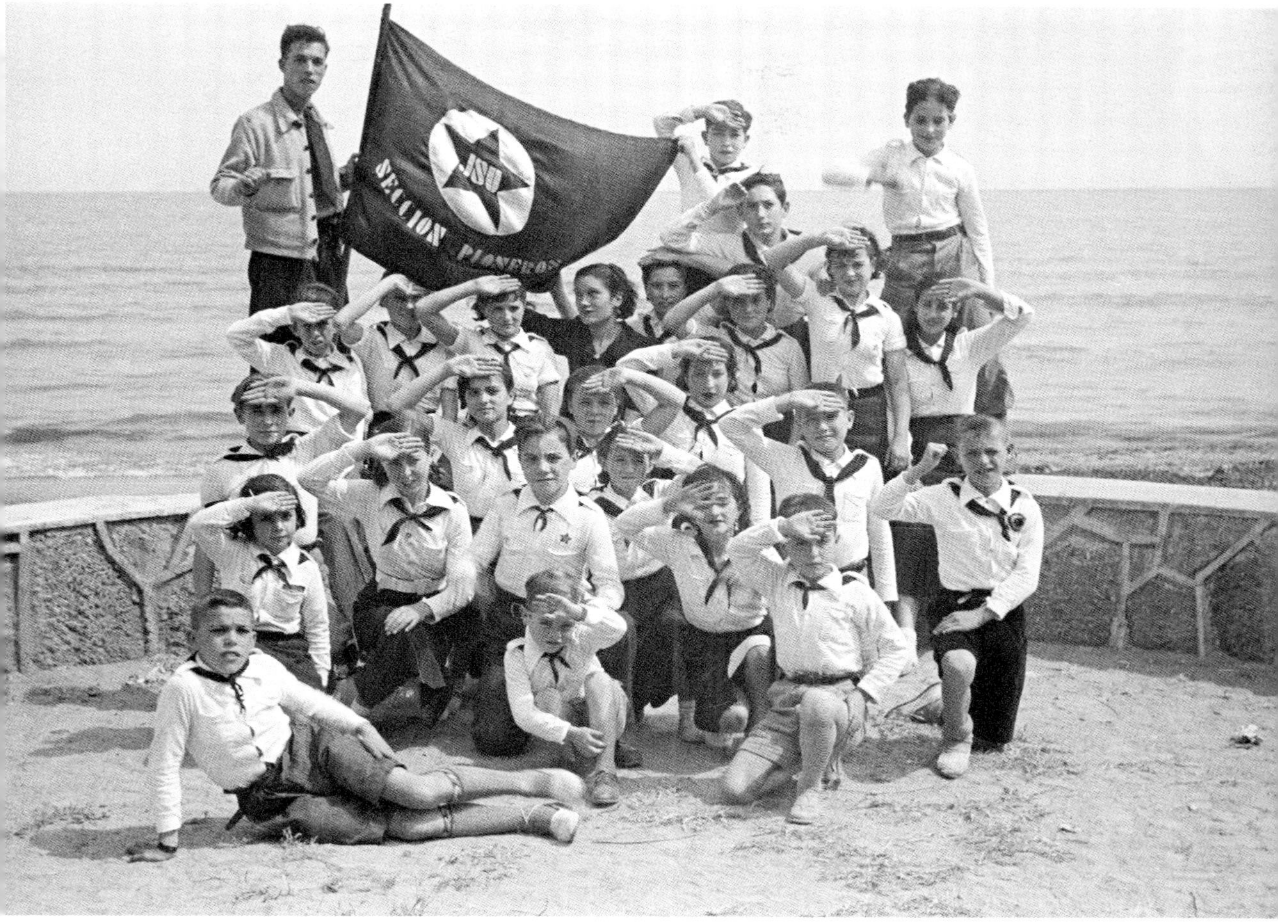

[ARRIBA] 18 DE MAYO DE 1937, BENICÀSSIM

Un grupo de jóvenes de la Sección Pioneros saludando en el Mediterráneo, con la estrella de las JSU luciendo en su bandera.

[IZQUIERDA] 18 DE MAYO DE 1937, BENICÀSSIM

Una joven con la bandera de la Sección Pioneros, una organización juvenil republicana.

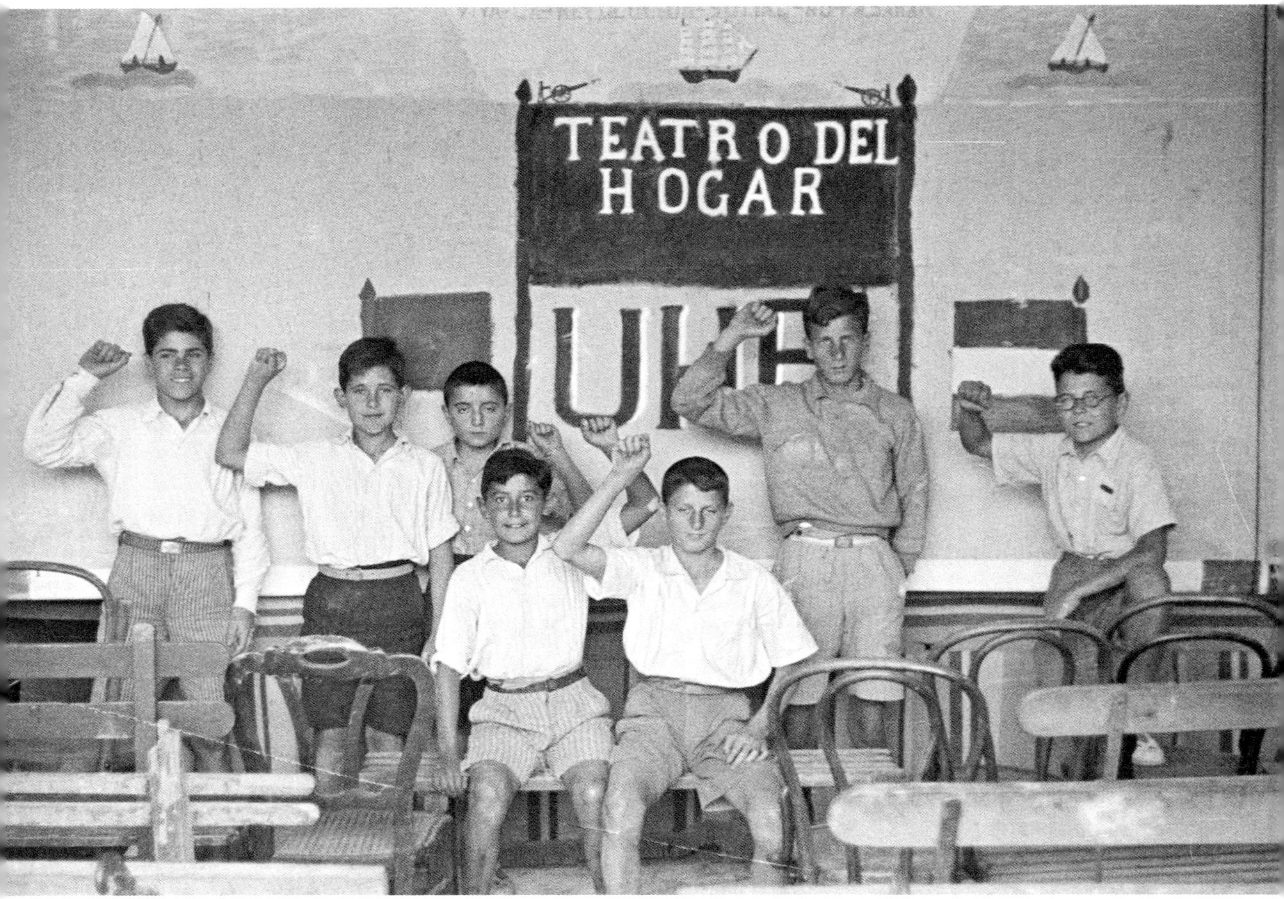

[ARRIBA] 18 DE MAYO DE 1937, BENICÀSSIM

Un joven grupo de teatro en Benicàssim haciendo el saludo republicano. El teatro aficionado y juvenil desempeñó un importante papel en la República Española.

[DERECHA] 18 DE MAYO DE 1937, BENICÀSSIM

Un niño en el programa escolar republicano de alfabetización. Al comienzo de la Segunda República la mitad de la población española era analfabeta.

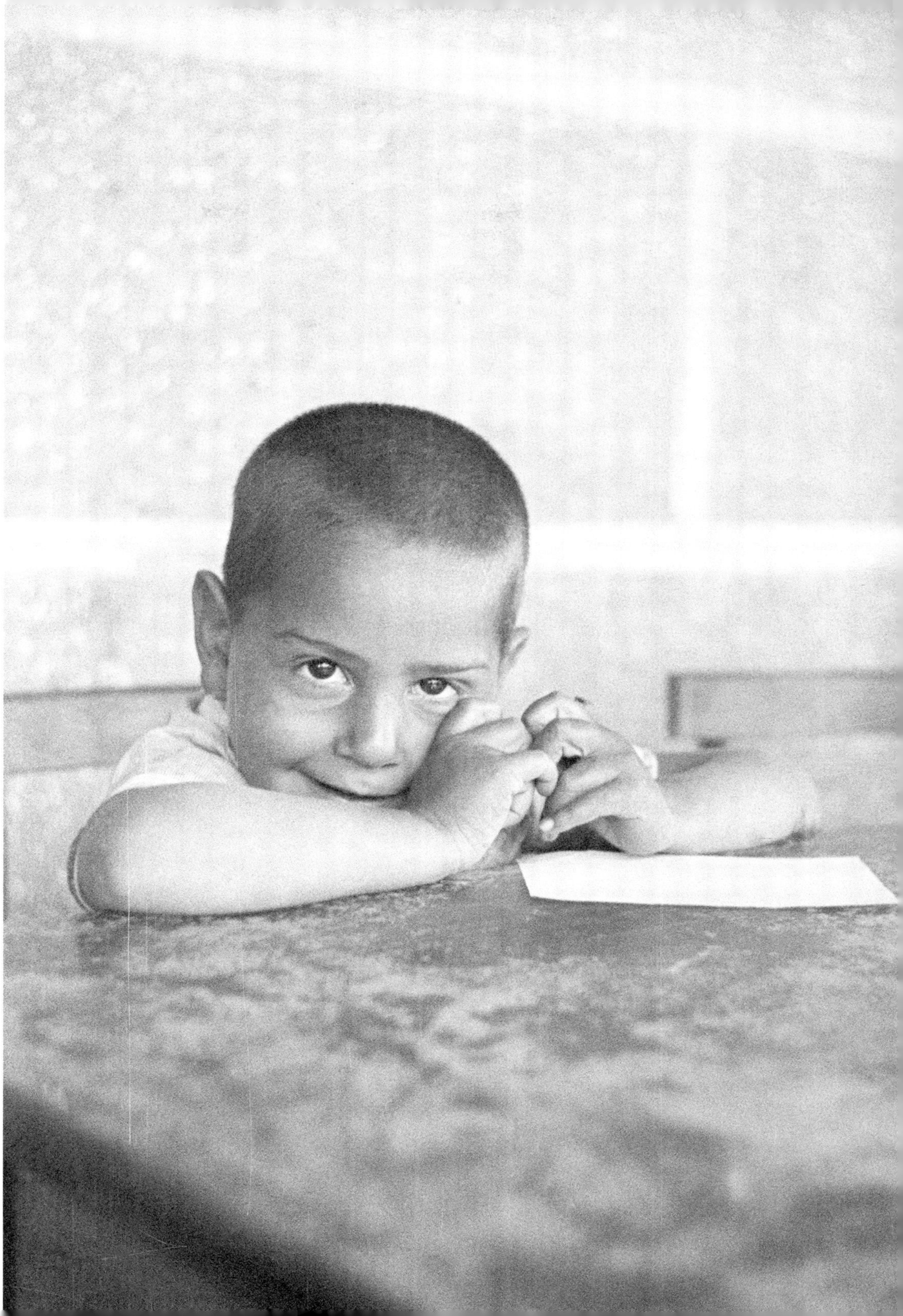

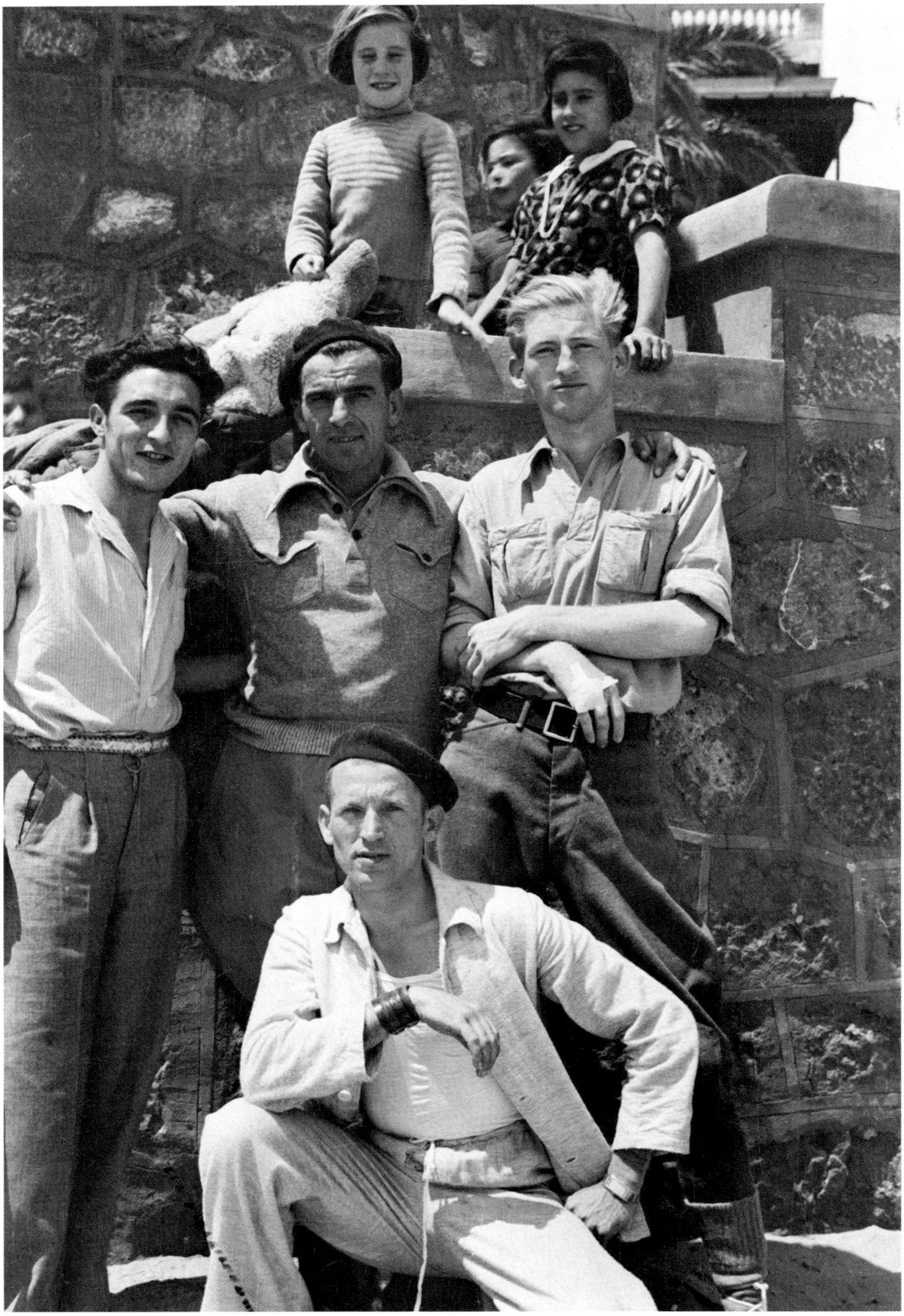

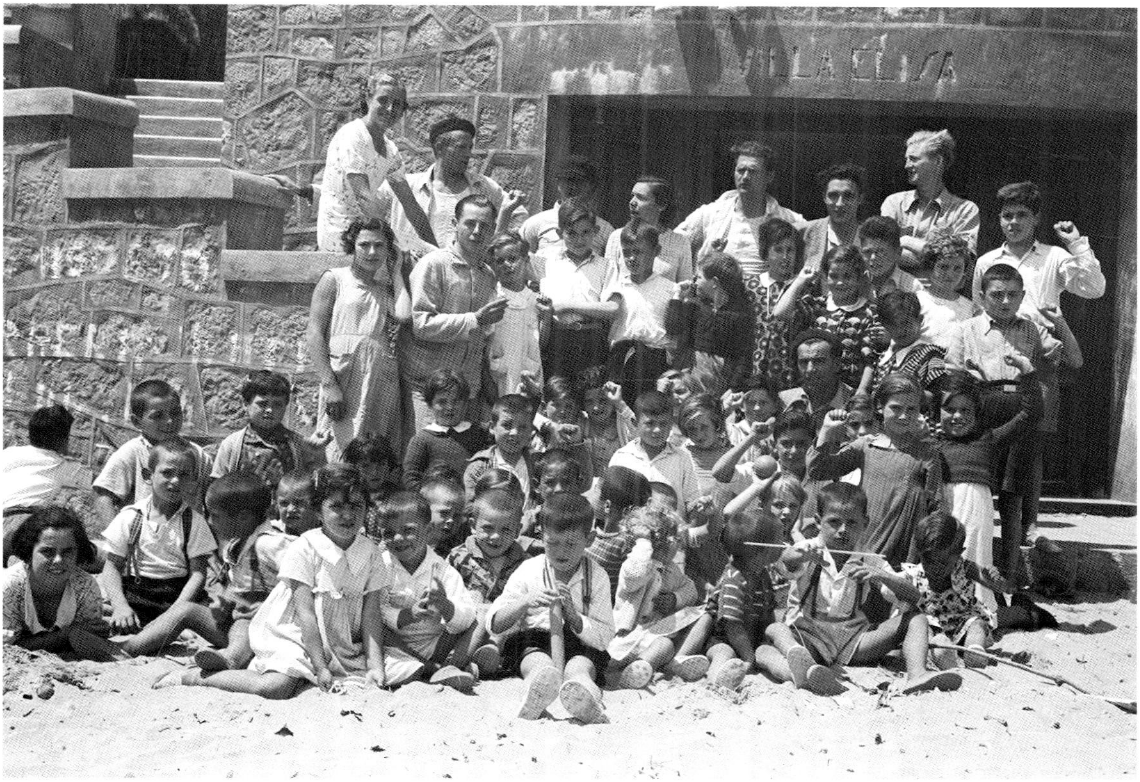

[ARRIBA] 18 DE MAYO DE 1937, BENICÀSSIM

Niños con voluntarios en el hospital
de la Brigada Internacional.

[IZQUIERDA] 18 DE MAYO DE 1937, BENICÀSSIM

Voluntarios internacionales de distintas partes de Europa
con niños locales en la escalera del fondo.

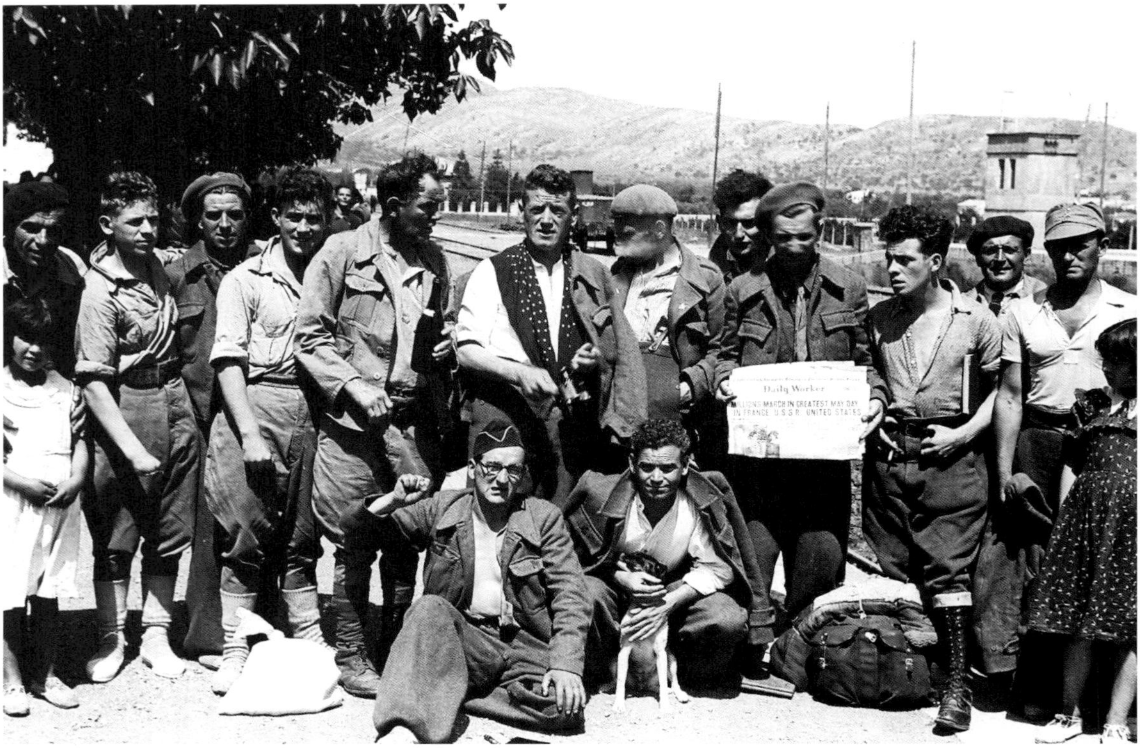

[ARRIBA] 18 DE MAYO DE 1937, BENICÀSSIM

Tras recuperarse en el hospital, los miembros del Batallón Británico de la Brigada Internacional se reúnen en la estación de trenes.

[DERECHA] 18 DE MAYO DE 1937, BENICÀSSIM

Miembros del Batallón Británico con la mascota del hospital Jack Russell subiendo a un tren antes de la batalla de Brunete, librada en julio de 1937.

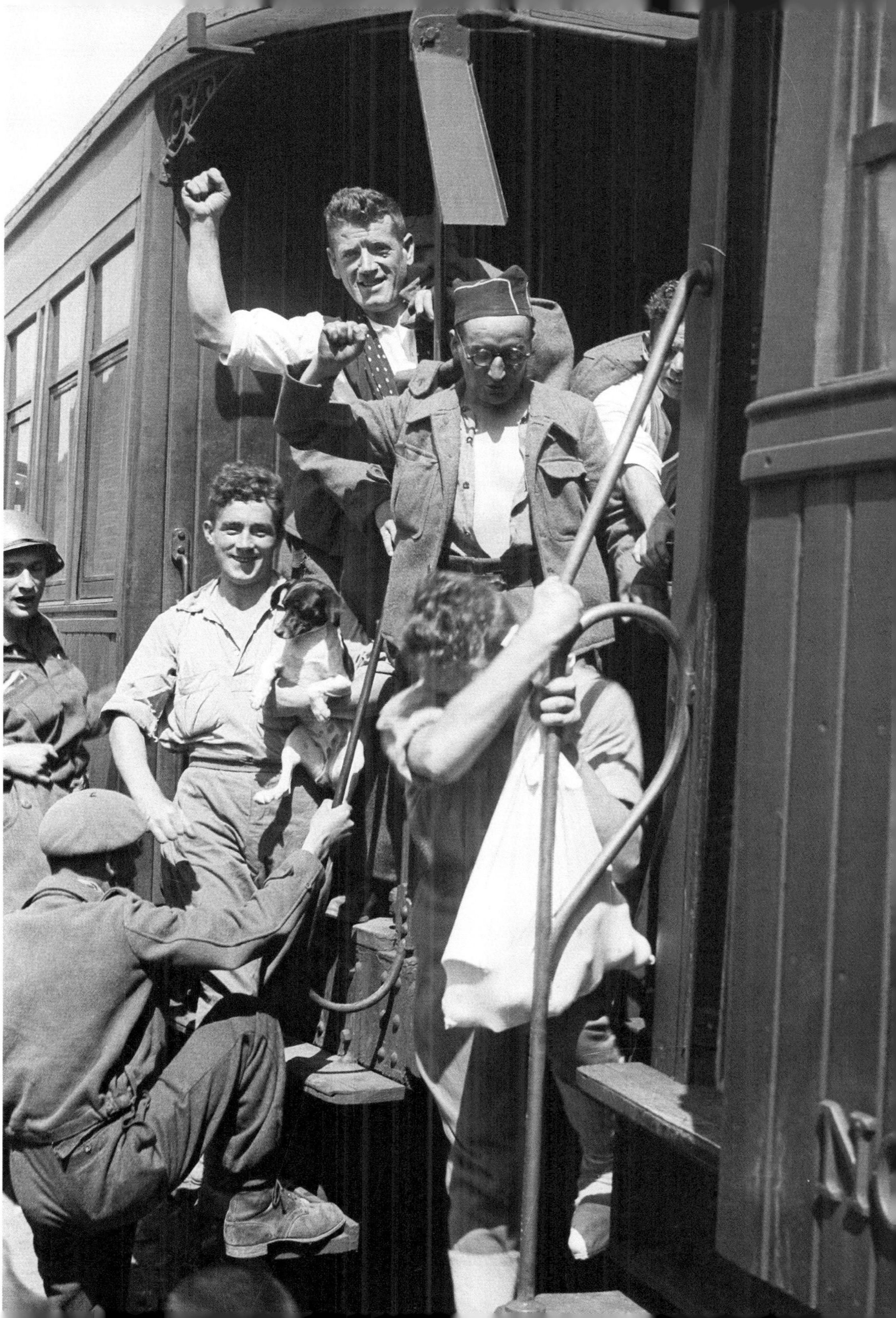

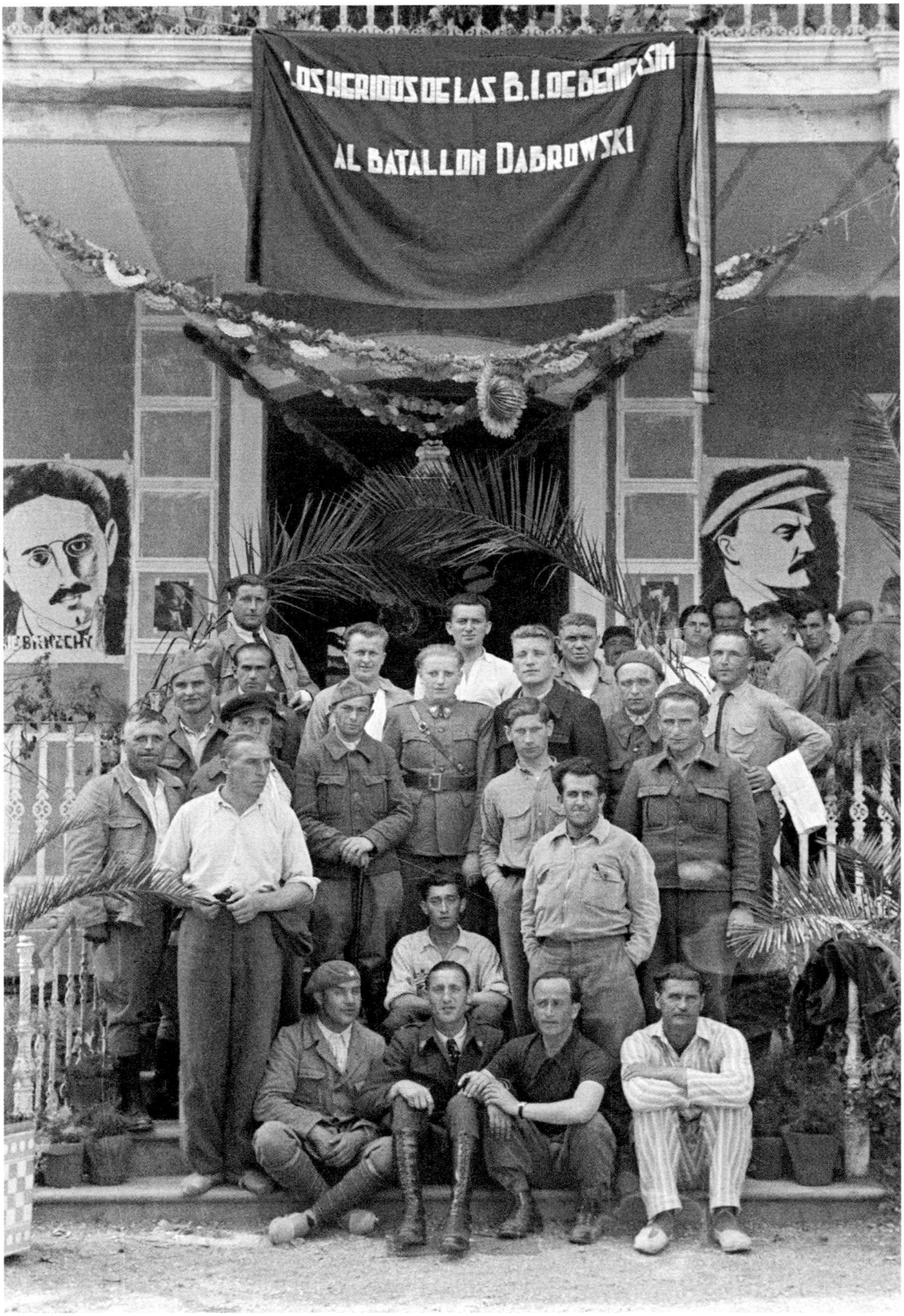
LOS HERIDOS DE LAS B. I. DE BENICASIM
AL BATALLON DABROWSKI

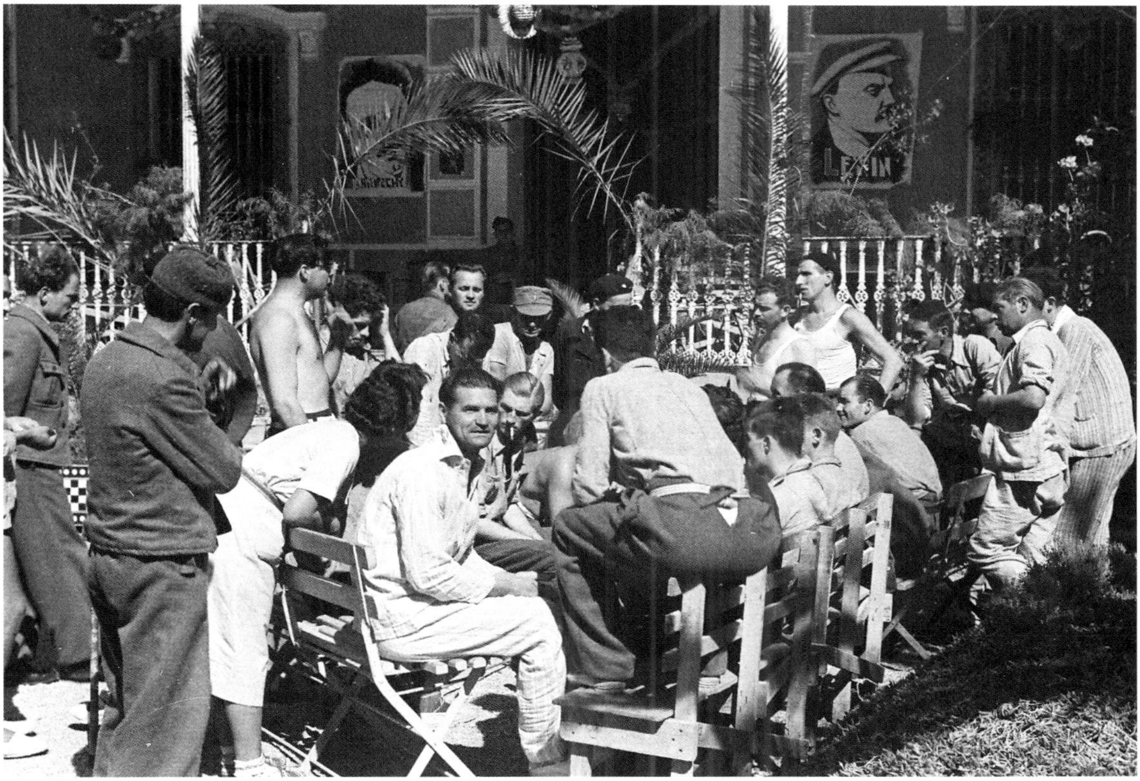

[ARRIBA] 18 DE MAYO DE 1937, BENICÀSSIM

Voluntarios recuperándose en el hospital de la Brigada Internacional. Se estableció un clima de camaradería entre los numerosos voluntarios de más de cincuenta países.

[IZQUIERDA] 18 DE MAYO DE 1937, BENICÀSSIM

El Batallón Dabrowski de la Brigada Internacional estaba formado básicamente por miembros polacos que habían estado trabajando en Francia. Incluía también algunos croatas y serbios canadienses.

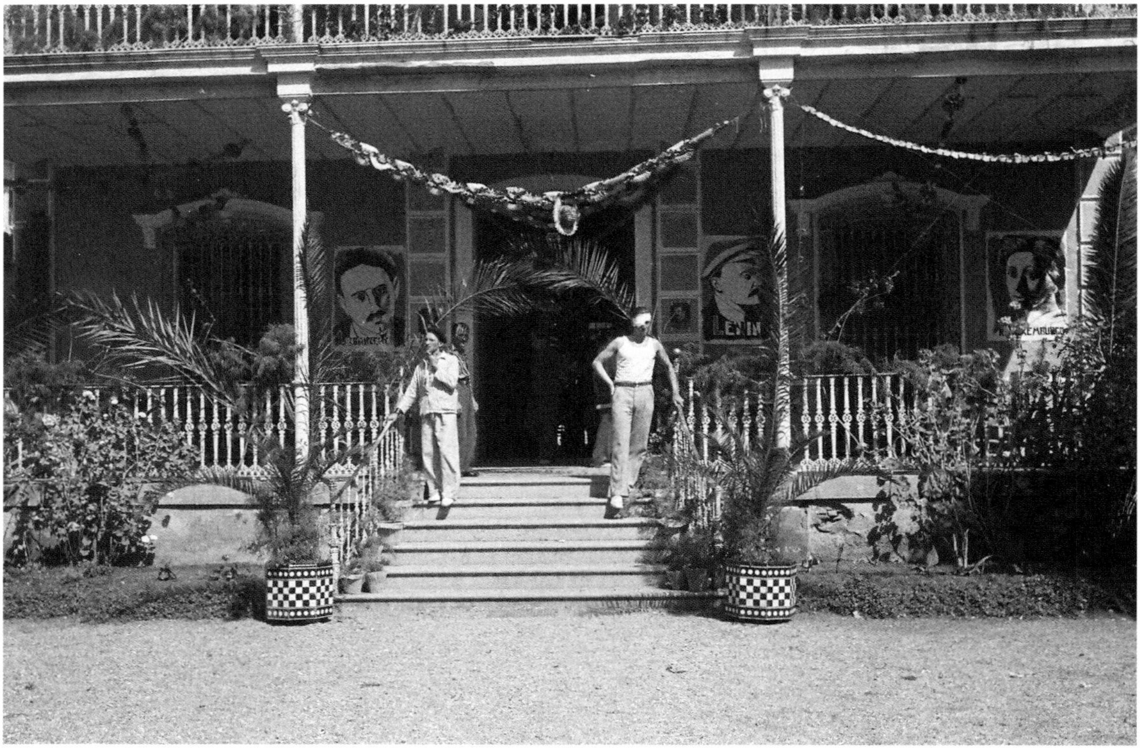

18 DE MAYO DE 1937, BENICÀSSIM

Un momento de recuperación delante
del hospital de la Brigada Internacional.

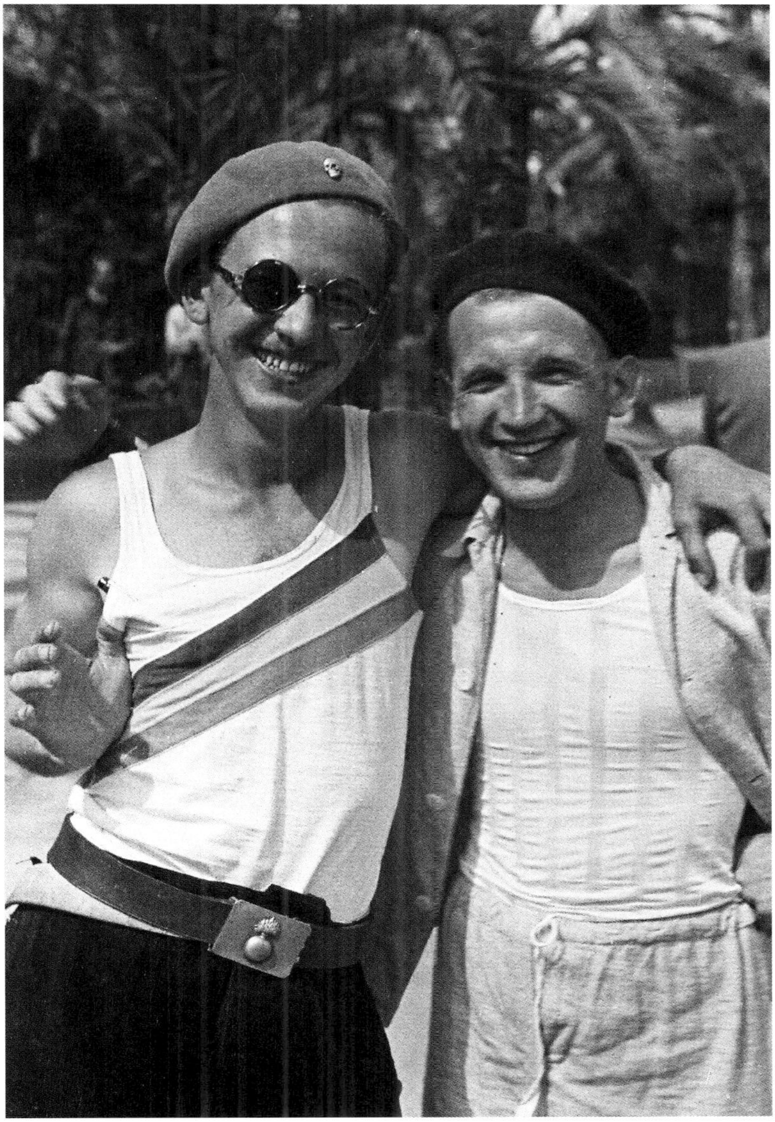

18 DE MAYO DE 1937, BENICÀSSIM

Voluntarios disfrutando de un descanso y relajación en la Costa del Azahar.

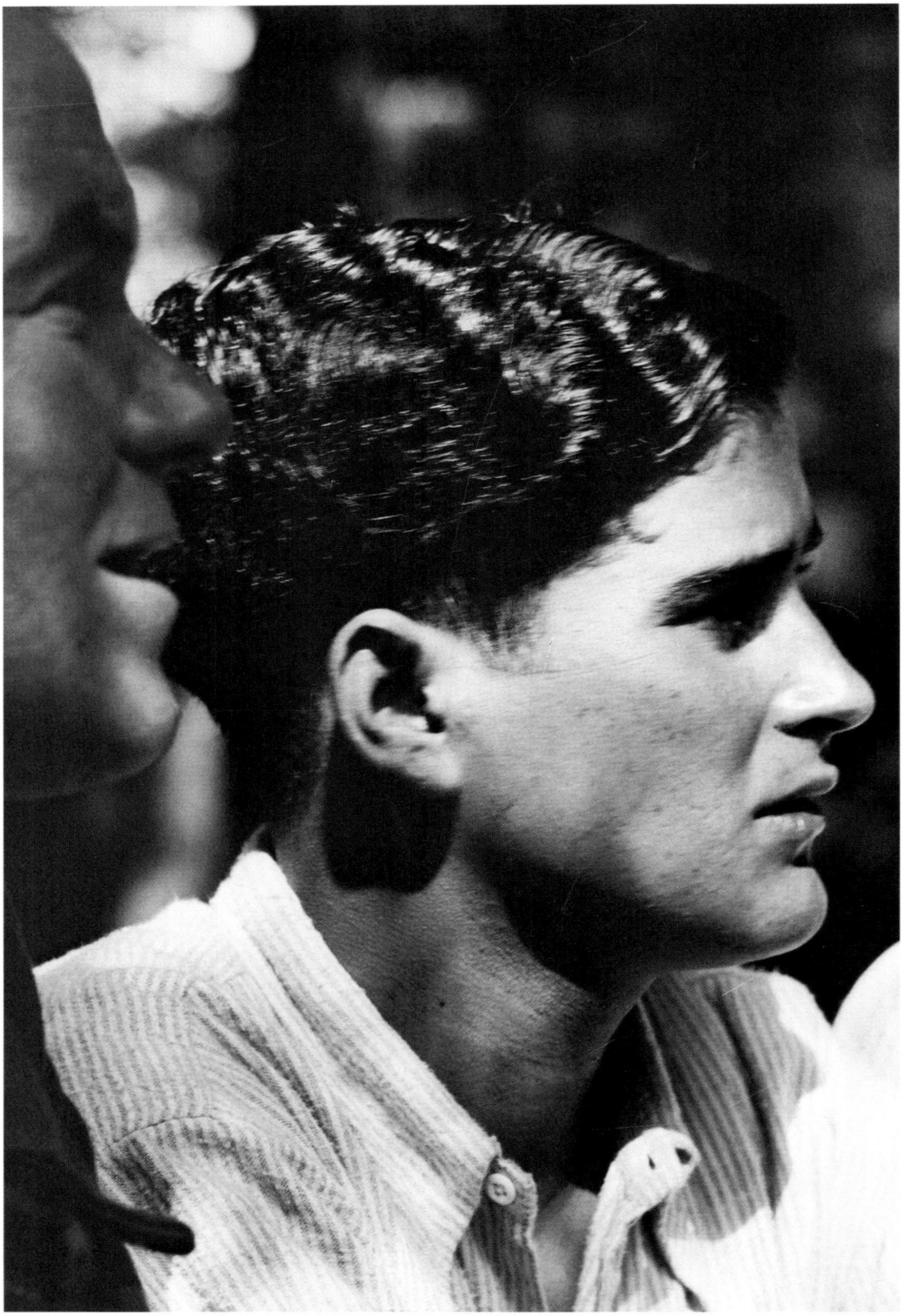

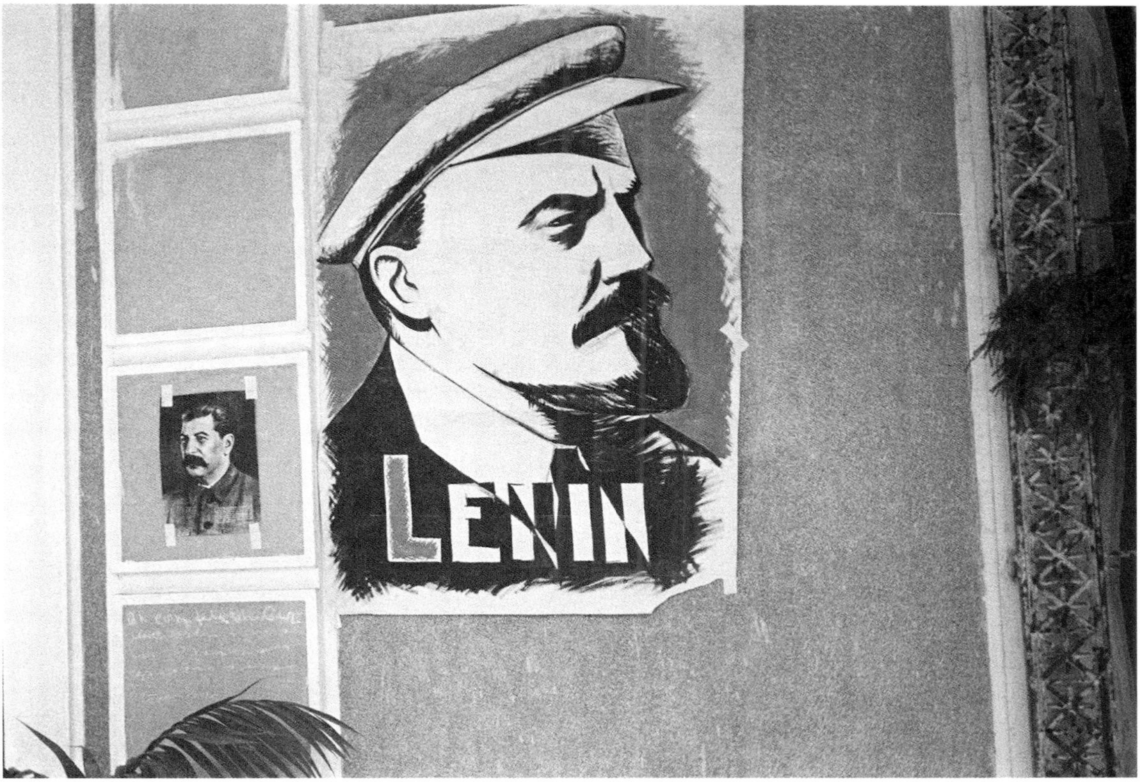

[ARRIBA] 18 DE MAYO DE 1937, BENICÀSSIM

Las dimensiones de los respectivos carteles habrían provocado la paranoia de Stalin.

[IZQUIERDA] 18 DE MAYO DE 1937, BENICÀSSIM

Un voluntario preocupado antes de la movilización.

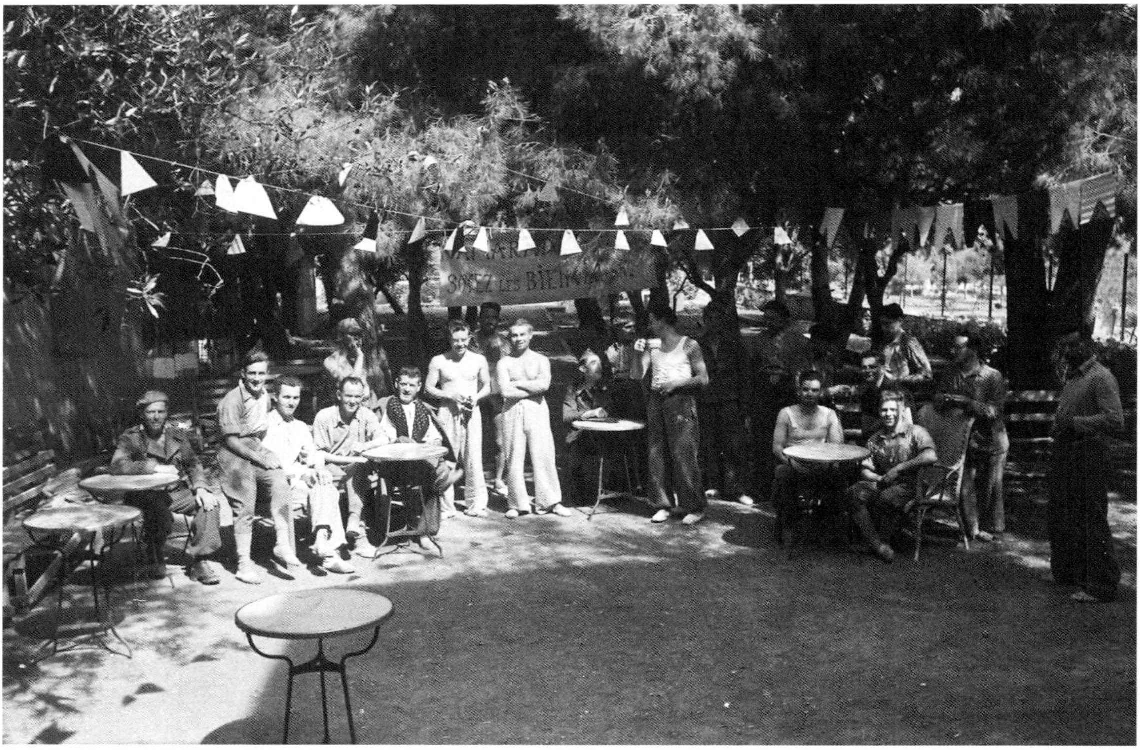

[ARRIBA] 18 DE MAYO DE 1937, BENICÀSSIM

Un momento feliz para los voluntarios convalecientes de la Brigada Internacional bajo la pancarta en francés: «Camarades soyez les bienvenues».

[DERECHA] 18 DE MAYO DE 1937, BENICÀSSIM

El escritor británico Stephen Spender, partidario de la República, leyendo en el hospital de la Brigada Internacional.

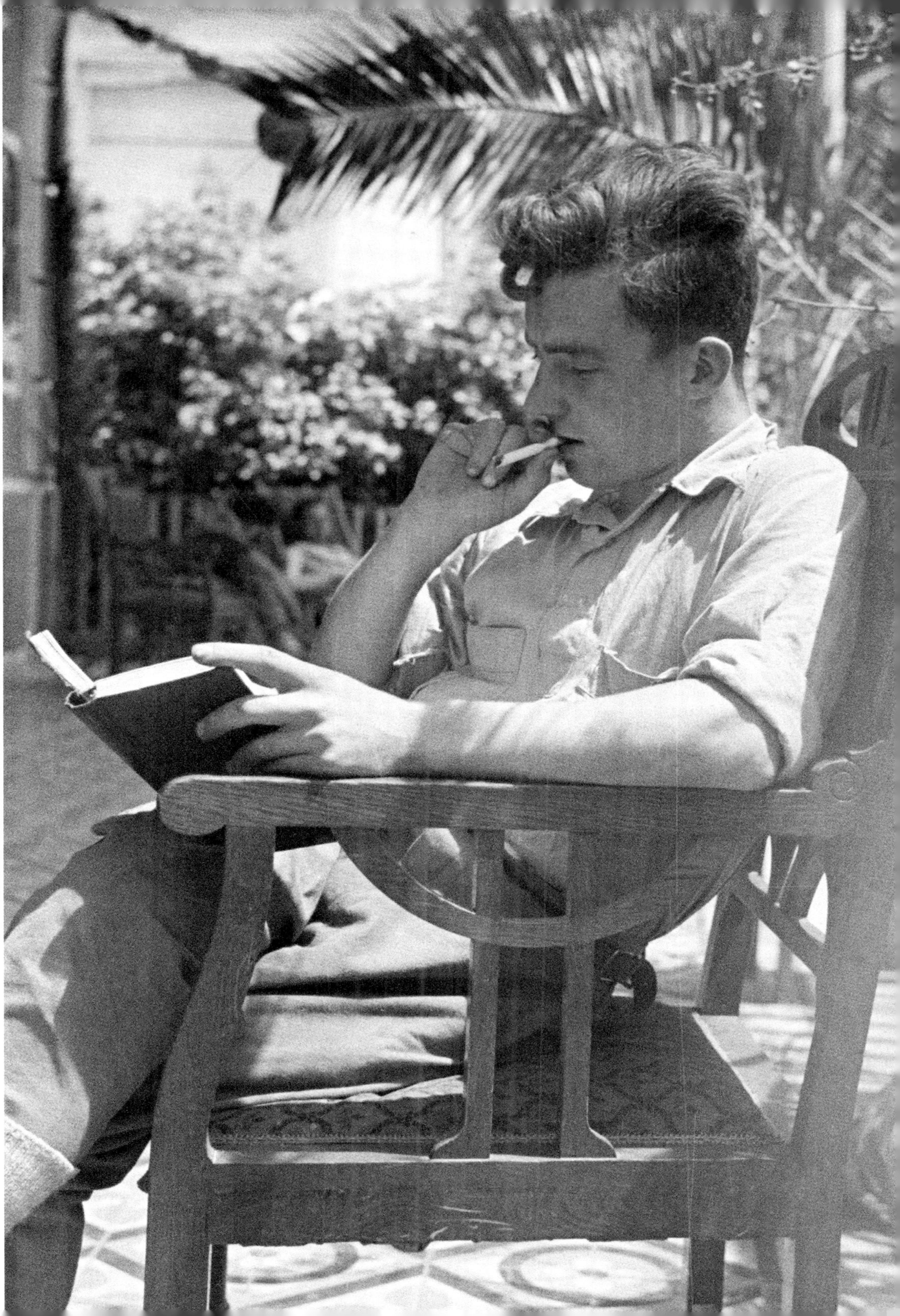

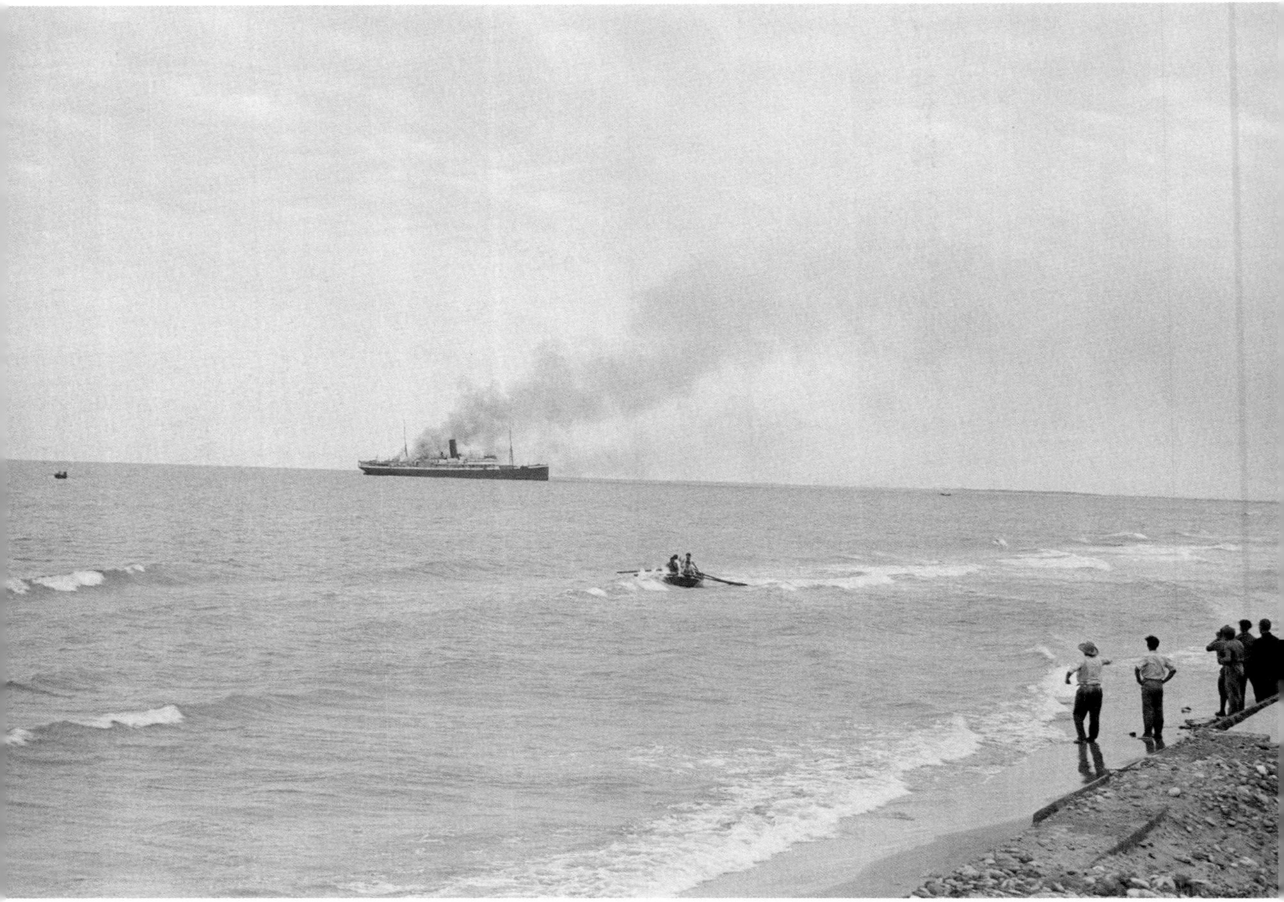

19 DE MAYO DE 1937, BENICÀSSIM

El buque *Legazpi* poco después de ser atacado por aviones del bando nacional de Franco procedentes de la base aérea italiana en Mallorca.

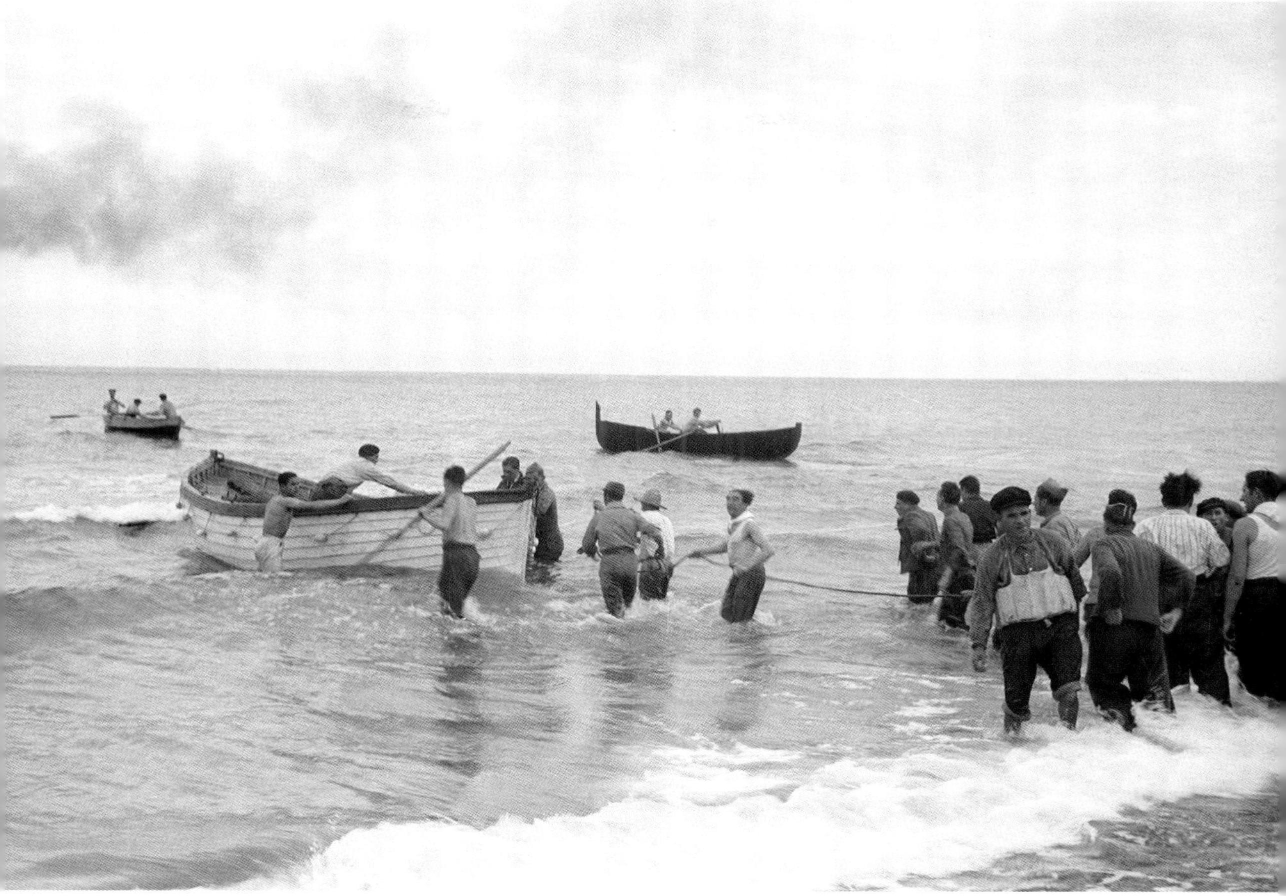

19 DE MAYO DE 1937, BENICÀSSIM

Botes salvavidas del buque *Legazpi* arribando a la costa con la ayuda de los lugareños.

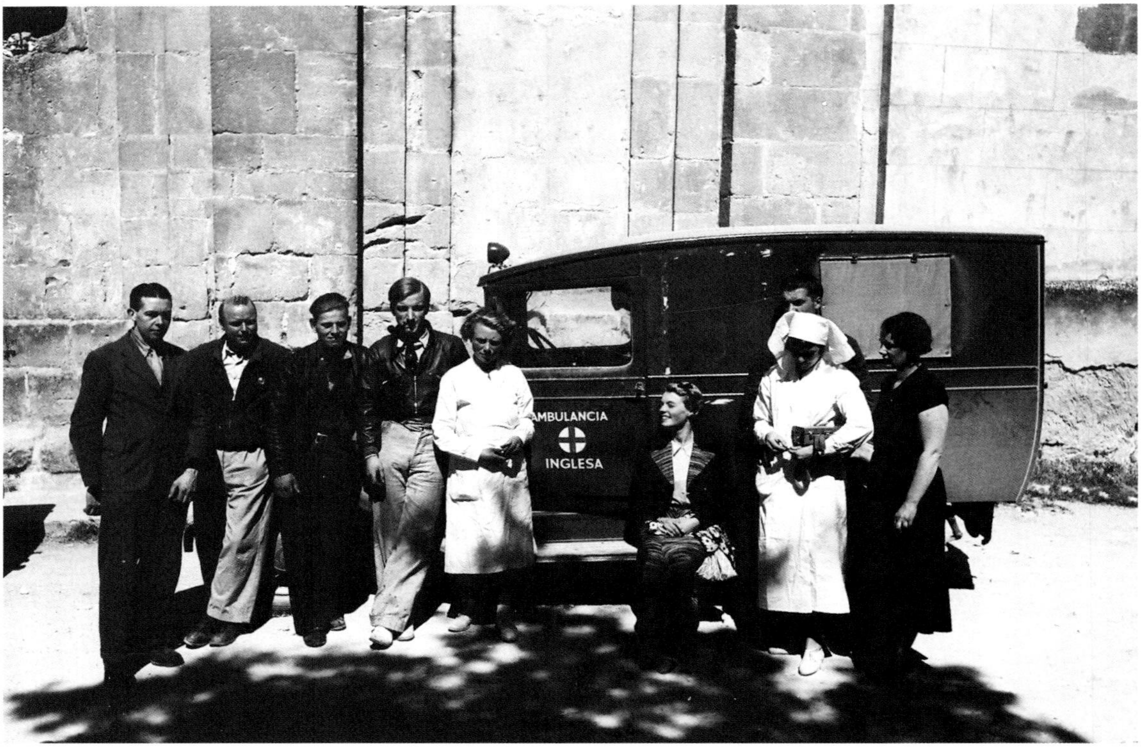

[ARRIBA] 23 DE MAYO DE 1937, HUETE

Los conductores de ambulancia del SMAC Davidson, Ovenden, Hurling y Clark con las enfermeras Ruth Ormsby, irlandesa, Eileen Bell, Louise Jones, Lillian Kenton, austriaca (nacida Artner) y el ayudante médico Noel Carritt (detrás).

[DERECHA] 23 DE MAYO DE 1937, HUETE

Una enfermera de uniforme sola en el hospital del SMAC.

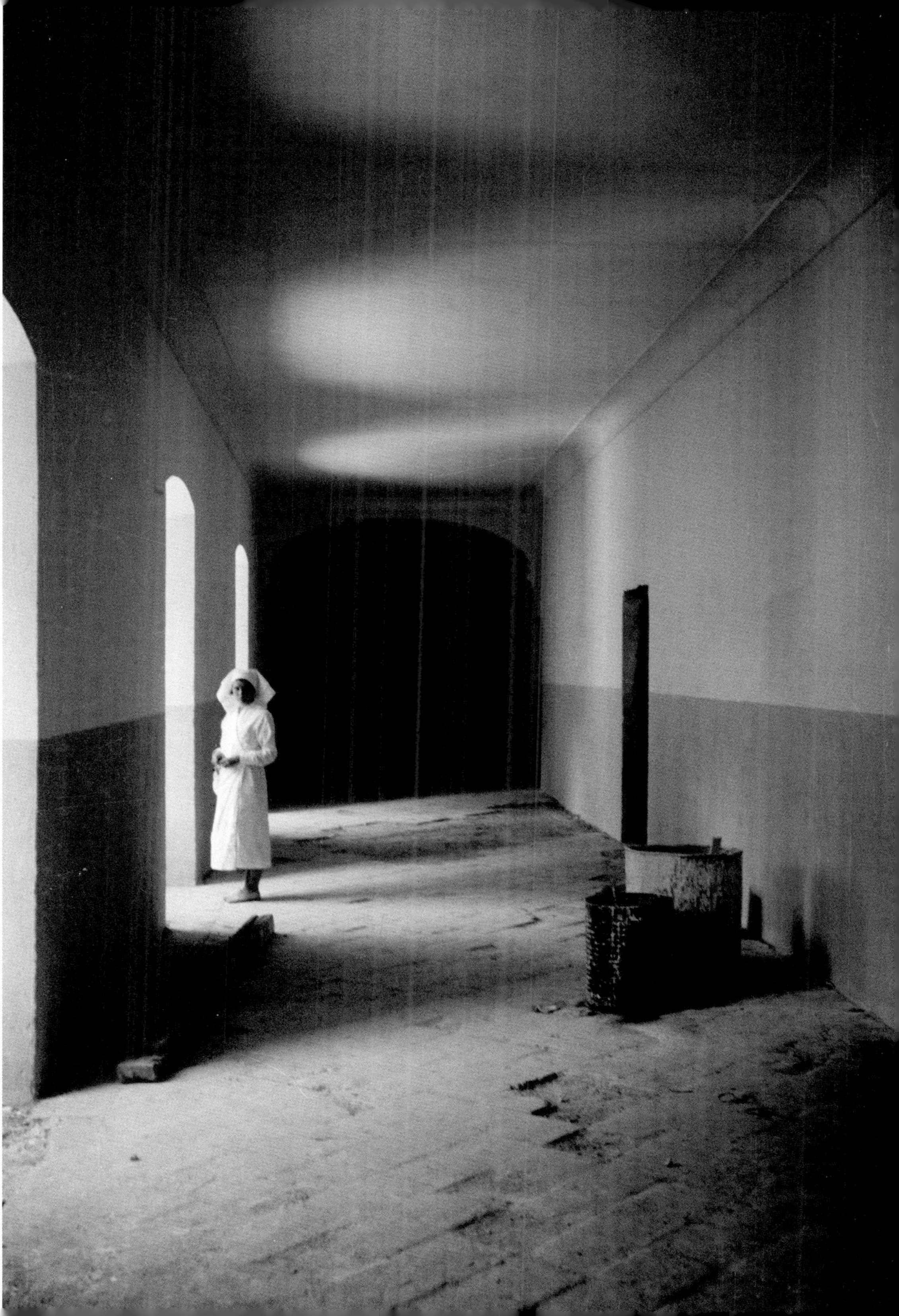

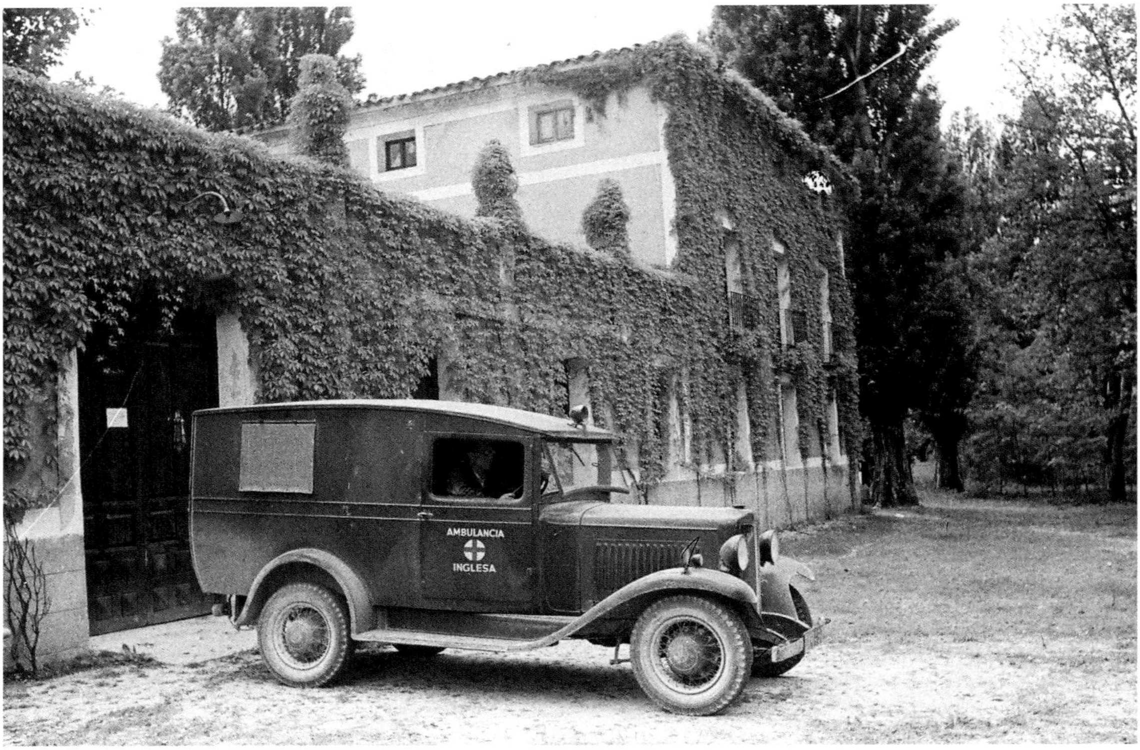

25 DE MAYO DE 1937, VALDEGANGA

Ambulancia saliendo del edificio del hospital del SMAC.

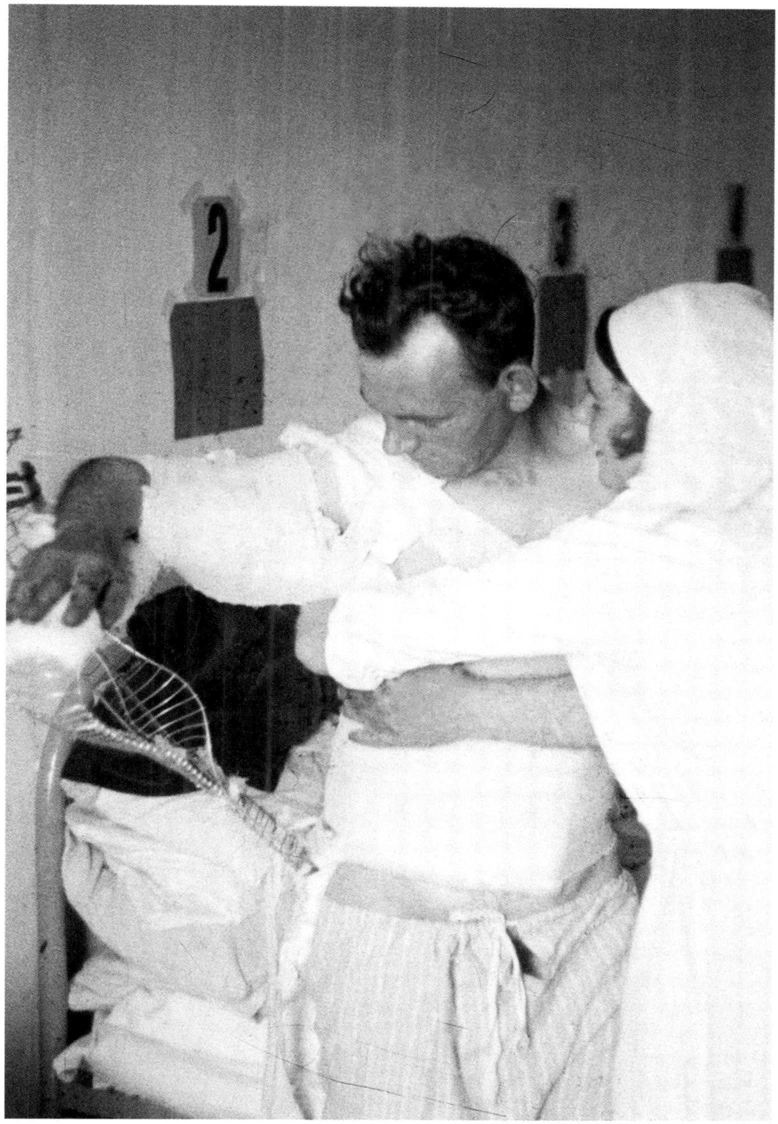

25 DE MAYO DE 1937, VALDEGANGA

Enfermera vendando las heridas a un paciente
en el hospital del SMAC.

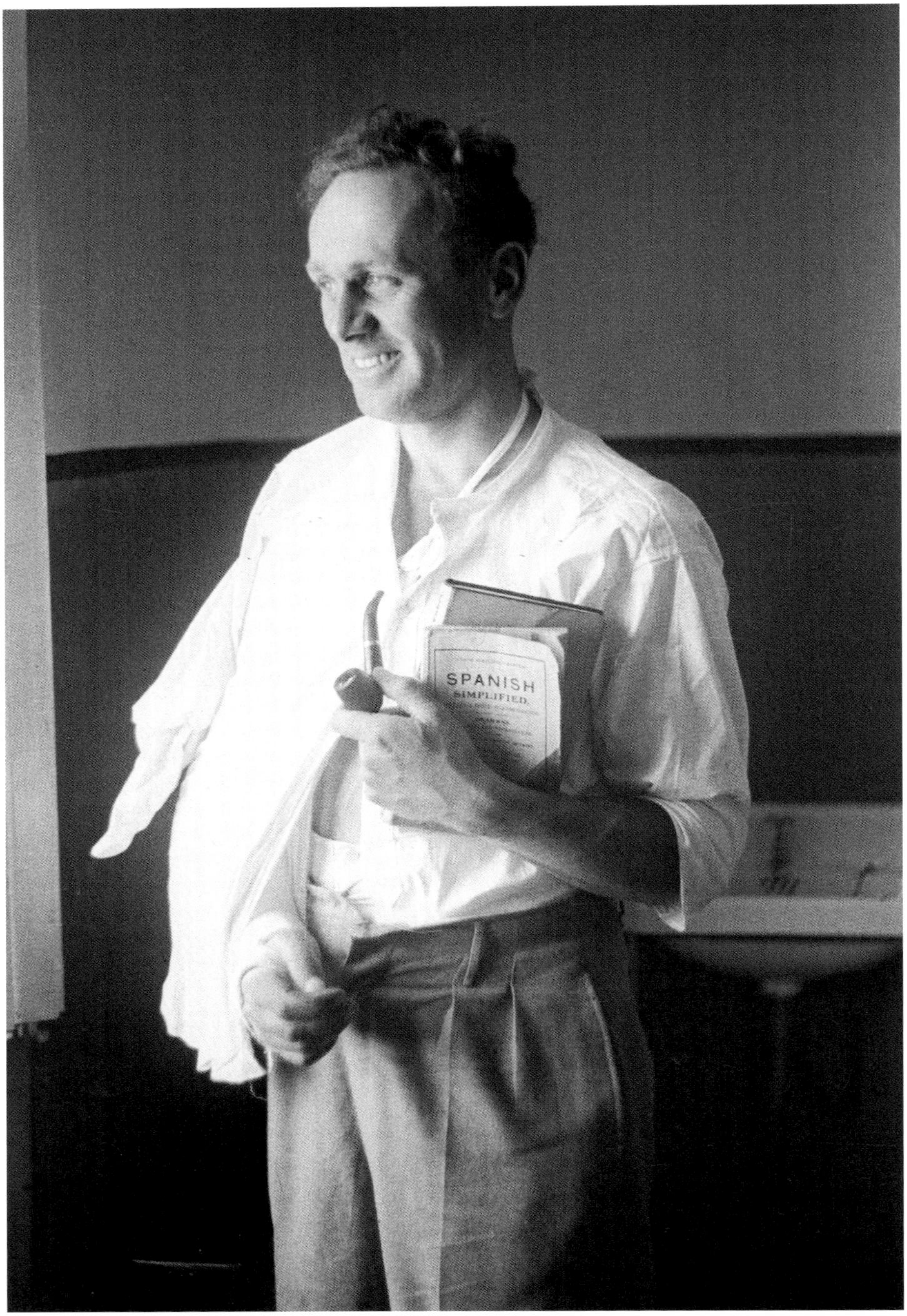
SPANISH
SIMPLIFIED.

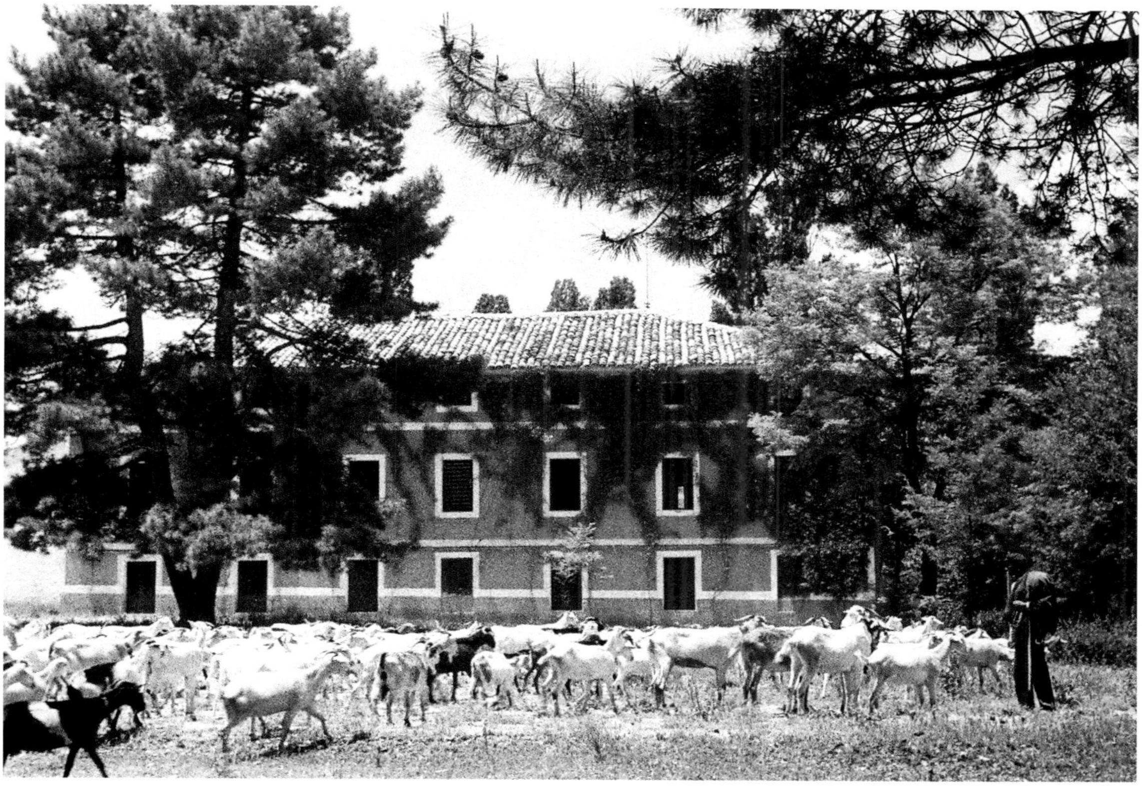

[ARRIBA] 15 DE JUNIO DE 1937, HUETE

Un casón rural, con un rebaño de cabras delante, que no tardaría en convertirse en un hospital del SMAC.

[IZQUIERDA] 6 DE JUNIO DE 1937, VALDEGANGA

Voluntario SMAC Wogan Philipps, segundo barón Milford con su guía *Spanish Simplified*, recuperándose en el hospital del SMAC.

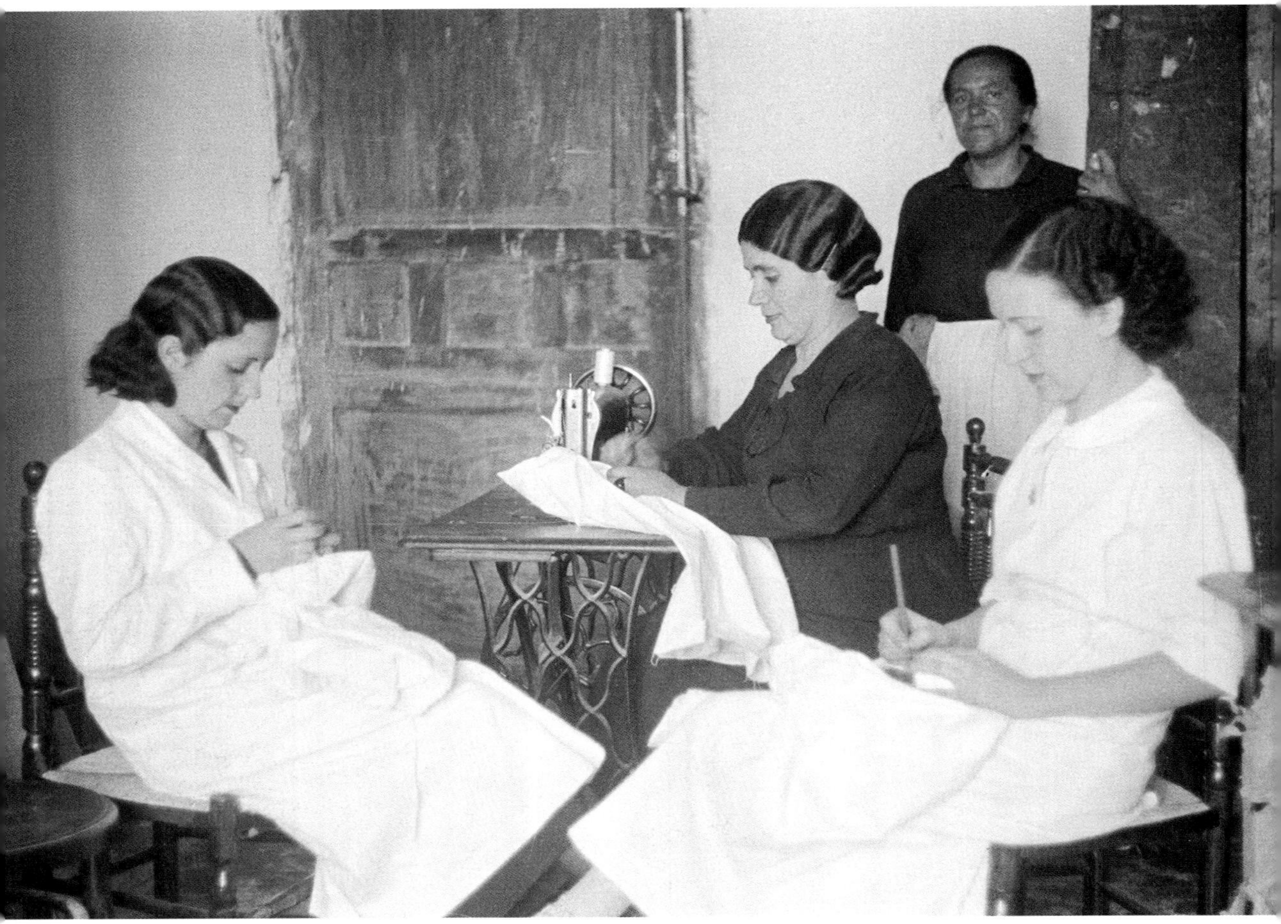

15 DE JUNIO DE 1937, HUETE

Más labores después de una jornada de enfermería.

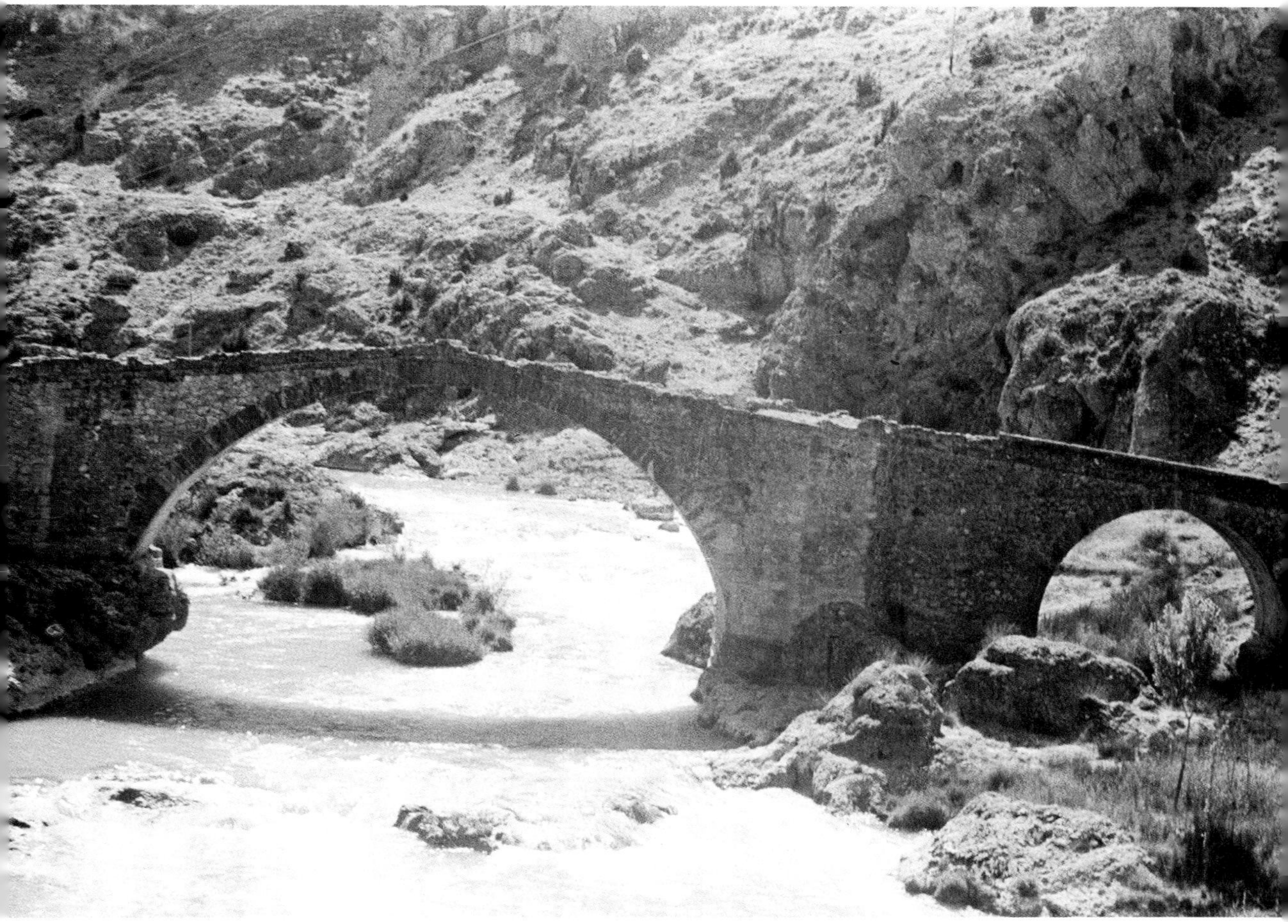

28 DE JUNIO-11 DE JULIO DE 1937, VALDEGANGA

Austero paisaje con un puente de piedra en las inmediaciones de Valdeganga.

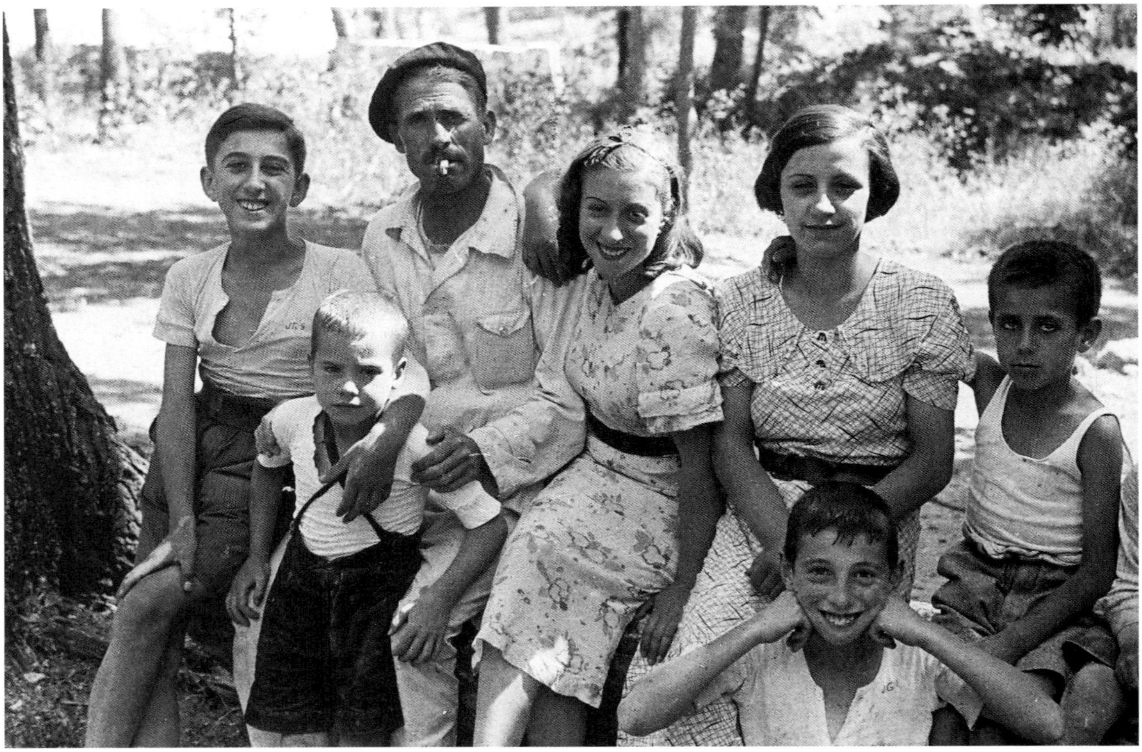

[ARRIBA] 28 DE JUNIO-11 DE JULIO DE 1937, VALDEGANGA

Una familia local contenta en el campo.

[DERECHA] 28 DE JUNIO-11 DE JULIO DE 1937, VALDEGANGA

Un chico del lugar aparentemente ajeno a la guerra.

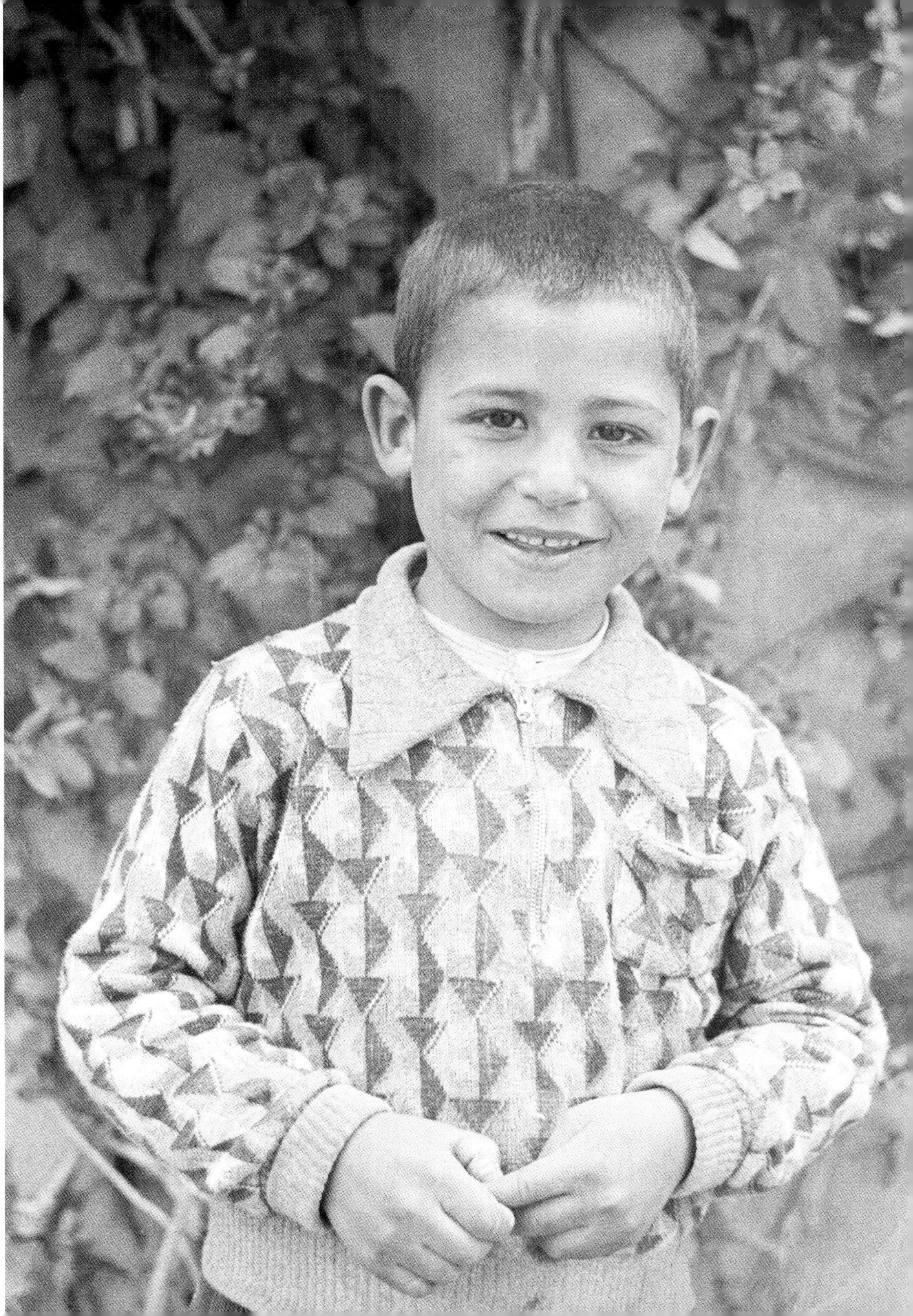

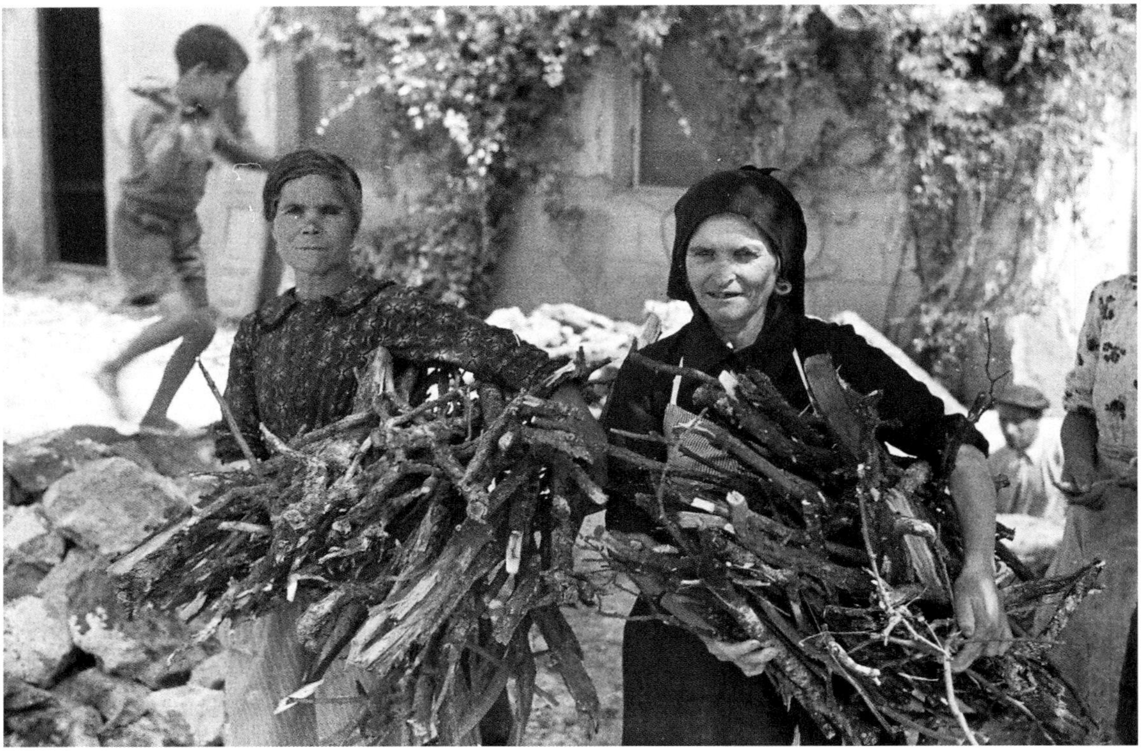

[ARRIBA] 28 DE JUNIO-11 DE JULIO DE 1937, VALDEGANGA

Dos mujeres recogiendo leña, que escaseaba continuamente.

[DERECHA] 28 DE JUNIO-11 DE JULIO DE 1937, VALDEGANGA

Un asno constituía un bien muy preciado en las aldeas de la zona.

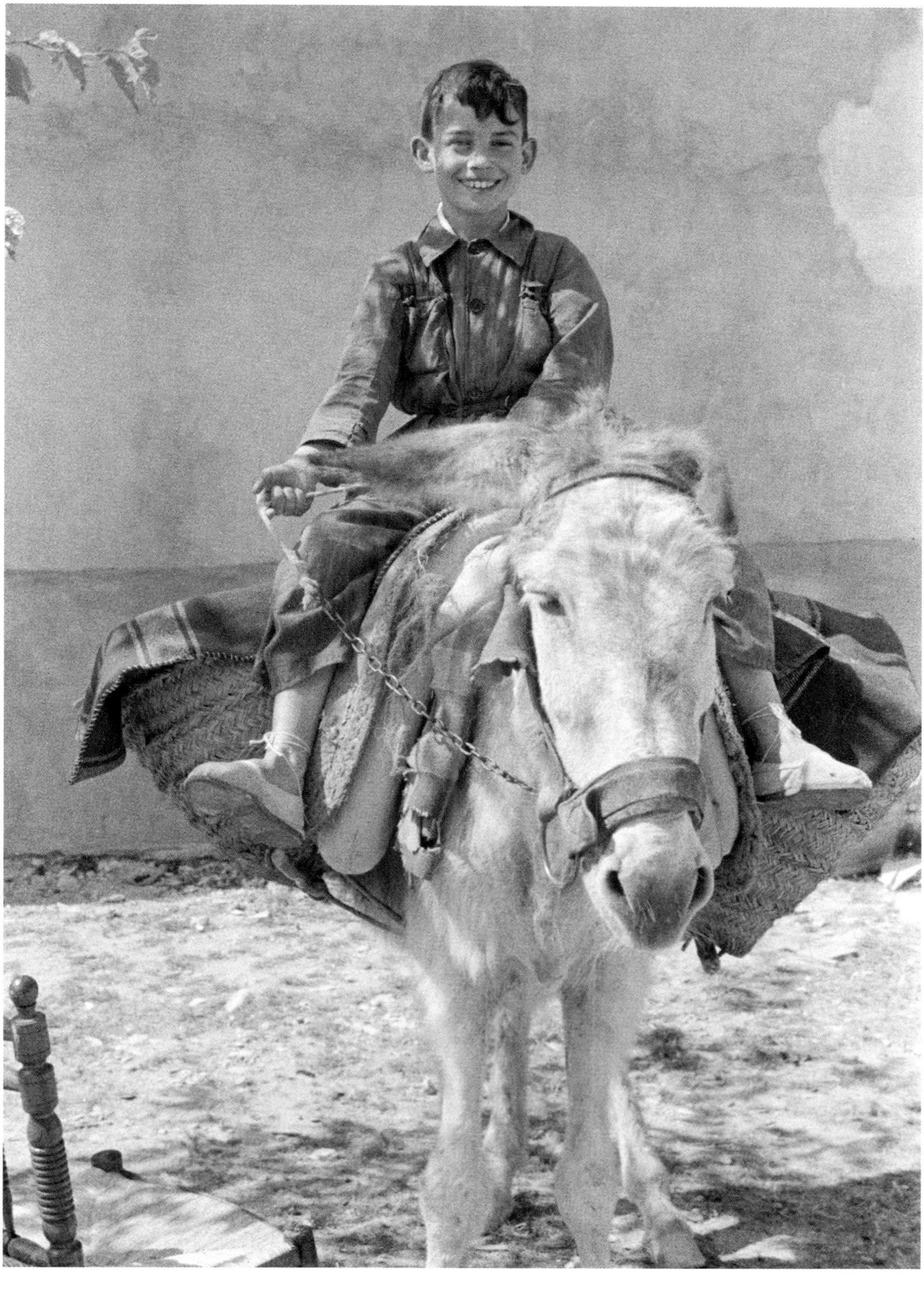

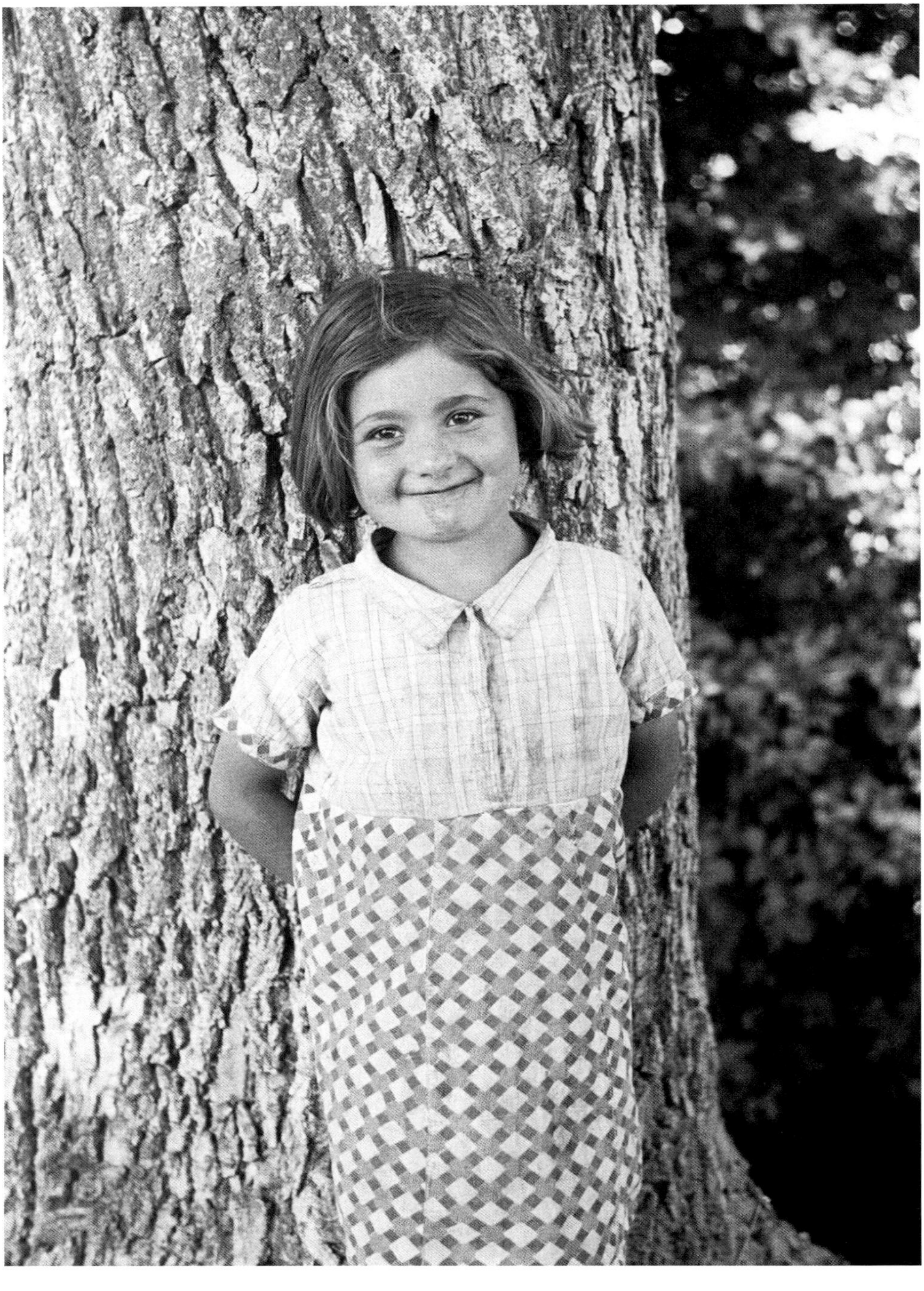

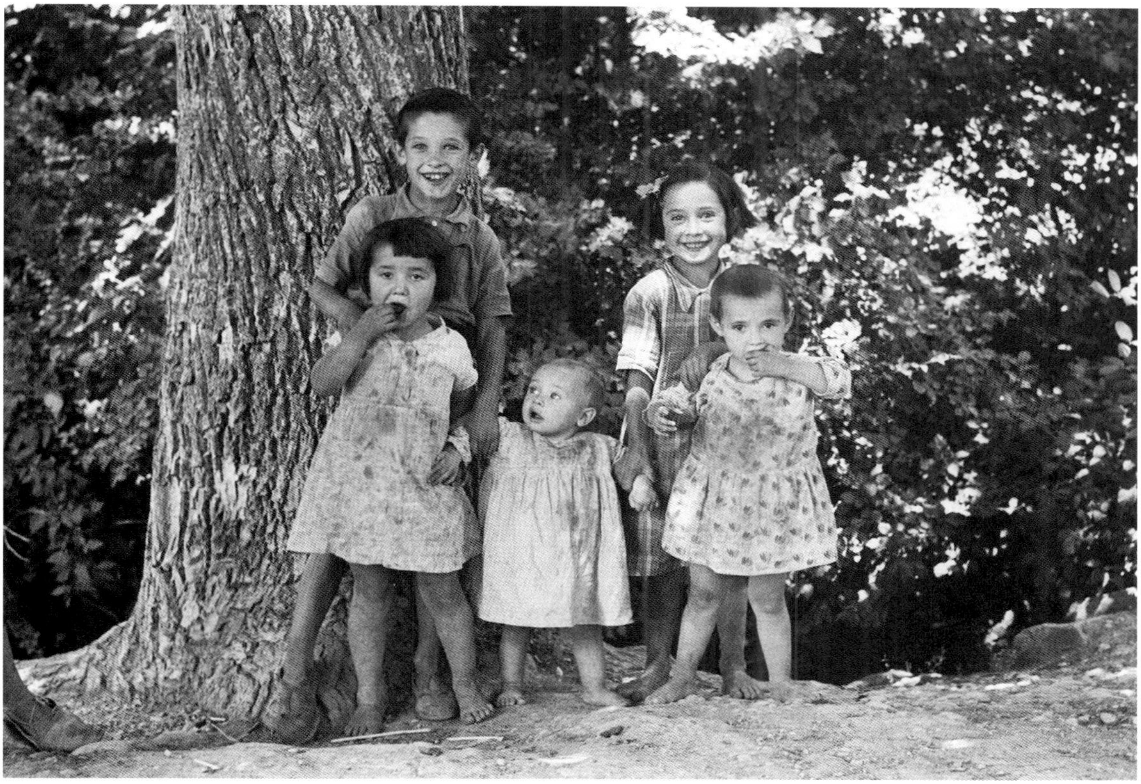

[ARRIBA] 16-31 DE JULIO DE 1937, VALDEGANGA

Niños de Valdeganga con sonrisas incluso en tiempo de guerra.

[IZQUIERDA] 16-31 DE JULIO, VALDEGANGA

Una sonriente niña local.

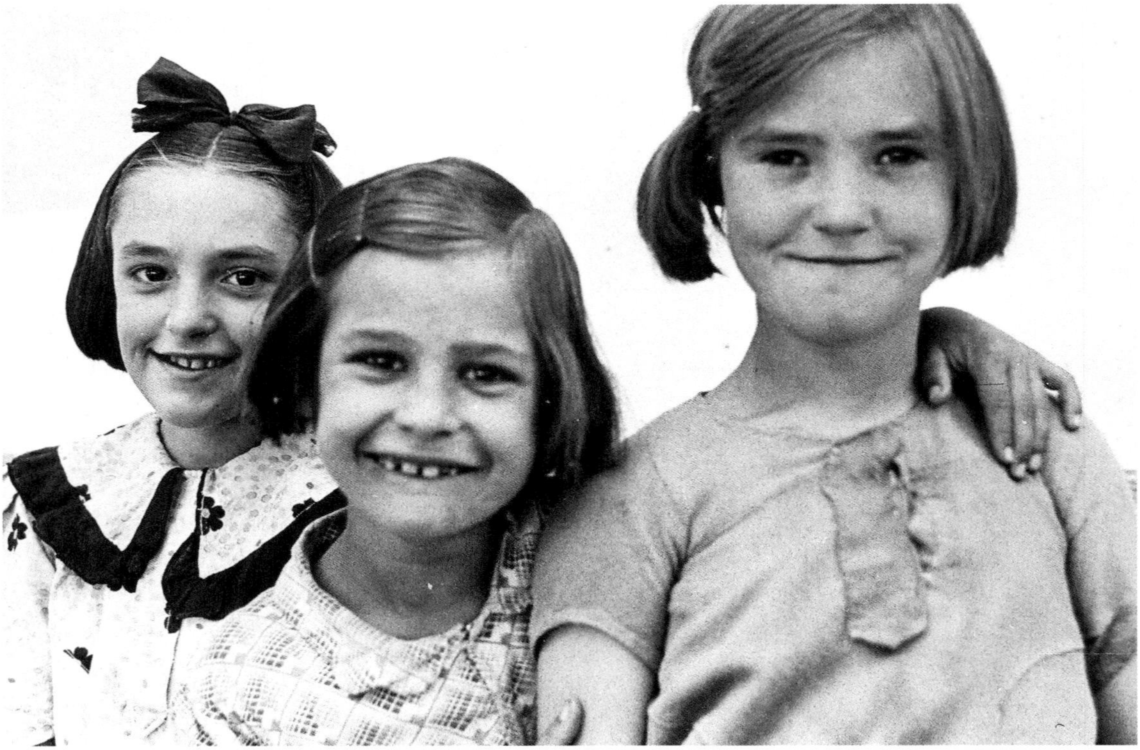

[ARRIBA] 16-31 DE JULIO DE 1937, VALDEGANGA

Niñas del pueblo de distintos orígenes.

[DERECHA] 16-31 DE JULIO DE 1937, VALDEGANGA

Un jornalero se toma un respiro del duro faenar en el campo.

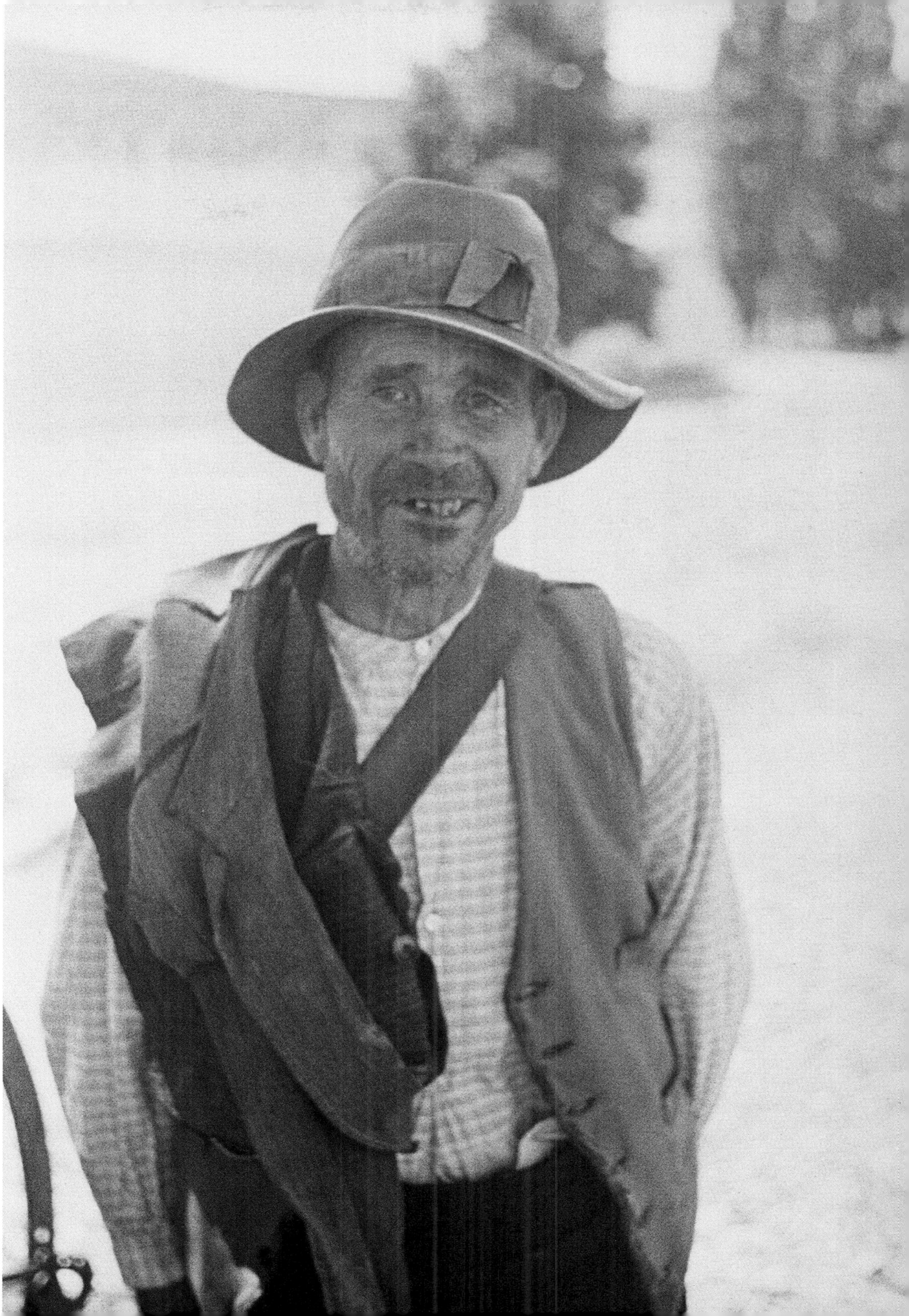

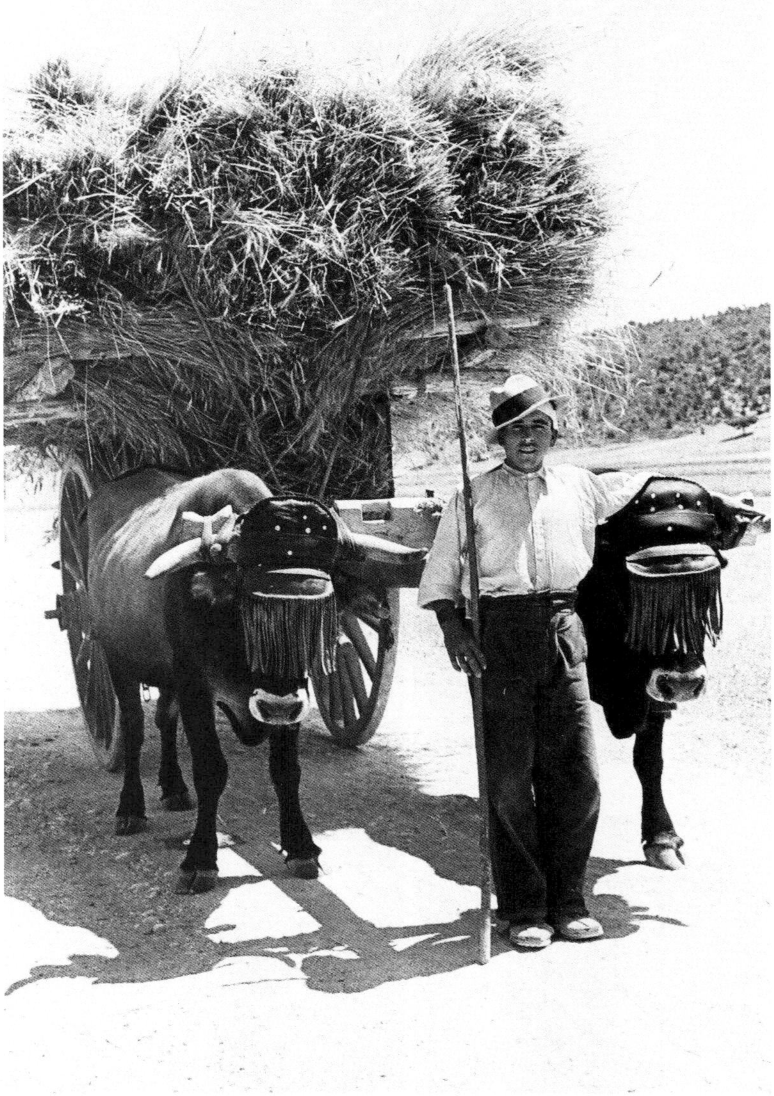

16-31 DE JULIO DE 1937, VALDEGANGA

Un agricultor local con sus dos bueyes tirando de un carro cargado de heno.

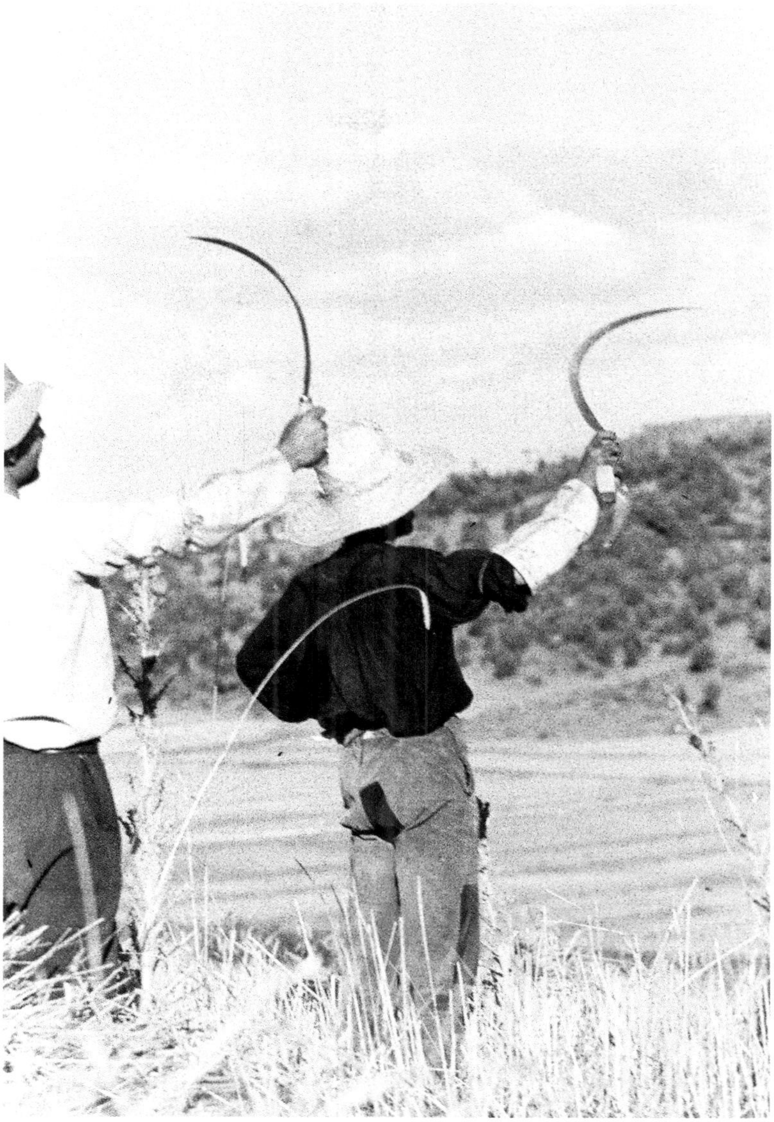

16-31 DE JULIO DE 1937, VALDEGANGA

Agricultores saludando con
las hoces en alto.

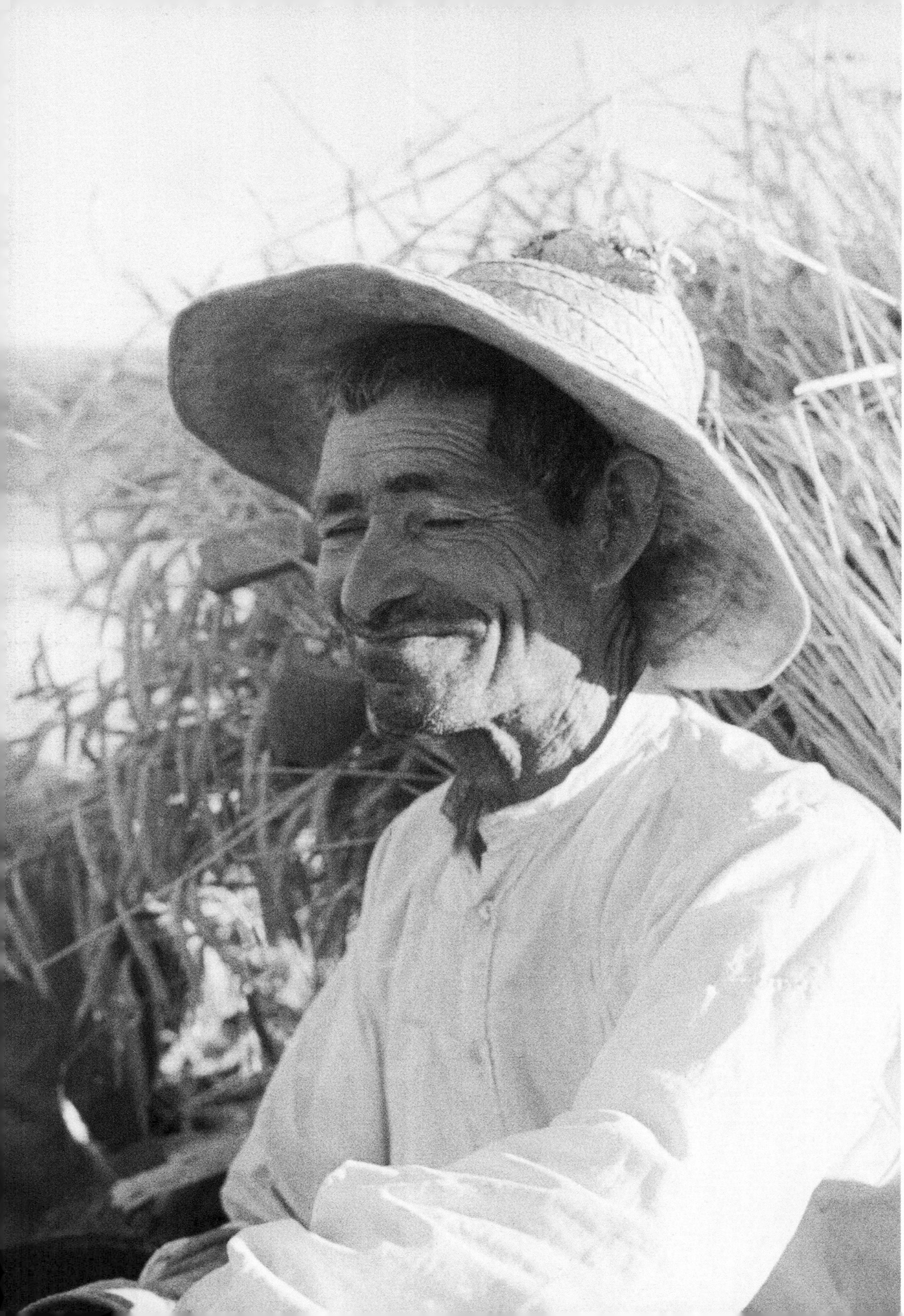

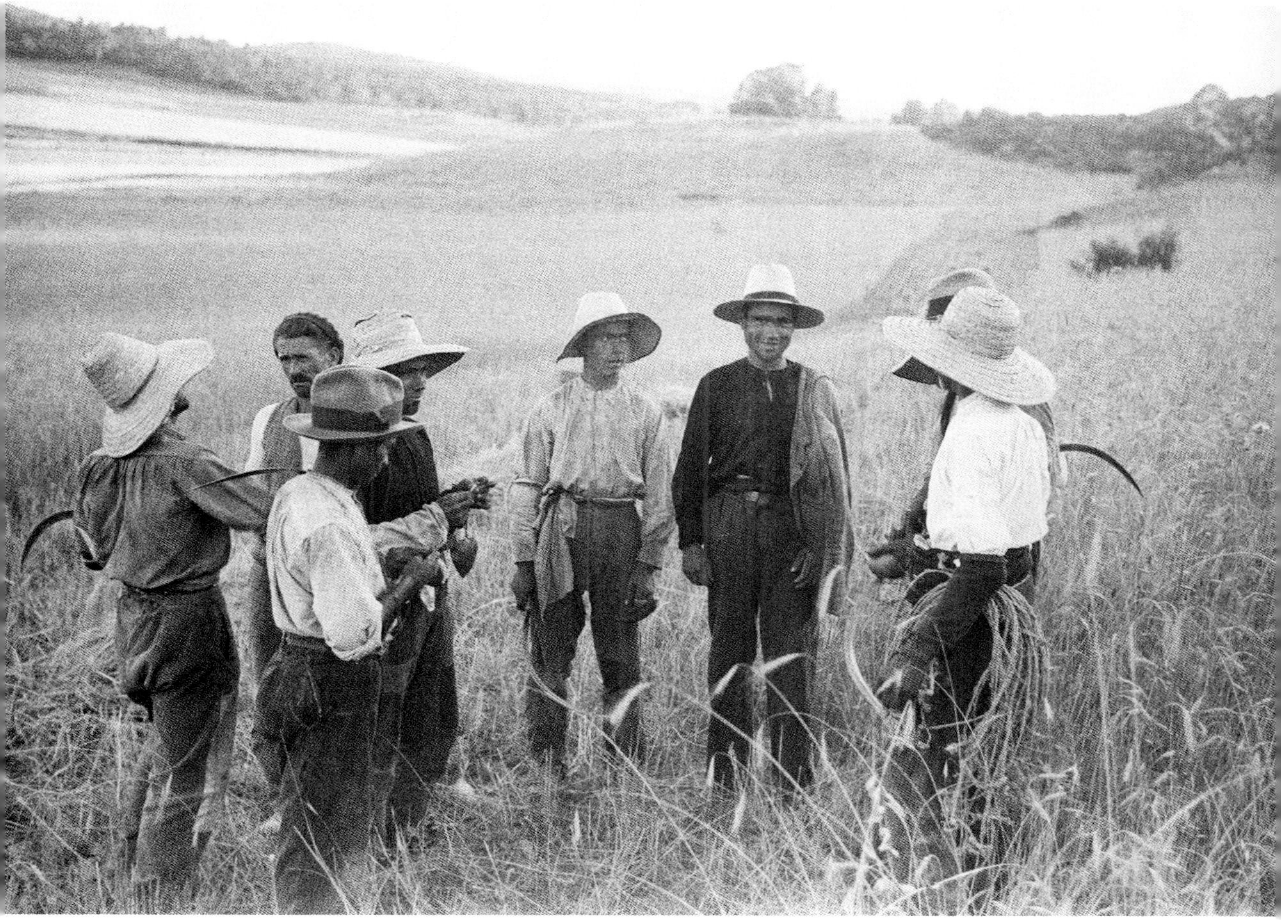

[ARRIBA] 16-31 DE JULIO DE 1937, VALDEGANGA

Agricultores charlando en el campo.

[IZQUIERDA] 16-31 DE JULIO DE 1937, VALDEGANGA

Un trabajador se toma un respiro al sol.

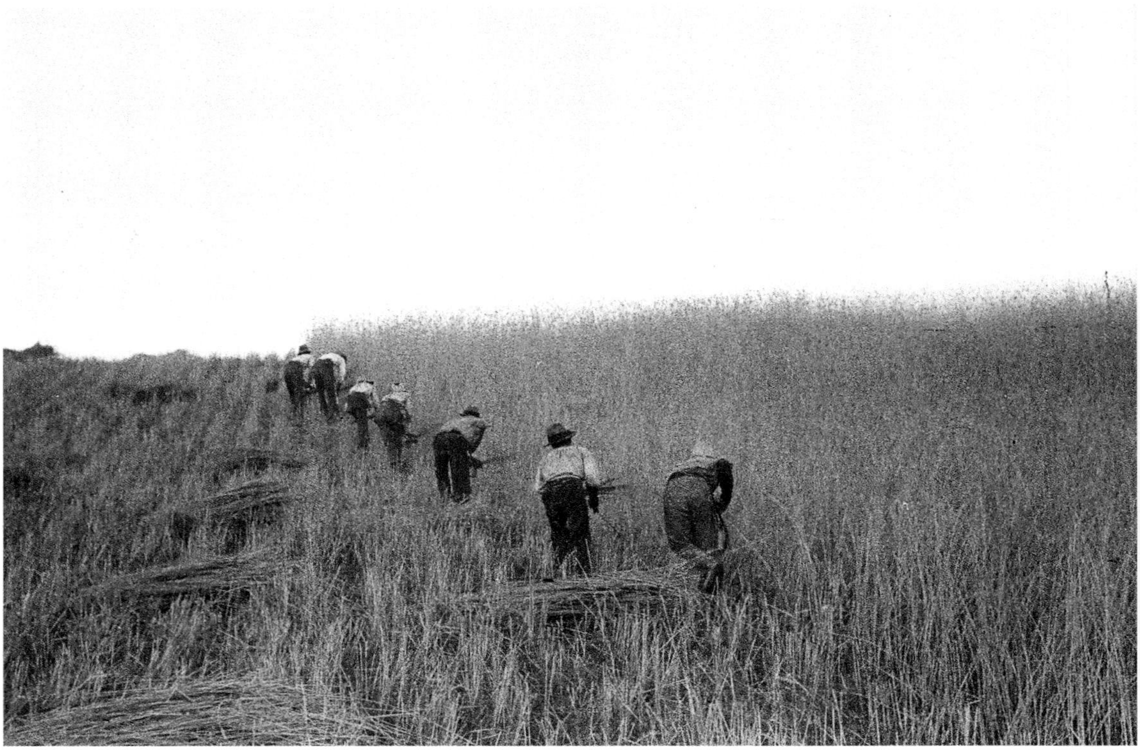

[ARRIBA] 16-31 DE JULIO DE 1937, VALDEGANGA

Tiempo de cosecha, a menudo faenando a mano.

[DERECHA] 16-31 DE JULIO DE 1937, VALDEGANGA

Trillando en el campo.

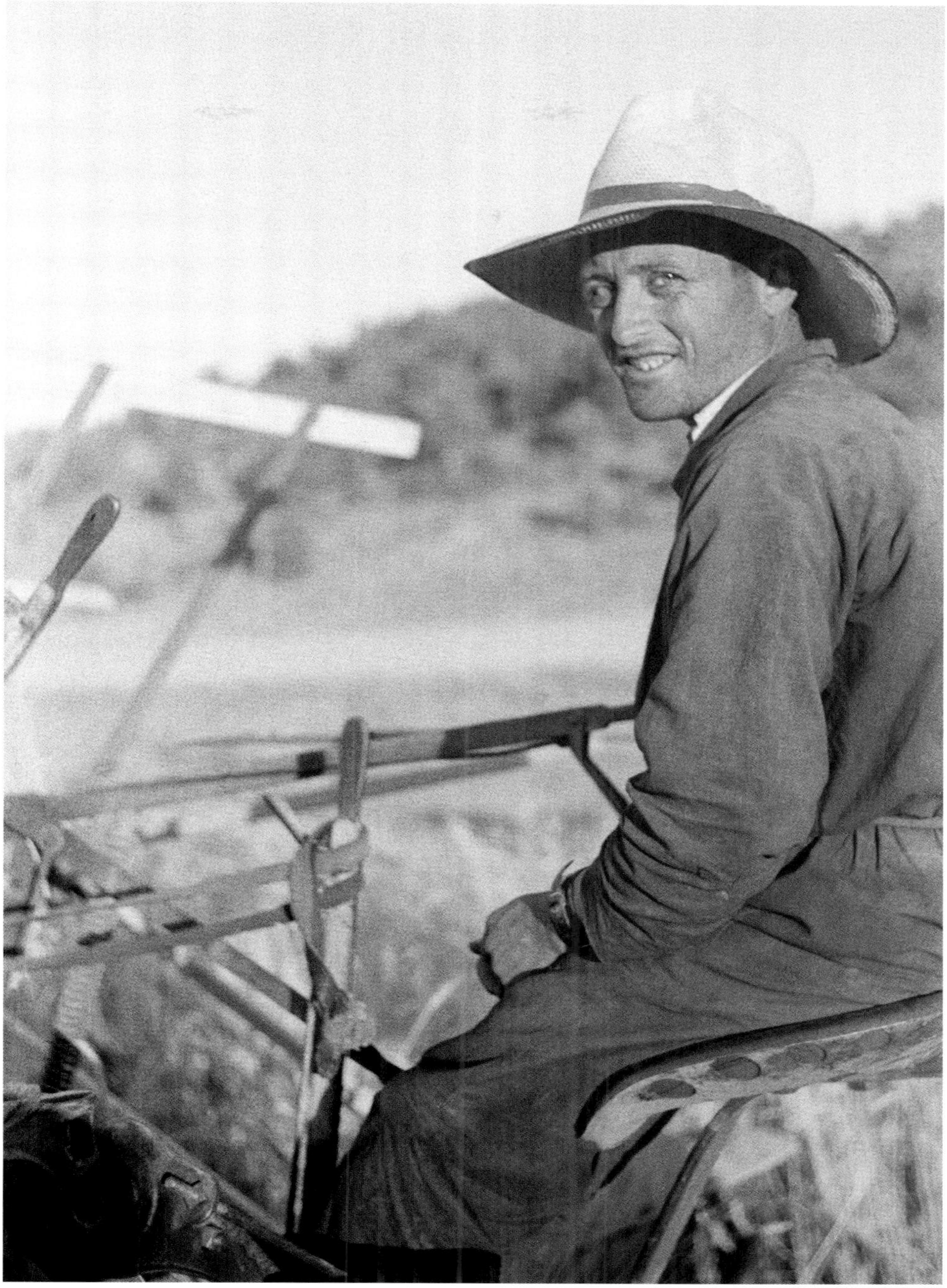

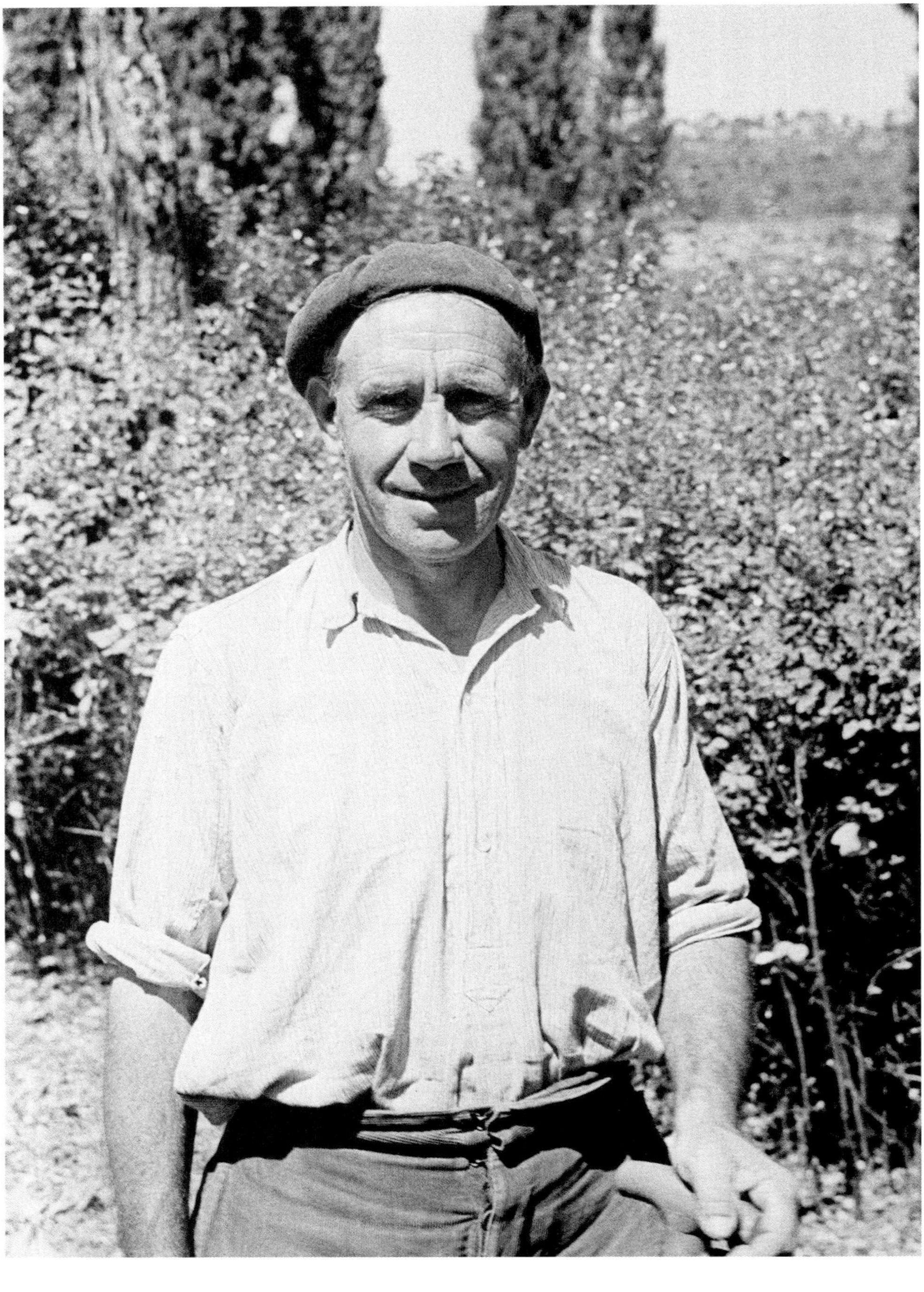

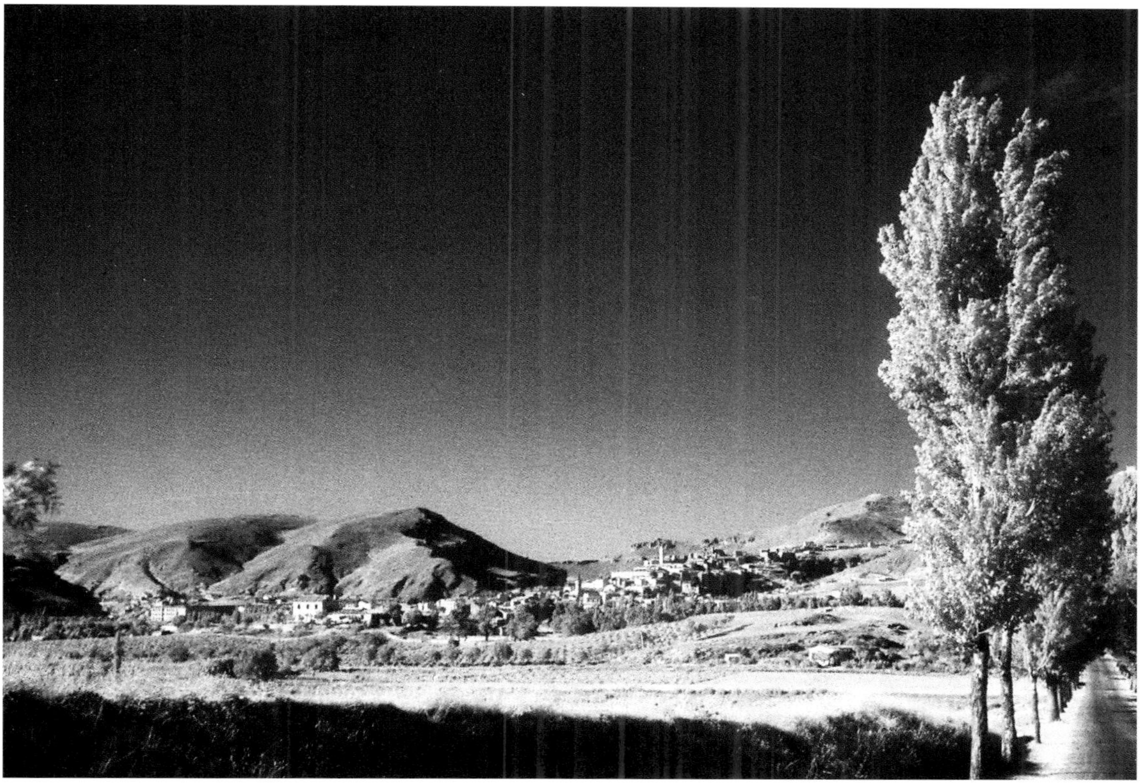

[ARRIBA] 16-31 DE JULIO DE 1937, VALDEGANGA

Apacible estampa de Valdeganga.

[IZQUIERDA] 16-31 DE JULIO DE 1937, VALDEGANGA

Un lugareño descansa de la faena en el campo.

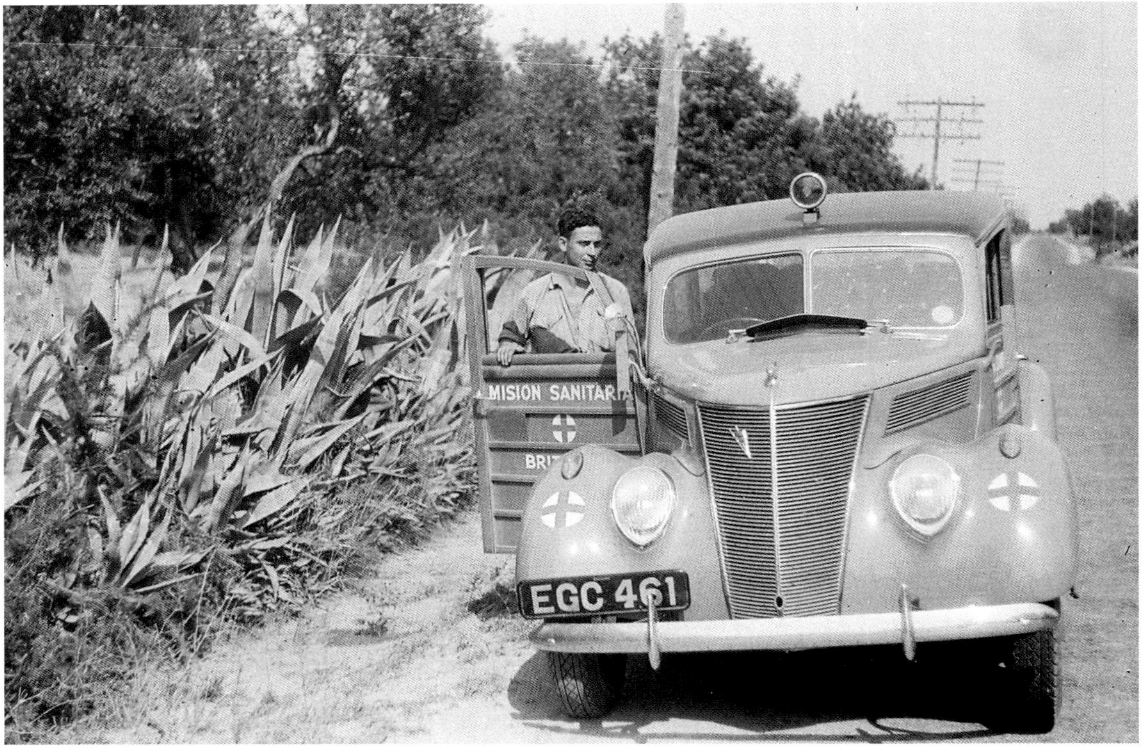

[ARRIBA] 5 DE SEPTIEMBRE DE 1937, CRUZANDO FRANCIA

Un vehículo de la nueva misión sanitaria del SMAC en Francia de camino hacia España.

[DERECHA] 15 DE SEPTIEMBRE DE 1937, UCLÉS

Este hospital del SMAC ocupaba un antiguo monasterio jesuita y era administrado por médicos catalanes con personal de apoyo británico. Los jesuitas fueron expulsados de la España republicana en 1932.

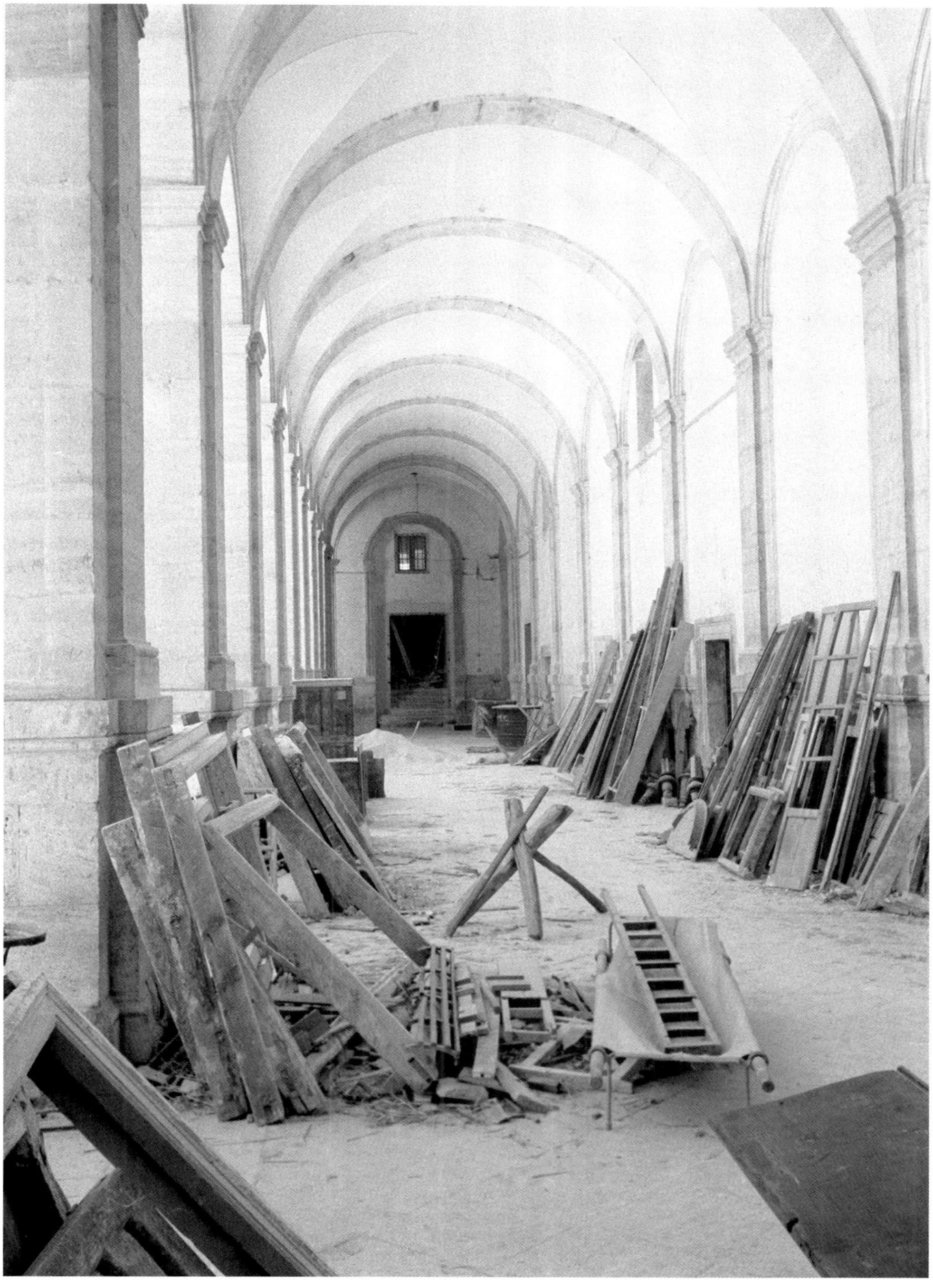

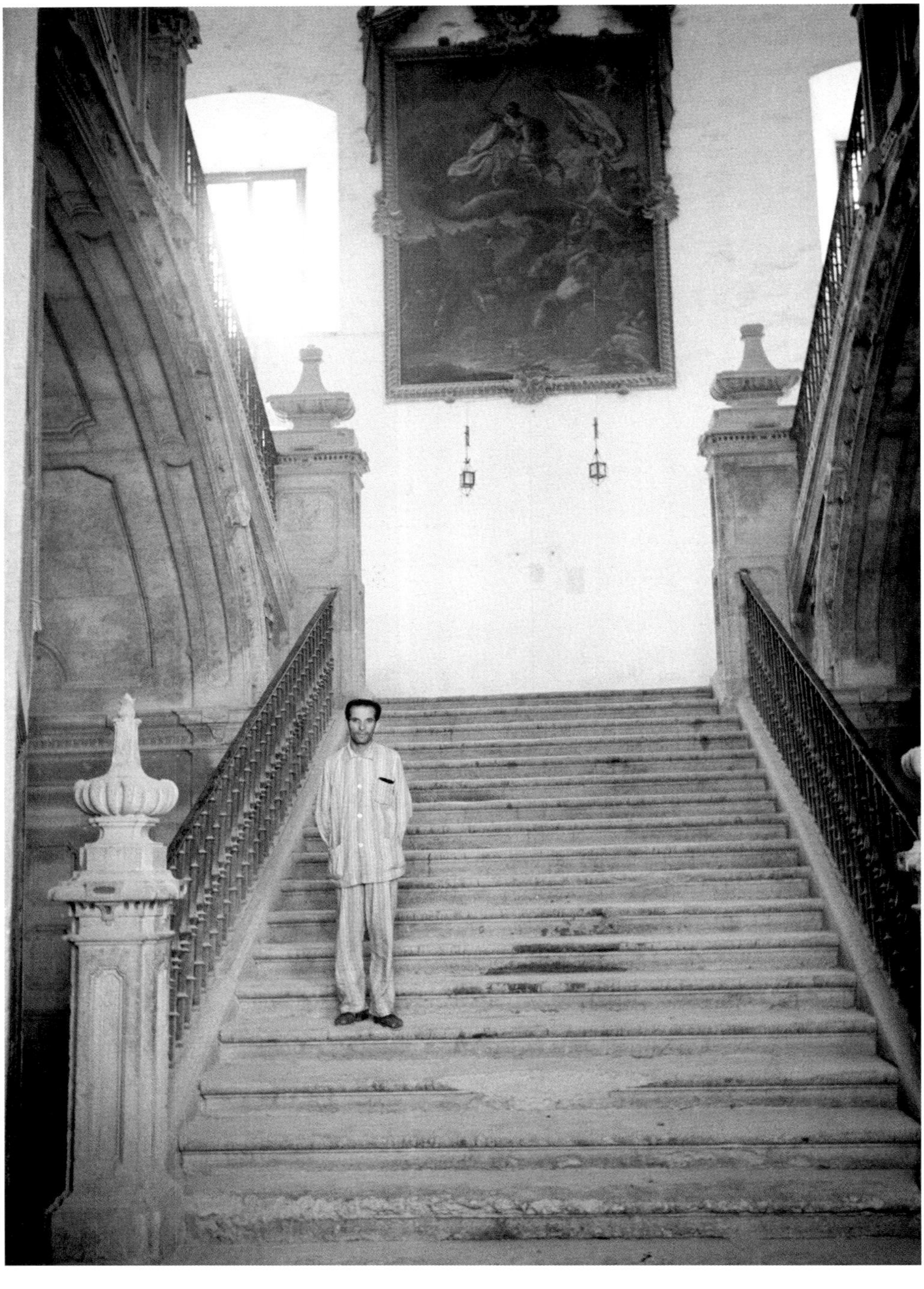

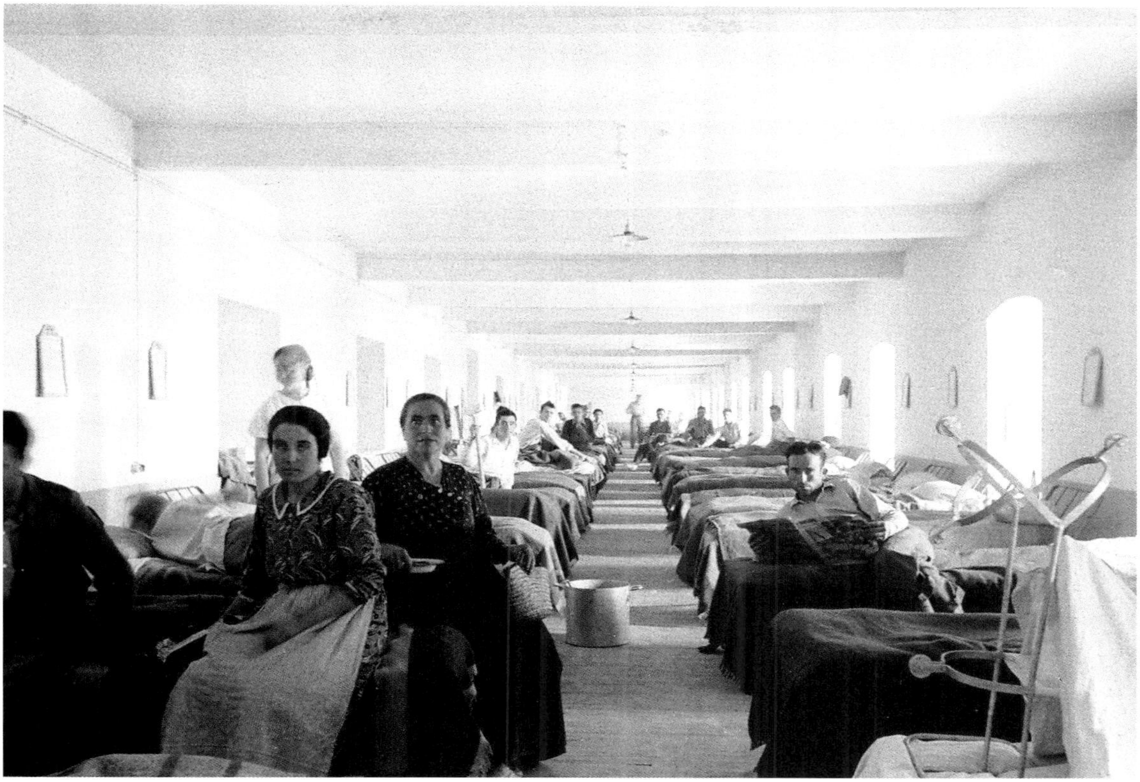

[ARRIBA] 15 DE SEPTIEMBRE DE 1937, UCLÉS

Una sala del hospital del SMAC espaciosa
y en buenas condiciones.

[IZQUIERDA] 15 DE SEPTIEMBRE DE 1937, UCLÉS

Paciente de pie en la escalinata del hospital
del SMAC en Uclés.

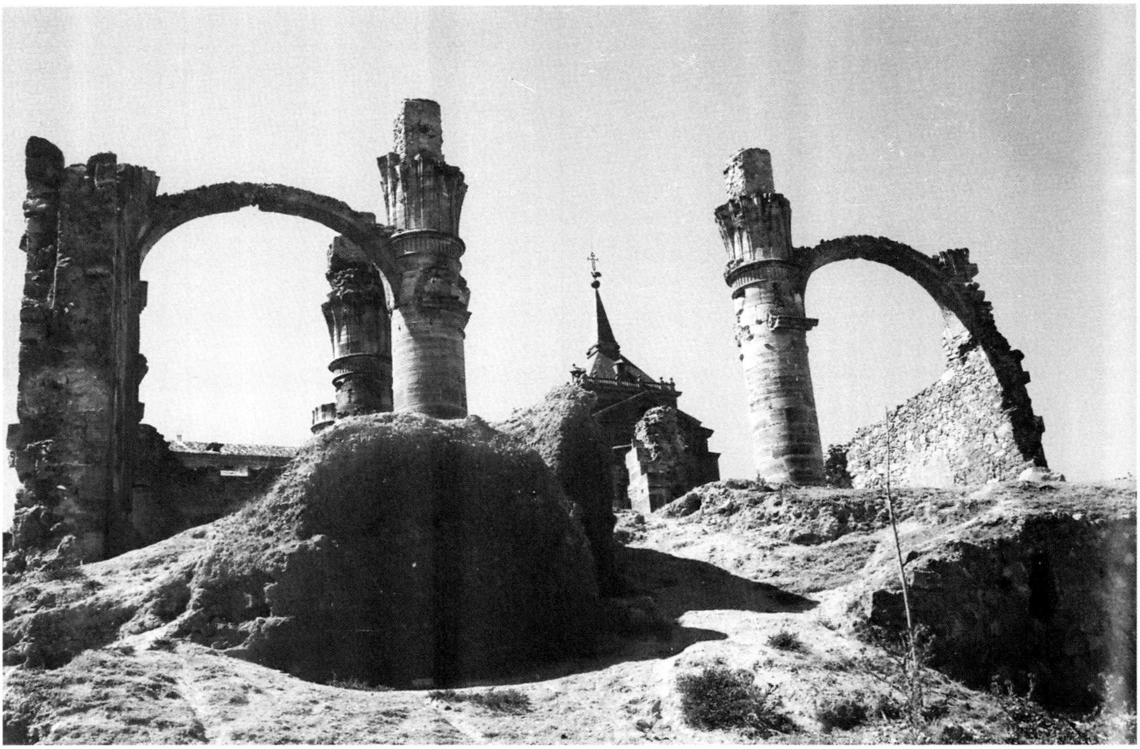

[ARRIBA] 15 DE SEPTIEMBRE DE 1937, UCLÉS

Vista del pináculo del hospital del SMAC con parte de las ruinas del monasterio en primer plano.

[DERECHA] 15 DE SEPTIEMBRE DE 1937, UCLÉS

Stephen Spender contemplando la vista desde la torre del hospital del SMAC.

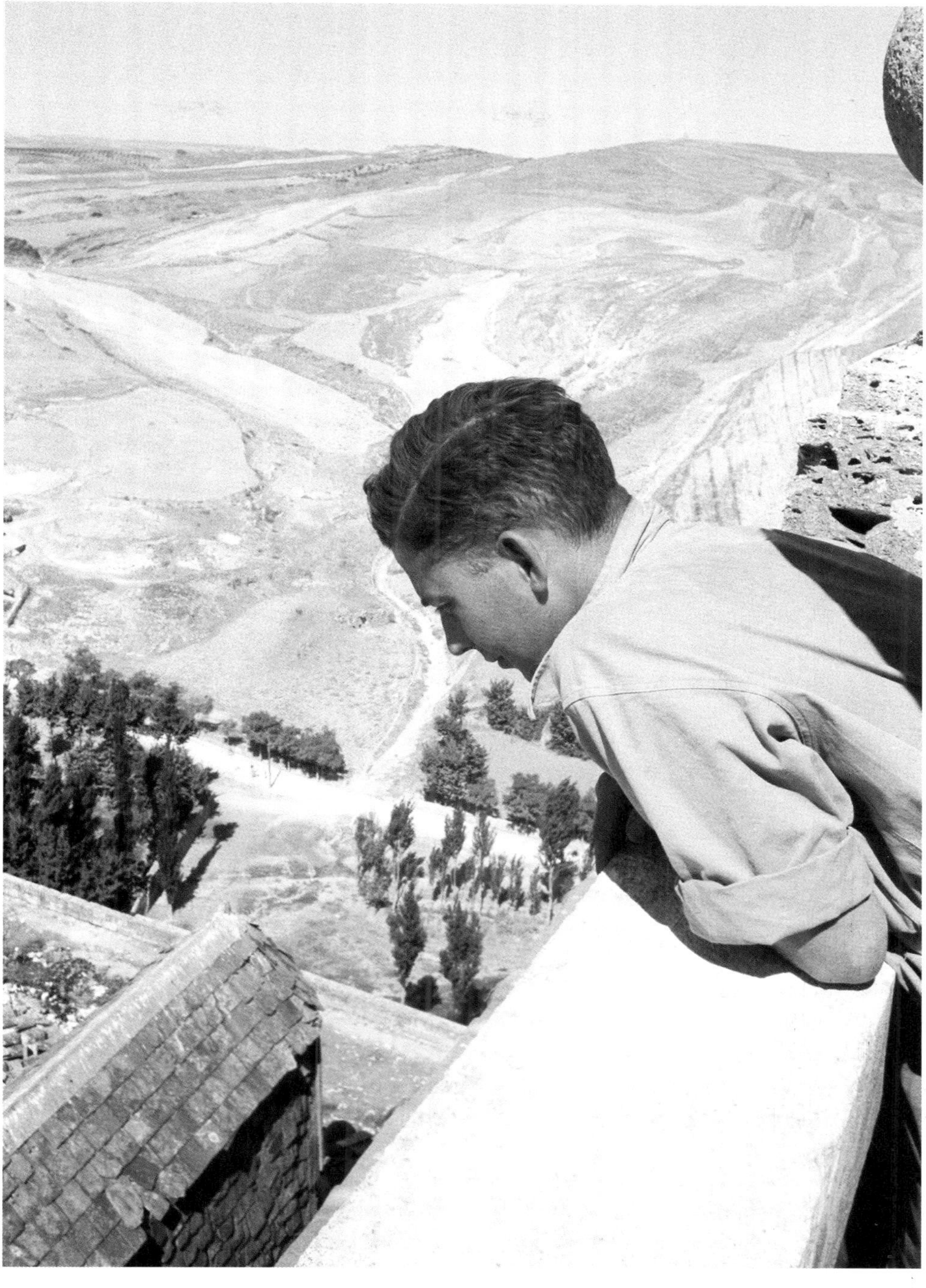

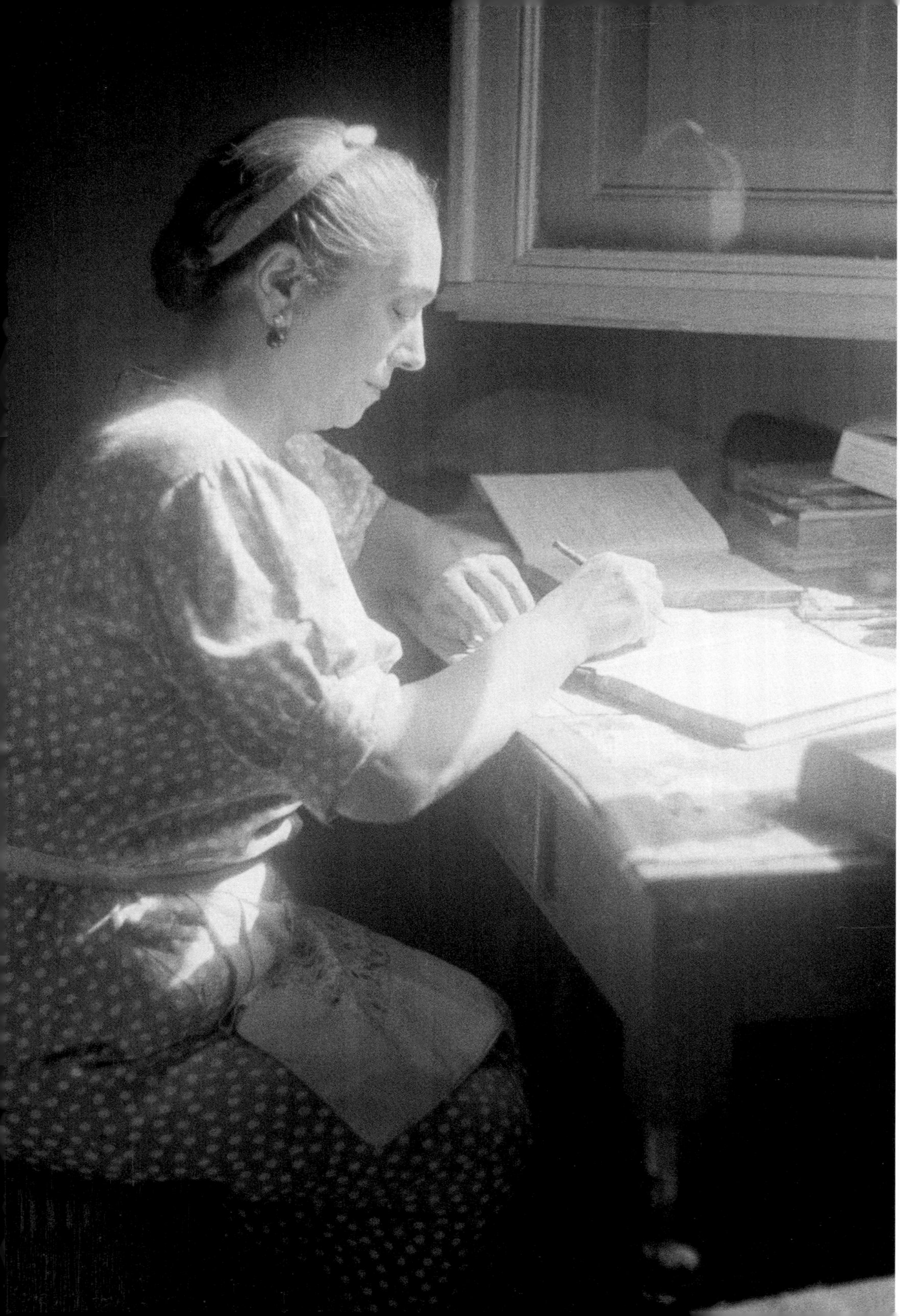

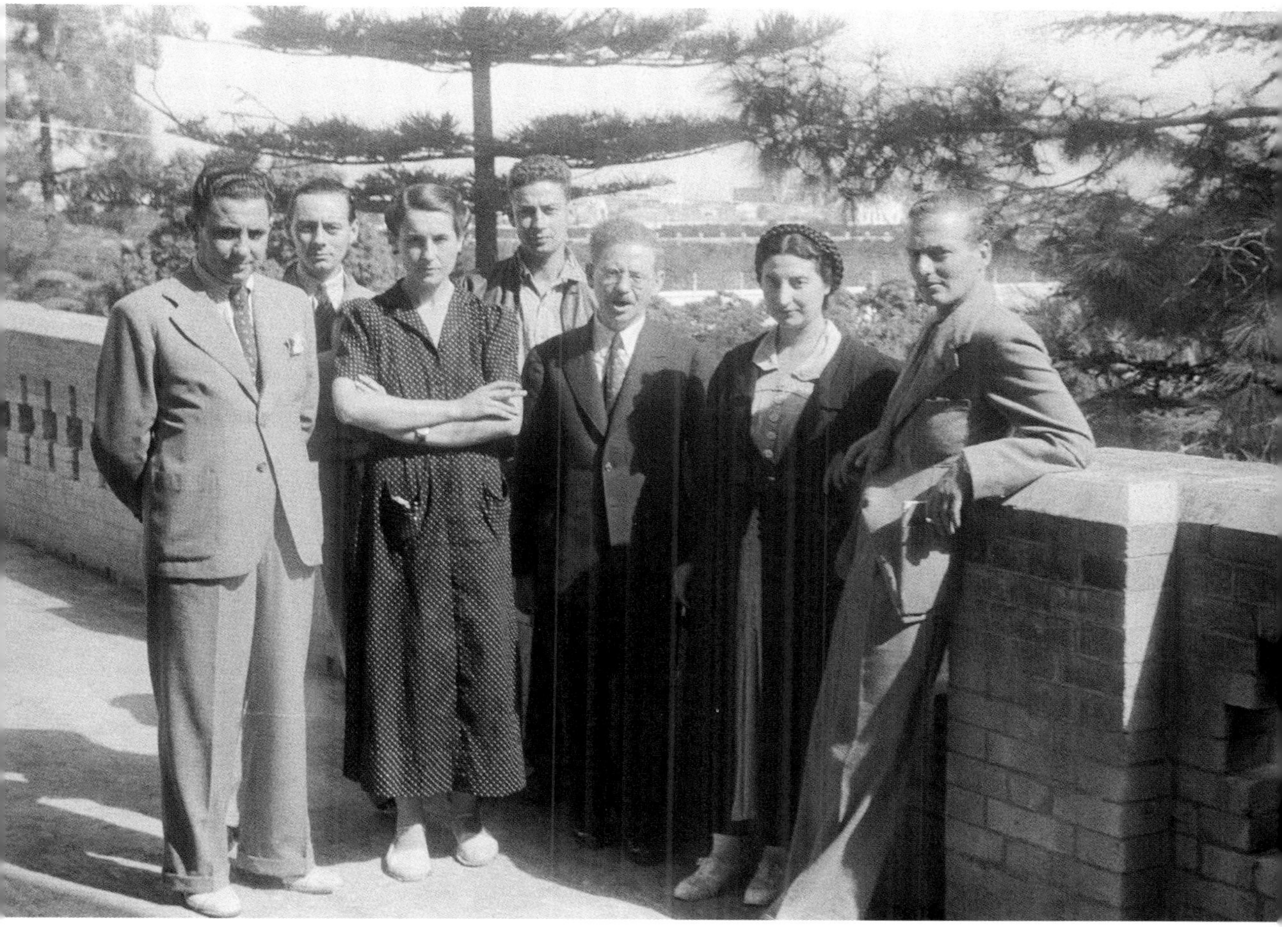

[ARRIBA] 28 DE SEPTIEMBRE DE 1937, ALACUAS

Delegación de visita a la cárcel de mujeres. Alec Wainman, detrás de la cámara, ocupa ahora su nuevo puesto de funcionario de prensa en el Ministerio de Estado de la República Española.

[IZQUIERDA] 28 DE SEPTIEMBRE DE 1937, ALACUAS

Guardia trabajando en la cárcel de mujeres próxima a Valencia.

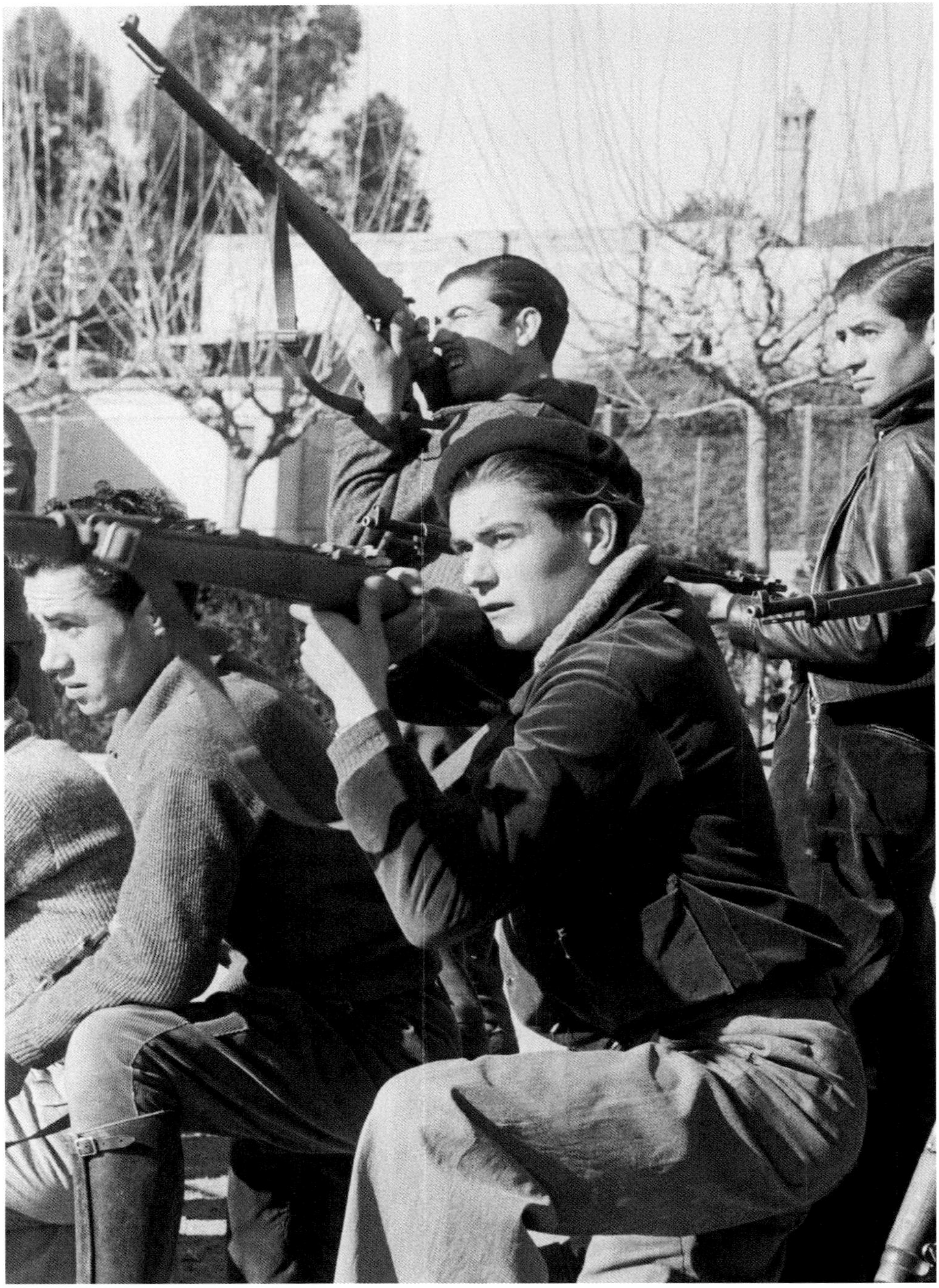

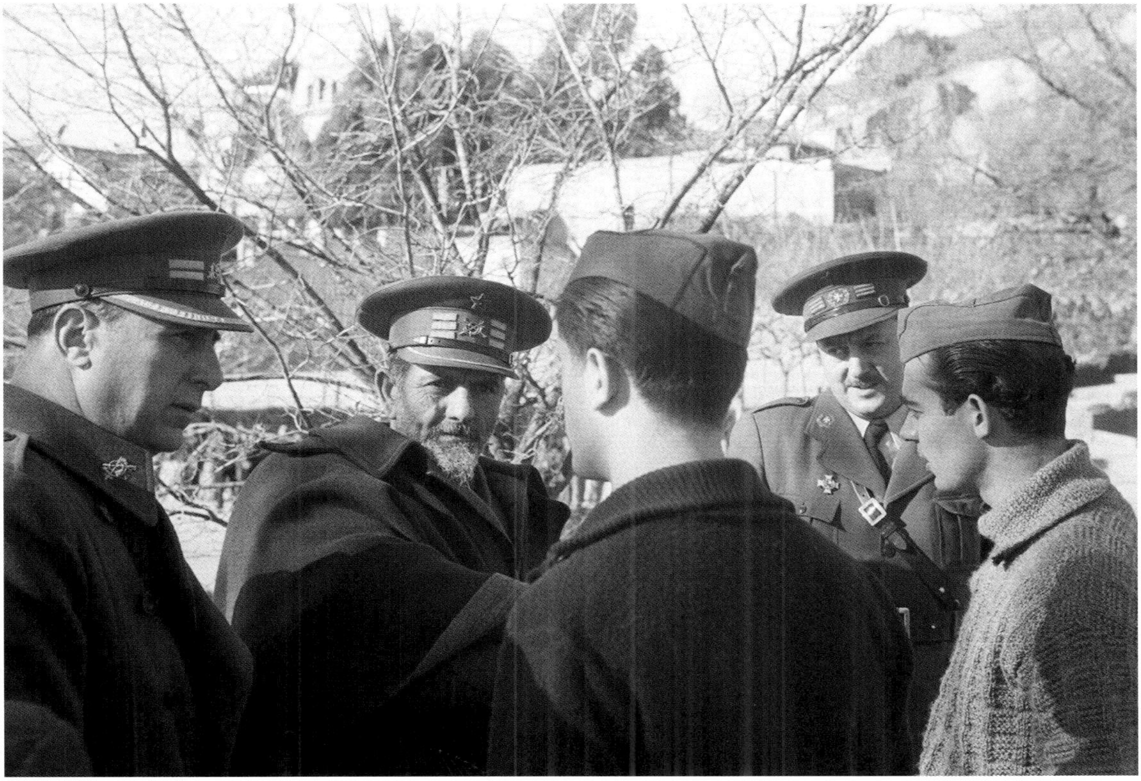

[ARRIBA] 14 DE ENERO DE 1938, BARCELONA

Oficiales republicanos de alto rango hablando con reclutas.

[IZQUIERDA] 14 DE ENERO DE 1938, BARCELONA

Un grupo de jóvenes participando
en ejercicios de instrucción militar.

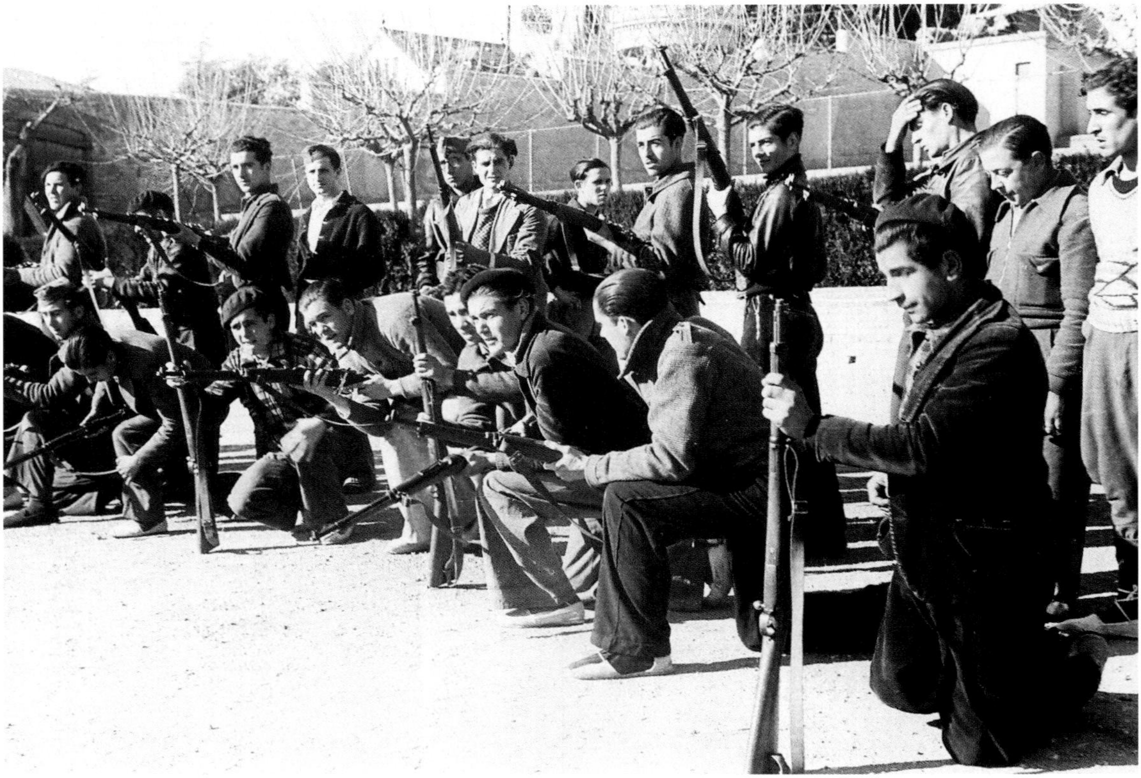

14 DE ENERO DE 1938, BARCELONA

Jóvenes reclutas haciendo instrucción militar.

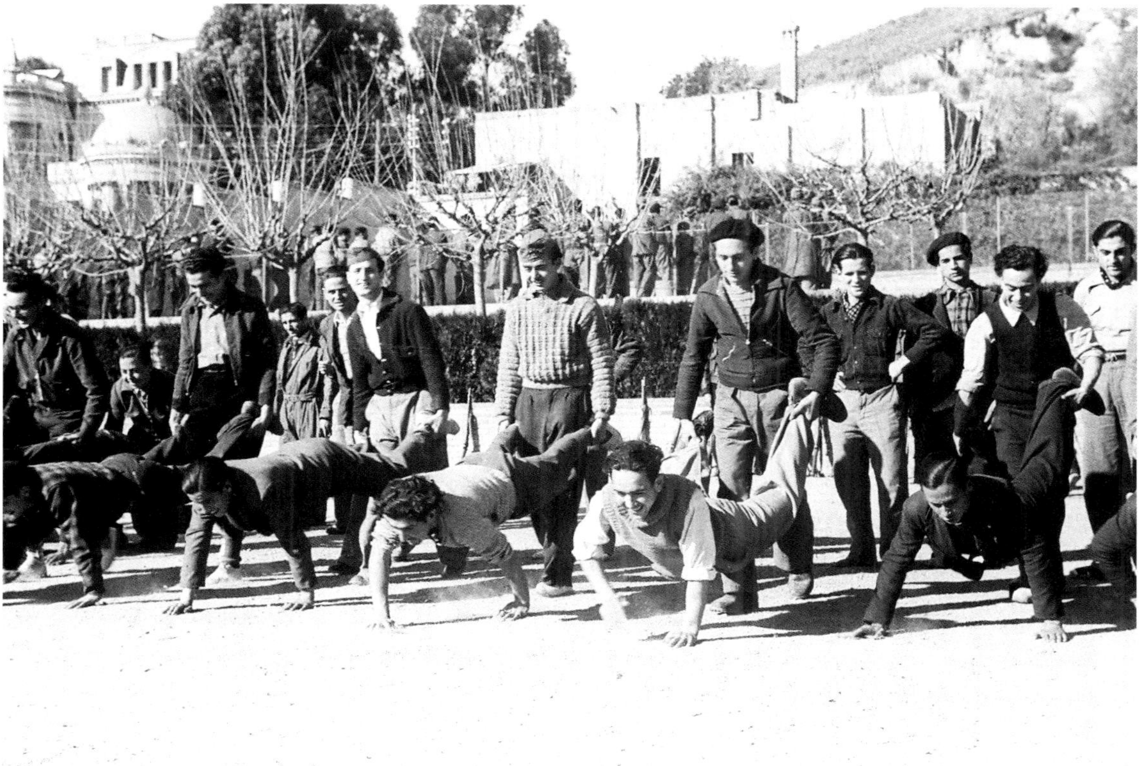

14 DE ENERO DE 1938, BARCELONA

Reclutas disfrutando de sus ejercicios atléticos.

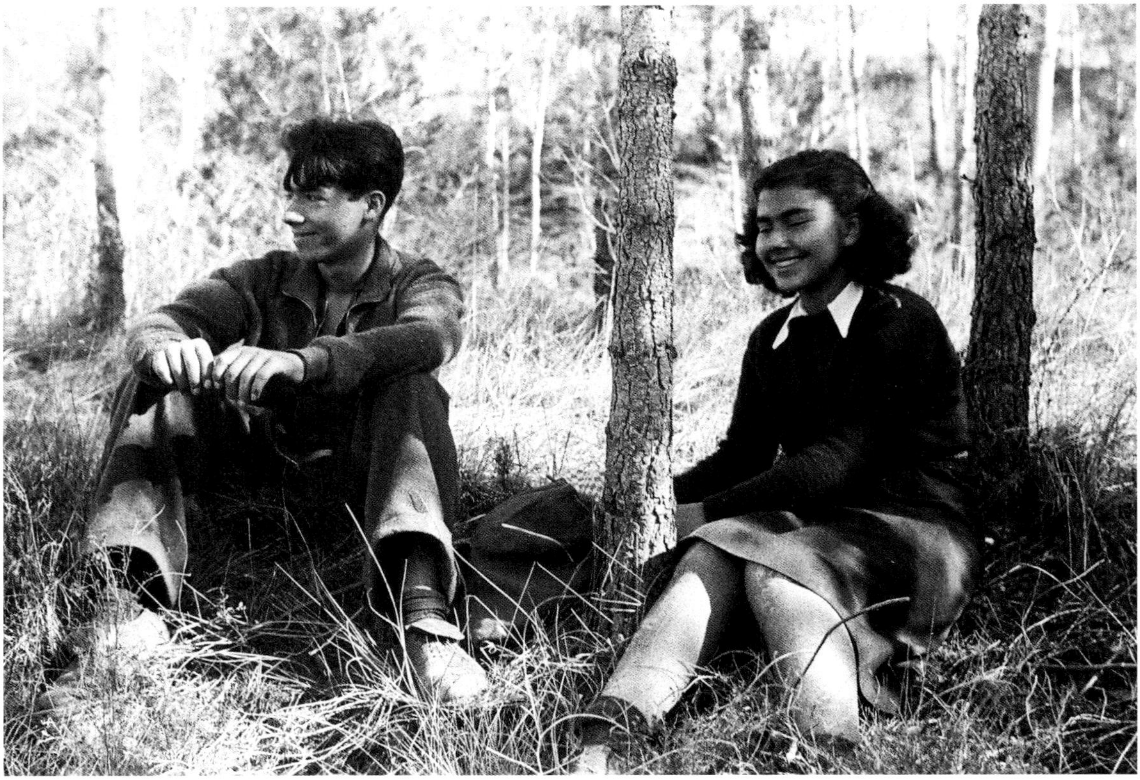

6 DE FEBRERO DE 1938, MONTSERRAT

Coco Robles y su hermana Miggie disfrutando de un momento de tranquilidad. El año anterior su padre, José Robles, un excatedrático de la Universidad Johns Hopkins que servía como oficial republicano en España, fue asesinado en prisión bajo vigilancia soviética. Posteriormente el propio Coco fue prisionero en una cárcel franquista, de la que sería excarcelado solo después de la Segunda Guerra Mundial.

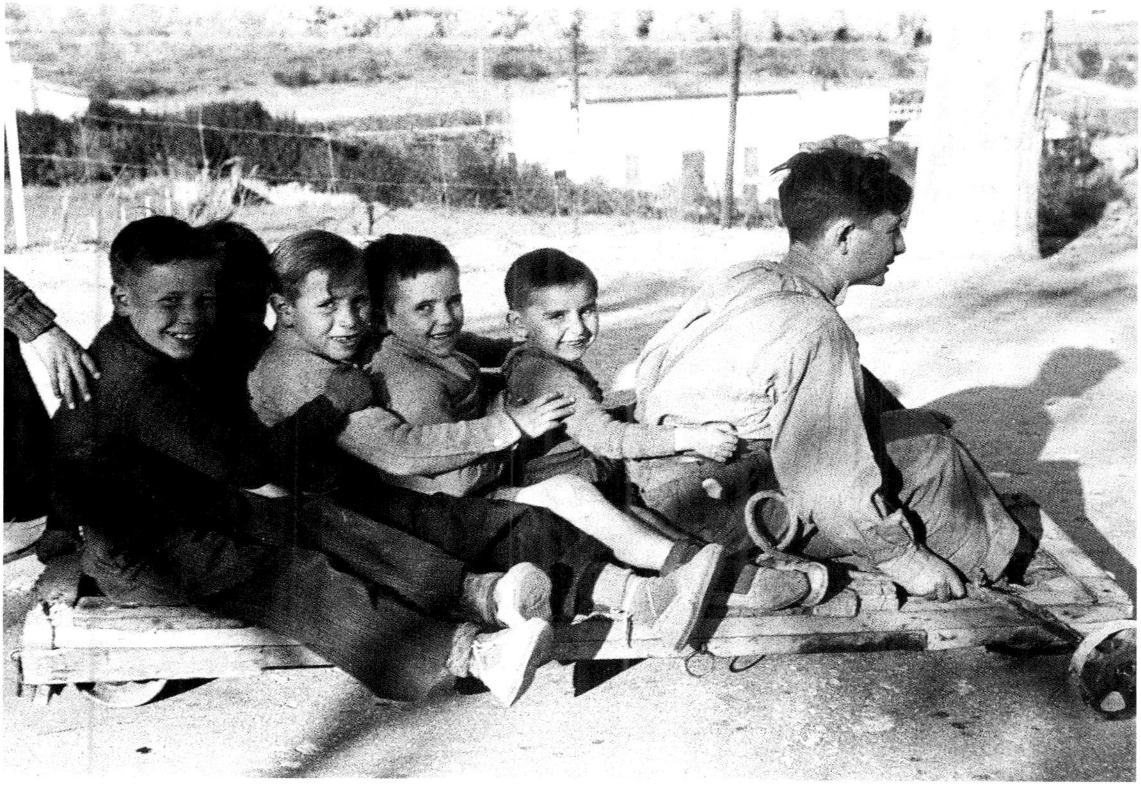

6 DE FEBRERO DE 1938, MONTSERRAT

Niños jugando con un carricoche construido para ellos por unos voluntarios.

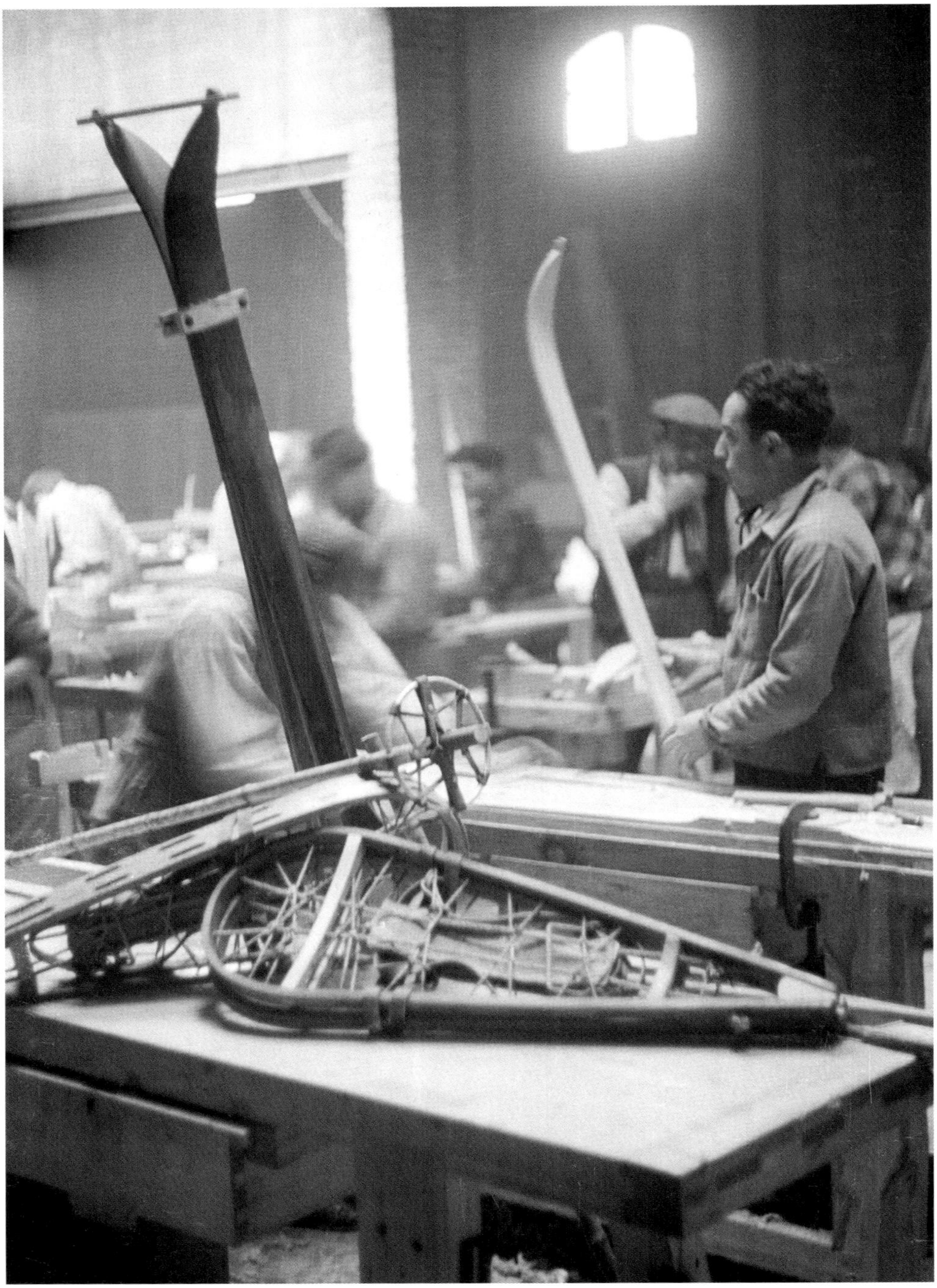

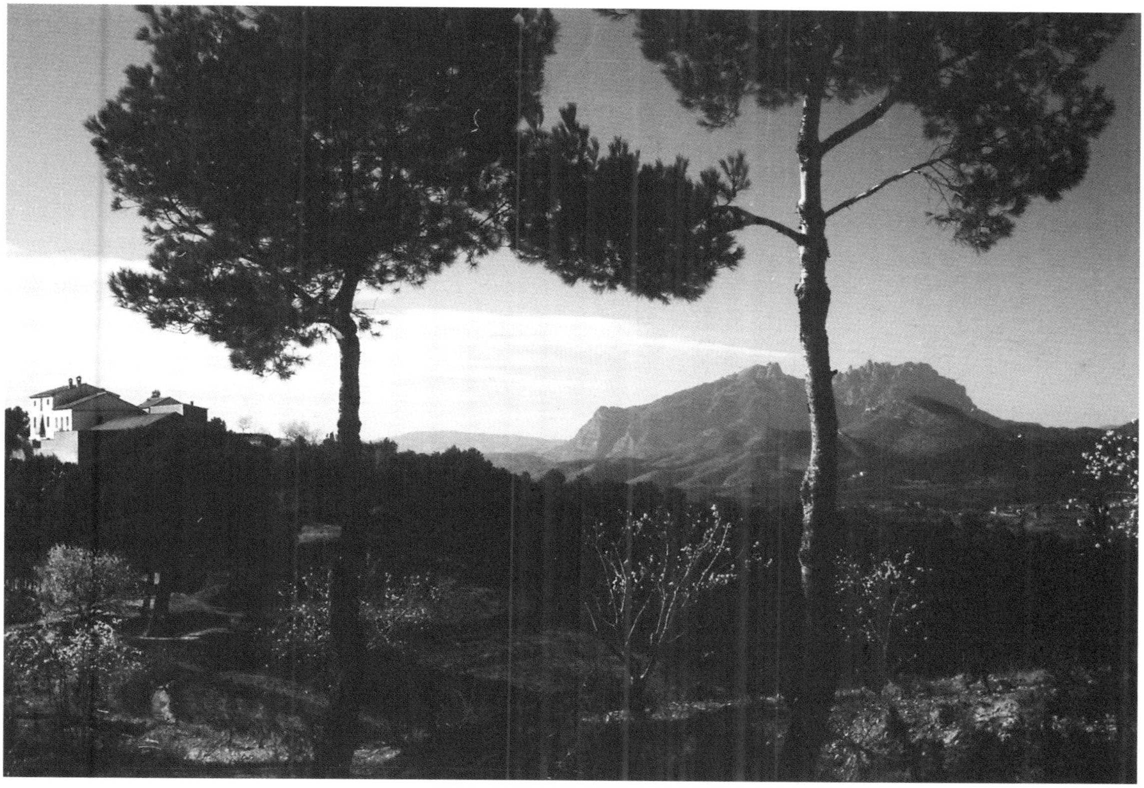

[ARRIBA] 12 DE FEBRERO DE 1938, MONTSERRAT

Paisaje en las inmediaciones de Montserrat.

[IZQUIERDA] 11 DE FEBRERO DE 1938, VALLE DE ARÁN, PIRINEOS

Una fábrica de material de guerra prestando apoyo a la 43ª División, que actuaba básicamente con esquís para acceder a las regiones alpinas.

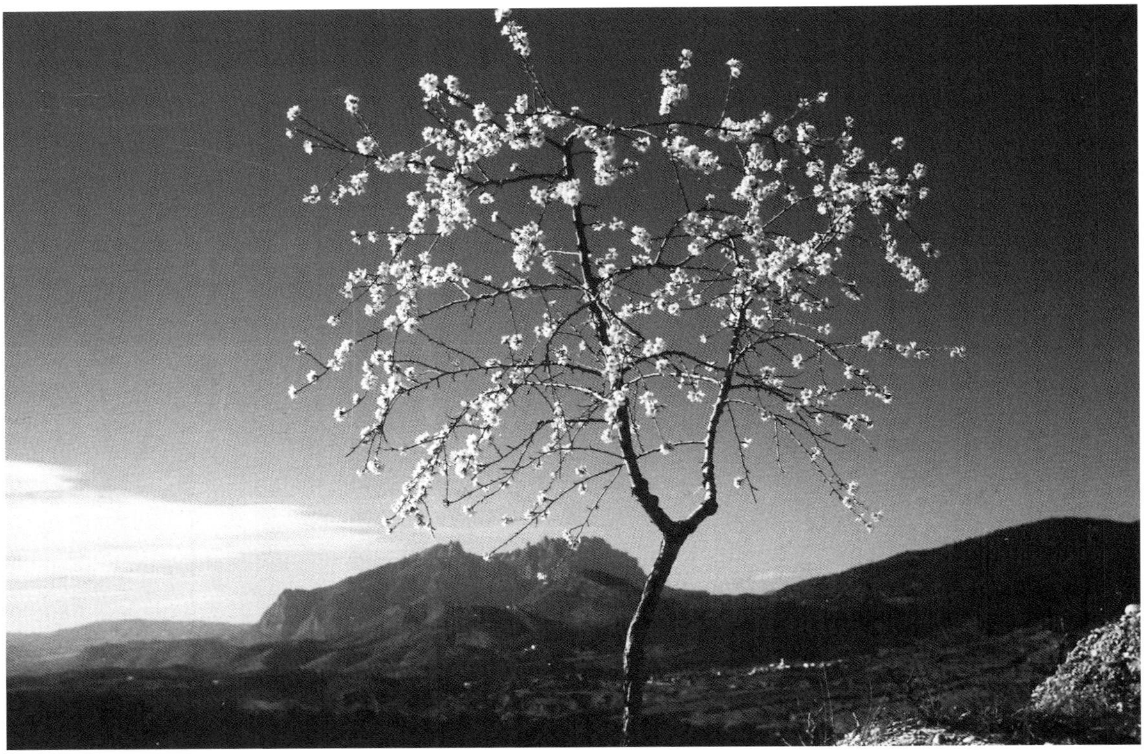

[ARRIBA] 12 DE FEBRERO DE 1938, MONTSERRAT

Hasta en una región devastada por la guerra se puede encontrar belleza.

[DERECHA] 10 DE ABRIL DE 1938, BARCELONA

Jóvenes reclutas sometiéndose a instrucción básica organizada por el Ministerio de Estado.

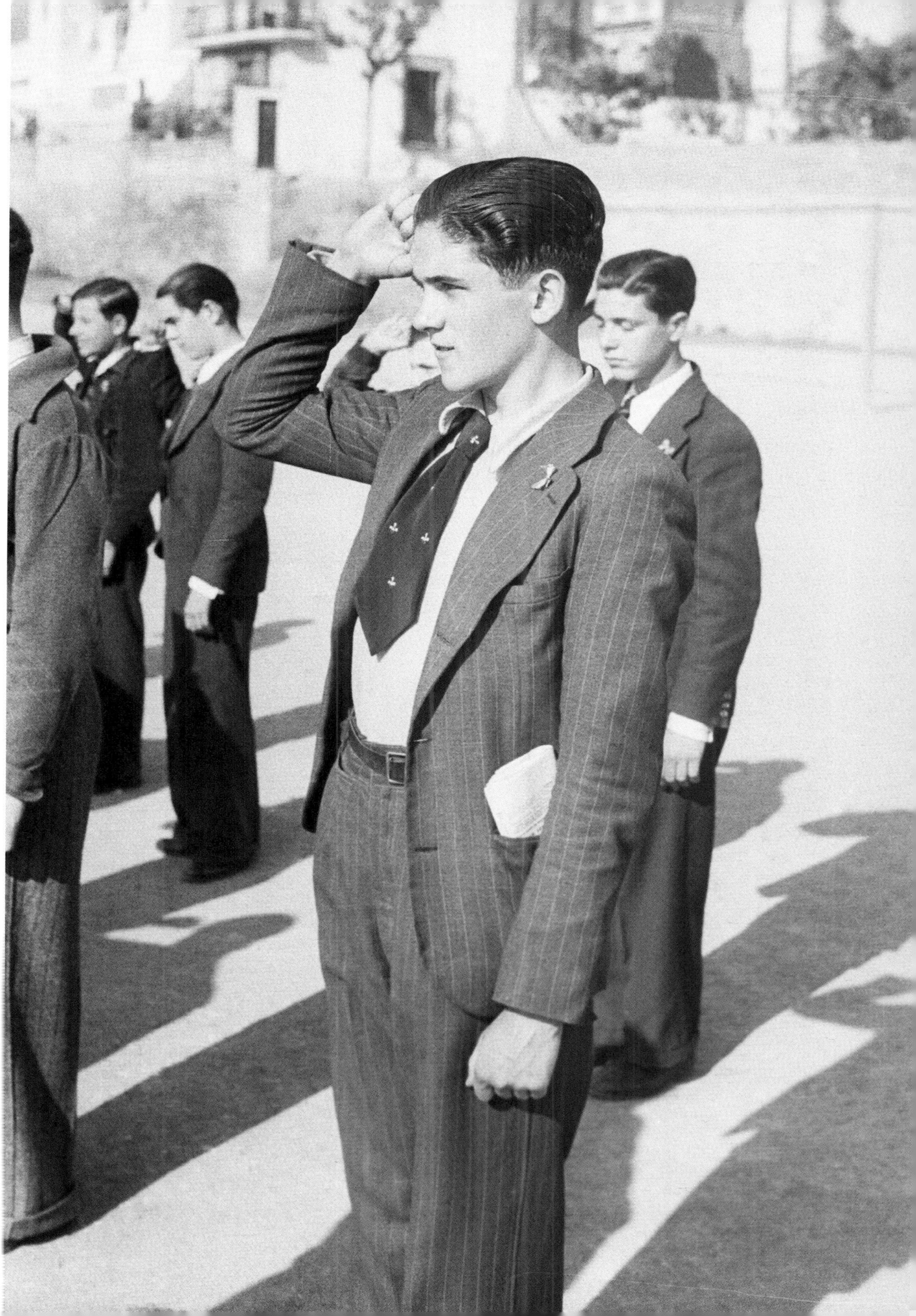

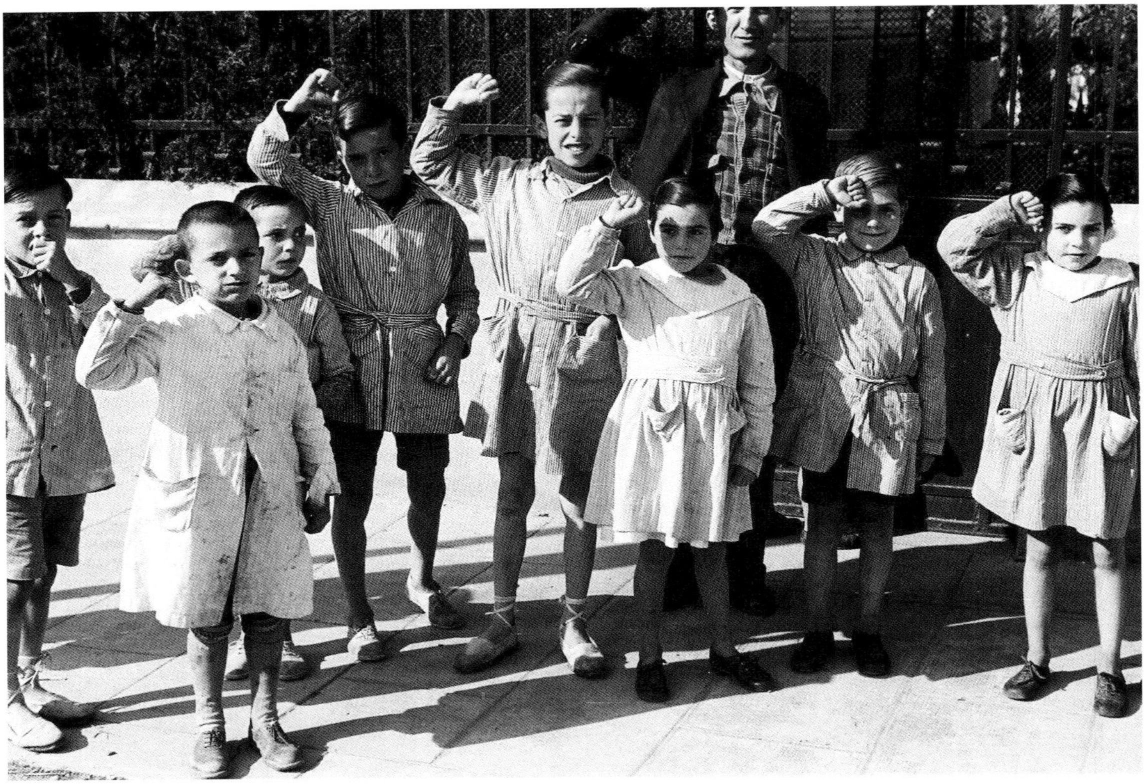

10 DE ABRIL DE 1938, BARCELONA

Niños ejecutando su propia versión de la instrucción básica.

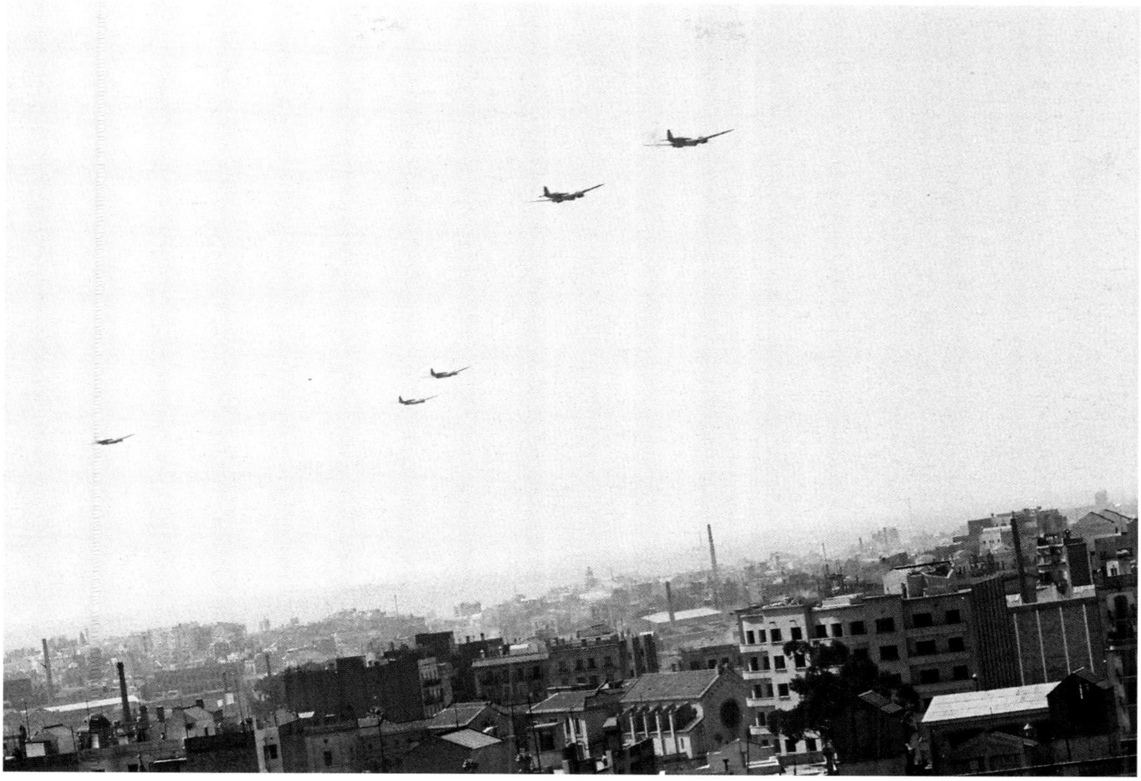

10 DE ABRIL DE 1938, BARCELONA

Aviones republicanos sobre Barcelona. La aviación republicana comenzó con aparatos franceses obsoletos. Solo más tarde recibiría aviones soviéticos. Los pilotos republicanos procedían de la Unión Soviética, EE.UU., Yugoslavia y Francia, países que posteriormente serían aliados en la Segunda Guerra Mundial.

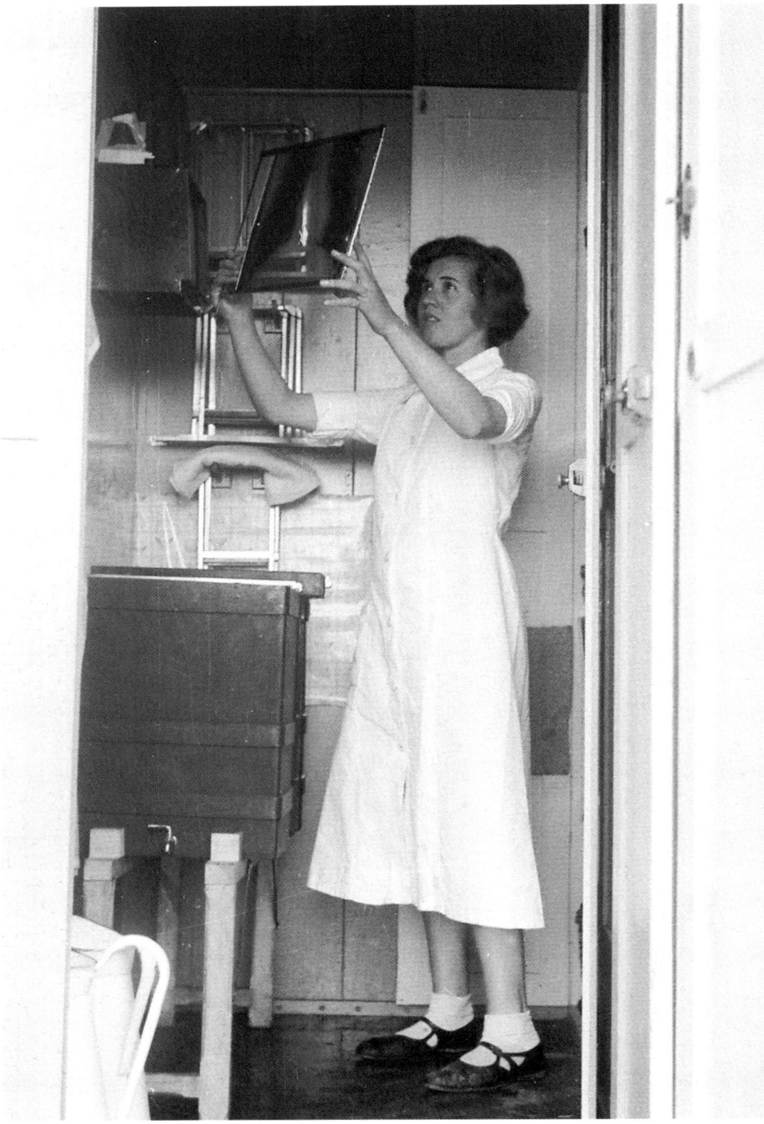

8 DE MAYO DE 1938, SABINOSA, CERCA DE BARCELONA

Una unidad móvil de rayos X del SMAC en el sanatorio de Sabinosa.

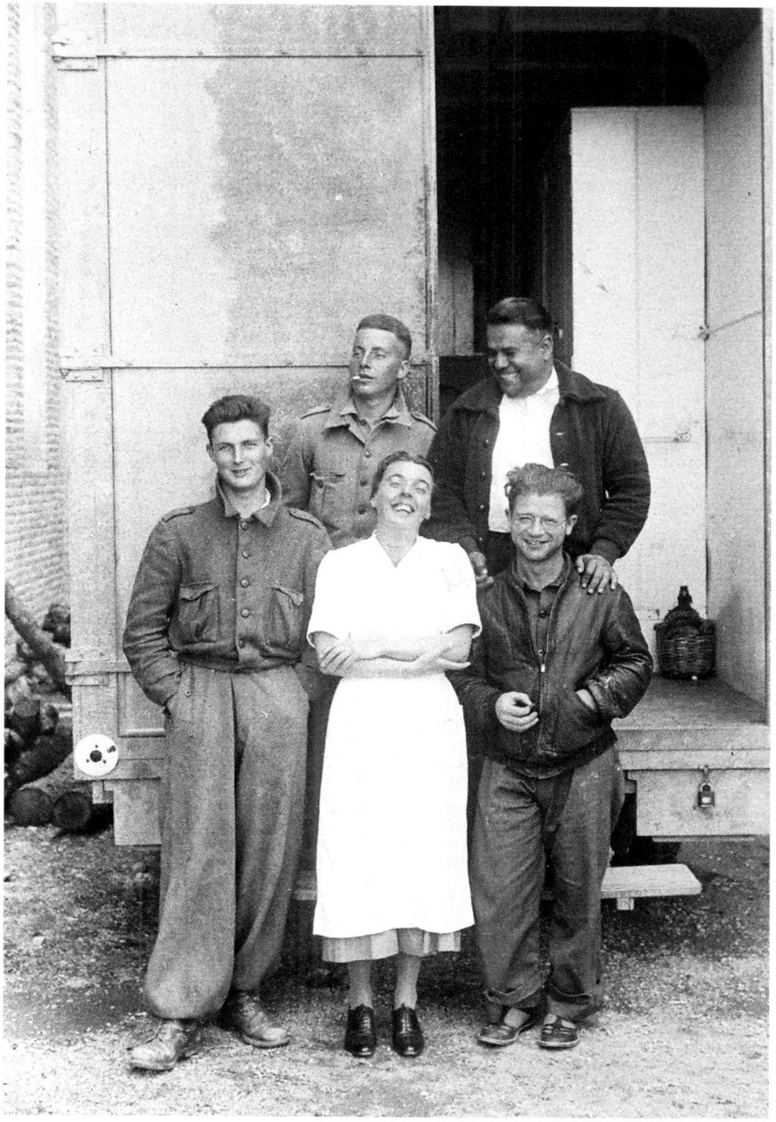

8 DE MAYO DE 1938, SABINOSA

Equipo del SMAC detrás de la unidad móvil de rayos X.

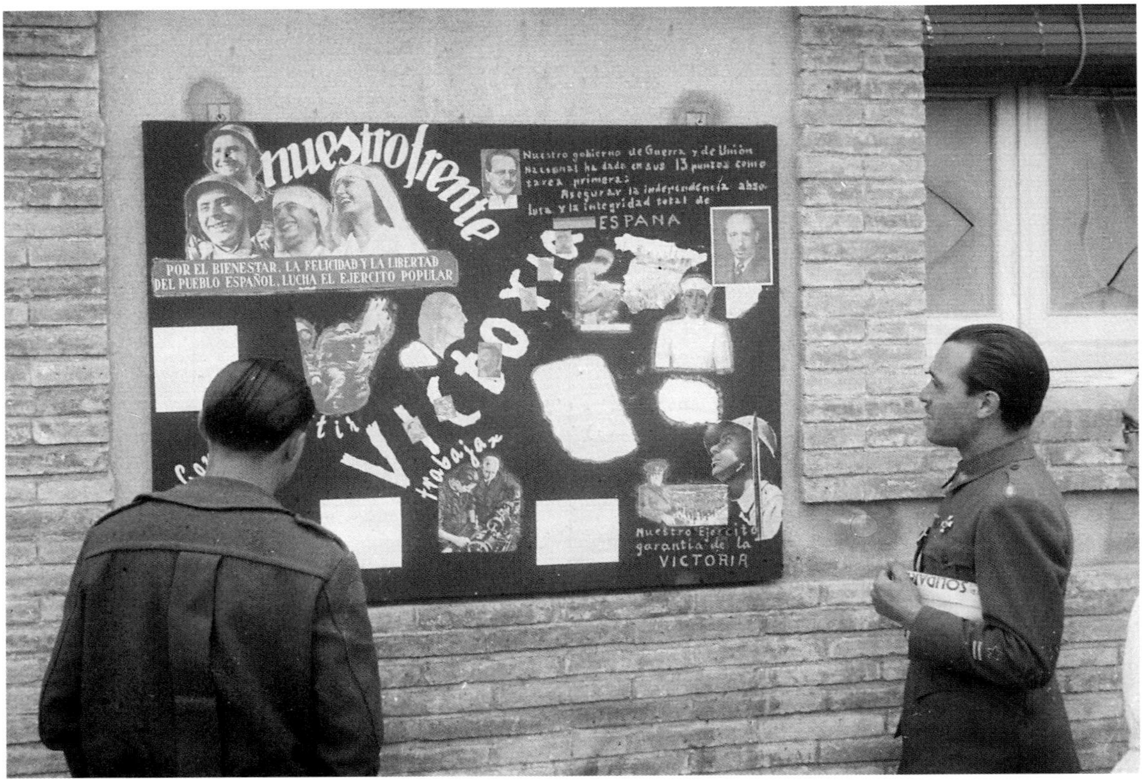

8 DE MAYO DE 1938, SABINOSA

Cartel de propaganda llamando a la unión nacional. En él se muestran soldados y enfermeras. El primer ministro, Juan Negrín, aparece arriba en el centro, con el líder catalán Lluís Companys a la derecha.

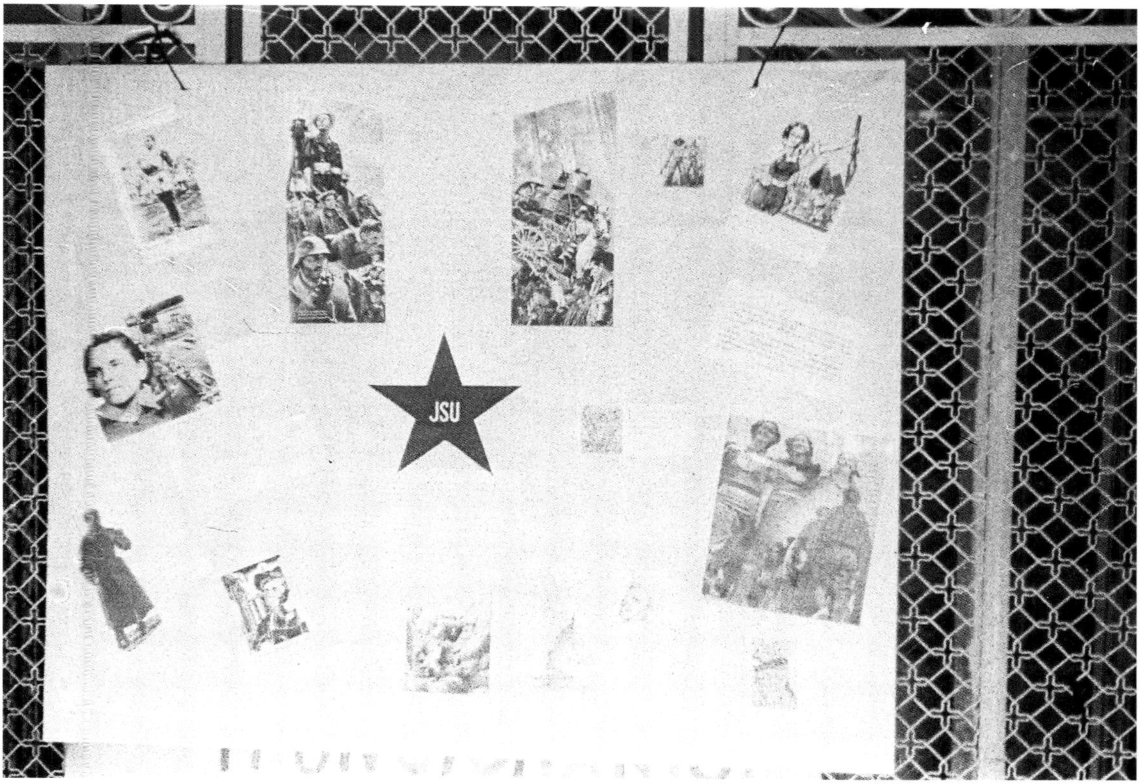

8 DE MAYO DE 1938, SABINOSA

Cartel de propaganda de las JSU (Juventudes Socialistas Unificadas), que estaban bajo control comunista.

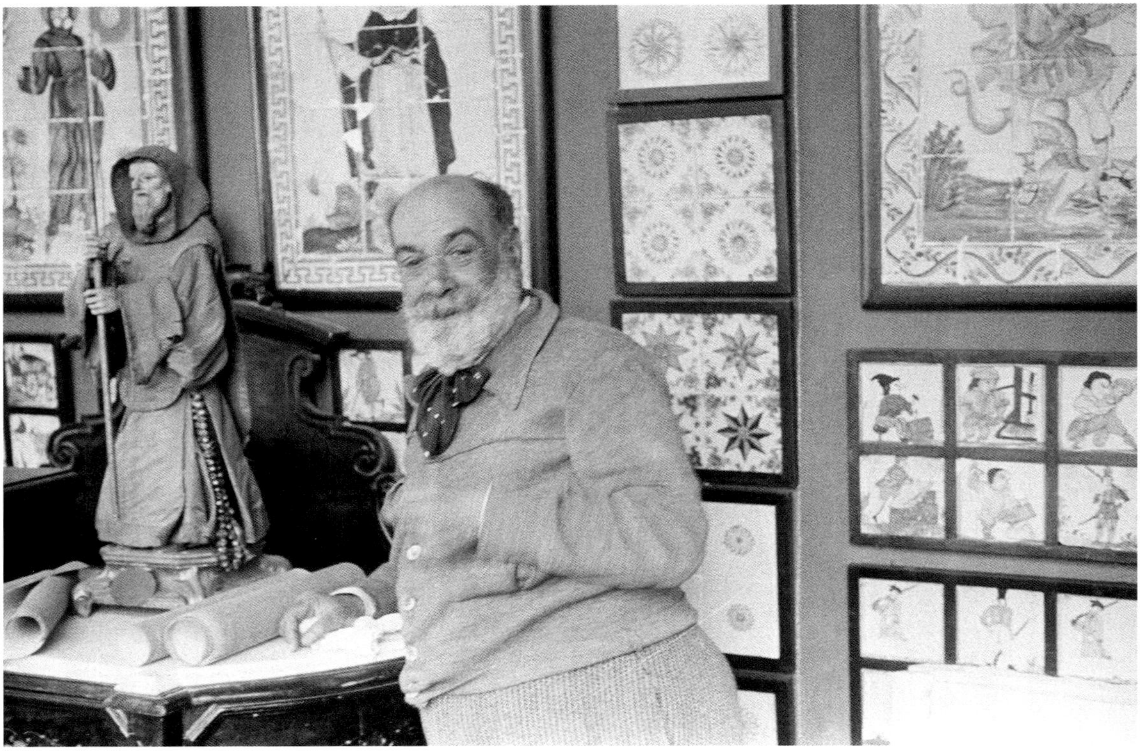

[ARRIBA] 8 DE MAYO DE 1938, BARCELONA

El pintor catalán Joaquim Mir en su domicilio.

[DERECHA] 8 DE MAYO DE 1938

Joaquim Mir en su jardín, bebiendo de un porrón.

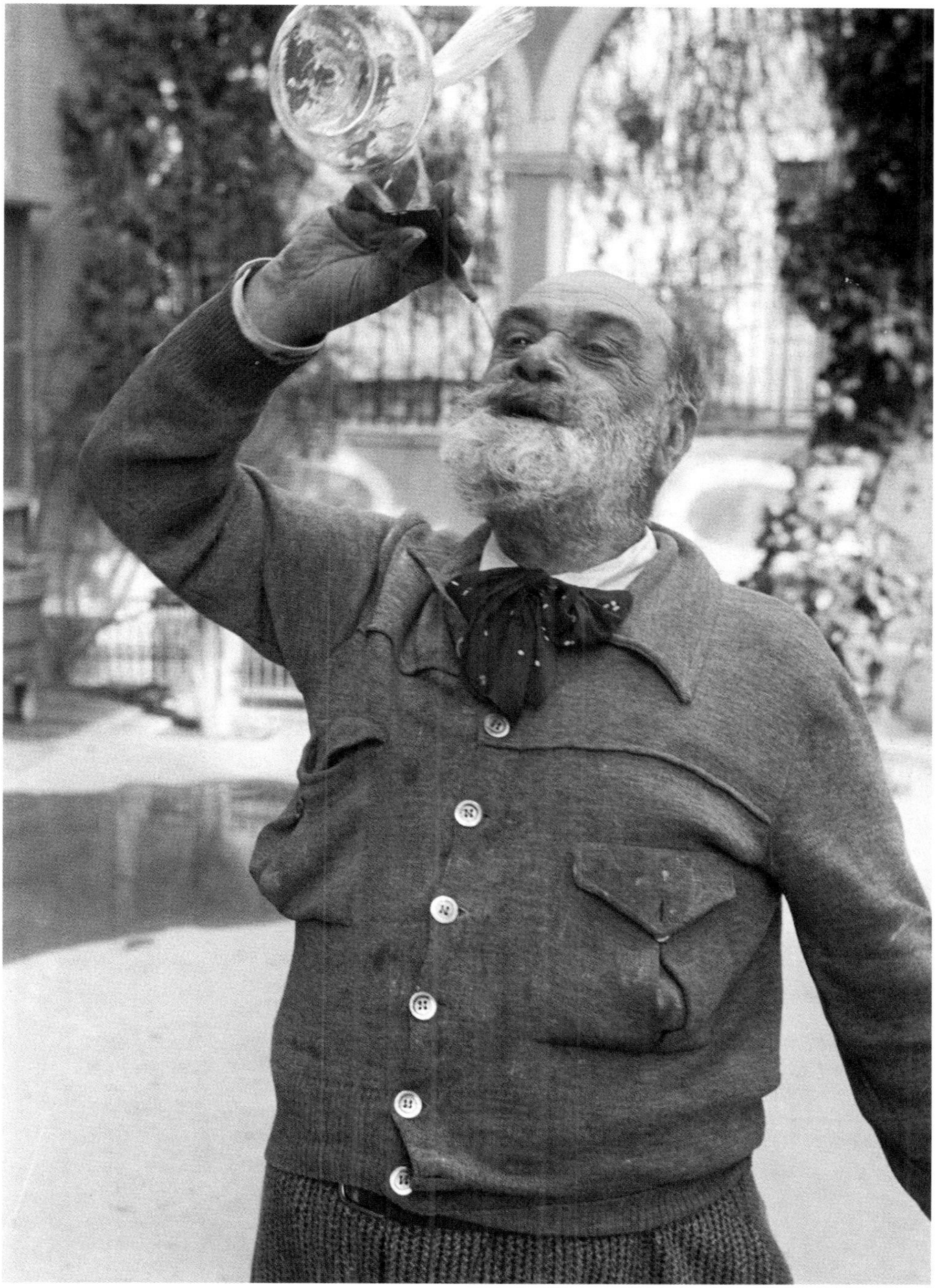

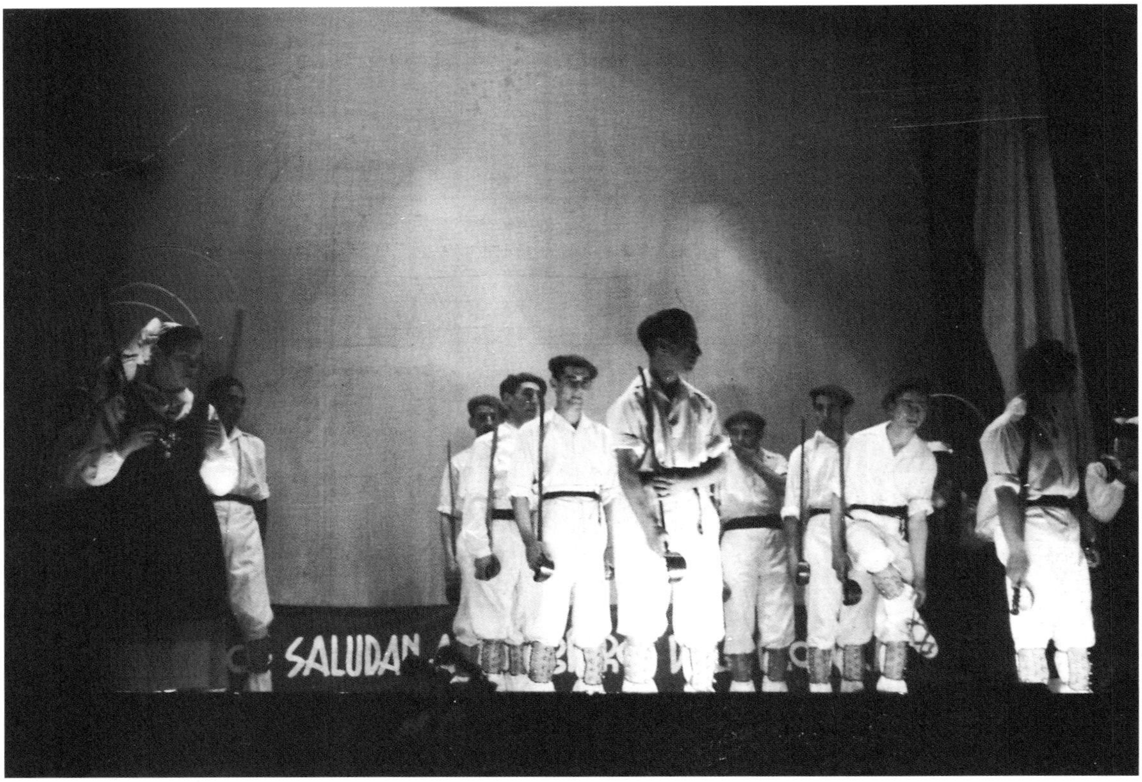

22 DE MAYO DE 1938, BARCELONA

Actuación de folclore vasco en honor a las dirigentes de la industria bélica.

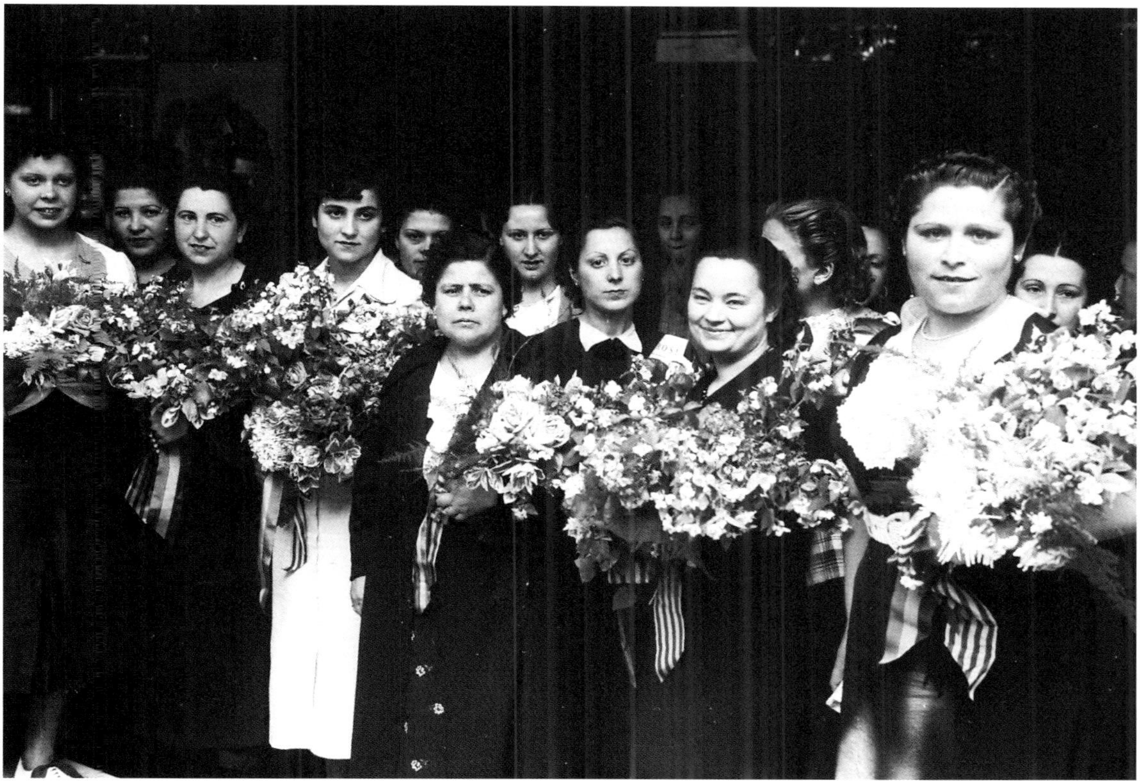

22 DE MAYO DE 1938, BARCELONA

Ejecutivas de la industria bélica recibiendo ramos de flores.

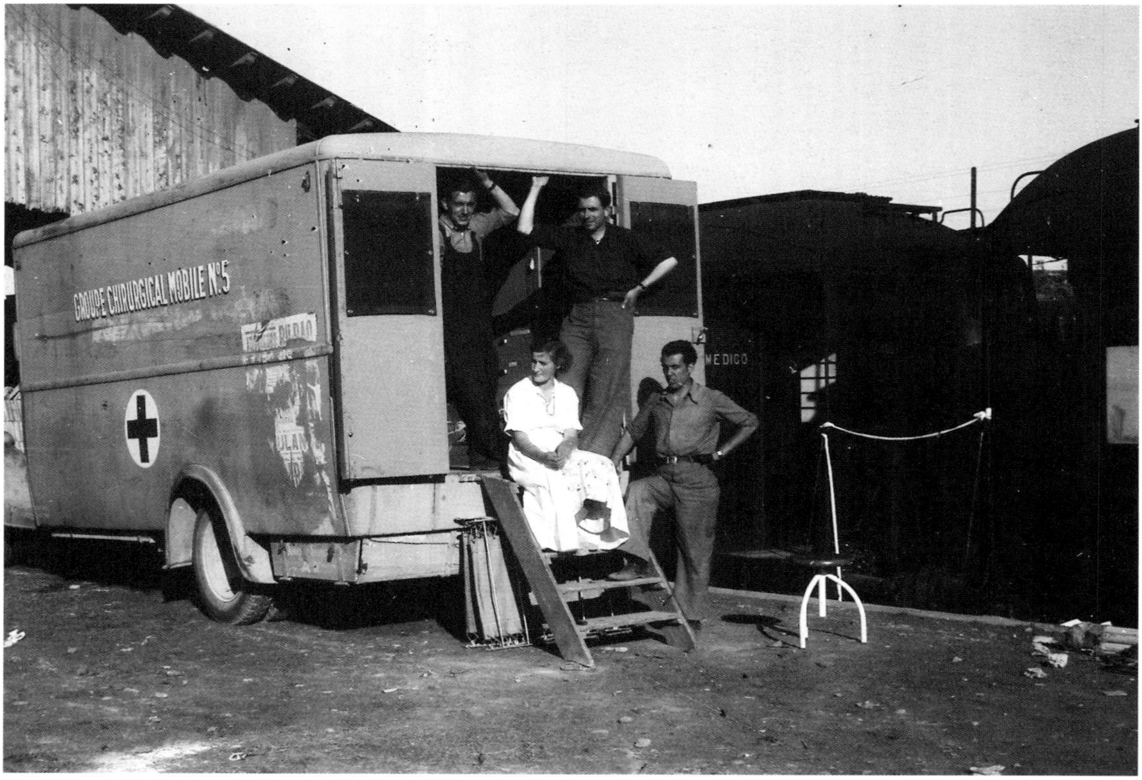

29 DE MAYO DE 1938, CERCA DE LLEIDA

La enfermera Ann Murray, de Escocia, sentada
en un quirófano móvil junto a la estación de trenes.
Su hermano fue también voluntario en el Batallón Británico.

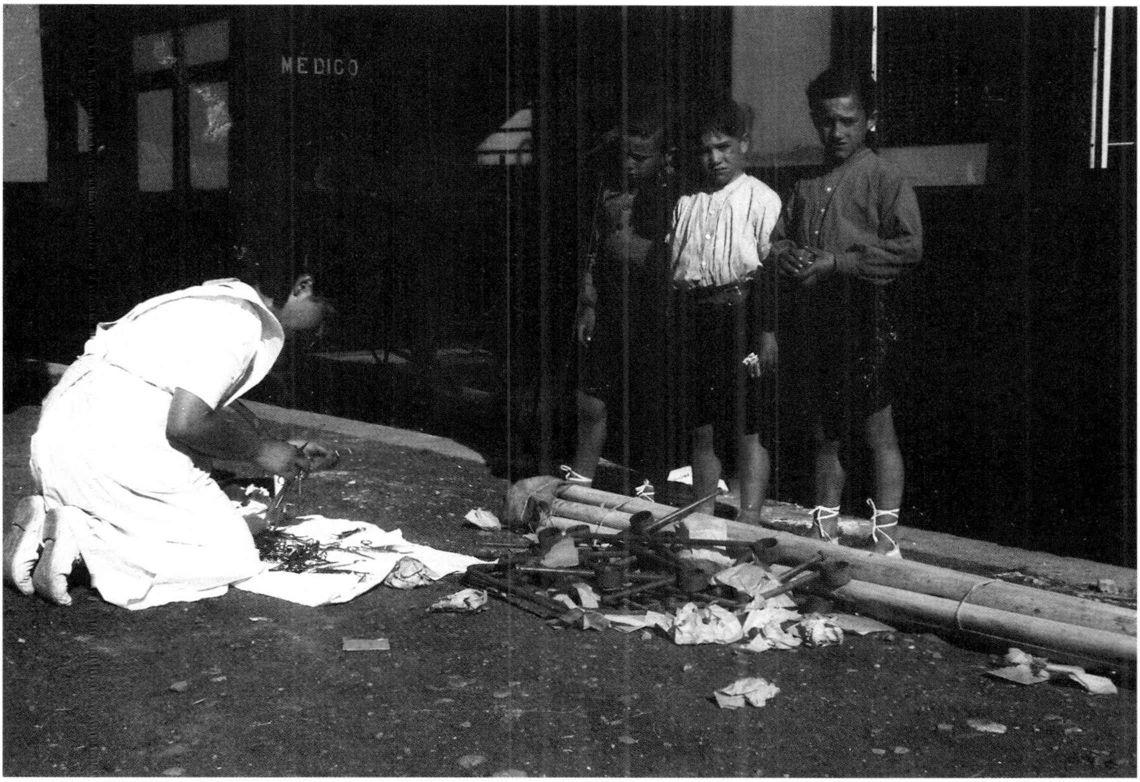

29 DE MAYO DE 1938, CERCA DE LLEIDA

Ann Murray clasificando su instrumental médico delante del tren hospital ante la mirada de unos niños locales.

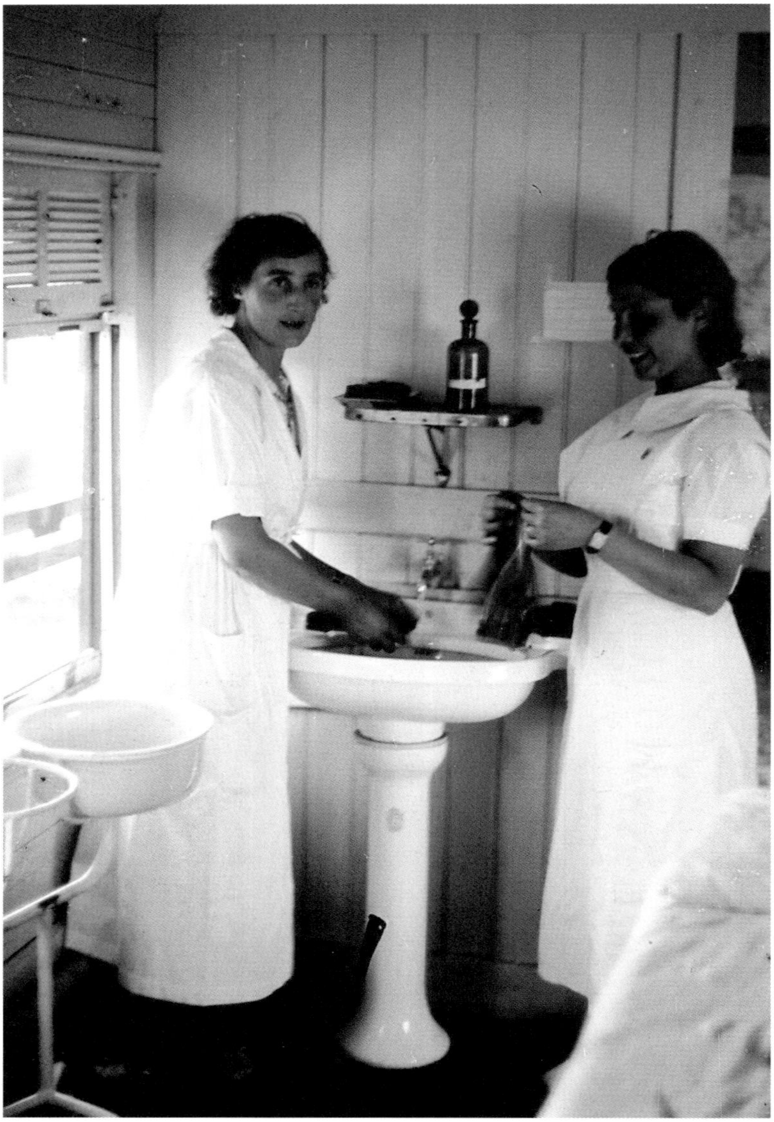

29 DE MAYO DE 1938, CERCA DE LLEIDA

Enfermeras lavando en el tren hospital.

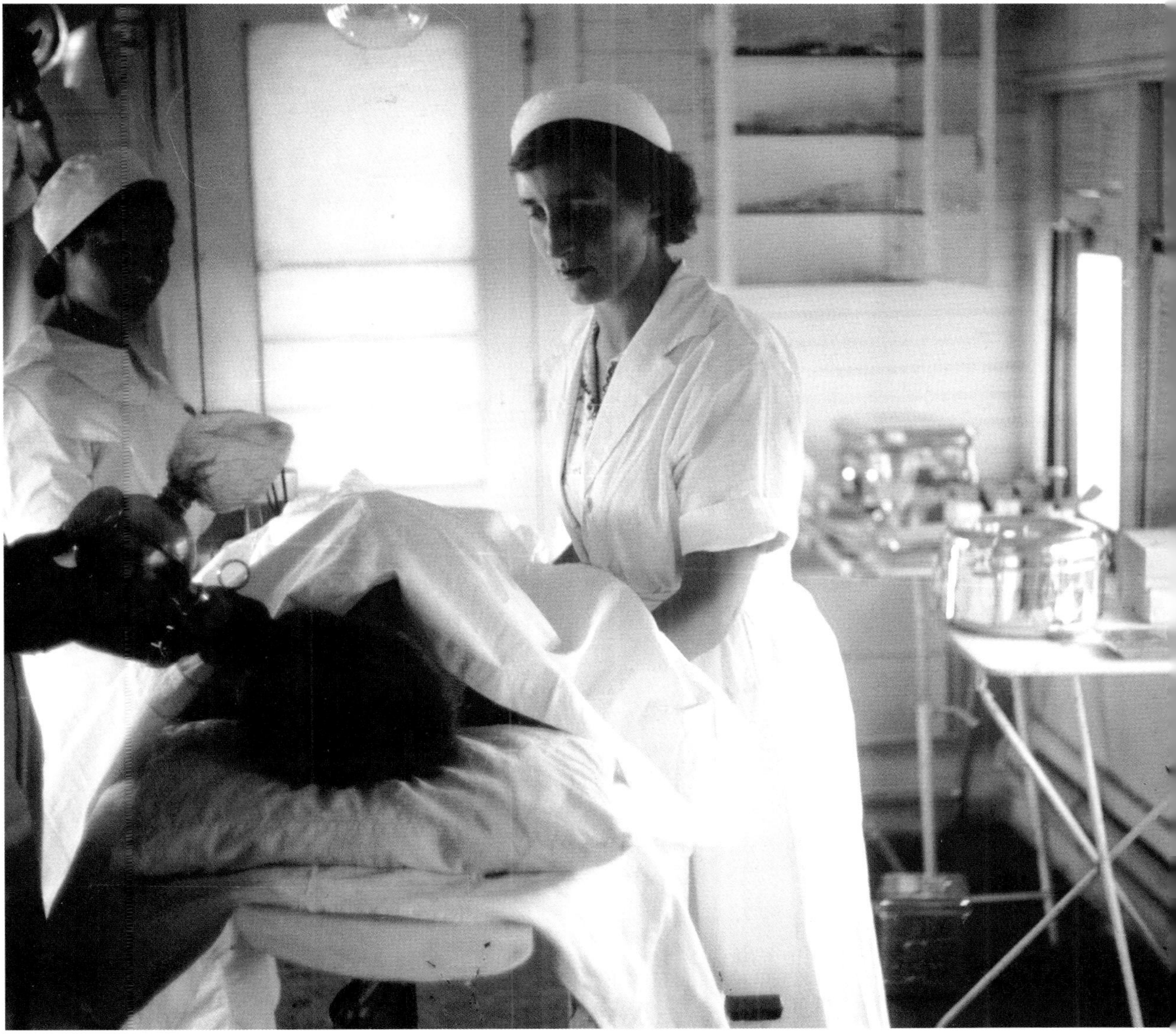

29 DE MAYO DE 1938, CERCA DE LLEIDA

Operando en el tren hospital.

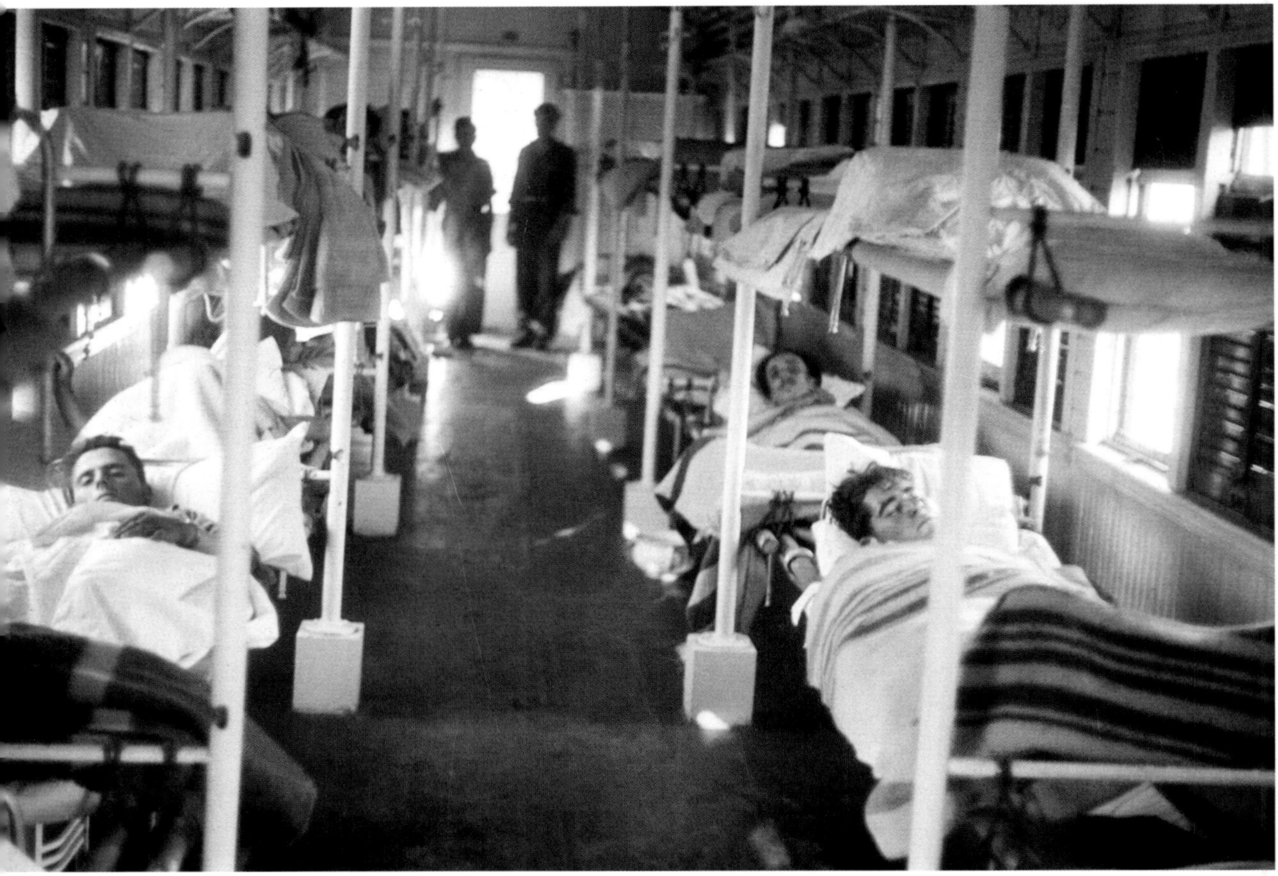

29 DE MAYO DE 1938, CERCA DE LLEIDA

Se usaban trenes para evacuar a los heridos desde un hospital de sangre en Pompenillo hasta el hospital de Grañén. Desde allí un tren diario llevaba a los que podían viajar hasta Lleida y Barcelona.

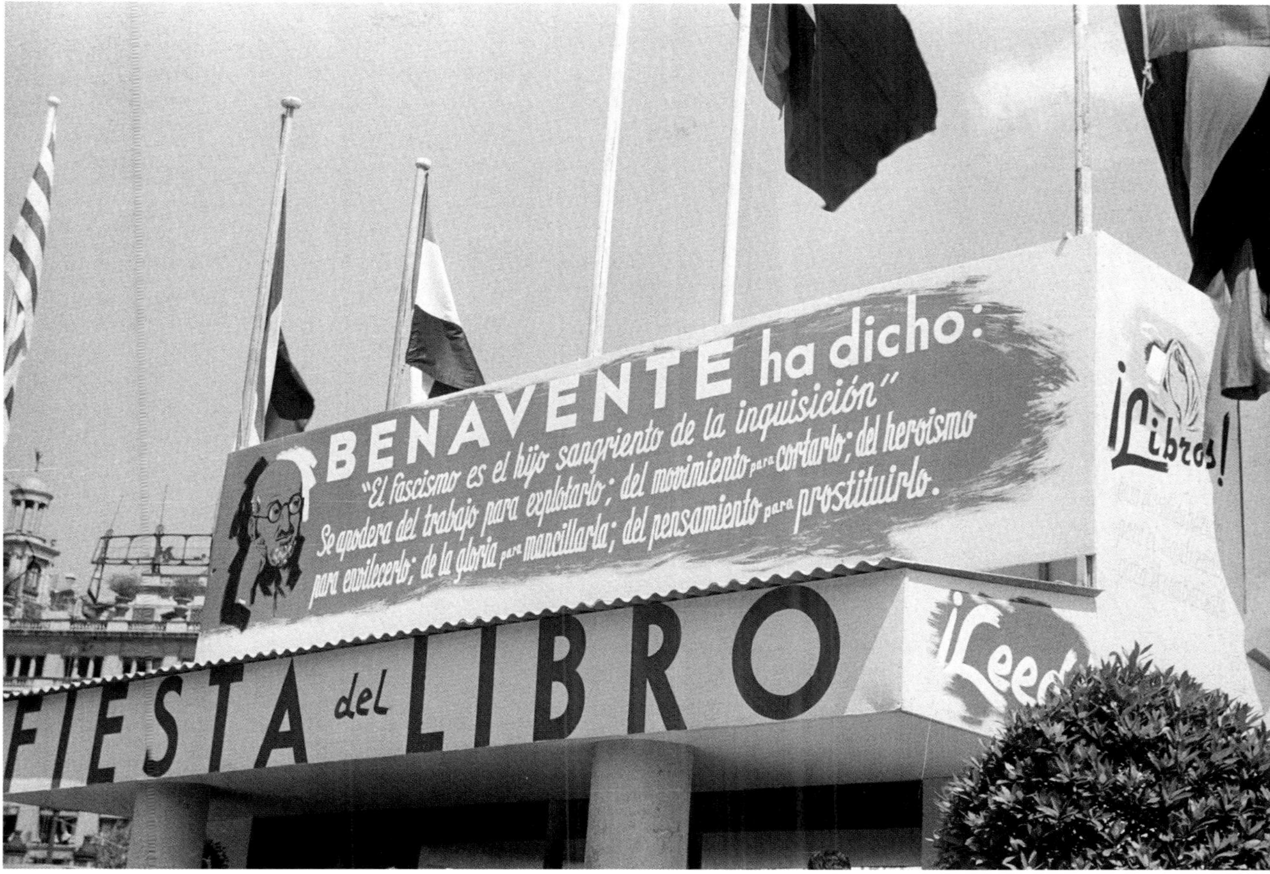

15 DE JUNIO DE 1938, BARCELONA

La Feria del Libro de Barcelona fue organizada por el gobierno republicano. El eslogan reza: «Benavente ha dicho: "El fascismo es el hijo sangriento de la inquisición."»

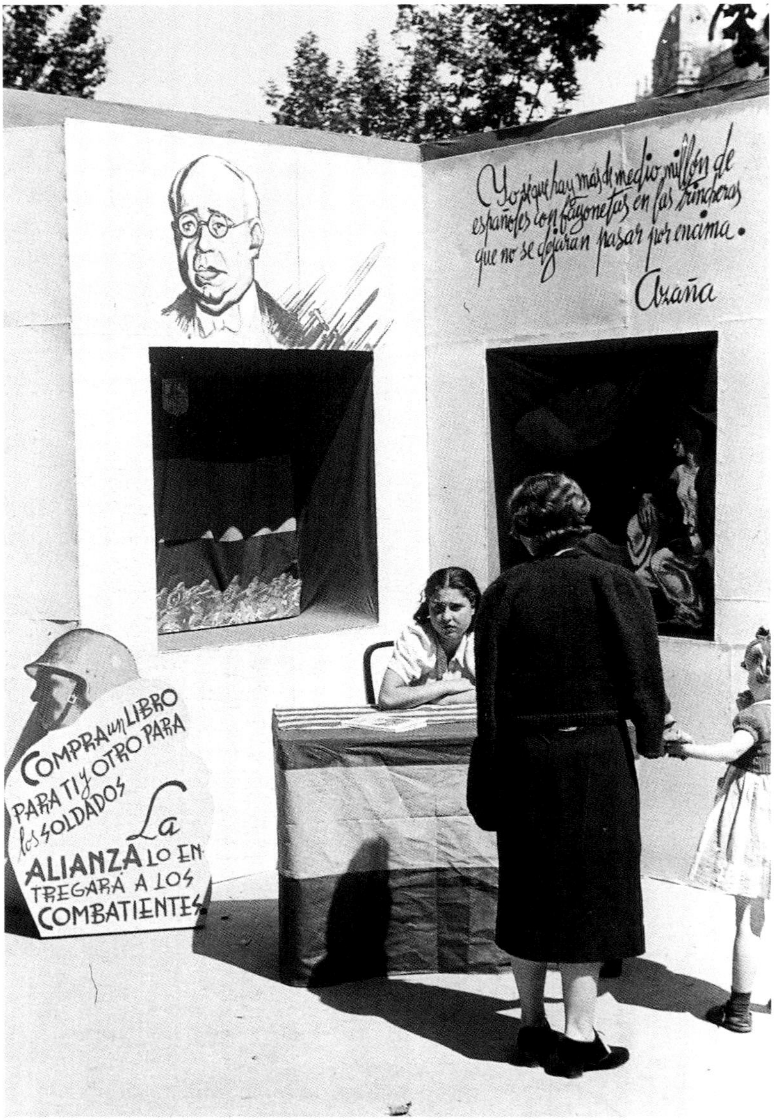

15 DE JUNIO DE 1938, FERIA DEL LIBRO DE BARCELONA

Un mensaje del presidente Azaña con un cartel alentando al público a «comprar un libro para ti y otro para los soldados».

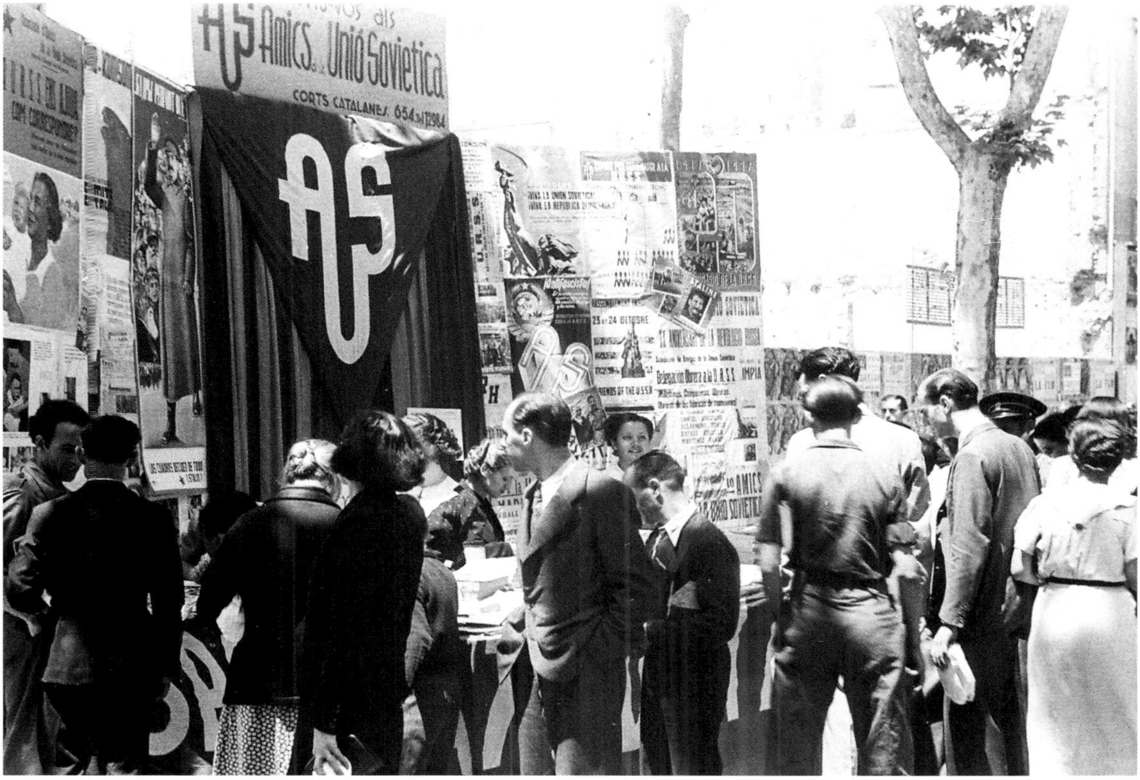

15 DE JUNIO DE 1938, FERIA DEL LIBRO DE BARCELONA

Un grupo concurre frente al puesto de la Unión Soviética.

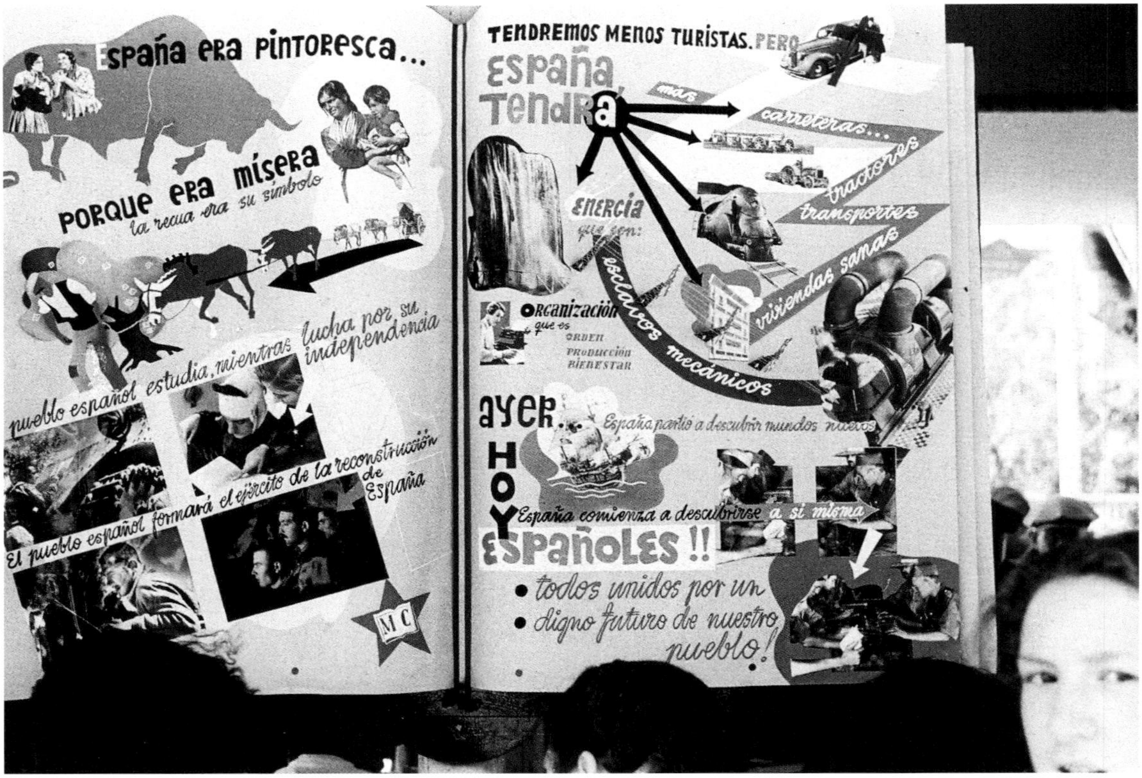

15 DE JUNIO DE 1938, FERIA DEL LIBRO DE BARCELONA

Carteles con eslóganes: «España era pintoresca porque era mísera. La recua era su símbolo» (izquierda). «Ayer España partía a descubrir mundos nuevos. Hoy España comienza a descubrirse a sí misma» (derecha).

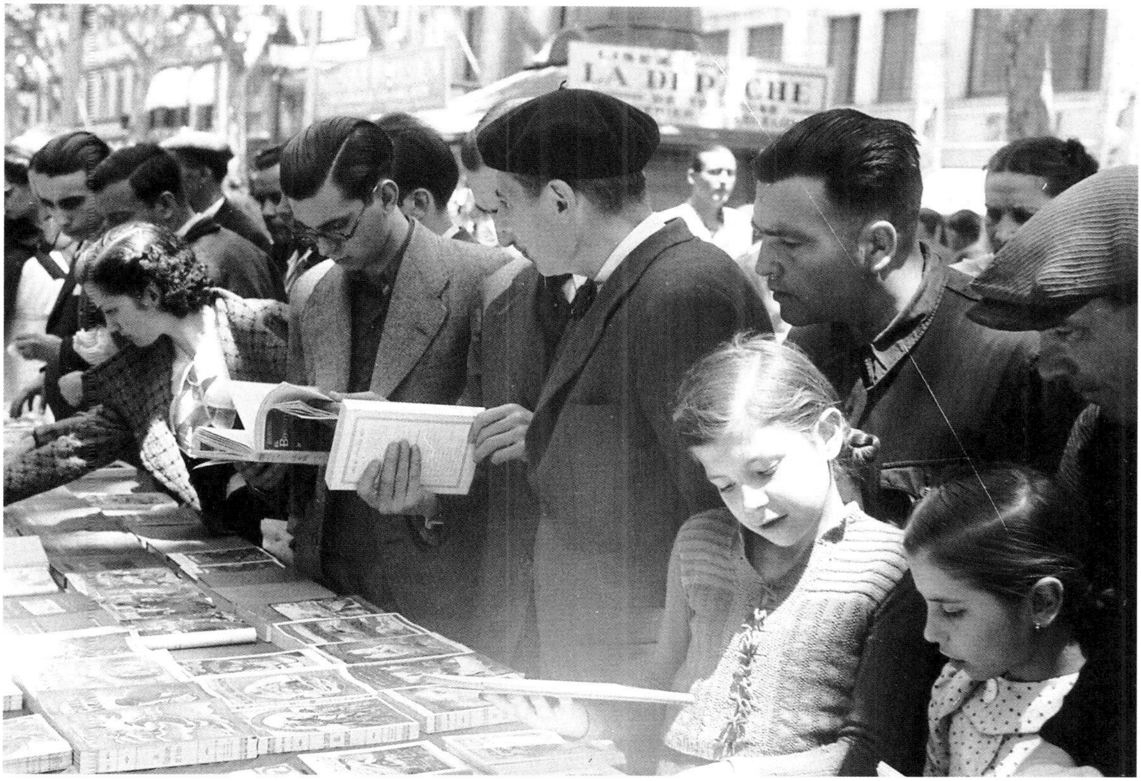

15 DE JUNIO DE 1938, FERIA DEL LIBRO DE BARCELONA

Lectores ávidos de todas las edades.

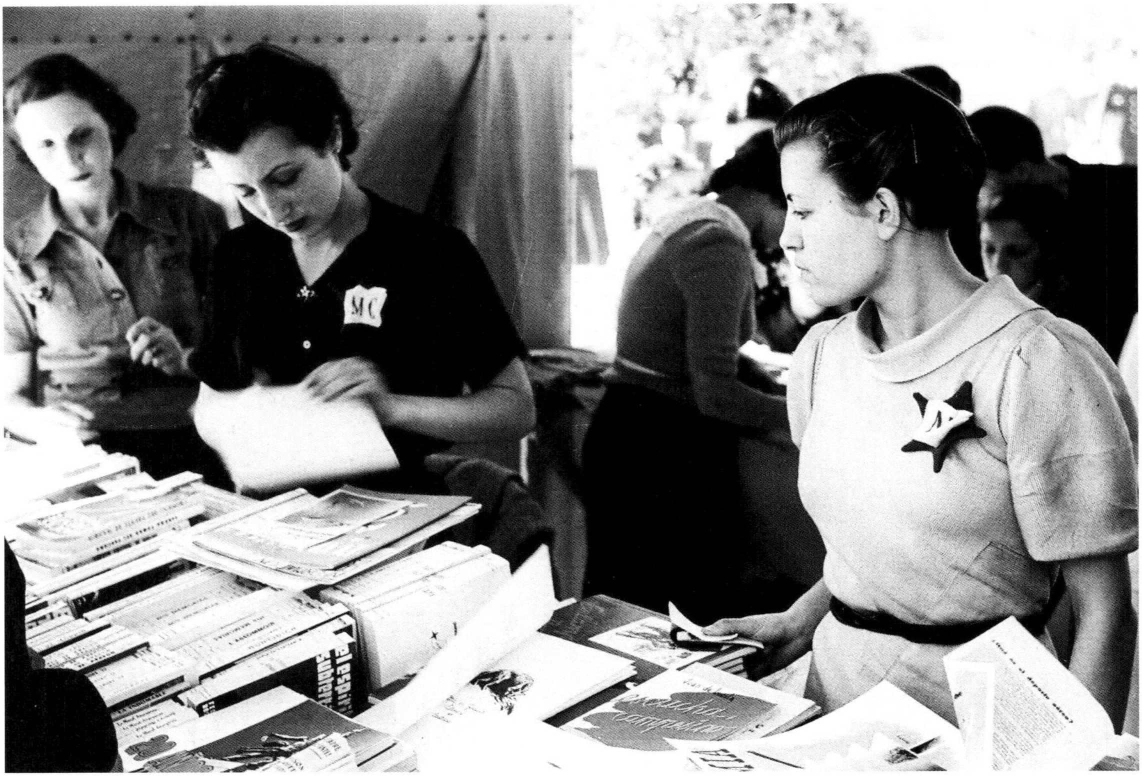

15 DE JUNIO DE 1938, FERIA DEL LIBRO DE BARCELONA

Mujeres clasificando libros y folletos.

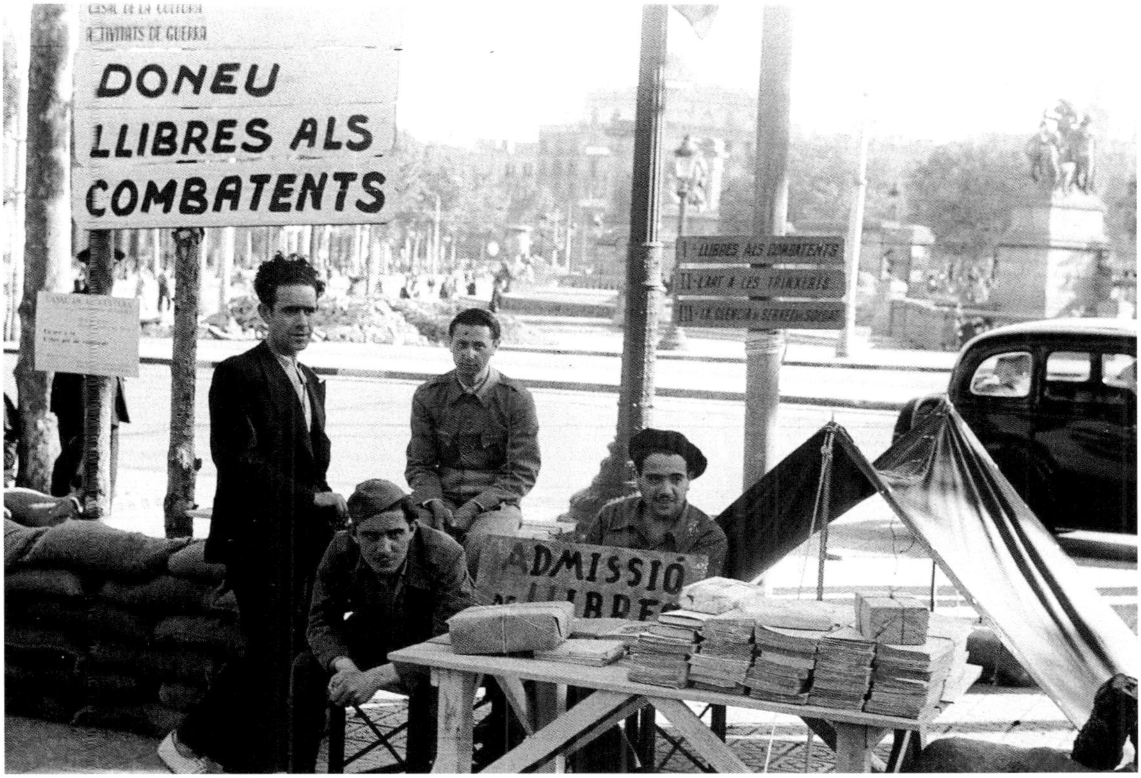

15 DE JUNIO DE 1938, FERIA DEL LIBRO DE BARCELONA

Puesto de los veteranos de guerra con un cartel que reza en catalán: «Donad libros a los combatientes.»

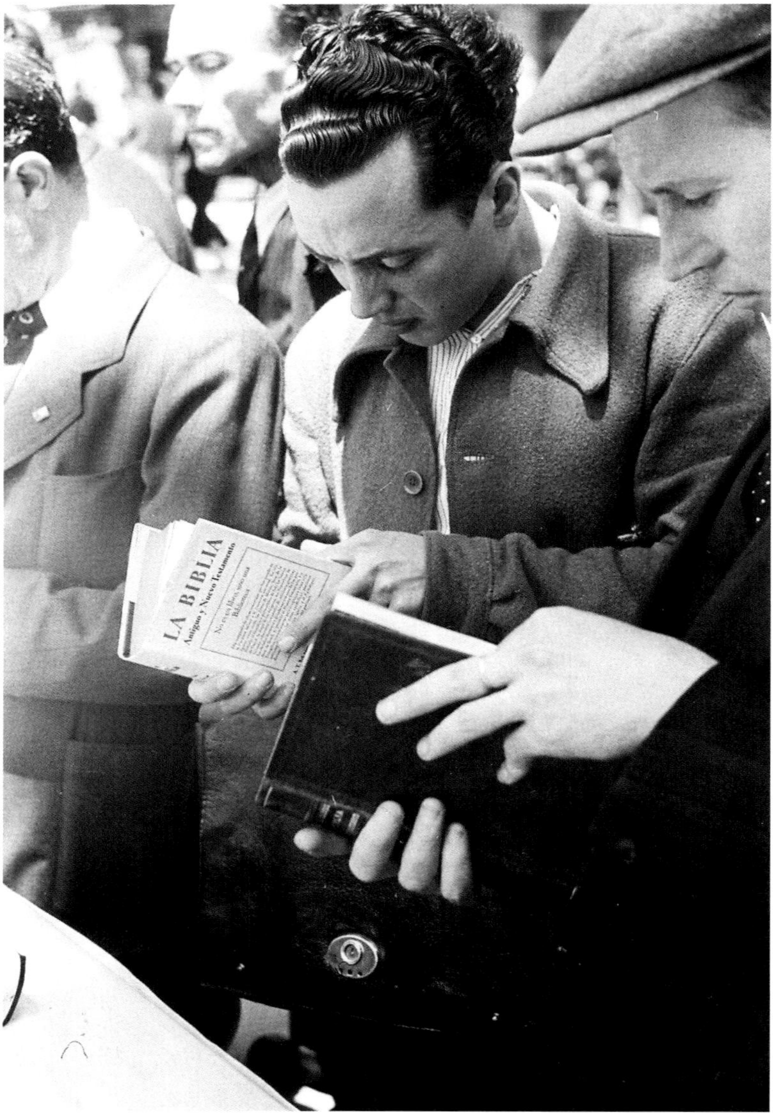

15 DE JUNIO DE 1938, FERIA DEL LIBRO DE BARCELONA

En una República Española laica y anticlerical,
el puesto de la Biblia atrae a muchos curiosos.

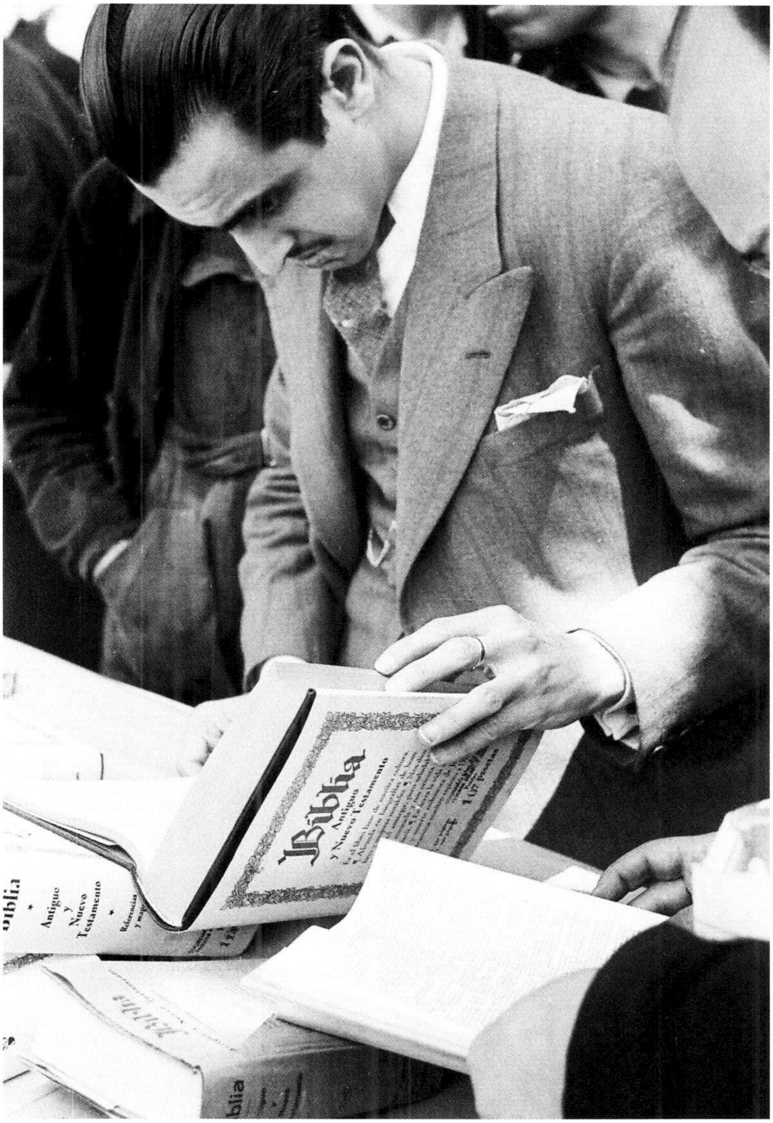

15 DE JUNIO DE 1938, FERIA DEL LIBRO DE BARCELONA

Un hombre bien vestido hojea la Biblia en la feria.

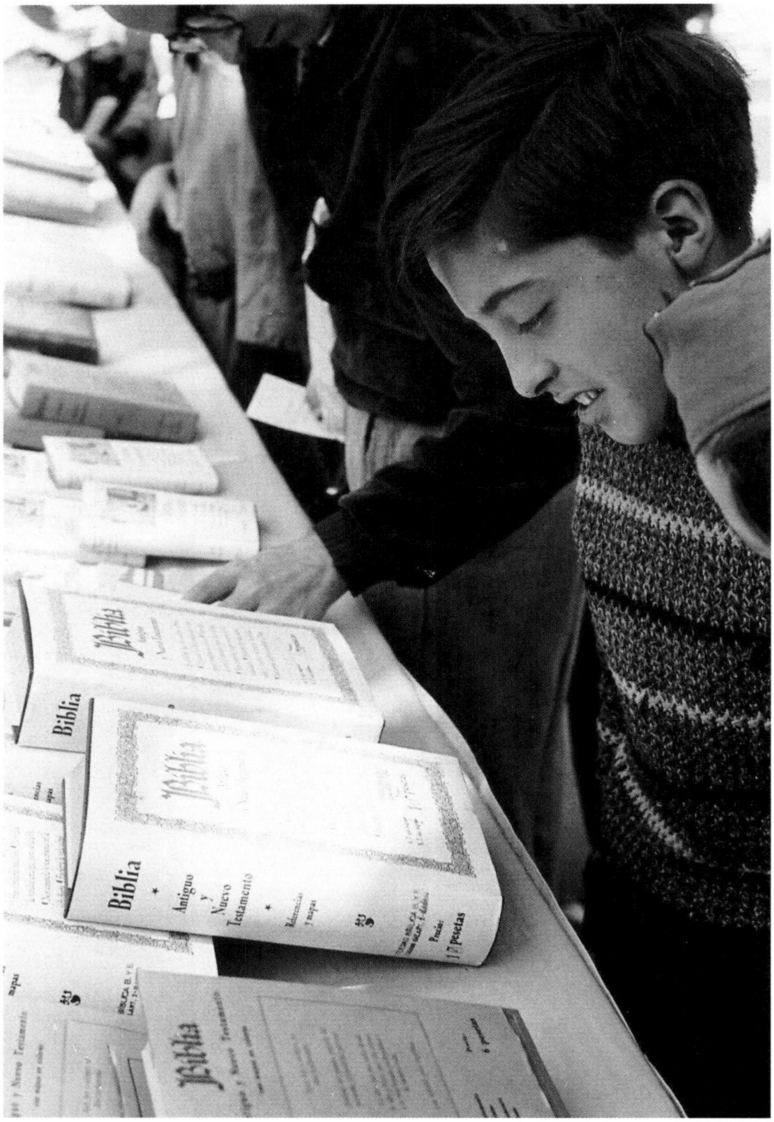

15 DE JUNIO DE 1938, FERIA DEL LIBRO DE BARCELONA

Un muchacho observa la Biblia en un puesto muy concurrido.

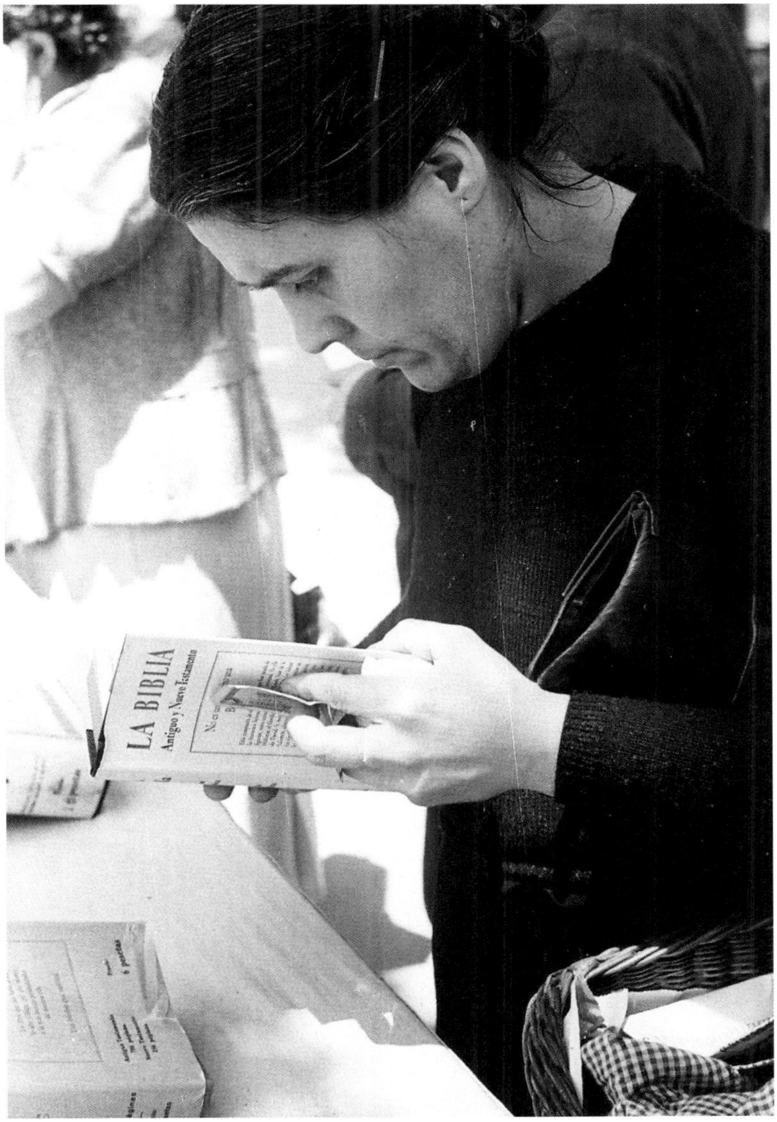

15 DE JUNIO DE 1938, FERIA DEL LIBRO DE BARCELONA

Se halla consuelo en la Biblia durante un conflicto terriblemente violento.

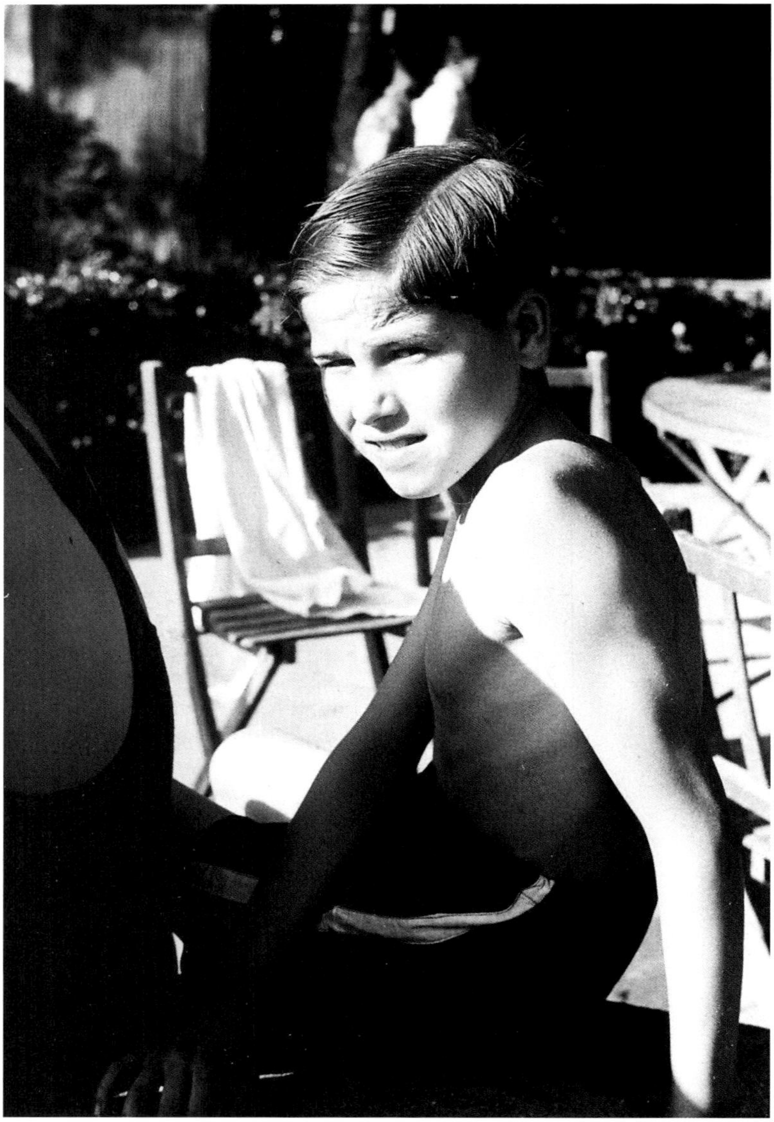

28 DE JUNIO DE 1938, BARCELONA

Un niño privilegiado, perteneciente a una familia del Ministerio de Estado.

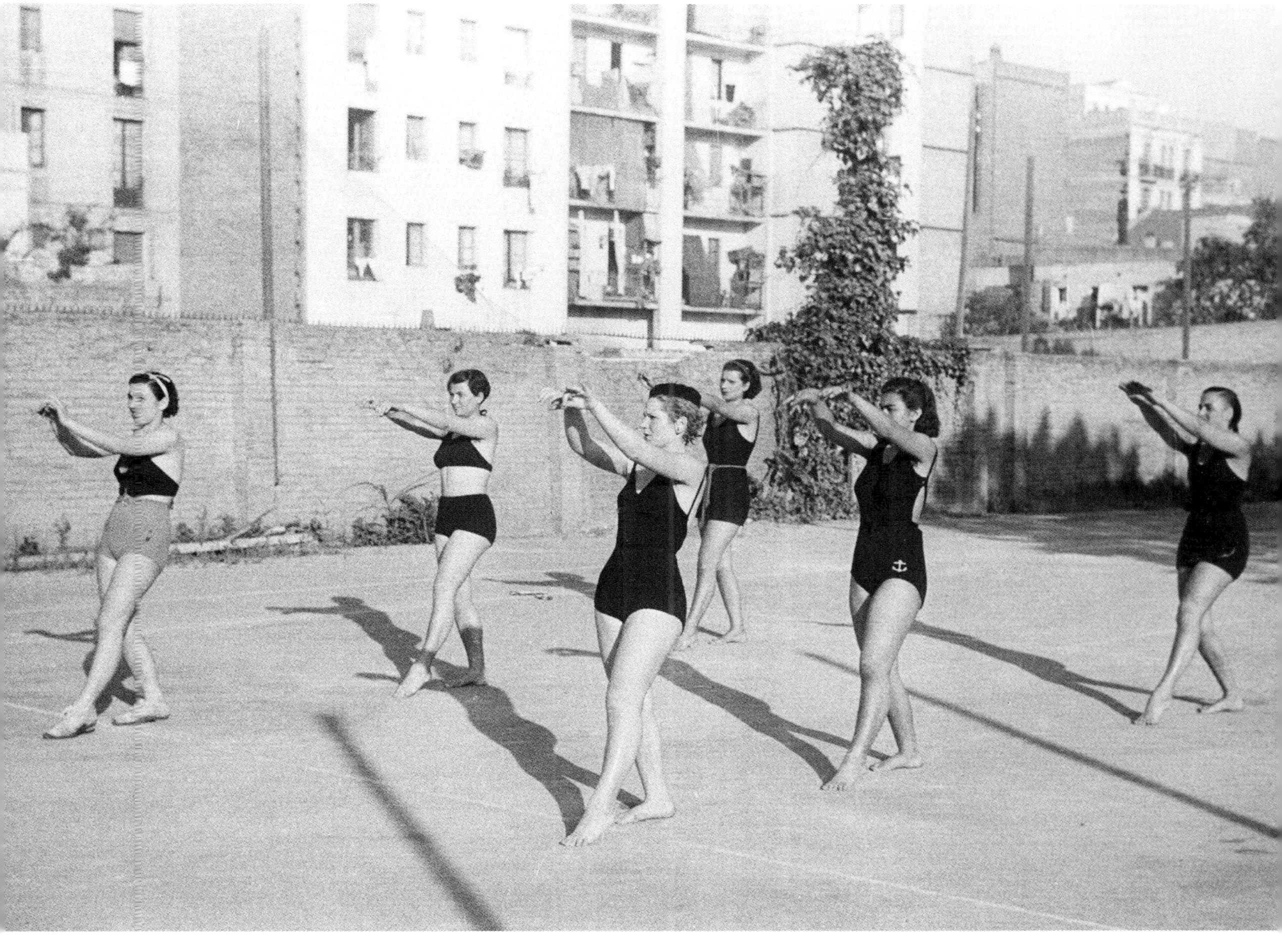

28 DE JUNIO DE 1938, BARCELONA

Miembros del Ministerio de Estado en unas clases de educación física.

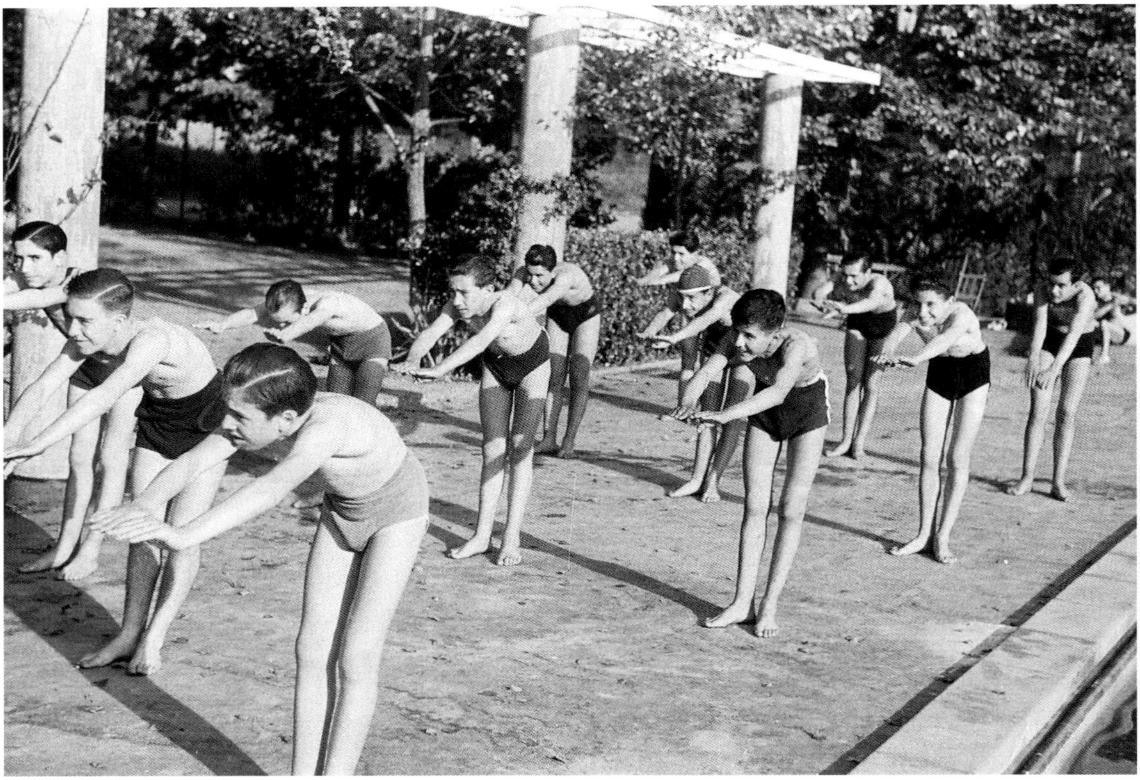

28 DE JUNIO DE 1938, BARCELONA

Los pocos jóvenes «afortunados» del sistema.

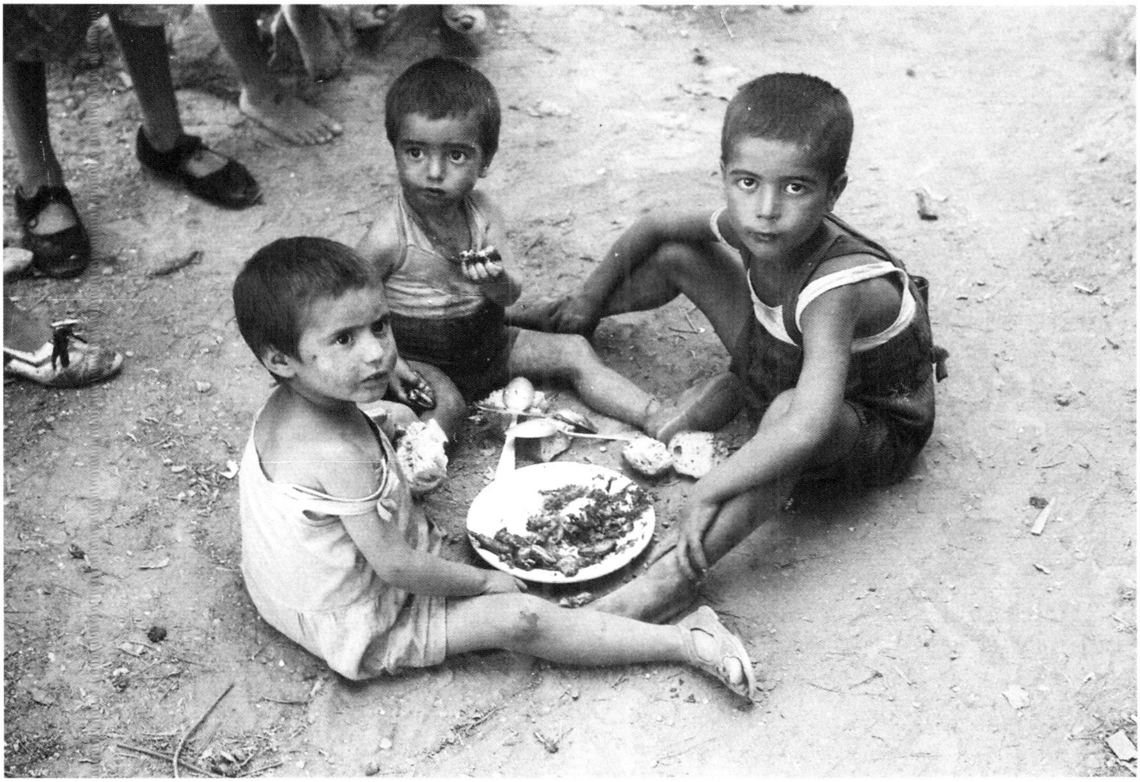

JULIO DE 1938, SABINOSA, EN LAS AFUERAS DE BARCELONA

Niños refugiados hambrientos, procedentes de la zona del frente de Aragón.

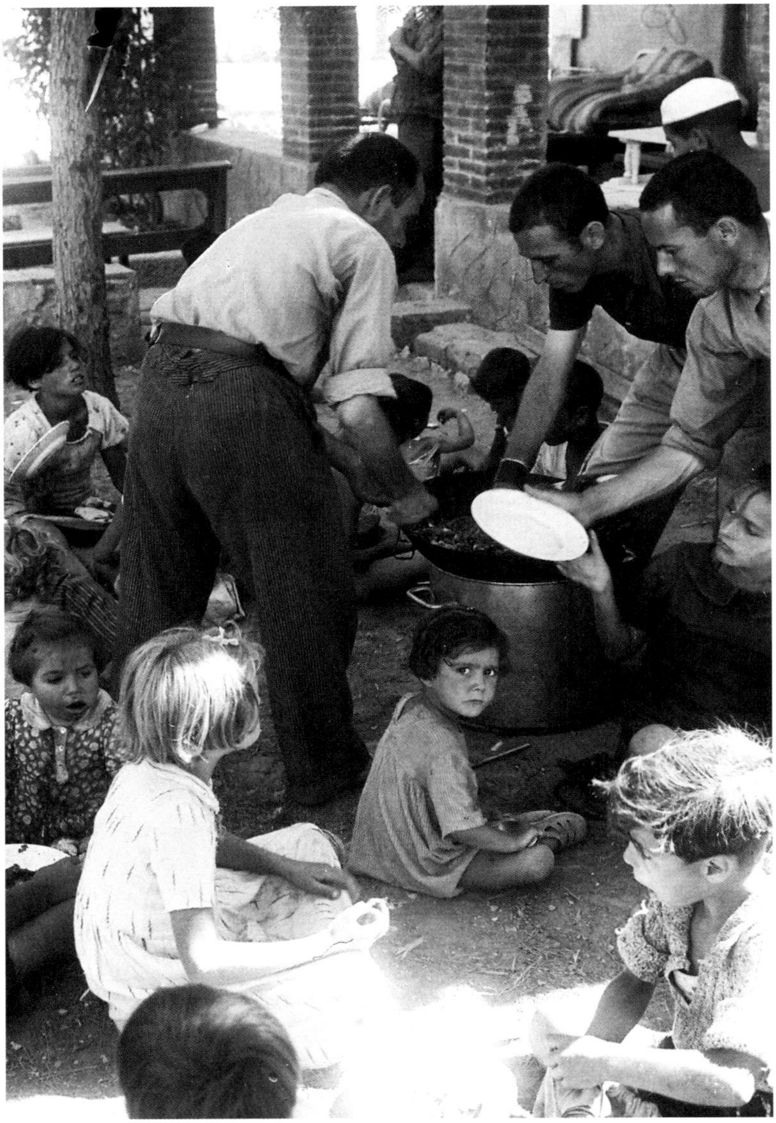

JULIO DE 1938, SABINOSA

Voluntarios distribuyendo comida a los niños refugiados procedentes de la zona del frente de Aragón.

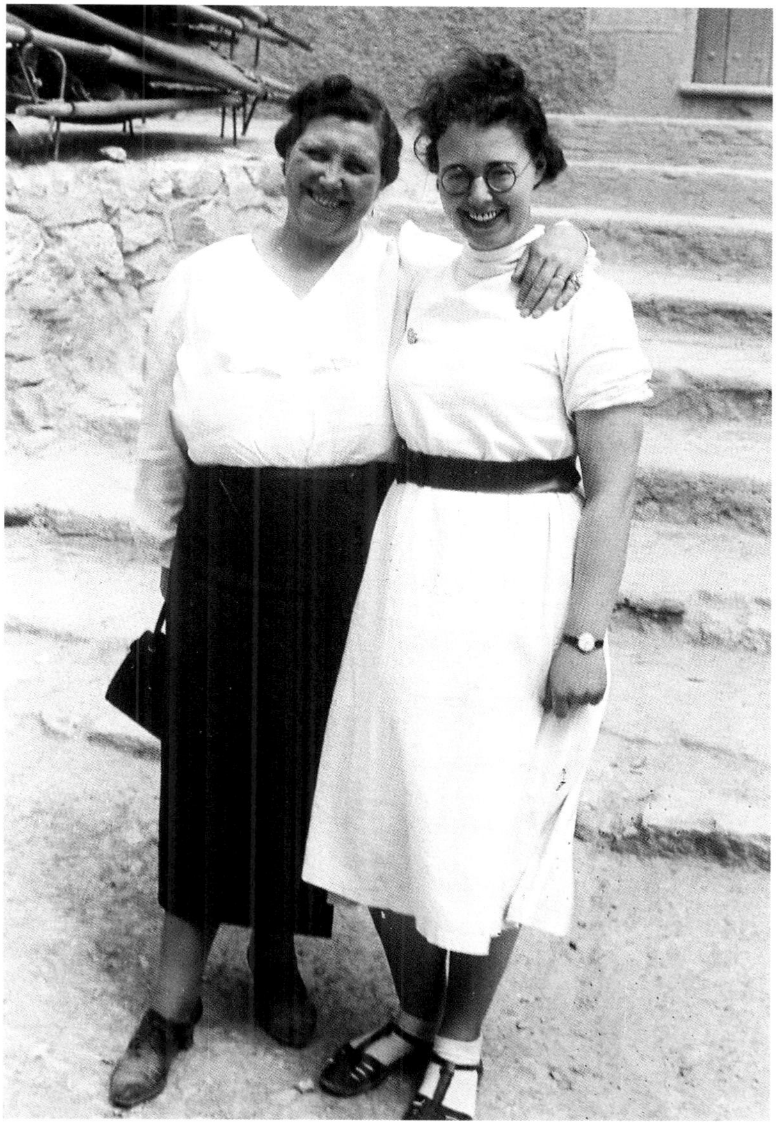

JULIO DE 1938, SABINOSA

Leah Manning (izquierda), miembro del Spanish Medical Aid Committee (SMAC), con una administradora del orfanato infantil.

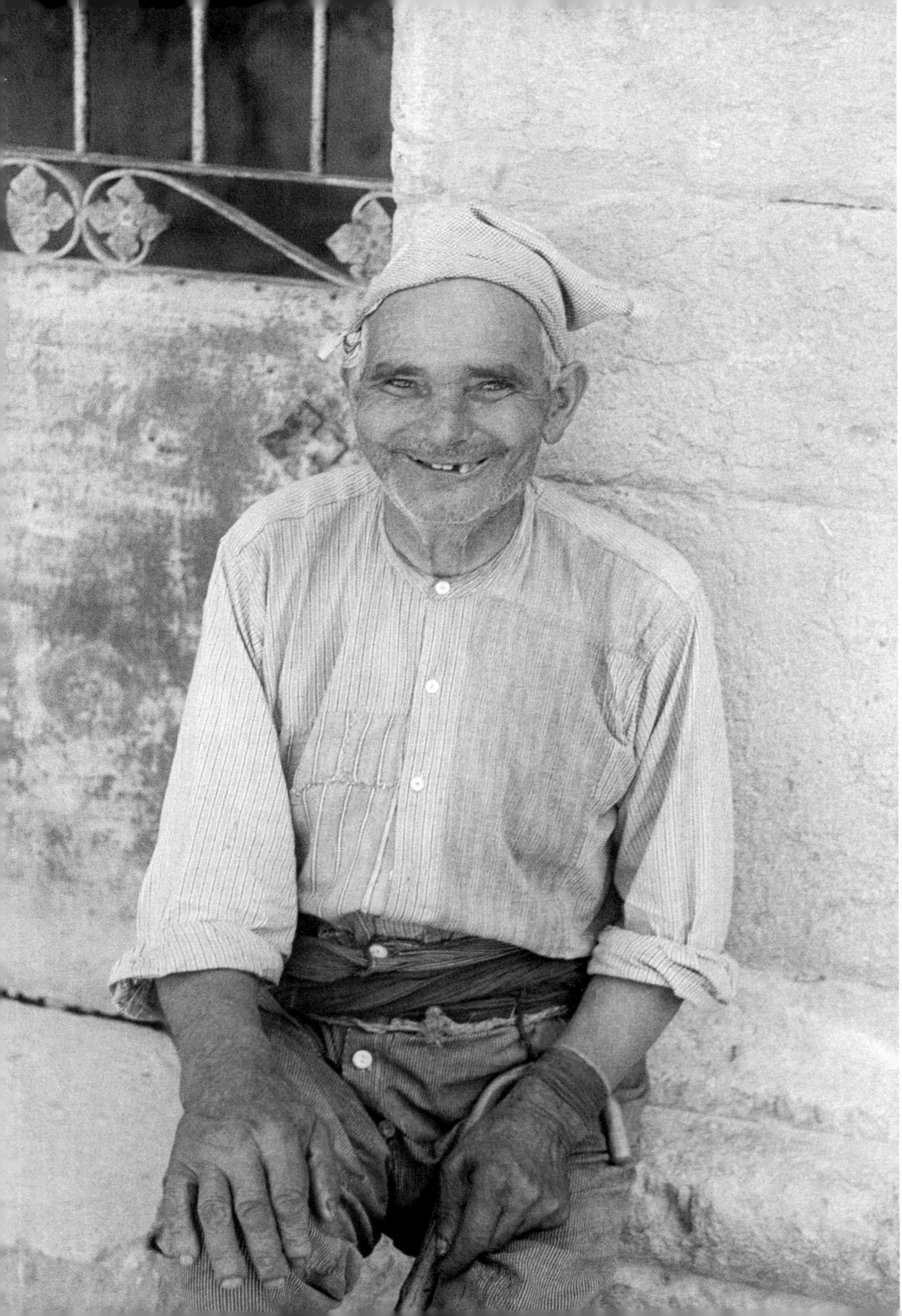

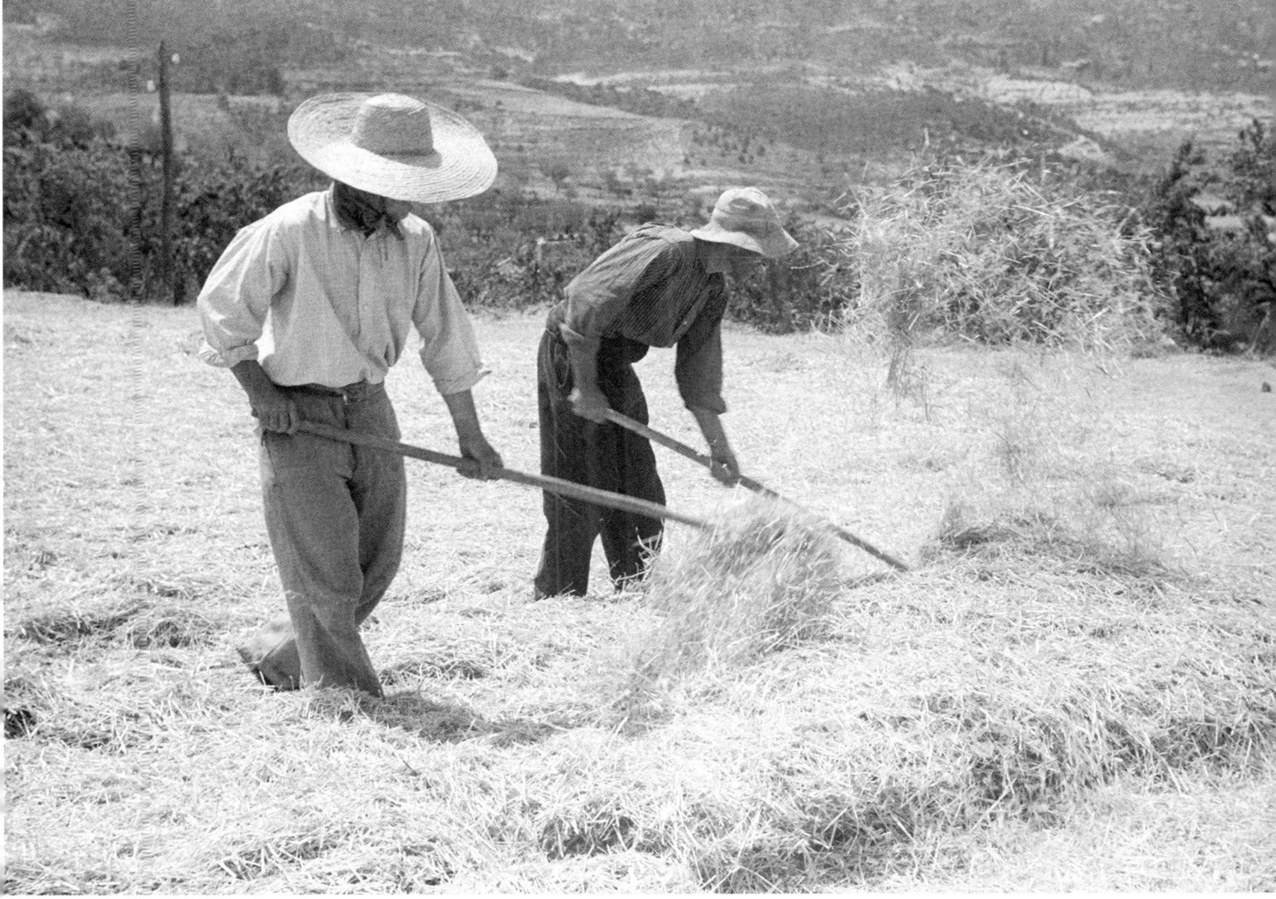

[ARRIBA] 28 DE JULIO DE 1938, CERCA DEL FRENTE DEL EBRO

Faenas de la cosecha mientras los equipos médicos voluntarios se preparaban para el combate.

[IZQUIERDA] 28 DE JULIO DE 1938, CERCA DEL FRENTE DEL EBRO

Un lugareño aparentemente todavía ajeno a la decisiva batalla de la Guerra Civil Española que pronto iba a tener lugar en el río Ebro.

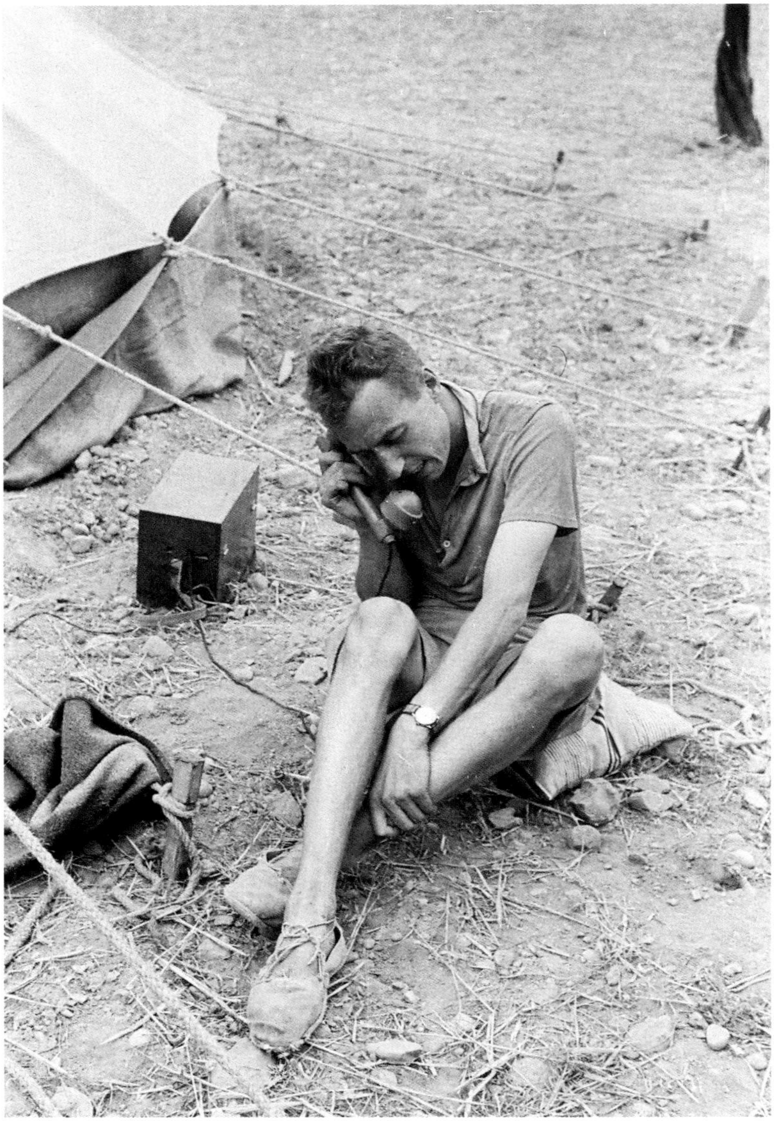

28 DE JULIO DE 1938, CERCA DEL FRENTE DEL EBRO

El Dr. Reginald Saxton hablando por radio en el hospital de campaña provisional. La República Española había quedado partida en dos, lo que dificultó seriamente las comunicaciones entre Valencia y Barcelona.

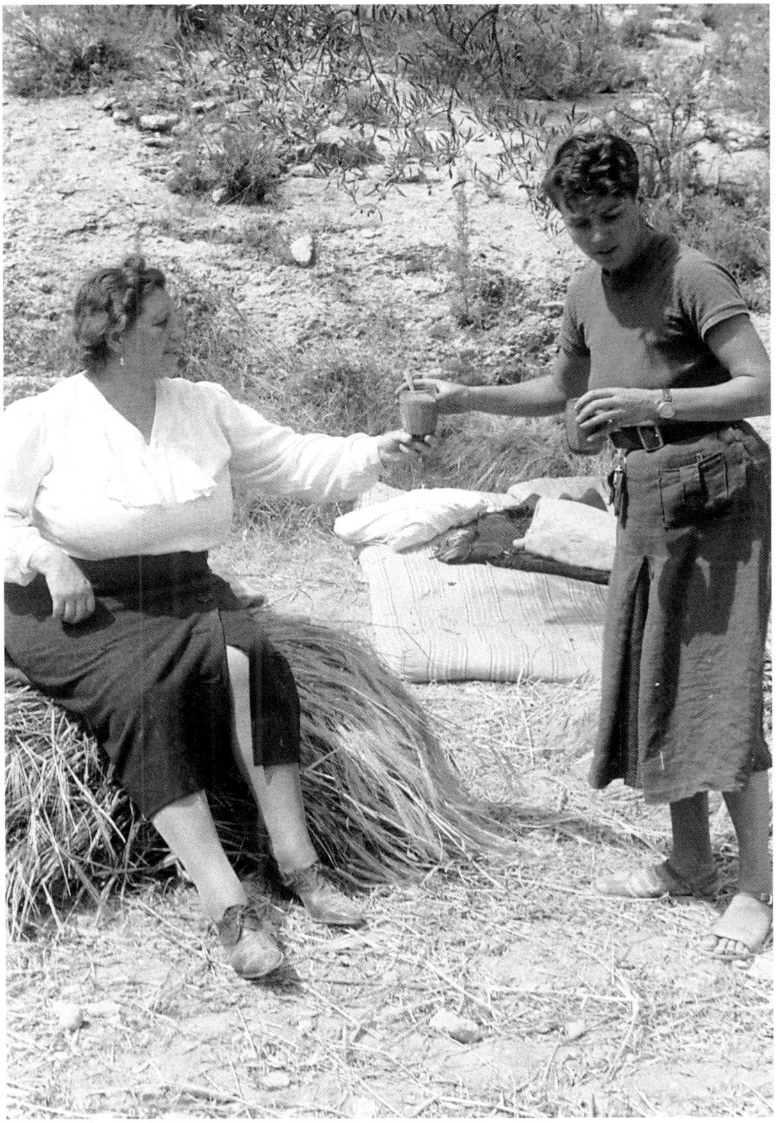

28 DE JULIO DE 1938, CERCA DEL FRENTE DEL EBRO

Leah Manning (izquierda) con Nan Green (de pie), quien perdería a su marido George en el frente del Ebro en septiembre. Las Brigadas Internacionales serían disueltas por la República Española poco después.

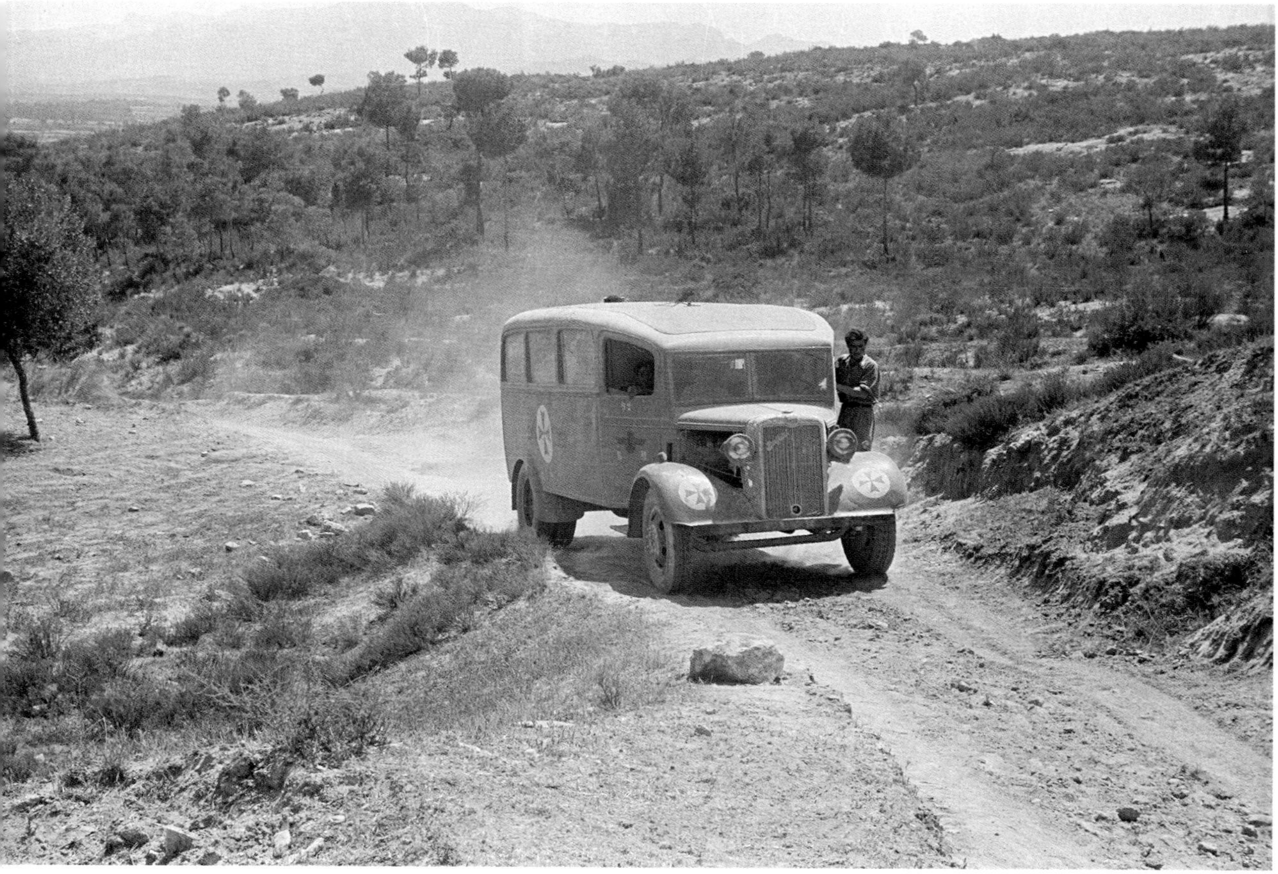

28 DE JULIO DE 1938, CERCA DEL FRENTE DEL EBRO

Ambulancia de camino hacia un hospital de campaña situado en unas cuevas junto a La Bisbal de Falset.

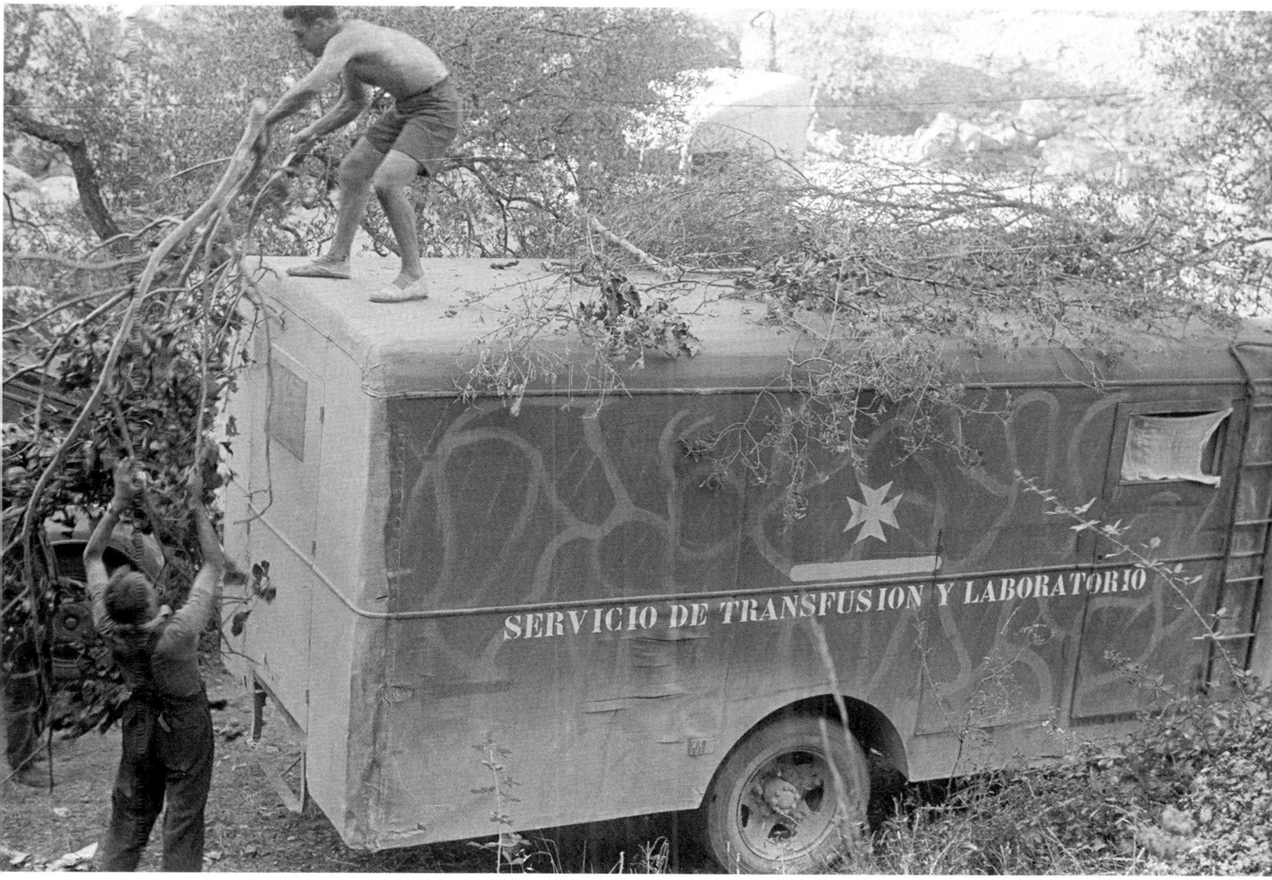

28 DE JULIO DE 1938, CERCA DEL FRENTE DEL EBRO

El Dr. Reginald Saxton (izquierda) cerca del hospital en la cueva de La Bisbal de Falset camuflando su camión de transfusiones móviles. Había formado esta unidad para acercar los análisis y transfusiones de sangre al frente.

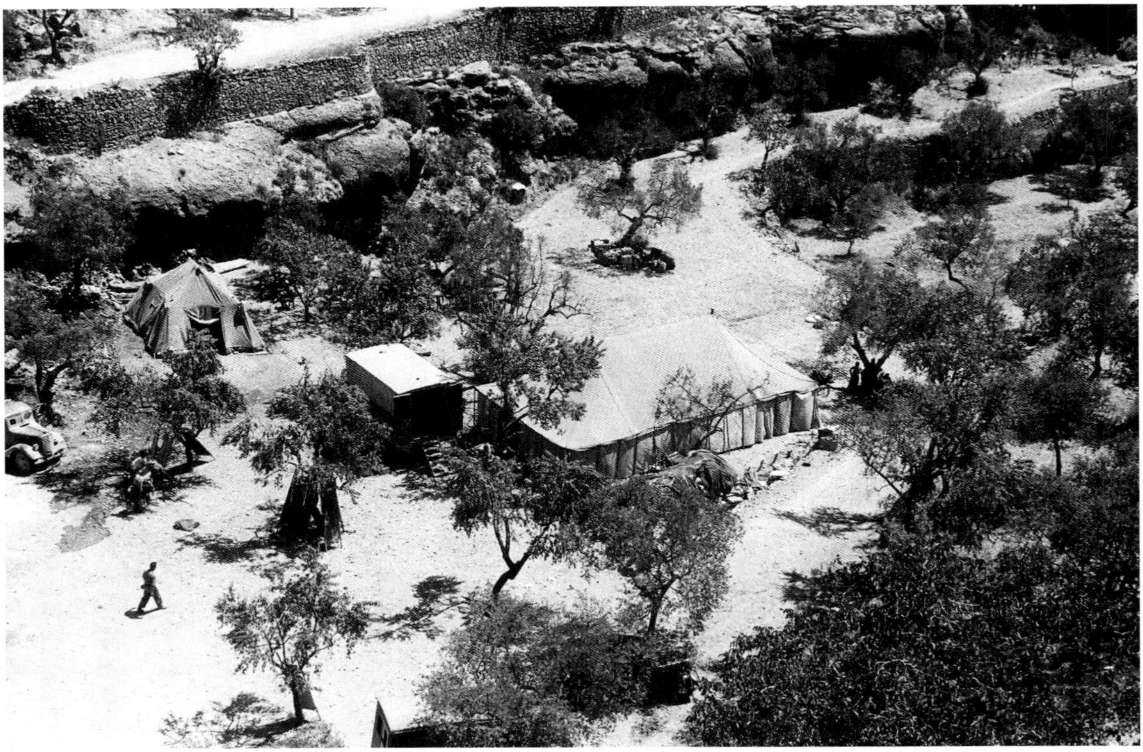

[ARRIBA] AGOSTO DE 1938, FRENTE DEL EBRO

El campamento base con el hospital
en la cueva al fondo.

[DERECHA] AGOSTO DE 1938, FRENTE DEL EBRO

Una enfermera recibiendo su comida en el
campamento base del hospital de campaña.

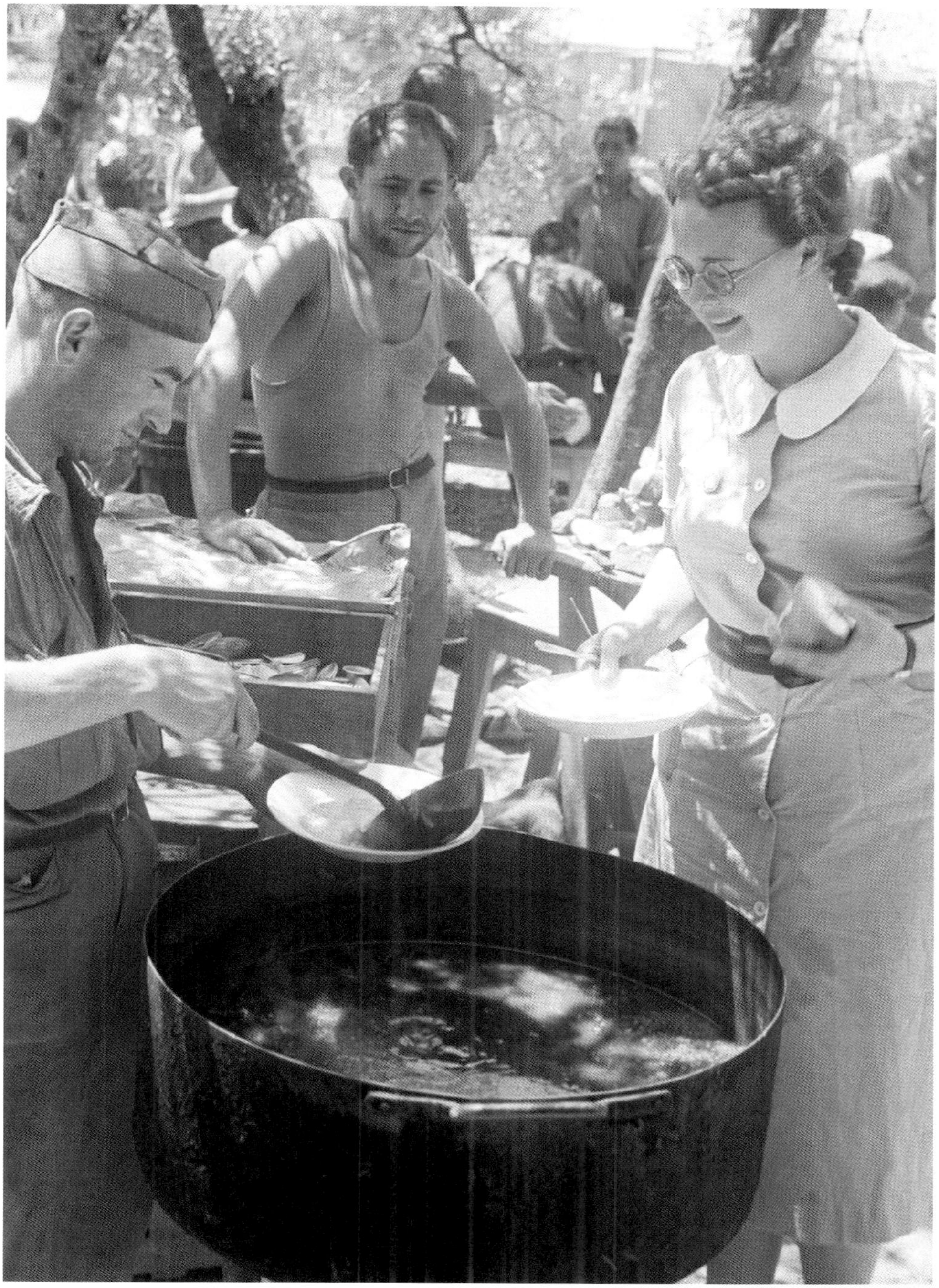

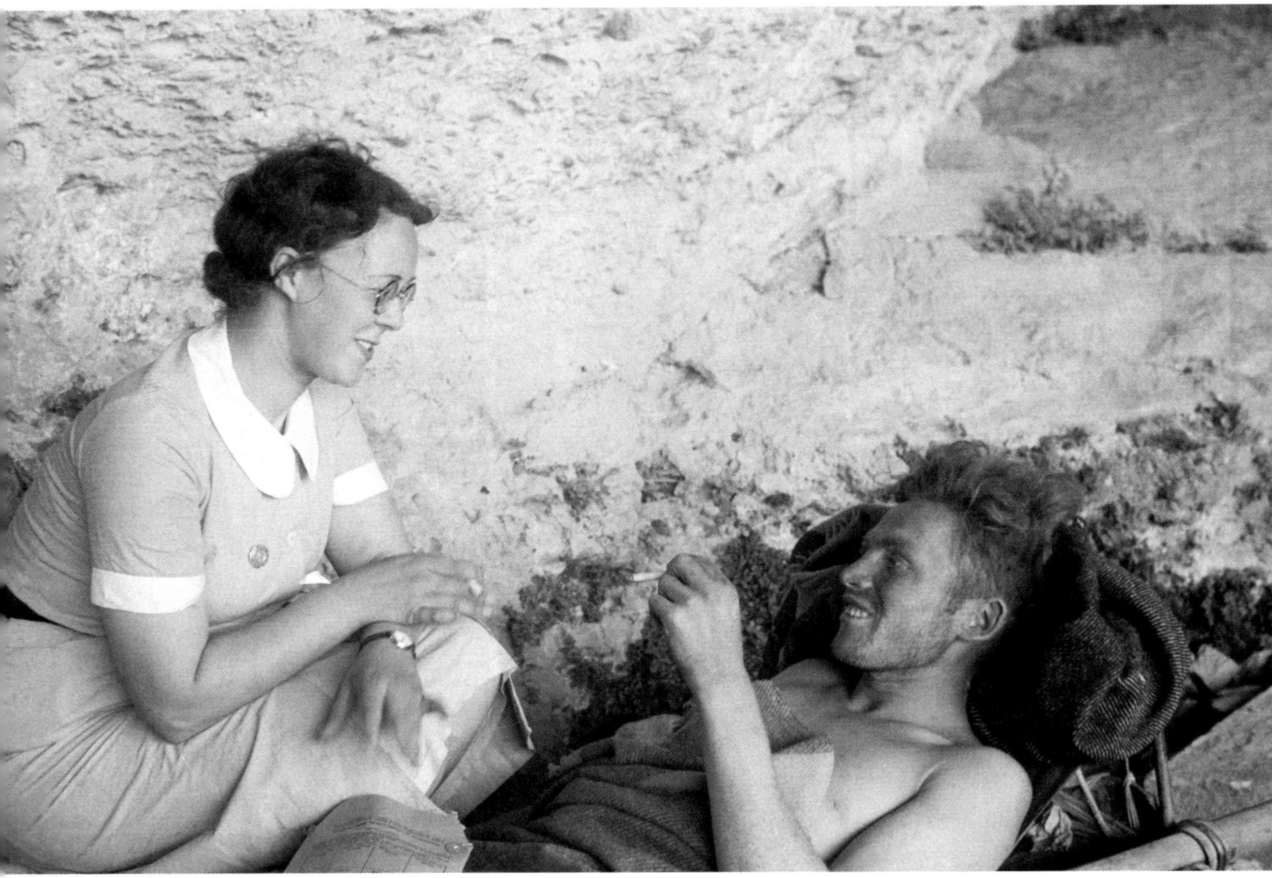

AGOSTO DE 1938, HOSPITAL DE CAMPAÑA EN EL FRENTE DEL EBRO

Una enfermera consuela a un paciente en la cueva. Este hospital de ochenta camas contenía dos niveles, uno para los pacientes republicanos y otro para los nacionales.

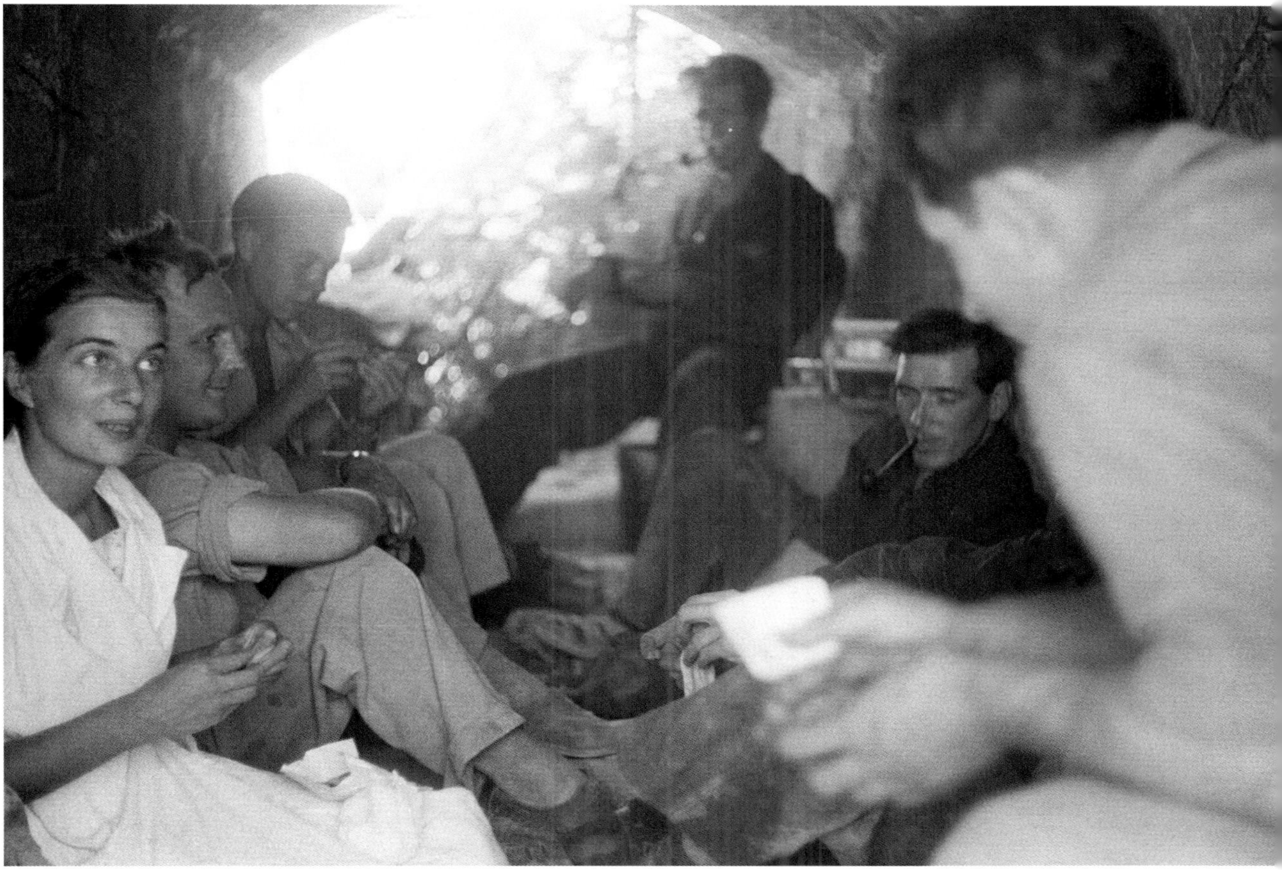

AGOSTO DE 1938, HOSPITAL DE CAMPAÑA EN EL FRENTE DEL EBRO

La enfermera Patience Darton (izquierda) y el equipo médico durante una pausa.

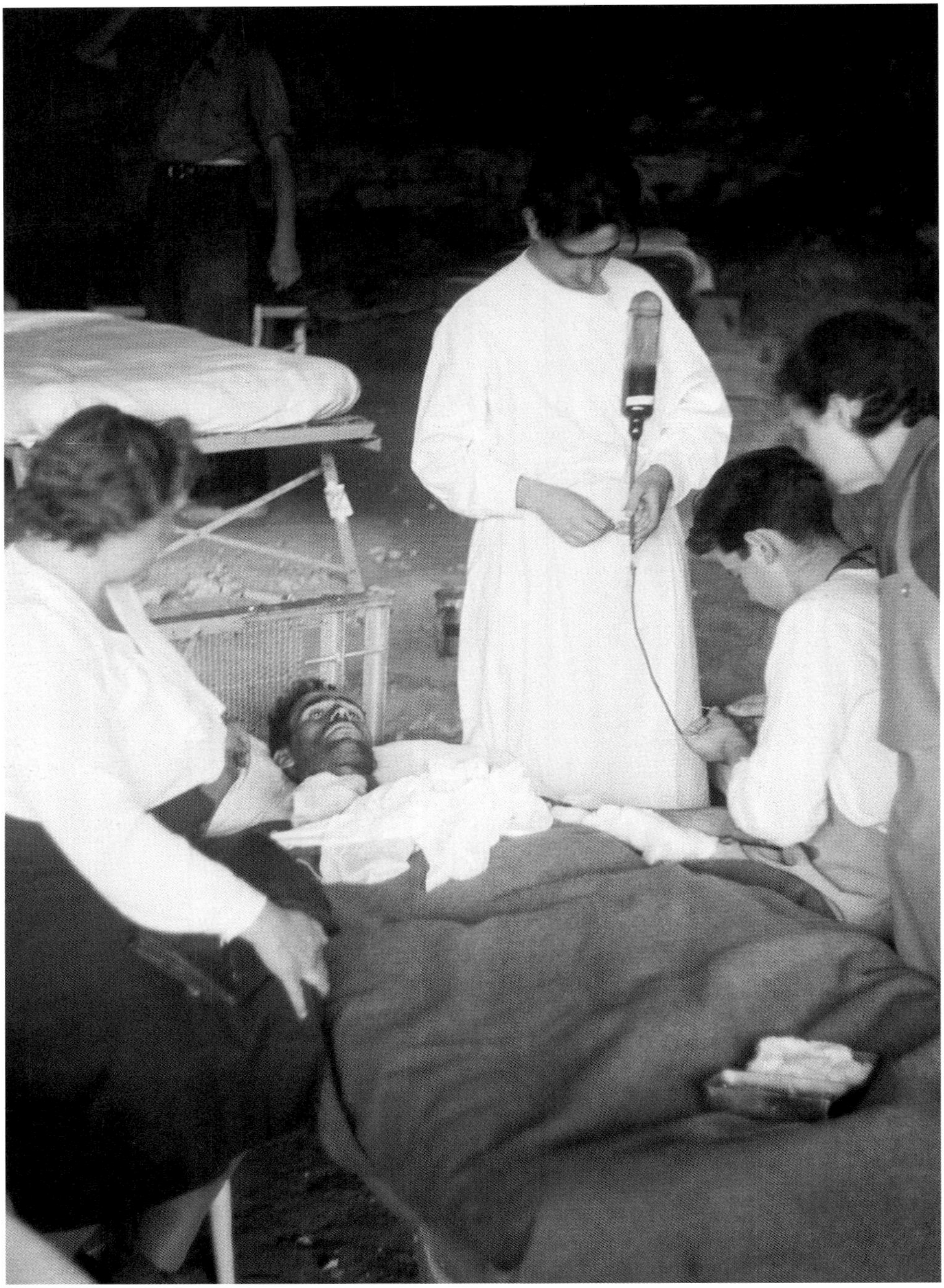

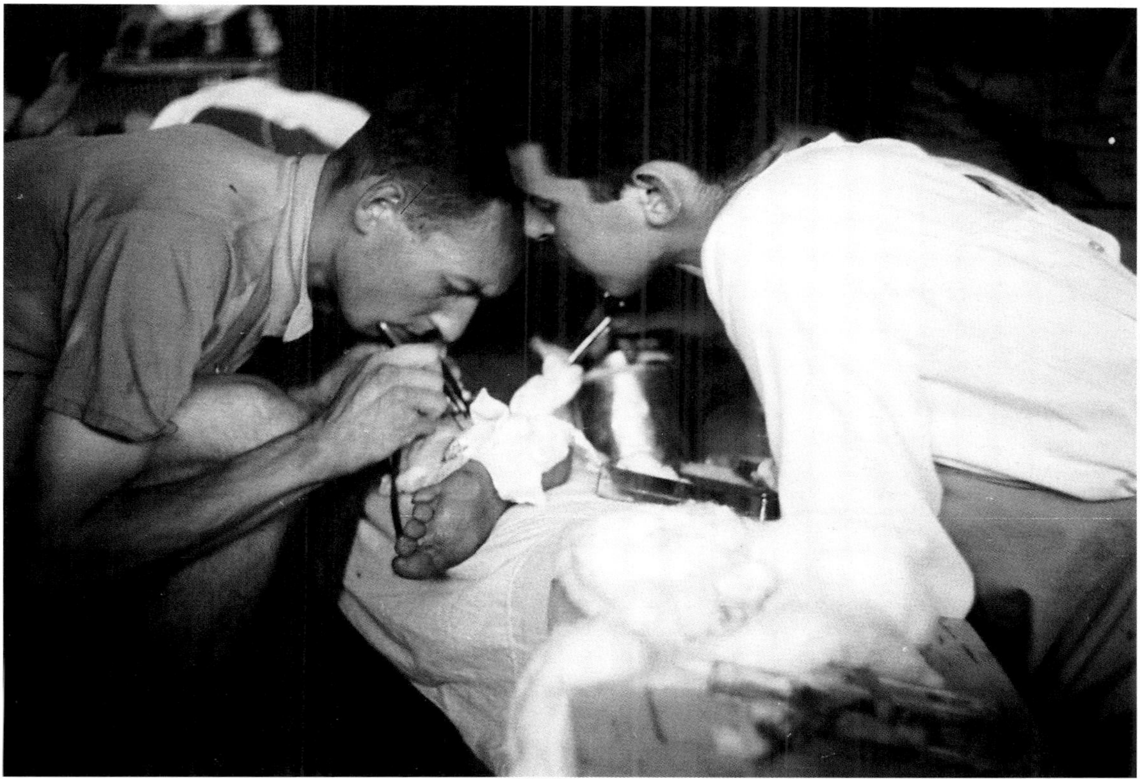

[ARRIBA] AGOSTO DE 1938, HOSPITAL DE CAMPAÑA EN EL FRENTE DEL EBRO

El Dr. Reginald Saxton operando el pie de un paciente en la cueva.

[IZQUIERDA] AGOSTO DE 1938, HOSPITAL DE CAMPAÑA EN EL FRENTE DEL EBRO

Harry Dobson, minero galés y miembro de la Brigada Británica, recibiendo una transfusión de sangre en la cueva en compañía de Leah Manning (izquierda), Joan Mauri (de pie) y Ada Hodson (derecha).

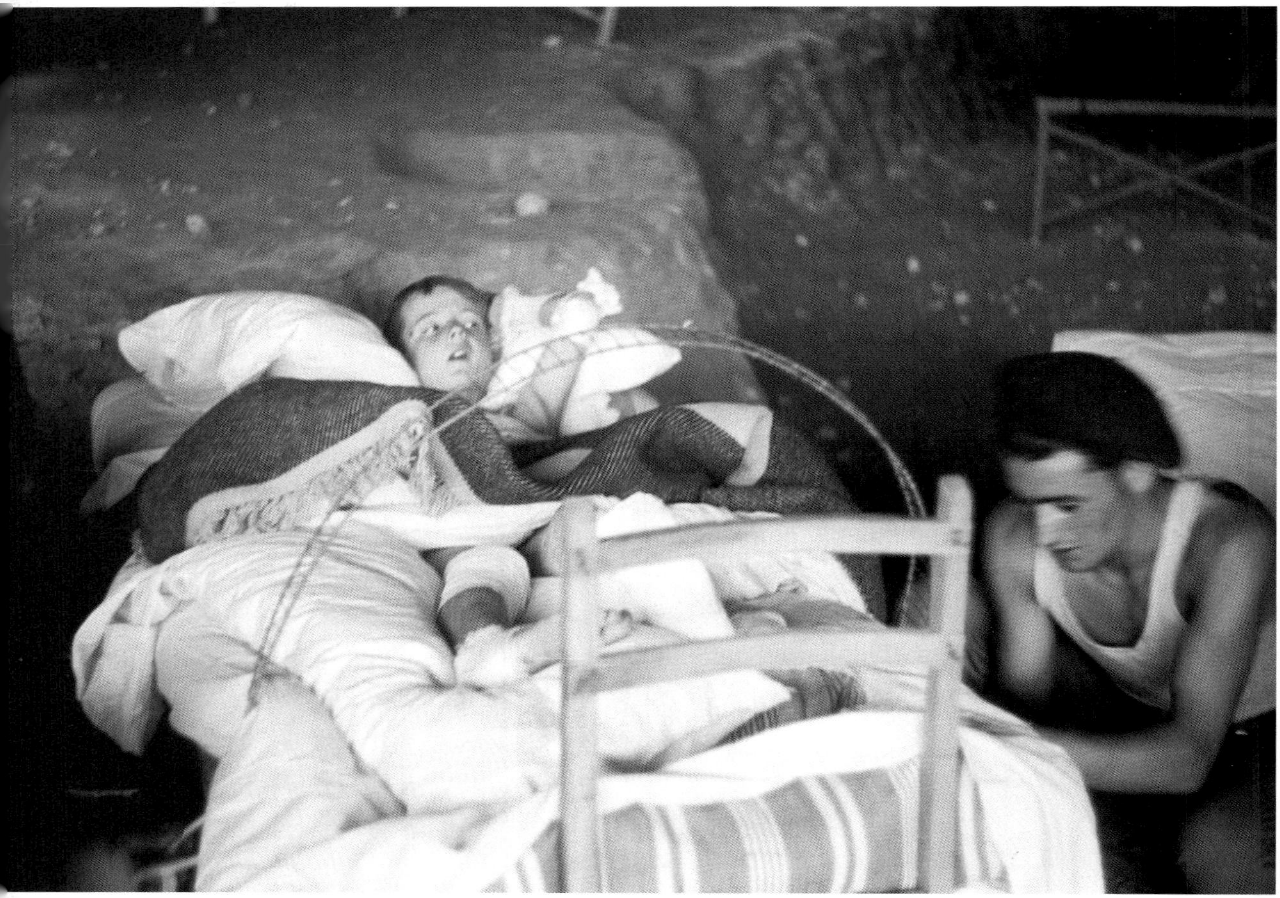

[ARRIBA] AGOSTO DE 1938, HOSPITAL DE CAMPAÑA EN EL FRENTE DEL EBRO

El joven paciente Manuel Álvarez, víctima de un bombardeo en Corbera. Reunido con su salvador canadiense, el voluntario del Mac Pap Jimmie Higgins, Álvarez escribió su libro *El soldado alto: 40 años buscando al hombre que salvó mi vida.*

[DERECHA] AGOSTO DE 1938, HOSPITAL DE CAMPAÑA EN EL FRENTE DEL EBRO

El Dr. Reginald Saxton (sentado) desarrolló técnicas de transfusión sanguínea muy novedosas durante la guerra junto con el médico canadiense Dr. Norman Bethune. El paciente, Harry Dobson, no sobrevivió.

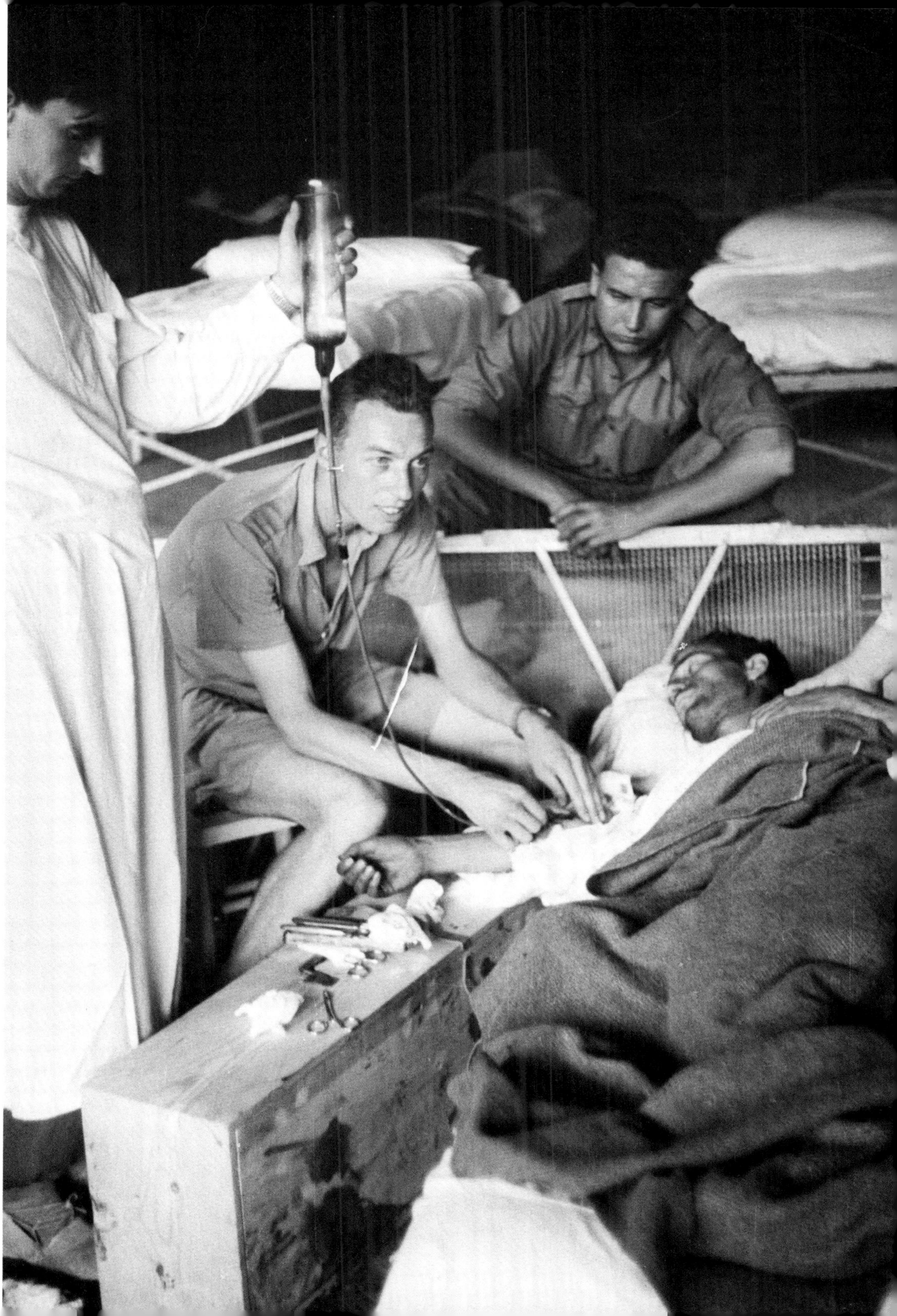

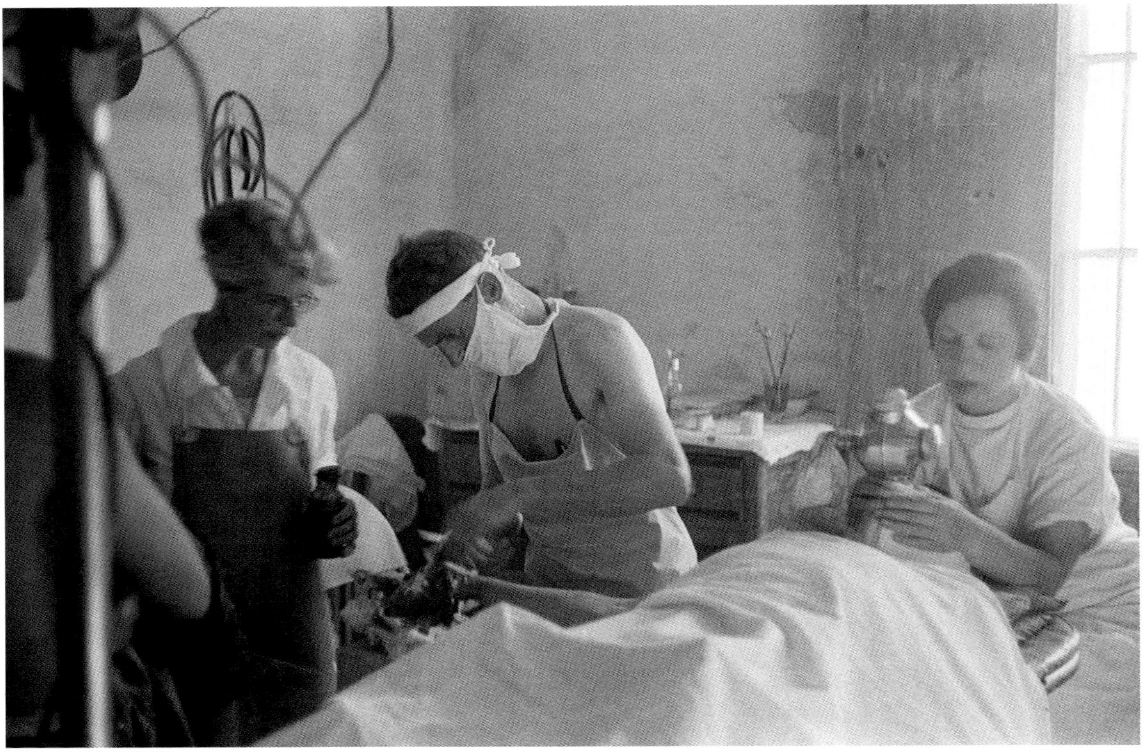

[ARRIBA] AGOSTO DE 1938, CERCA DEL FRENTE DEL EBRO

Debido a la gran cantidad de heridos, las operaciones solían hacerse in situ. Aquí la enfermera administra un anestésico mientras el cirujano inicia la intervención.

[DERECHA] AGOSTO DE 1938, CERCA DEL FRENTE DEL EBRO

Un cirujano opera la mano de un combatiente en un pabellón improvisado.

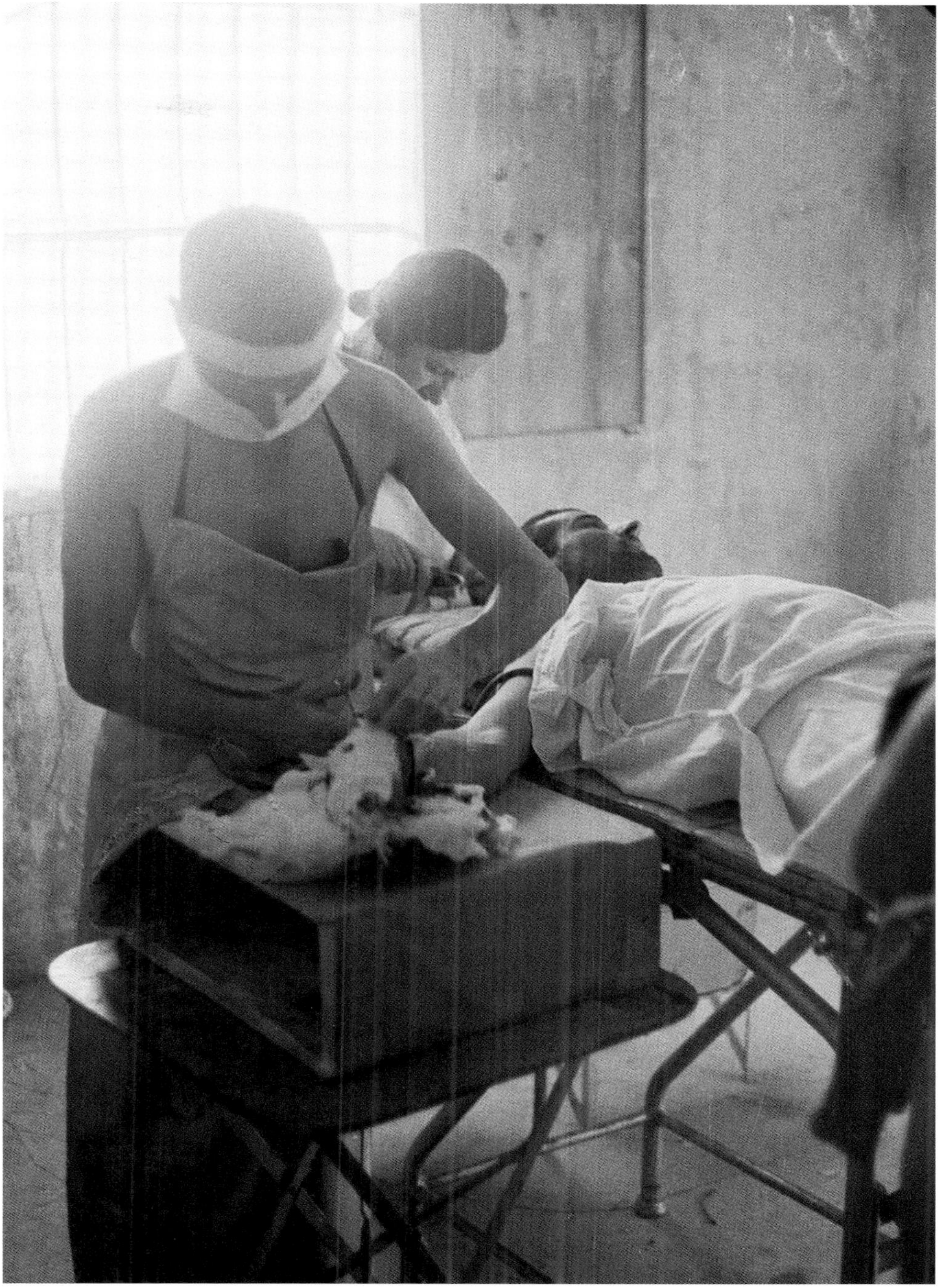

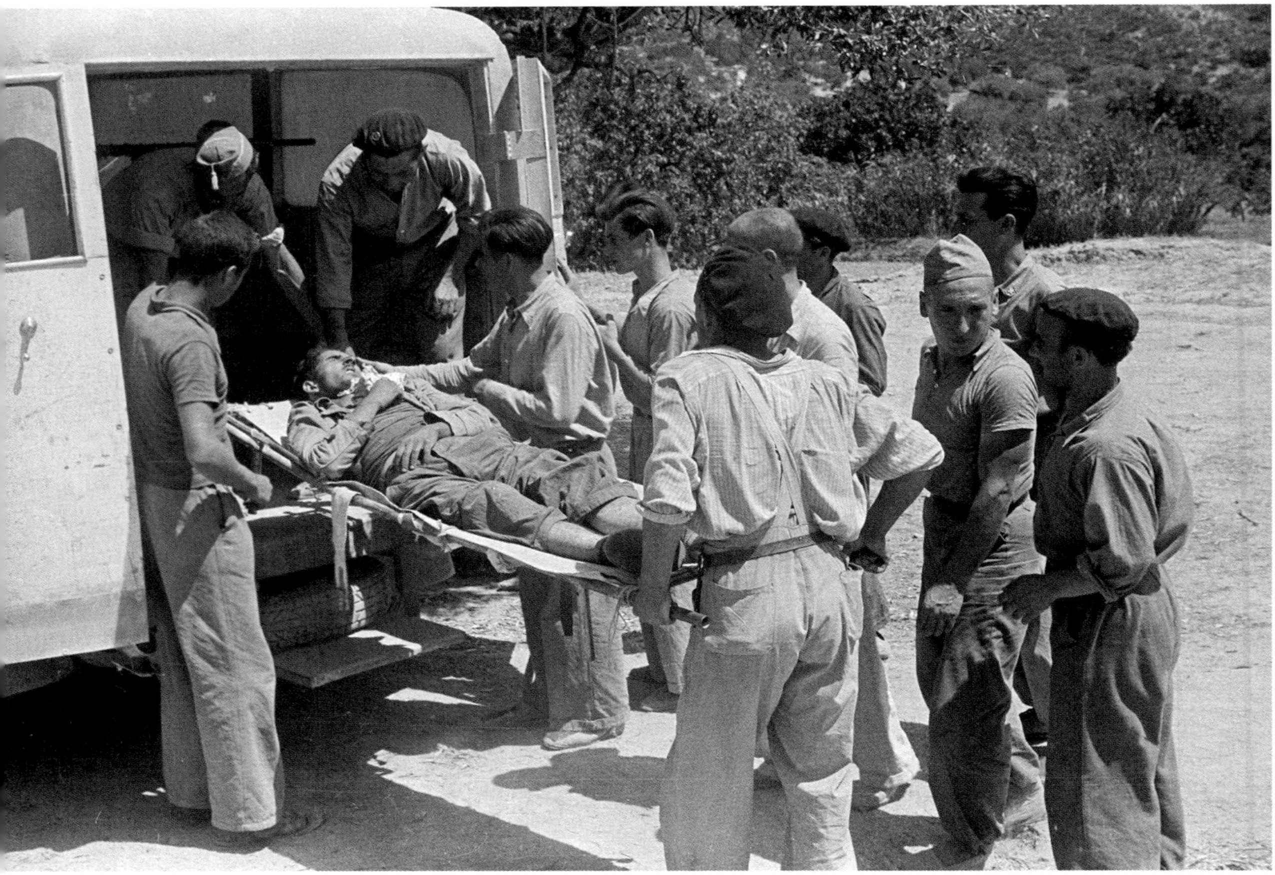

AGOSTO DE 1938, FRENTE DEL EBRO

Evacuación de heridos del frente de batalla.

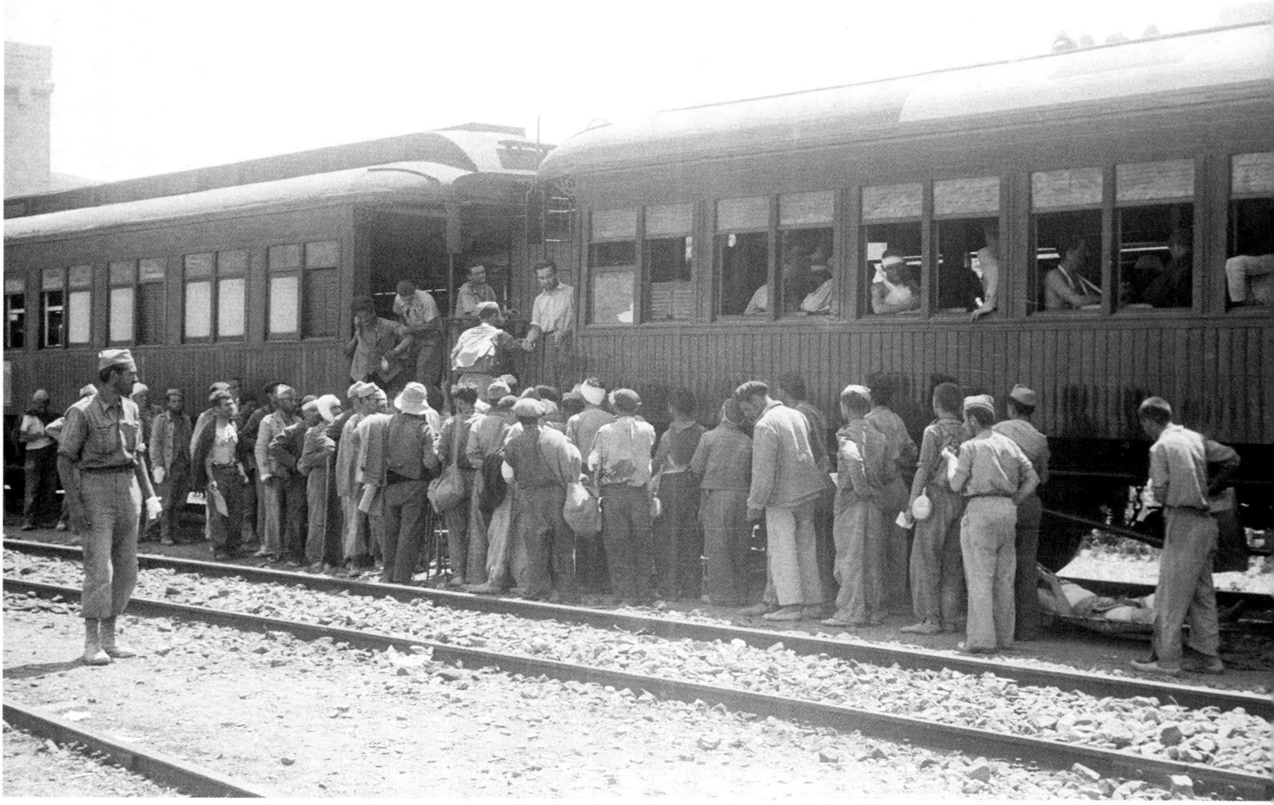

AGOSTO DE 1938, CERCA DEL FRENTE DEL EBRO

Los heridos haciendo cola en el exterior del tren para su transporte al hospital más próximo.

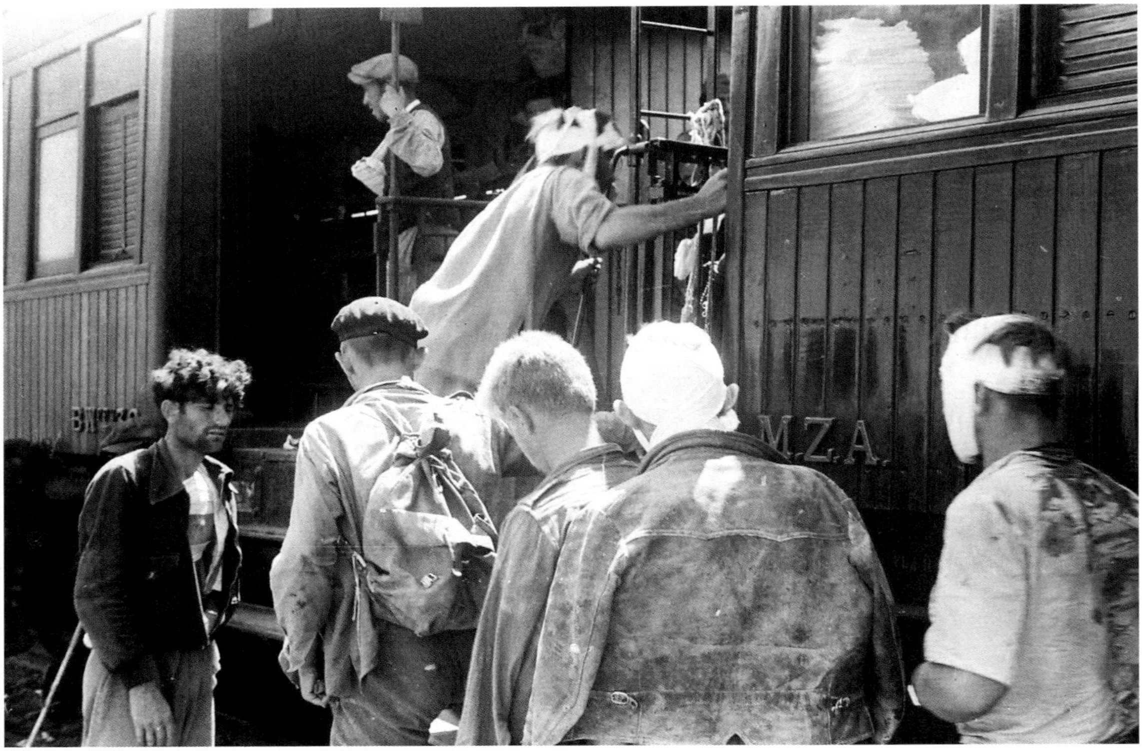

[ARRIBA] AGOSTO DE 1938, CERCA DEL FRENTE DEL EBRO

Heridos subiendo al tren hospital.

[DERECHA] AGOSTO DE 1938, CERCA DEL FRENTE DEL EBRO

Tres hileras de pacientes apiñados en el interior del tren hospital del frente del Ebro.

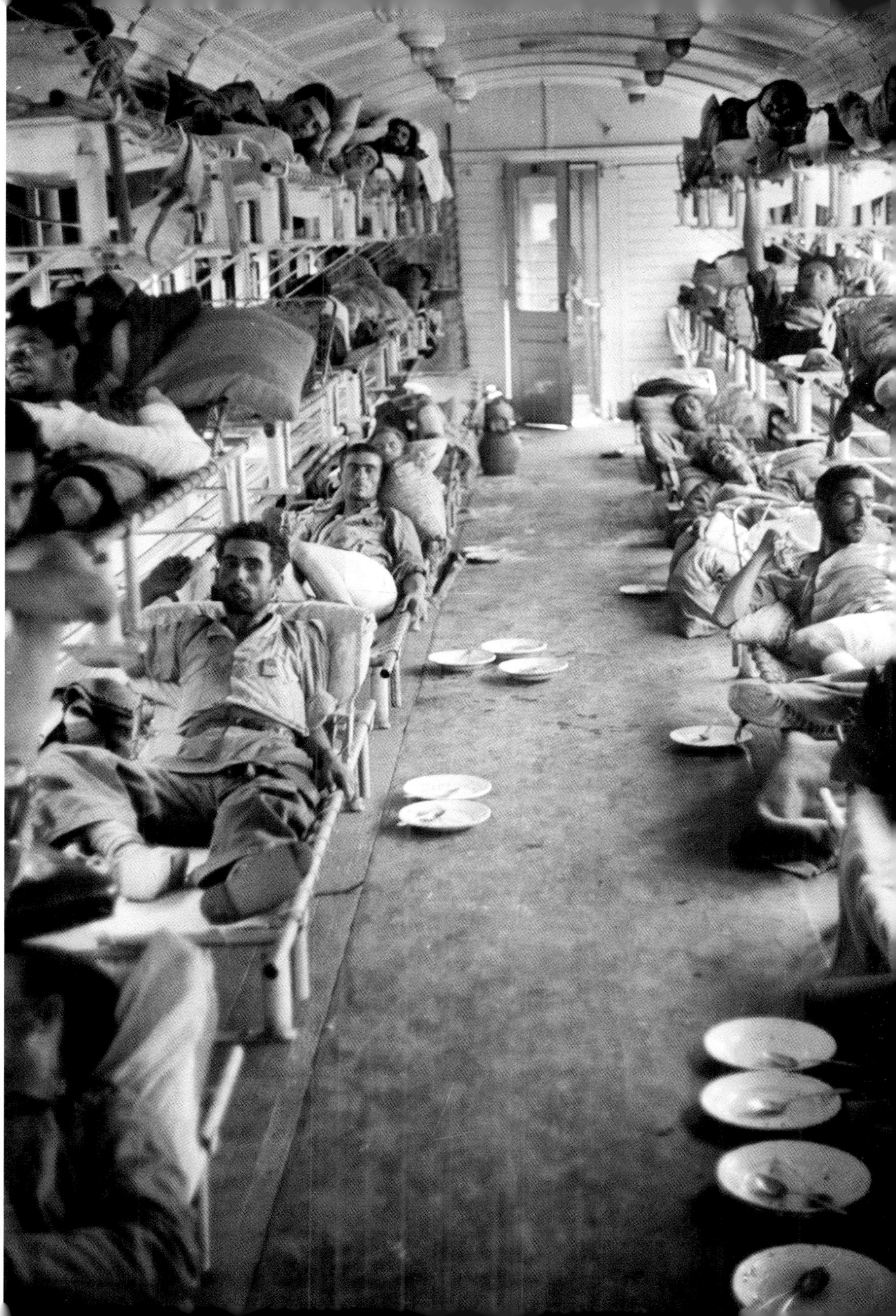

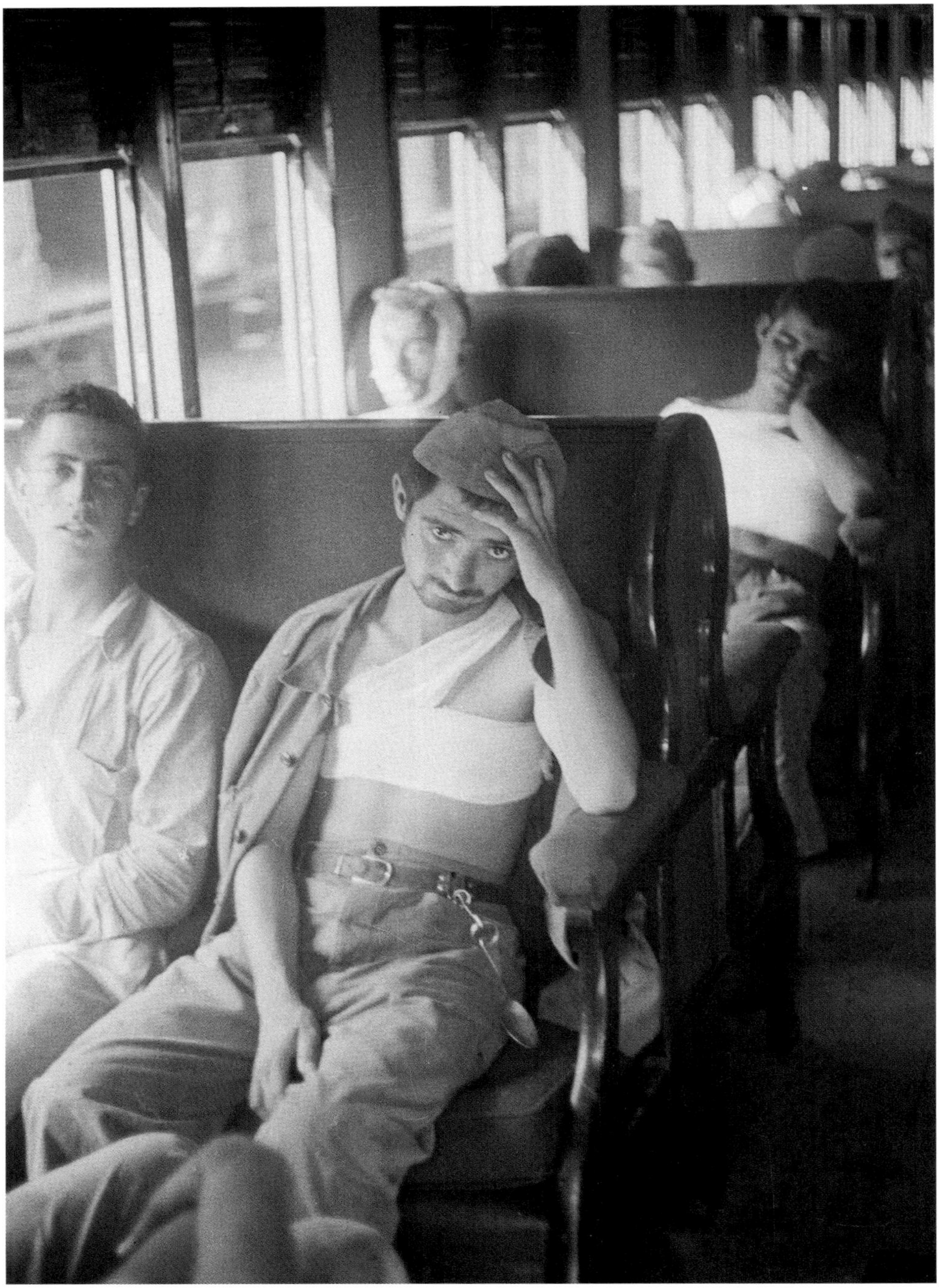

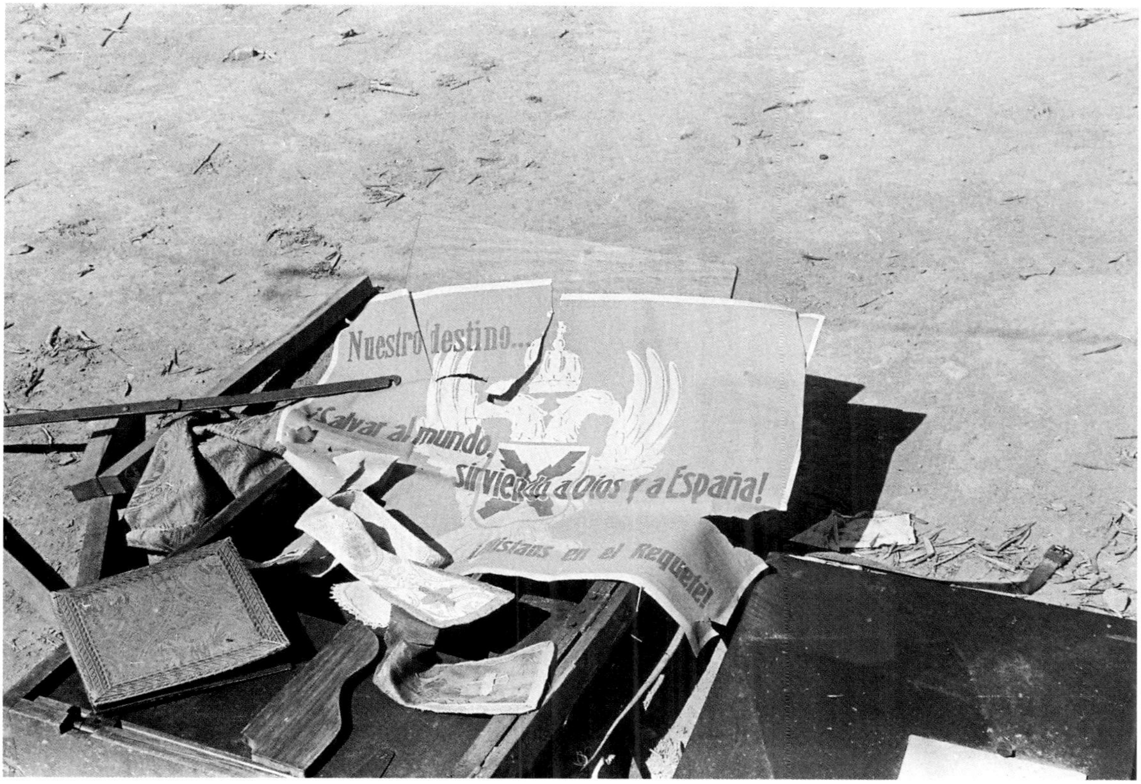

[ARRIBA] AGOSTO DE 1938, FRENTE DEL EBRO

Unos republicanos dieron con estos artículos de propaganda del bando nacional al cruzar el Ebro. El cartel proclama: «Nuestro destino: ¡salvar al mundo, sirviendo a Dios y a España!»

[IZQUIERDA] AGOSTO DE 1938, CERCA DEL FRENTE DEL EBRO

Republicanos heridos siendo evacuados en tren al hospital más próximo.

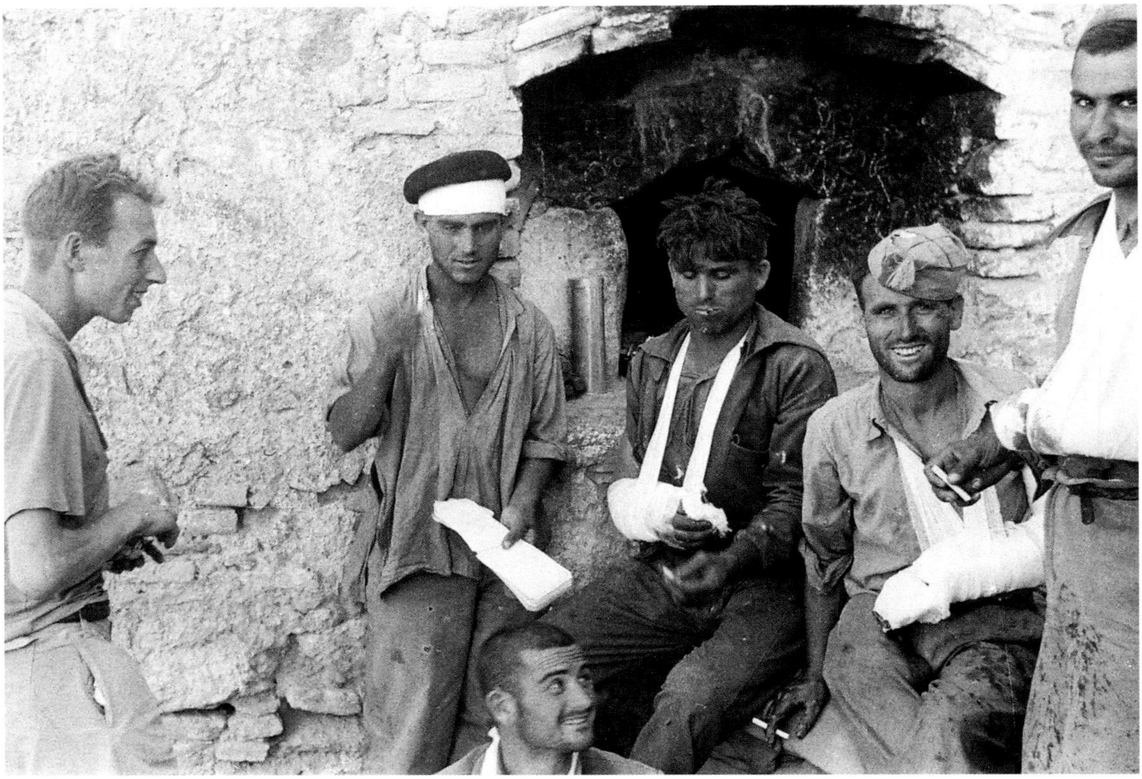

AGOSTO DE 1938, FRENTE DEL EBRO

El Dr. Reginald Saxton (izquierda) con soldados heridos regresando del frente del Ebro.

AGOSTO DE 1938, RÍO EBRO

Vista del río fluyendo a través del abrupto paisaje.

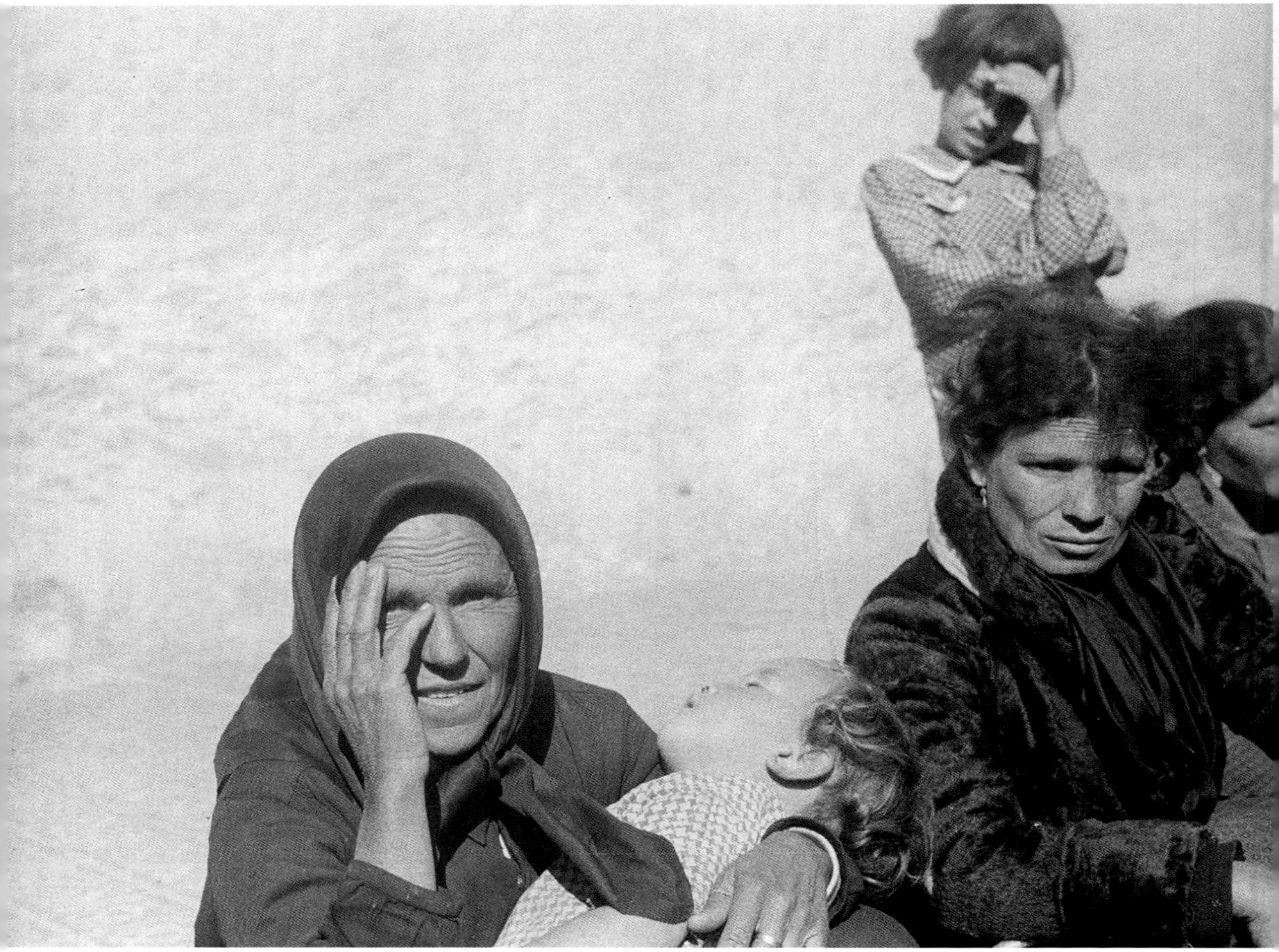

[ARRIBA] AGOSTO DE 1938, CERCA DEL FRENTE DEL EBRO

Civiles con una niña al calor del verano.

[DERECHA] AGOSTO DE 1938, EN EL FRENTE DEL EBRO

La última foto de Alec Wainman en la España republicana
antes de su regreso forzado a Inglaterra aquejado de hepatitis.

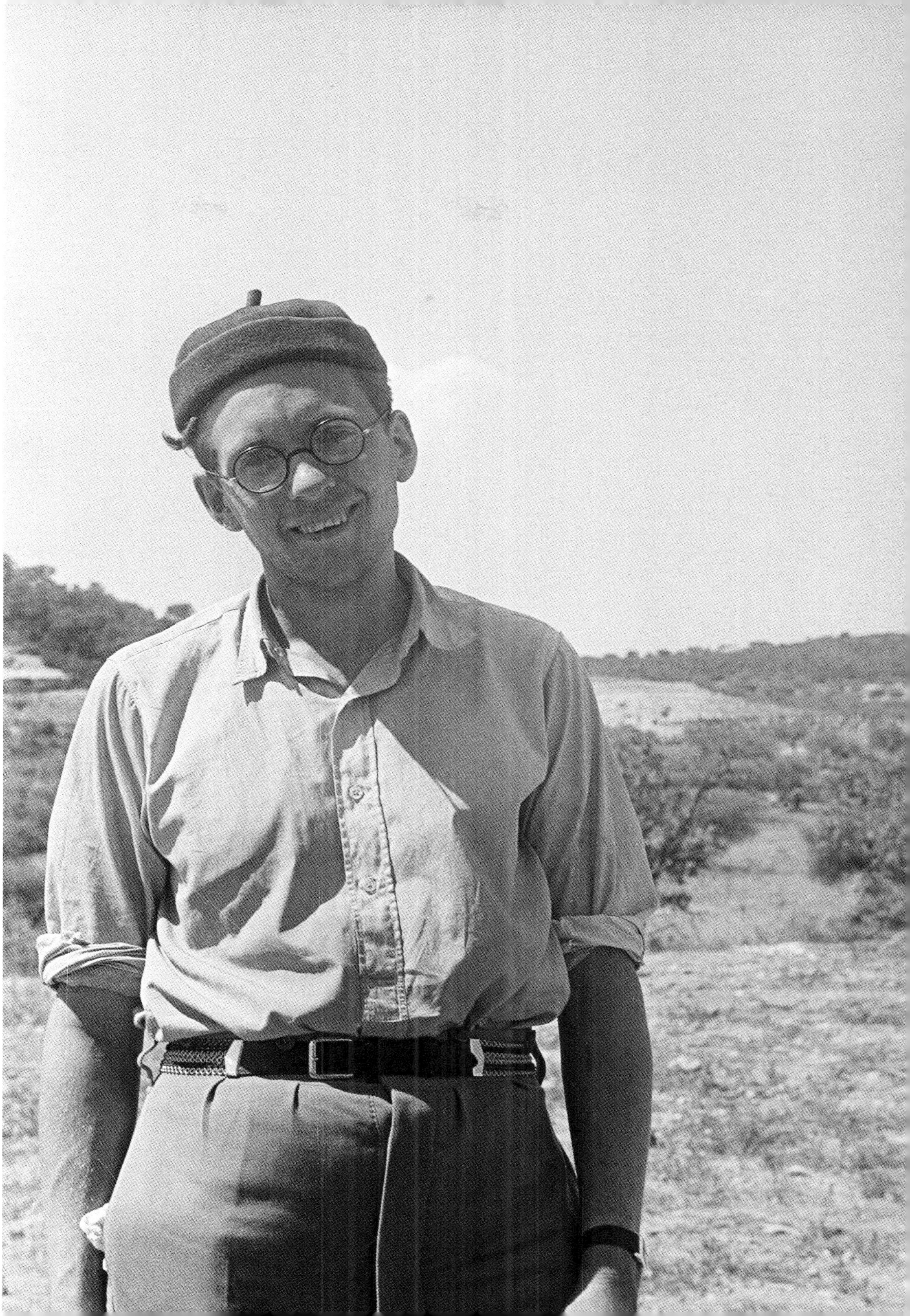

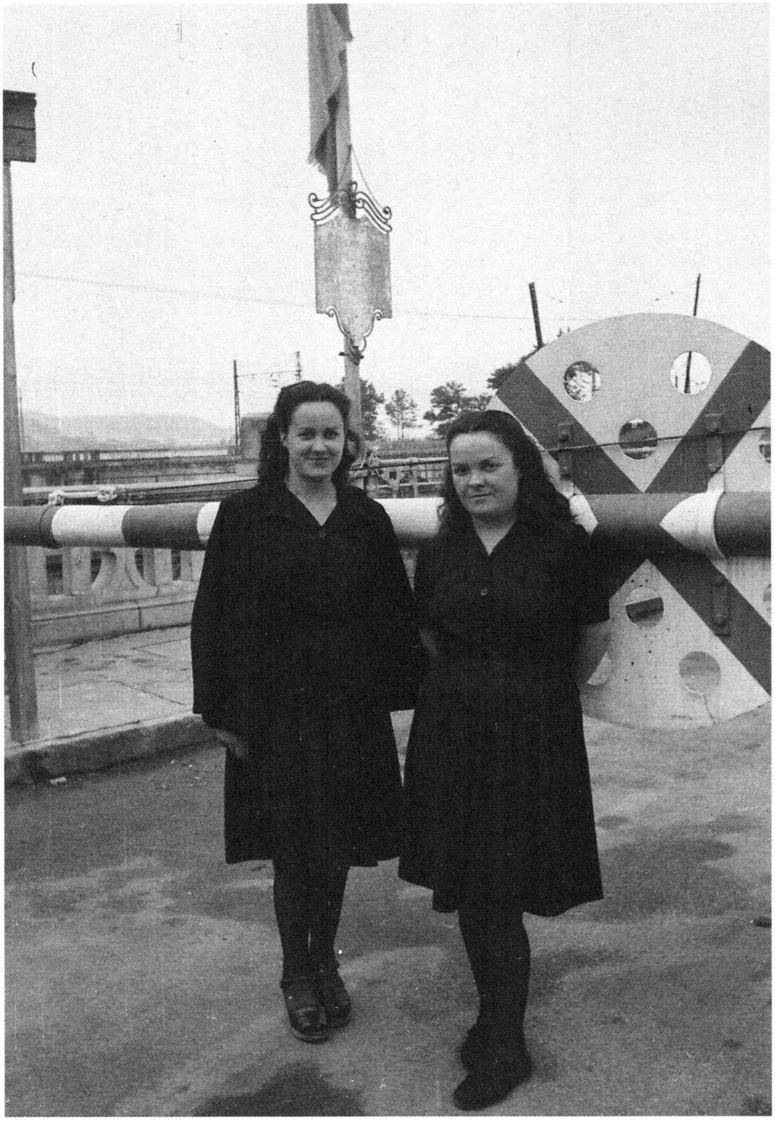

1939, PAÍS VASCO ESPAÑOL

Tras la victoria de Franco, Alec regresó a España, donde fue recibido por los miembros de una familia anfitriona. Visitó a las familias de los refugiados que habían sido evacuados previamente al Reino Unido y fueron ayudados por Alec y su madre en Shipton.

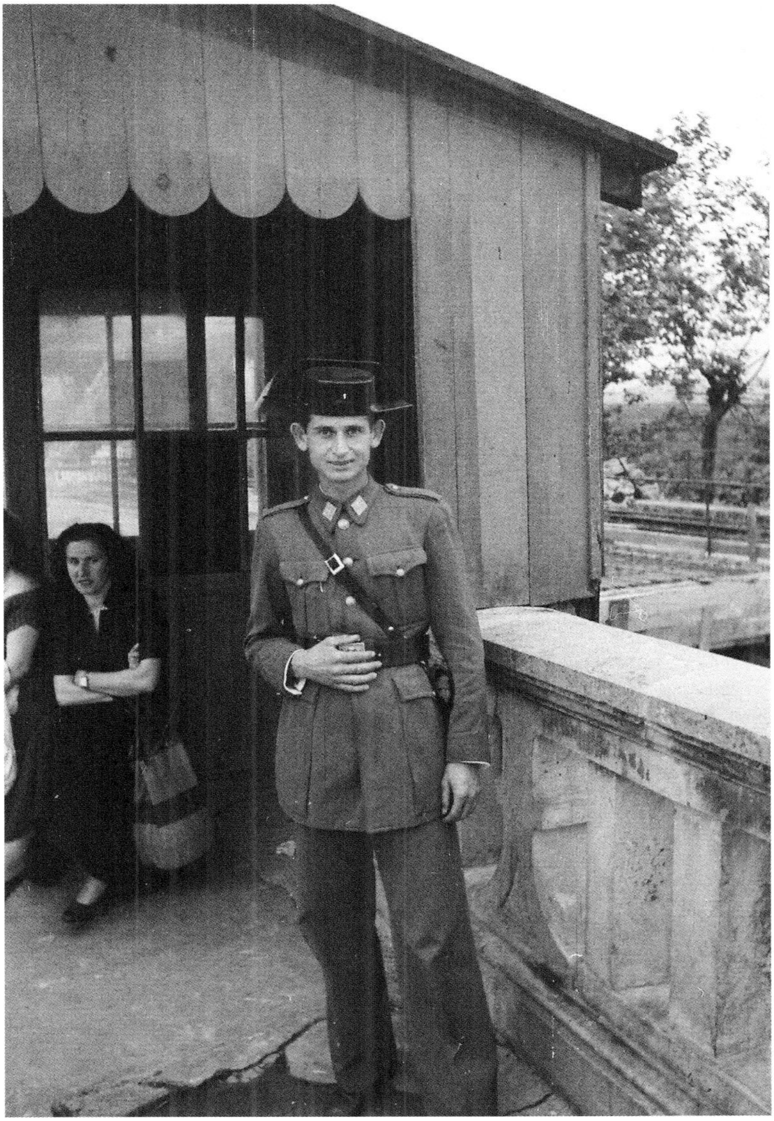

1939, PAÍS VASCO ESPAÑOL

Un guardia civil aduanero de expresión afable. La inmensa mayoría de este cuerpo policial se había unido a la rebelión nacional de Franco durante la guerra.

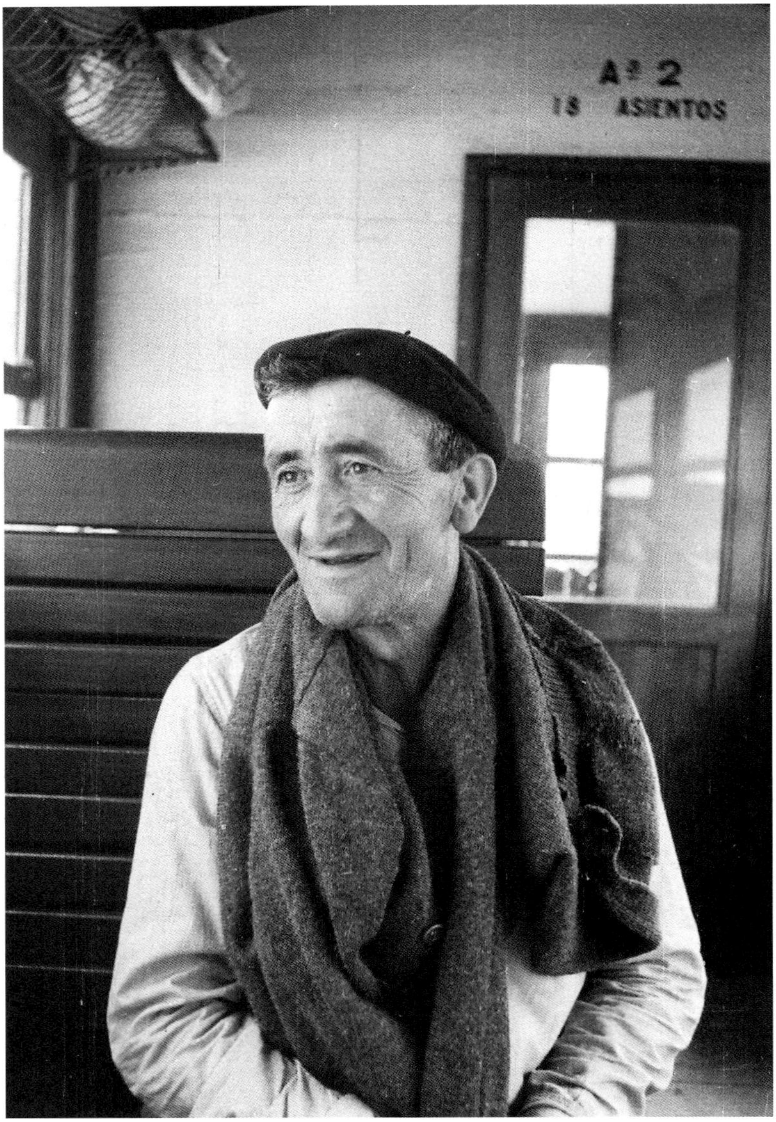

1939, PAÍS VASCO ESPAÑOL

Anfitrión de Alec en un tren.

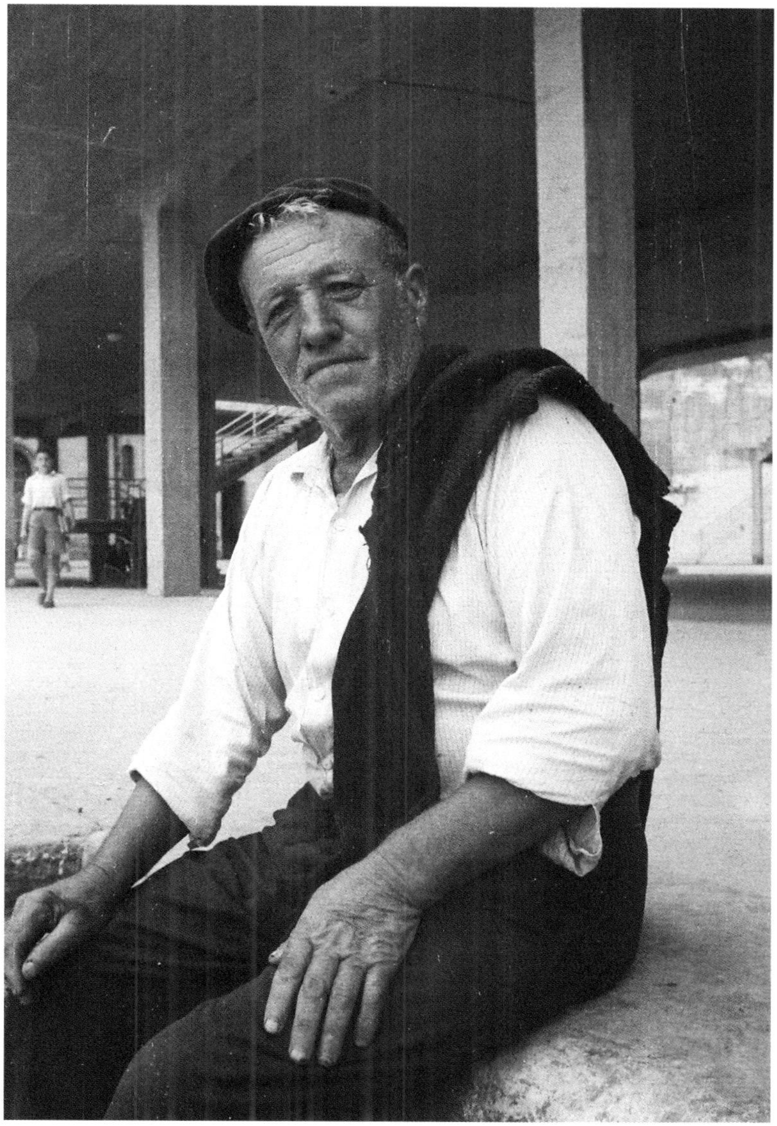

1939, PAÍS VASCO ESPAÑOL

Otro de los anfitriones de Alec en el muelle.

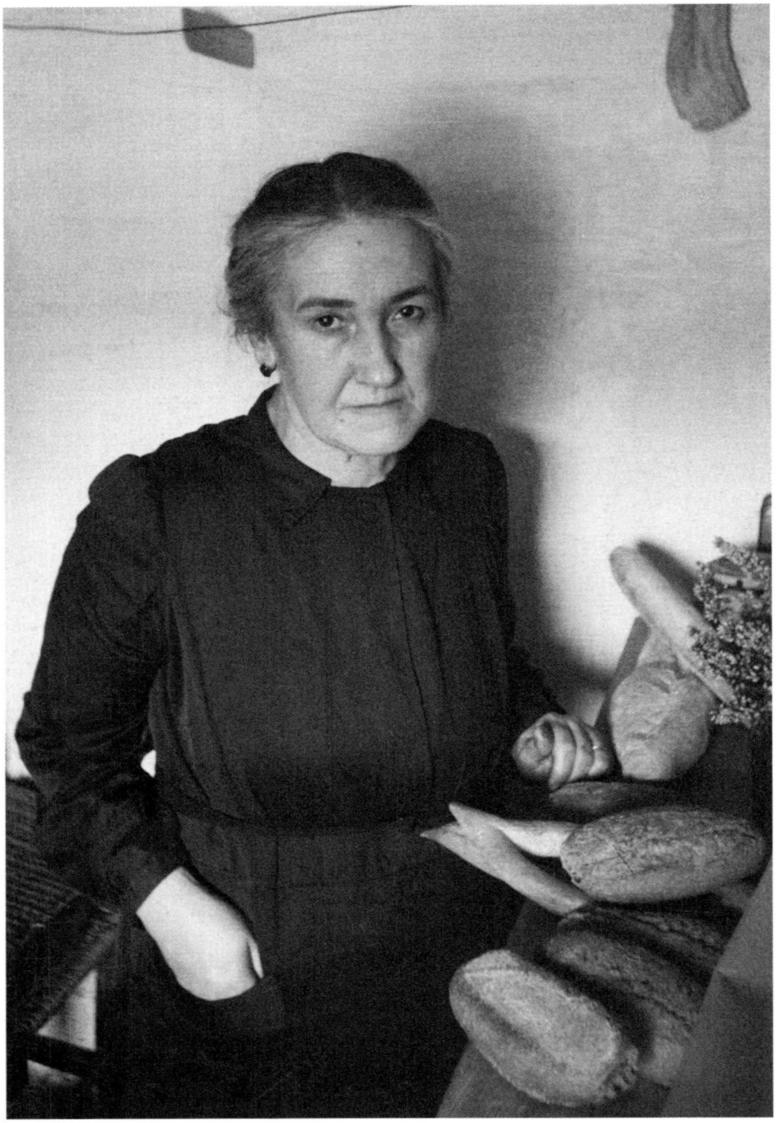

1939, PAÍS VASCO ESPAÑOL

En casa de los anfitriones de Alec, donde la esposa prepara la comida.

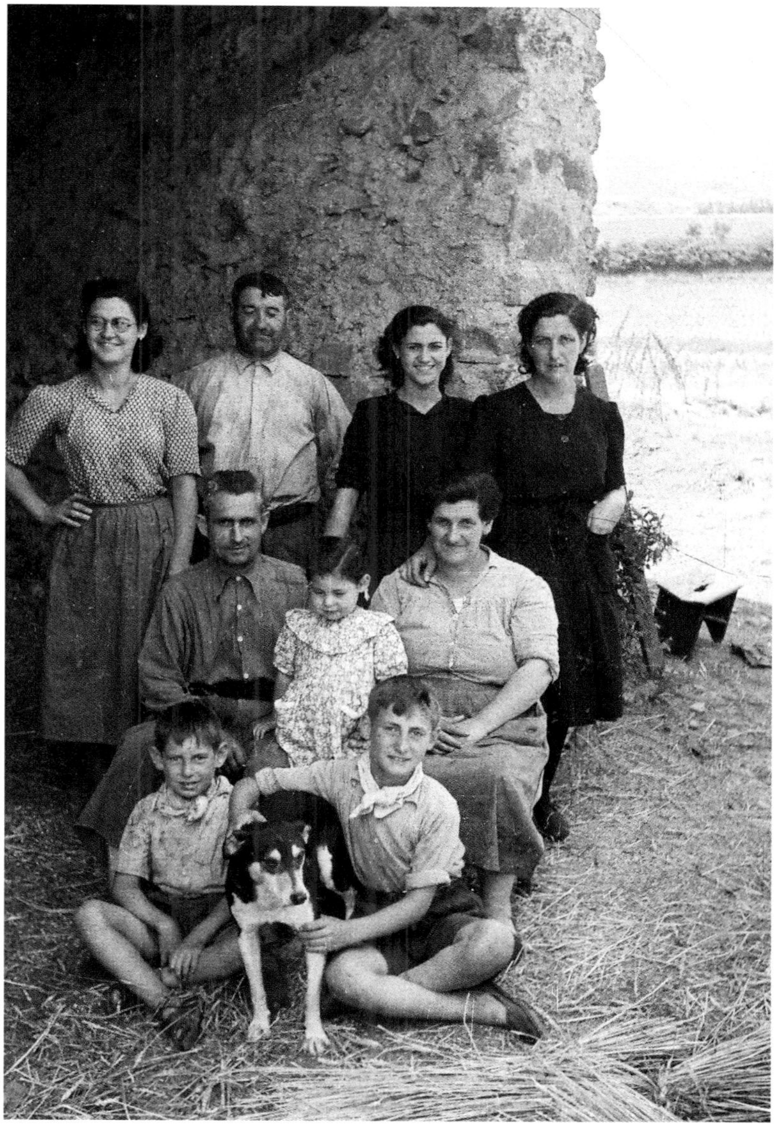

1939, PAÍS VASCO ESPAÑOL

Una de las numerosas familias anfitrionas de Alec en su hacienda con su perro.

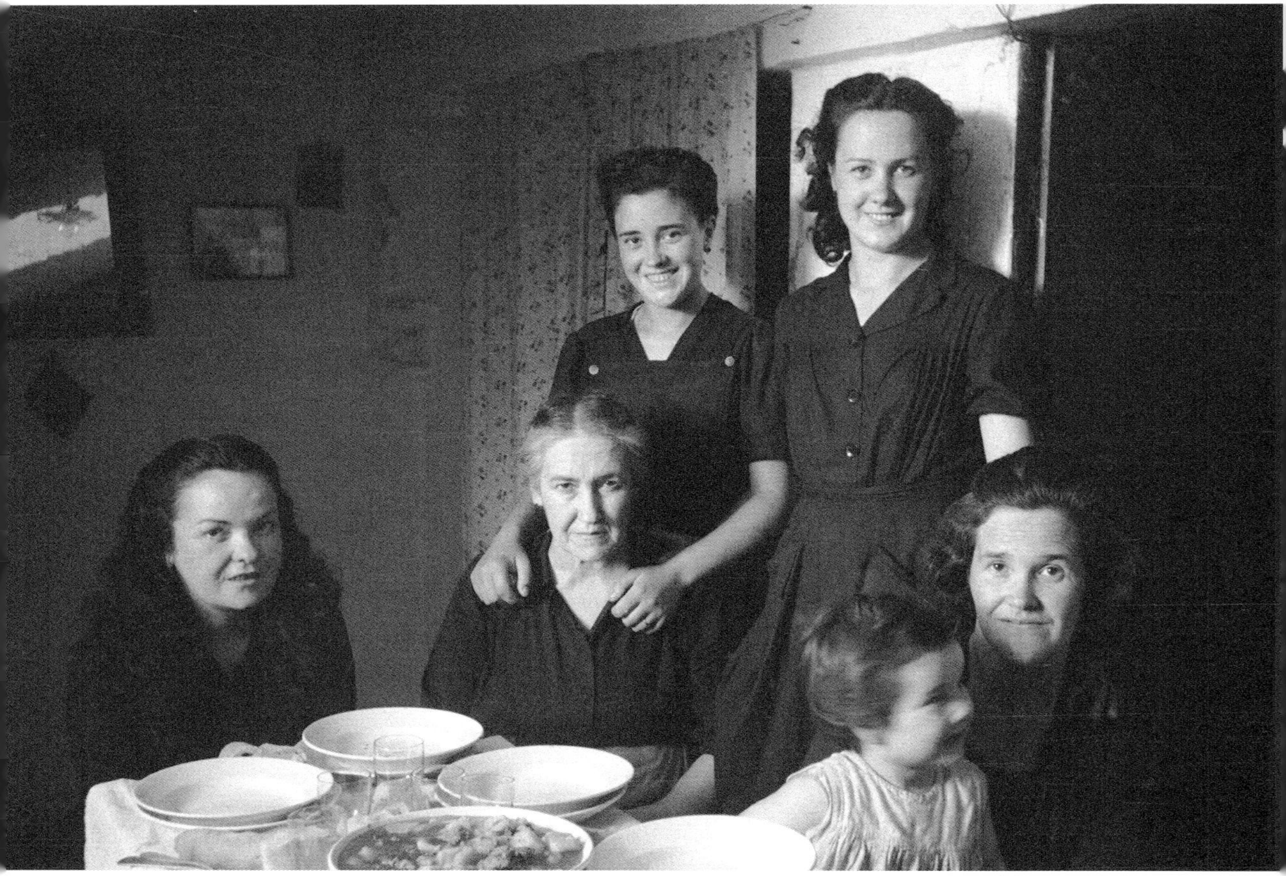

1939, PAÍS VASCO ESPAÑOL

Una familia anfitriona se reúne en torno a la mesa para cenar.

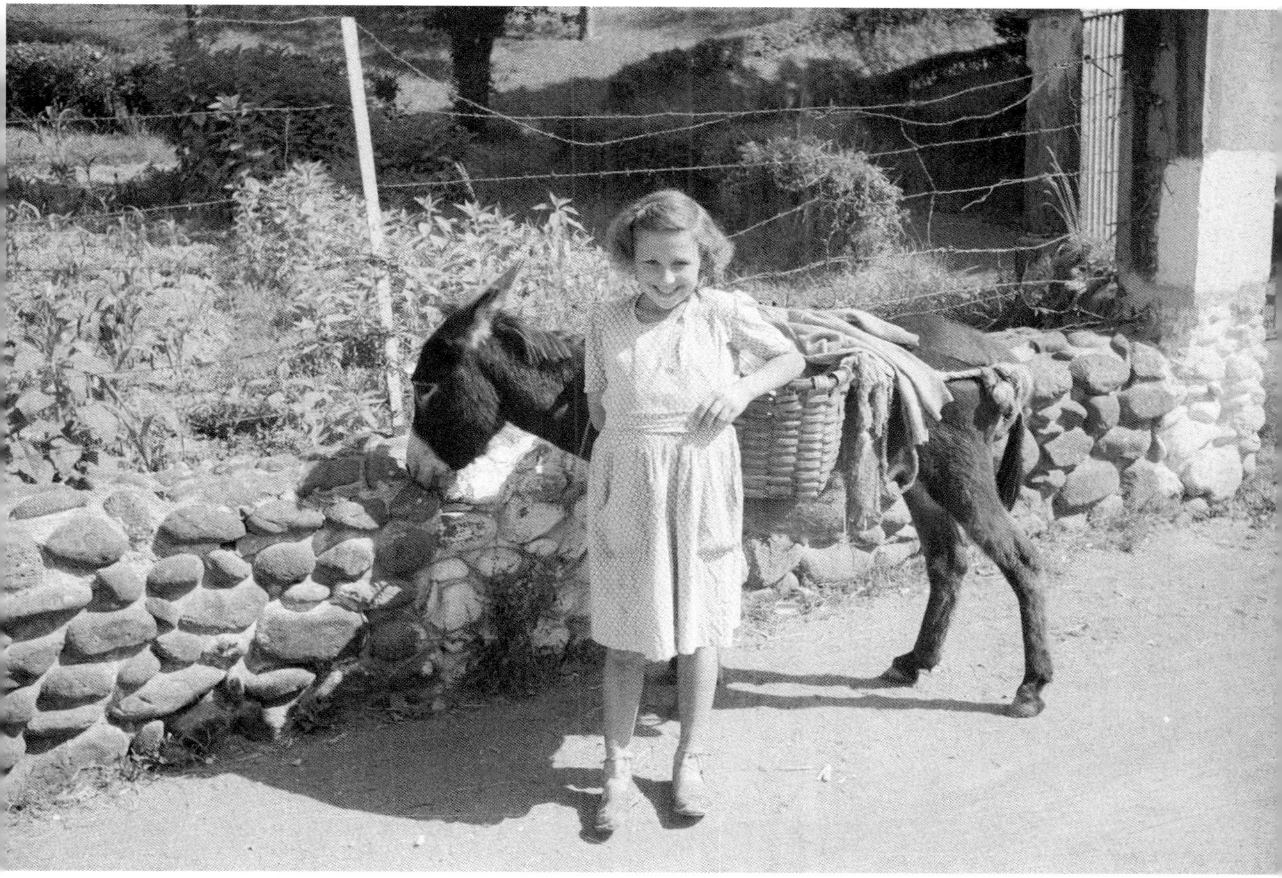

1939, PAÍS VASCO ESPAÑOL

Decidida niña vasca de sonrisa radiante con un burro bien cargado, afrontando las vicisitudes de crecer en una dictadura.

Epílogo

• • •

SERGE ALTERNÊS

La Guerra Civil Española atrajo a más de cuarenta mil voluntarios de toda condición. Alec Wainman fue uno de ellos. Un filántropo con ideales cuáqueros que se sintió profundamente conmovido por lo que estaba sucediendo en España. Entendió que la República Española lideraba la lucha contra el fascismo, en la que los agresores, las fuerzas nacionales, fueron apoyados abiertamente por los gobiernos fascistas de Alemania e Italia. También reconoció que esa guerra civil tendría una importante repercusión en el futuro. A finales de la década de 1970, tras la muerte de Franco, Alec decidió escribir acerca de sus experiencias como voluntario con la British Medical Unit (BMU). Alec fue también un ávido fotógrafo y poseía una colección de más de mil seiscientas fotografías tomadas durante su estancia en España, algunas de las cuales tenía intención de compartir en su libro.

Mientras trabajaba en su original, observó que hasta entonces los numerosos libros sobre la guerra civil se habían centrado básicamente en las experiencias militares de los voluntarios británicos y estadounidenses. Alec creyó que era importante hacer un libro con una perspectiva más amplia. Desgraciadamente, Alec enfermó y la publicación de su libro con sus fotos no llegó a materializarse. Ahora, sin embargo, sus experiencias y las singulares fotografías de su vivencia como voluntario durante la Guerra Civil Española han llegado finalmente a buen puerto en *Almas vivas: La Guerra Civil Española en imágenes*.

La experiencia de Alec en la Guerra Civil Española tuvo un profundo efecto en el resto de su existencia. Como filántropo de por vida, siguió apoyando la causa de los refugiados en las décadas de 1950, 1960 y 1970. Se implicó profundamente en la ayuda a numerosos refugiados que huían de las dictaduras de Hungría, Checoslovaquia y el Tíbet (véase el apéndice 1). Se alegró especialmente a principios de la década de 1980 cuando conoció a un director de teatro yugoslavo ya jubilado y pudieron rememorar sus luchas contra la tiranía. Su nuevo amigo se había unido a los partisanos de

Tito en la Segunda Guerra Mundial, a sus dieciséis años, para combatir a los agresores del Eje, y posteriormente fundó un grupo de teatro aficionado inspirado por Federico García Lorca, víctima icónica de la Guerra Civil Española. Juntos compartieron recuerdos de sus luchas contra el fascismo en España y los Balcanes.

Es evidente que fueron los ciudadanos españoles los que más sufrieron por la guerra civil y sus consecuencias. Muchos de los que habían luchado en el bando republicano fueron mandados después a campos de reeducación en la España de Franco, de los que a menudo no volvieron jamás. Los exiliados que llegaron a Gran Bretaña tuvieron una integración cultural difícil, pues fueron recibidos con recelo por las autoridades. Alec mantuvo relación con muchos de sus amigos exiliados. Siguió a algunos de ellos, como Marcelino Sánchez, a media docena de direcciones en el Reino Unido. Cuando Coco Robles (véase la foto de Alec del 6 de febrero de 1938 en Montserrat) se desplazó desde su nuevo hogar en Ciudad de México a Vancouver, tuvo un jubiloso reencuentro con Alec el 31 de agosto de 1984, que coincidió casualmente con el 48° aniversario de la llegada de Alec a la España republicana. Otro exiliado, y amigo de Alec en España, fue el joven director de teatro Pepe Estruch, quien, tras una estancia en Gran Bretaña, se trasladó a Uruguay, donde tuvo ocasión de dirigir producciones teatrales. Regresó a la España de Franco en 1967. En 1990, una vez reinstaurada la democracia en España, recibió el Premio Nacional de Teatro.

Los voluntarios extranjeros y las Brigadas Internacionales fueron una importante fuente de apoyo para la República Española durante la guerra civil. Estos grupos consistían en voluntarios de países muy diversos y de toda condición: desde ciudadanos corrientes hasta dedicados filántropos, así como algunas autoridades notables. Muchos presenciaron el temprano ascenso del fascismo en Europa y comprendieron que España constituía el epicentro de la lucha. Algunos voluntarios internacionales y ciudadanos españoles procedían de familias prominentes, como Leah Manning, Constancia de la Mora y Patience Darton. Entre los escritores y periodistas célebres se incluían George Orwell, Ernest Hemingway, Bob Capa, Gerda Taro, Willy Brandt, Franz Borkenau, Antoine de Saint-Exupéry y André Malraux. Los artistas Pablo Picasso y Pepe Estruch se pusieron en acción como consecuencia del bombardeo de Guernica.

Hubo también asesores militares insignes, como Aleksandr Ilich Rodímtsev y Koča Popović, que más tarde llegarían a ser comandantes clave en la Segunda Guerra Mundial. El contingente médico incluía notables como el Dr. Norman Bethune, el Dr. Reginald Saxton, Jakov Kranjčević Brado y Ann Murray, quienes contribuyeron decisivamente a crear técnicas médicas innovadoras que serían las precursoras de las prácticas médicas actuales. Y, por supuesto, hubo los miles de voluntarios internacionales en todas las categorías de servicio que entregaron su tiempo desinteresadamente. ¿Qué movió a un grupo tan diverso de ciudadanos y voluntarios internacionales a converger en un número tan elevado en defensa de la República Española… y nunca más? Indudablemente, cada uno tenía sus propios motivos para tomar una decisión tan personal y fundamental. Por desgracia, muchos sacrificaron sus vidas en apoyo a la causa. Para otros, esa experiencia fue una inspiración y un catalizador para importantes logros en el futuro.

Ochenta años han transcurrido desde el inicio de la Guerra Civil Española, cuyos efectos y consecuencias han alcanzado e impactado grandemente a numerosos países. Sorprendentemente, sus múltiples implicaciones se han estudiado muy poco, aun cuando brindan perspectivas sobre gran parte de la historia ulterior. Es importante observar las fuerzas que pusieron en marcha aquel conflicto y señalar algunas de las consecuencias.

Varios factores desembocaron en el estallido de la Guerra Civil Española. A principios del siglo xx, España había pasado por un largo período de declive postcolonial y se estaba quedando atrás con respecto a otros países europeos. En 1931, el monarca español salió de España y fue sustituido por el gobierno republicano, pero este tuvo dificultades para aplicar sus políticas reformistas e imponer la ley y el orden. Las diferencias ideológicas entre la izquierda y la derecha política aumentaron, y la brecha en las condiciones de vida entre las ciudades y el campo, con sus terratenientes adinerados, también siguió ampliándose. Cataluña y el País Vasco español aspiraban a una mayor autonomía. La jerarquía eclesiástica, un baluarte del poder en el país, se oponía a las reformas sociales y desaprobaba con vehemencia el gobierno republicano. Los oficiales del ejército tenían un historial de interferencia en la vida política del país.

Cuando en la primavera de 1936 el Frente Popular de izquierdas ganó las elecciones con una clara mayoría, animando así la Segunda República Española, la derecha reaccionó airadamente, lo que resultó en un estado de violencia e insurrección en las calles. Insatisfechos con esta situación, algunos jefes militares nacionalistas, entre ellos el general Franco y el general Mola, protagonizaron una sublevación militar en el verano de 1936. Fueron ayudados por Alemania e Italia, que suministraron material además de tropas a lo largo del conflicto. Los sindicalistas anarquistas, en el bando republicano, se hicieron con el poder en varias zonas de España. Los republicanos se atrincheraron en posiciones defensivas, principalmente en las zonas situadas en las inmediaciones de Madrid, Valencia y Barcelona. Gran Bretaña, temerosa de implicarse en otro conflicto tan pronto después de la Gran Guerra, convenció a Francia para suscribir el Pacto de No-intervención. Aparte del limitado apoyo inicial de Francia, el gobierno de la República Española no recibió ayuda oficial de ningún otro país, excepto de la Unión Soviética y México. Los soviéticos suministraron tanques, aviones y asesores militares.

Las lecciones aprendidas por la Alemania nazi de su apoyo a la rebelión militar de Franco le dieron una excelente ventaja en la planificación de sus invasiones militares durante la Segunda Guerra Mundial. En particular, los generales alemanes entendieron la importancia de pasar de la guerra de trincheras y caballería al combate moderno con bombarderos y tanques. Alec presenció de primera mano cómo la guerra aérea cambiaría los conflictos en el futuro. Según el Tratado de Versalles de 1918, no se permitía una fuerza aérea alemana. La Legión Cóndor que libró combates aéreos en España fue un subterfugio con el cual Alemania pudo crear una poderosa Luftwaffe.

La primera foto de Alec en Almas vivas es la de un voluntario leyendo un periódico francés sobre el bombardeo aéreo del bando nacional de Franco (30 de agosto de 1936). Lleva el titular complementario: «La bienvenida al comandante en jefe polaco Edward Rydz-Śmigly en París.» Rydz-Śmigly había llegado a París para recibir la *Légion d'honneur* francesa y hablar sobre asuntos de defensa con su homólogo galo, el general Maurice Gamelin. Sus temores acerca del aumento del poder militar de Alemania se justificarían tres años después con la invasión de Polonia, seguida por la ocupación de Francia por la Alemania nazi. Sin duda los voluntarios polacos del Batallón Dabrowski de las Brigadas Internacionales (véase la foto de Alec del 18 de mayo de 1937) sabían que luchaban en un conflicto que podía desembocar, y desembocaría de hecho, en una guerra sin cuartel en Europa.

Como indica en su relato, Alec trabajó junto a muchos voluntarios de Alemania, en particular los del Batallón Thaelmann, que veían claramente que debían resistir al expansionismo fascista en su punto de activación en España. La misma resistencia podía encontrarse también en Austria, cuando Hans Landauer (nombre de guerra Hans Opperschall) dejó su país para alistarse en las Brigadas Internacionales a los dieciséis años junto con otros mil seiscientos austríacos. Fue detenido en París en 1940, y finalmente acusado en 1941 de conspiración para cometer alta traición. Posteriormente le internaron en el campo de concentración de Dachau hasta 1945.[1] Dedicó la última parte de su vida a preservar el legado de sus compañeros voluntarios. Fue uno de los últimos voluntarios supervivientes de las Brigadas Internacionales cuando falleció en julio de 2014.

Además de los voluntarios, hubo periodistas alemanes disidentes que fueron a España para informar de los sucesos durante la guerra con el fin de llamar la atención sobre las dificultades a que se enfrentaba la República Española y alertar Europa de los peligros del fascismo. Solían utilizar *noms de guerre* para evitar la detención por la Gestapo. Dos de tales disidentes fueron Willy Brandt (nacido Herbert Ernst Karl Frahm) y la fotoperiodista también refugiada Gerda Taro (nacida Gerta Pohorylle), quien moriría trágicamente en la Guerra Civil Española a los veintisiete años. Brandt quedó horrorizado al ver la persecución y depuración de los sindicalistas anarquistas llevada a cabo por los comunistas del Comintern.[2] Cuando en 1969 se convirtió en el primer canciller socialista de Alemania Occidental, propuso una política anticomunista a la vez que abrió un diálogo con Alemania Oriental con su *Ostpolitik*. Recibió el Premio Nobel de la Paz en 1971.

Un testigo clave de la España revolucionaria de la guerra civil fue el escritor austríaco exiliado de treinta y seis años Franz Borkenau, quien realizó dos viajes a España en 1936 y 1937. A diferencia de la mayoría de los voluntarios veinteañeros, Borkenau, junto con George Orwell, de treinta y tres años, y otros voluntarios mayores, supieron ver más allá de la propaganda que influyó en buena parte de la generación más joven. Al igual que Brandt, Borkenau fue muy crítico con la misión de la policía secreta soviética, y en su segunda visita fue detenido por la policía española. Tal experiencia dio lugar a su obra clásica *El reñidero español*. Más adelante perfeccionó su conocimiento sobre los regímenes totalitarios tales como la Alemania nazi y la Unión Soviética, así como sobre la escisión Este-Oeste caracterizada por la Alemania dividida. Como señaló Borkenau, la policía secreta dirigida por los soviéticos, que ejerció un fuerte control sobre los servicios de inteligencia de la República Española, fue un factor importante en la derrota de la revolución anarquista en España y tendría repercusiones duraderas en el pensamiento posterior a la Segunda Guerra Mundial.

Durante los años de la guerra fría en Norteamérica, la Guerra Civil Española fue, en gran medida, un tema tabú. En Norteamérica, la mayoría de los veteranos de aquel conflicto eran tratados con relativa indiferencia, en ocasiones con franca hostilidad, pues se les consideraba izquierdistas. Como consecuencia de ello, muchos veteranos se sintieron aislados con respecto a los objetivos progresistas que les habían parecido tan atractivos en Europa. En Canadá, la aportación hecha por los voluntarios era mal comprendida, y en muchos casos sus actividades eran vigiladas por la policía.[3] Cuando algunos individuos presionaron para que se añadiera los nombres de los combatientes voluntarios que murieron en España a los cenotafios locales, a menudo fueron rechazados. En aquel entonces, por lo general no se reconocía que unos mil setecientos individuos habían venido del Canadá (con los mayores contingentes de Vancouver y Toronto). Esos voluntarios desempeñaron un papel importante, enormemente desproporcionado en relación con la población de Canadá. El último voluntario canadiense superviviente, Jules Paivio, murió en 2013. Dos años antes de su muerte, el gobierno español le distinguió con la plena ciudadanía española por el servicio militar que prestó en la guerra civil.

En 1947 en Nueva York, basándose en su colaboración previa con Gerda Taro durante la Guerra Civil Española, los fotoperiodistas Bob Capa, David Seymour y Henri Cartier-Bresson cofundaron Magnum Photos. Esta cooperativa fue pionera en la protección de los derechos de autor de los fotoperiodistas. En las instituciones académicas de Norteamérica, la Guerra Civil Española sigue siendo un tema fundamental. Ciertas universidades estadounidenses poseen algunos de los mejores archivos del mundo sobre la contienda española y la biblioteca de la Universidad de Columbia Británica tiene una colección similar sobre el tema, al igual que la Bibliothèque Nationale de France en París.

Muchos líderes republicanos españoles emigraron después de la guerra, a veces a los Estados Unidos pero con mayor frecuencia a Latinoamérica, donde se sentían más a gusto culturalmente. Constancia de la Mora, que había sido jefa de la Oficina de Prensa Extranjera de la República Española, pasó su exilio en EE.UU. y en México, donde fue escritora, miembro de la Unión de Mujeres Españolas que ayudaba a los presos antifranquistas y consejera del Comité de Ayuda a los Refugiados. Trágicamente, como Taro antes que ella, murió prematuramente a los cuarenta y cuatro años en un accidente de automóvil en Guatemala. En conjunto, Centroamérica se ha beneficiado en gran medida en numerosos campos de la aportación de más de cien mil refugiados republicanos españoles.

En Gran Bretaña, muchos de los voluntarios que regresaron asumieron un papel destacado escribiendo sobre la importancia de la Guerra Civil Española. Uno de los veteranos más venerados ha sido claramente George Orwell, quien ha sentido una marcada influencia con la impartición de sus experiencias durante el conflicto bélico en España. En política, la secretaria de la BMU, Leah Manning, cuando fue miembro del Parlamento tras la guerra se dedicó a la reforma educativa y social. Es recordada en el País Vasco español por haber organizado la evacuación de unos cuatro mil niños vascos a Gran Bretaña. Una plaza de Bilbao lleva su nombre en su honor. Otra voluntaria británica que prosiguió con lo que había aprendido en España fue la enfermera Patience Darton (véase la foto de Alec del 28 de abril de 1937 en Poleñino). En la década de 1950 viajó a la China de Mao para poner en práctica lo que había aprendido en España: una elección que recordaba a la del Dr. Norman Bethune. Su vida es relatada por la escritora británica Angela Jackson en su libro *For us it was Heaven*.

Francia aportó el mayor número de voluntarios (aproximadamente diez mil), con París como base de operaciones y el francés como idioma oficial de los voluntarios internacionales. Francia fue también la primera escala para el éxodo de los cientos de miles de refugiados españoles que huyeron del país cuando la República estaba siendo derrotada por las fuerzas nacionales. Las condiciones de vida en aquellos campos, muchos de los cuales estaban situados en las playas francesas del Mediterráneo y el Atlántico, fueron a menudo insoportables.

Psicológicamente, el efecto de la Guerra Civil Española, o *Guerre d'Espagne* como la llamaron los franceses, seguramente tuvo el mayor impacto en los ciudadanos de Francia. Para muchos franceses la guerra estaba impregnada de significación personal, con familias divididas a ambos lados de la frontera pirenaica. Los franceses apoyaron de numerosas formas. Alec describe su ayuda durante el viaje inaugural de la BMU a través de Francia (véase la foto de Alec del 30 de agosto de 1936 en Brive-la-Gaillarde). Además, Francia acogió casi la mitad de los veinte mil niños vascos que fueron evacuados provisionalmente tras el bombardeo de Guernica en 1937. El resto fue absorbido por seis países más. En Francia, como en Gran Bretaña, el Pacto de No-intervención supuso que se recurriera a donantes privados para ayudar a los niños refugiados vascos. En 1996, bajo la presidencia de Jacques Chirac, el gobierno galo llevó a cabo un plan de pensiones para sus veteranos de las Brigadas Internacionales en la Guerra Civil Española. Francia fue el único país que lo hizo.

En el campo cultural, Francia efectuó una importante contribución a nuestro conocimiento de la guerra civil en España. Los escritos de Antoine de Saint-Exupéry, François Mauriac y André Malraux brindan algunos de los mejores testimonios sobre el conflicto. Uno de los mejores documentales sobre la Guerra Civil Española es la película *Mourir à Madrid*, rodada en 1963 por Frédéric Rossif. Este director de cine francés, nacido en la ex Yugoslavia, declaró lo siguiente acerca de su cinta: «Quería, por encima de todo, hacer una película contra la guerra civil». Saint-Exupéry, corresponsal del periódico *France Soir*, escribió sobre el sitio de Madrid: «*Mais Madrid emerge toujours*». Respecto al tema de los voluntarios internacionales, escribió en su artículo para el periódico:

> Todos los voluntarios [...] se han congregado para la gran asamblea. Provienen de una plétora de hombres. Como los granos de un granero, son arrojados como un puñado de semillas para plantar. [Traducido]

Como es bien sabido, Italia fue el primer país fascista de Europa. Cuando Benito Mussolini accedió al poder el 1922, el resultado fue una resistencia encarnizada y tenaz que posteriormente tuvo una repercusión significativa en la República Española. Un ejemplo es Randolfo Pacciardi, quien, tras haberse exiliado de la Italia fascista, fundó una legión antifascista para luchar en España. Luego encabezó el Batallón Garibaldi en la defensa de Madrid. Este batallón se creó en paralelo a las Brigadas Internacionales del Comintern e incluía a socialistas y a republicanos italianos, así como a voluntarios de los Balcanes. Entre ellos estaba el albanés Mehmet Shehu, que más tarde lideró el movimiento partisano comunista para liberar Albania de la ocupación nazi. El voluntario y escritor albanés Petro Marko, que escribió la novela *Hasta la vista*, se inspiró en su experiencia como voluntario en España. Numerosos veteranos italianos de vuelta de España tuvieron carreras políticas de éxito a su regreso, lo mismo que sus homólogos de la antigua colonia italiana, Albania.

La participación de la Unión Soviética en la Guerra Civil Española consistió básicamente en proporcionar material y asesores militares. Iósif Stalin no tardó en darse cuenta de que su aviación no podía competir con la que estaba probando la Legión Cóndor alemana y que tendría que modernizar sus aviones. También se obsesionó con la revolución anarquista y estaba decidido a sofocarla. En total, los soviéticos prestaron menos asesores que los italianos y los alemanes al bando nacional. Además, los consejeros soviéticos fundamentalmente solo hablaban ruso, a diferencia de los numerosos germanos y transalpinos que también hablaban español. Algunos cientos de intérpretes (entre los cuales Liza, a quien Alec describe pero en ningún momento menciona su apellido) fueron empleados para acompañar a los asesores soviéticos en sus funciones. Alec, que dominaba el ruso además del inglés y el español, era muy apreciado por los consejeros por sus aptitudes de traducción.

Allí donde los soviéticos obtuvieron un enorme éxito fue en sus numerosas películas propagandísticas hechas con el apoyo del Comintern. Estaban muy bien organizados y fueron sumamente eficaces para reclutar voluntarios para las Brigadas Internacionales en más de cincuenta países. En la década de 1930, el comunismo era un proyecto global con proporciones internacionales.

Entre los oficiales soviéticos, Aleksandr Ilich Rodímtsev asesoró sobre la defensa de Madrid y más tarde aplicó lo que había aprendido allí a la defensa de Stalingrado.[4] Pero la Unión Soviética también receló de muchos de los voluntarios que regresaron a la patria, y se sabe que depuró a numerosos oficiales y personal diplomático que había mandado a España durante el conflicto. Entre ellos se contaban asesores militares soviéticos, embajadores, periodistas y generales de la Europa del Este.

Los voluntarios que llegaron de más lejos para participar en la Guerra Civil Española fueron los chinos. Un centenar de chinos se alistaron como voluntarios humanitarios y militares durante el conflicto. Constaban entre los más veteranos y maduros, tras haber sido movilizados en tiempos de la guerra de Japón contra China.

Los voluntarios yugoslavos merecen especial atención por su papel en la Guerra Civil Española. Sus bajas en las Brigadas Internacionales y en el ejército republicano español durante el conflicto fueron cuantiosas: un tercio de sus 1.775 voluntarios.[5] Ilustra la verdadera dimensión global del conflicto el hecho de que de esos voluntarios de origen yugoslavo, un 5 por ciento llegaron a España desde Canadá, un 4 por ciento de los EE.UU., un 1 por ciento de Latinoamérica y un 5 por ciento desde la Unión Soviética. Esos voluntarios incluían más de una docena de mujeres, de las que tres eran médicos y dos eran enfermeras. En 1942, Jakov Kranjčević Brado, un asistente médico que se había formado en España, cofundó el hospital subterráneo secreto en Petrova Gora, que trató a más de cinco mil pacientes durante la Segunda Guerra Mundial. En la Yugoslavia de la postguerra, los *španski borci* (combatientes españoles) disfrutaban de una posición codiciada.

Los oficiales yugoslavos veteranos de la Guerra Civil Española contribuyeron a forjar el liderazgo de postguerra en su país. Josip Broz Tito, más tarde presidente vitalicio de Yugoslavia, había dirigido el reclutamiento del Comintern en París para las Brigadas Internacionales durante el período en el que fue revolucionario profesional con el Servicio Secreto Soviético. Tito y sus cuatro generales veteranos[6] adquirieron fama en la Segunda Guerra Mundial al poner en práctica lo que habían aprendido en España para combatir las potencias del Eje. Koča Popović, quizá el más célebre de los cuatro, era conocido como el salvador de los partisanos yugoslavos al romper el cerco alemán que había atrapado a Tito en Bosnia. Aunque eran superados por las fuerzas del Eje en una proporción de seis a uno, los partisanos organizaron unos veinte mil soldados en dieciséis brigadas para rechazar a los alemanes.[7] Ese fue el momento decisivo de la Segunda Guerra Mundial en los Balcanes, y demostró la importancia de las lecciones aprendidas en España. A partir de entonces, la guerra de partisanos según el modelo español fue aplicada en numerosas luchas por la independencia como en Argelia e Indochina (posteriormente Vietnam).

Tomando buena nota del conflicto español, Tito y Popović asumieron como una de sus mayores prioridades la necesidad de escapar del yugo de la Unión Soviética. Tito había visto de primera mano cómo esa actuaba cuando residía en aquel país, y Popović había observado la «mano» soviética a la República Española durante su estancia en España. Con el fin de garantizar la independencia de Yugoslavia del dominio de la Unión Soviética tal como lo ejercía en los demás países del Pacto de Varsovia, Tito creó el Ejército Popular Yugoslavo (EPY). Viene a la mente la foto que hizo Alec del Ejército Popular de la República Española el 14 de marzo de 1937 en Barcelona. Sin embargo, a diferencia de la integración política de sindicalistas y anarquistas en España, el EPY llegó a ser por sí mismo la fuerza militar que integró a todos los pueblos de las repúblicas yugoslavas en un cuerpo centralizado y dominado por el Partido Comunista de Yugoslavia. Aunque Tito pudo ofrecer seguridad a su pueblo mientras estuvo en vida, lo que sucedió después de su muerte tuvo, como ahora es bien sabido, un desenlace desastroso. Numerosos veteranos yugoslavos de la Guerra Civil Española, muchos de los cuales habían esperado más autonomía de las diversas repúblicas y pueblos yugoslavos, como lo habían vivido en la República Española, lamentaban el rol de la EPY en el desmembramiento de Yugoslavia.

Si bien muchos países fueron influidos, para mejor o para peor, por la Guerra Civil Española, es la experiencia de la propia España, con sus nuevos comienzos a finales de la década de 1970 y principios de la de 1980 tras la muerte de Franco, lo que resulta más conmovedor. En los movimientos artísticos y socioculturales de la Movida Madrileña se encuentra una efusión espontánea de alegría por la nueva identidad democrática de España, que se había negado al pueblo durante muchos años desde la victoria del bando nacional en 1939. Fue también en esa época cuando España estableció un vínculo duradero con Sudáfrica, otra nación que había negado la libertad a su gente. Tras su liberación de la cárcel, Nelson Mandela calificó sus numerosos viajes a España de «felices». Al cabo de décadas de aislamiento político, la «nueva» España ha logrado construir una nación con instituciones democráticas. Como Alec Wainman reflexionó durante su estancia en Tossa de Mar, con más optimismo del que parecía posible en aquel entonces, la voluntad del pueblo siempre terminaría por imponerse. Aunque España todavía tiene muchos problemas económicos que resolver, no cabe duda que unos setenta y cinco años después del final de la Guerra Civil Española el país obedece ahora la voluntad del pueblo.

NOTAS

1. Véase Dokumentationsarchiv des Österreichischen Widerstandes, *online* en <www.doew.at>.
2. Hugh Thomas, *The Spanish Civil War: New Revised Edition* (Londres: Hamish Hamilton Ltd., 1977), 657fn1. El historiador Hugh Thomas entrevistó al periodista Richard Bennett sobre la sublevación de mayo de 1937 en Barcelona, también presenciada por Willy Brandt. Alec describe su estancia en el piso de Bennett en el capítulo 5 (véase su retrato de los Bennett en su balcón barcelonés del 14 de mayo de 1937).
3. Michael Petrou, *Renegades: Canadians in the Spanish Civil War* (Vancouver: UBC Press, 2008), pp. 170-180.
4. Antony Beevor, *The Battle for Spain: The Spanish Civil War 1936-1939* (Londres: Weidenfeld & Nicolson, 2006), capítulo 18.
5. Asociación Yugoslava de Voluntarios de Brigada, «Udruženje Španski Borci 1936-1939», *online* en <www.yuinterbrigade.org>. Basado en información de 1971, 1988 y 2011. Esta es la base para las estadísticas de este párrafo.
6. Koča Popović, Peko Dapčević, Petar Drapšin y Kosta Nađ.
7. Richard West, *Tito and the Rise and Fall of Yugoslavia* (Londres: Faber & Faber, 1996), pp. 154-156.

APÉNDICE 1

Biografía de Alec Wainman (1913-1989)

• • •

Alexander Wheeler Wainman nació en Otterington Hall, Yorkshire, Reino Unido, el 11 de marzo de 1913. Se trasladó a la Columbia Británica, Canadá, en 1920 con su madre (que había enviudado en la Primera Guerra Mundial) y tres hermanos mayores. Se establecieron en un rancho de Vernon, que más tarde sería donado a la Iglesia. La floristería de Vernon aún hoy lleva el nombre del jardinero «Harris», que cruzó el Atlántico con los Wainman en 1920.

La familia Wainman regresó a la Gran Bretaña en 1928. Más adelante, Alec estudió Lenguas Modernas en el Magdalen College de Oxford, donde cursó un máster en ruso e italiano. De 1934 a 1935 ejerció de tercer secretario en la Embajada Británica en Moscú. Documentó este período con fotografías, incluido el metro de Moscú, construido por mujeres. Durante esta época vivió con la familia Gan, con la que mantuvo una amistad que duraría toda su vida. Más tarde serían severamente perseguidos en el gulag de Stalin.

Tras pasar unos meses de 1935 en Hanover con una familia alemana, en medio del despertar del nazismo, Alec se dirigió a Oxford para manifestar su consternación por la ignorancia de este peligro en Europa occidental. Cuando estalló la Guerra Civil Española en julio de 1936, Alec se ofreció de voluntario como conductor de ambulancia de la British Medical Unit (BMU). Estaba motivado por la convicción de que había que detener a Hitler y a Mussolini, que apoyaban al bando nacional de Franco, antes de que toda Europa se viera arrastrada a la guerra. Sus aptitudes personales eran que sabía conducir y hablaba algo de español.

Se unió a la BMU en París en agosto y condujo hacia Barcelona, adonde llegó en septiembre de 1936. Alec trabajó como conductor de ambulancia en el hospital de Grañén, después como intérprete en la fábrica de motores de avión Elizalde y de nuevo con la SMAC/BMU preparando el hospital de Valdeganga para recibir pacientes. A partir de septiembre de 1937, fue jefe del Departamento de Prensa Inglesa y Americana para el Ministerio de Estado del gobierno republicano, a las órdenes de Constancia de la Mora con Julio Álvarez del Vayo como ministro, tanto en Valencia como en Barcelona. En agosto de 1938, tras contraer una hepatitis, Alec regresó a Inglaterra para recuperarse y pasó la mayor parte del año siguiente a ayudar al traslado de refugiados españoles.

Alec recibió instrucción militar en Sandhurst en 1943 y durante la Segunda Guerra Mundial sirvió en el Cuerpo de Inteligencia del ejército británico durante la campaña de Italia. De 1945 a 1947 sirvió en la parte británica de la Comisión Aliada por Austria en Viena, con el rango de comandante. El informe de inteligencia de Alec (que fue citado por Nicolai Tolstoy en su libro *Victims of Yalta*) contribuyó decisivamente a detener la repatriación de los cosacos. Los que ya habían sido repatriados a su país afrontaron trabajos forzados, tortura o la muerte en la Unión Soviética de Stalin.

Alec regresó al Canadá en 1947 para aceptar una cátedra en la Universidad de Columbia Británica, Vancouver, en el Departamento de Estudios Eslavos. Impartió allí hasta 1978. Viajero ávido, Alec efectuó numerosos viajes por Norteamérica, Europa, Asia y Latinoamérica, tomando muchas fotografías en color. También ayudó decisivamente a numerosos refugiados posteriores a inmigrar a Canadá. Entre ellos se incluyen los miembros de la Facultad de Silvicultura de la Universidad de Sopron, en Hungría, tras la sublevación fallida de 1956, los refugiados checoslovacos de 1968 y los refugiados tibetanos en las décadas de 1960 y 1970 bajo los auspicios de George e Inge Woodcock. Alec también es recordado junto al lago Okanagan con una calle a su nombre, «Wainman Cove», por una finca y una playa que desarrolló. Su pasión por los idiomas se extendió hasta la lengua de los indios del norte de Okanagan, el *nsyilxcen*, del pueblo syilx, donde grabó a los tres ancianos que tenían un conocimiento fluido de esa lengua.

Cuando en 1975 se le pidió su archivo de fotos para su posible publicación en Londres, Alec preparó su colección fotográfica de la Guerra Civil Española, pero la publicación no llegó a cristalizar. Tras jubilarse de la Universidad de Columbia Británica en 1978, Alec reanudó su pasión por los idiomas. Tomó cursos de catalán y portugués, lenguas que le evocaron su estancia en España, por lo que decidió escribir sus memorias de su misión en la Guerra Civil Española.

En 1989, tras una larga enfermedad, Alec falleció apaciblemente en Saalfelden am Steinernem Meer, Austria, entre familiares y amigos. Su compasión y benevolencia incidieron en muchas vidas. Creía en la fraternidad de las culturas y en la búsqueda de la comprensión de verdades fundamentales. Su credo era que todos los ciudadanos del mundo, de todas las condiciones, tienen mucho que enseñarnos.

APÉNDICE 2

Colección de fotografías de la Guerra Civil Española de Alec Wainman

• • •

La colección de Alec de 1.650 fotografías en blanco y negro de la Guerra Civil Española se recuperó en septiembre de 2013 tras haber desaparecido durante casi cuarenta años. La colección contiene cincuenta y siete rollos de película de 35 mm en blanco y negro, todos ellos tomados con una cámara Leitz Leica, incluido un objetivo adicional de 135 mm. Estos rollos de positivos de película en blanco y negro fueron revelados por James A. Sinclair, de Londres, utilizando como conducto la vía de suministros médicos de la British Medical Unit (BMU) / Spanish Medical Aid Committee (SMAC) directamente entre España y el Reino Unido. Este procedimiento eludió la censura en la República Española y garantizó un buen revelado técnico. Las fotografías de Alec no fueron tomadas para ser publicadas durante el período bélico, sino que reflejan su punto de vista personal de lo que observó como fotógrafo aficionado. A diferencia de la mayor parte de los reportajes gráficos del frente de guerra, con sus fotos de atrocidades o hileras de refugiados, estas instantáneas ilustraban la dimensión humana del conflicto y constituían la colección personal de Alec.

Unas dos docenas de estas fotografías han circulado en numerosas publicaciones basadas en impresiones en papel (con el Museo Imperial de la Guerra y varios libros sobre la Guerra Civil Española, los voluntarios médicos y las brigadas internacionales, etc.). La foto más conocida es la del batallón británico subiendo a un tren en Benicàssim con la mascota del hospital Jack Russell de la Brigada Internacional. La otra imagen célebre es la del tren hospital del frente del Ebro. Con el advenimiento de la era de Internet, estas fotografías se han erigido en iconos muy conocidos de aquella época.

Detalles del contenido de la colección de 1.650 fotografías de Alec Wainman

Todas ellas fueron tomadas con su cámara LEITZ LEICA utilizando películas de 35 mm en blanco y negro AGFAISOPANF, AGFA, PERUTZ, GEVAERT Bélgica, PANCHROMATIL y KODAK.

Están contenidas en cajas de rollos de película con las siguientes descripciones anotadas por Alec Wainman:

29-31 de agosto de 1936 • [1936 08 29-31]
La BMU en ruta a través de Francia (Fontainebleau, Brive, Cahors, cerca de Narbona) hacia España

7-14 de septiembre de 1936 • [1936 09 07-14]
Salida de Barcelona hacia Grañén, frente de Aragón

14-21 de septiembre de 1936 • [1936 09 14-21]
Grañén; Callén; Pompenillo; trincheras del frente de Aragón orientadas hacia Huesca

22-23 de septiembre de 1936 • [1936 09 22-23] (posiblemente 12-13 de septiembre por una errata)
Pompenillo; Huesca; puestos de avanzada del ferrocarril

26 de septiembre-3 de octubre de 1936 • [1936 09 26-10 03]
Habitantes y paciente de Grañén

8-25 de octubre de 1936 • [1936 10 08-25]
Tratamiento en el hospital de Grañén de un prisionero nacional; partido de fútbol

4 de noviembre-6 de diciembre de 1936 • [1936 11 04-12 06]
Grañén; Sitges; funeral de Hans Beimler en Barcelona

17-26 de enero de 1937 • [1937 01 17-26]
Llegada del contingente Abraham Lincoln de la Brigada Internacional a Barcelona; El Masnou

5-7 de febrero de 1937 • [1937 02 05-07]
Carteles en Barcelona; Tibidabo

28 de febrero-21 de marzo de 1937 • [1937 02 28-03 21]
Desfile del Ejército Popular en Barcelona; Tossa de Mar

21-22 de marzo de 1937 • [1937 03 21-22]
Tossa de Mar

2-4 de abril de 1937 • [1937 04 02-04]
Llegada de ambulancias a Barcelona; hospital de la BMU en Poleñino, frente de Aragón

8-20 de abril de 1937 • [1937 04 08-20]
Tossa de Mar; convoy a Madrid; hospital de la BMU en Torrelodones

21-28 de abril de 1937 • [1937 04 21-28]
Hospital de la BMU en Torrelodones; Madrid; Poleñino

14 de mayo de 1937 • [1937 05 14]
Sublevación de mayo en Barcelona

18 de mayo de 1937 • [1937 05 18]
Benicàssim, hospital de la Brigada Internacional

19 de mayo de 1937 • [1937 05 19]
Ataque del bando nacional contra el buque *Legazpi* cerca de Benicàssim

23 de mayo de 1937 • [1937 05 23]
Hospital de la BMU en Huete; Cuenca

23-25 de mayo de 1937 • [1937 05 23-25]
Valdeganga de Júcar; hospital de la BMU en Valdeganga

6-15 de junio de 1937 • [1937 06 06-15]
Valdeganga y Huete

15 de junio a 11 de julio de 1937 • [1937 06 15-07 11]
Huete y Valdeganga

16 de julio de 1937 • [1937 07 16]
Cosecha en Valdeganga

16 de julio de 1937 • [1937 07 16]
Valdeganga y Cuenca

31 de julio de 1937 • [1937 07 31]
Valdeganga

5-15 de septiembre de 1937 • [1937 09 05-15]
Camioneta de la BMU en Chartres, Francia, en ruta hacia España; hospital de Uclés

15 de septiembre de 1937 • [1937 09 15]
Torre, hospital, pueblo y pacientes de Uclés

28 de septiembre-11 de noviembre de 1937 • [1937 09 28-11 11]
Cárcel de mujeres de Alacuas, cerca de Valencia; Uclés; Valencia

14 de enero de 1938 • [1938 01 14]
Instrucción premilitar en Barcelona

30 de enero-6 de febrero de 1938 • [1938 01 30-02 06]
Bosques próximos a Tarrasa

6 de febrero de 1938 • [1938 02 06]
Montserrat

11 de febrero de 1938 • [1938 02 11]
Carpinteros en una fábrica de material de guerra

12 de febrero de 1938 • [1938 02 12]
Flores en las inmediaciones de Montserrat

10 de abril de 1938 • [1938 04 10]
Aparatos de la aviación republicana sobre Barcelona

10 de abril de 1938 • [1938 04 10]
Instrucción premilitar para el Ministerio de Estado

8 de mayo de 1938 • [1938 05 08]
Unidades móviles de rayos X de la BMU en Sabinosa; hospital de la BMU en Sabinosa

8 de mayo de 1938 • [1938 05 08]
El pintor catalán Joaquim Mir

22 de mayo de 1938 • [1938 05 22]
Homenaje a las ejecutivas de la industria bélica en Barcelona

29 de mayo de 1938 • [1938 05 29]
La enfermera Ann Murray en el tren hospital cerca de Lleida

15-16 de junio de 1938 • [1938 06 15-16]
Feria del Libro de Barcelona

28 de junio de 1938 • [1938 06 28]
Clases de educación física para miembros del Ministerio de Estado

Julio de 1938 • [1938 07]
Niños refugiados de la zona del frente de Aragón, Sabinosa

28 de julio de 1938 • [1938 07 28]
Panorámicas cerca del frente del Ebro

Agosto de 1938 • [1938 08]
Equipos médicos en una cueva detrás del frente del Ebro

Agosto de 1938 • [1938 08]
Equipos médicos en el frente del Ebro

Agosto de 1938 • [1938 08]
Equipos trabajando en el frente del Ebro

Agosto de 1938 • [1938 08]
Trabajo en el tren hospital, frente del Ebro

1939 • [1939]
País Vasco español

APÉNDICE 3

Documentos de identidad y seguridad de Alec Wainman

• • •

Increíblemente, Alec Wainman pudo conservar los dieciocho documentos de identificación y seguridad que le expidieron las diversas autoridades ministeriales, gubernamentales, industriales y sindicales. Este es un hecho excepcional a juzgar por el estado de luchas internas y confusión que reinó en la República Española, sobre todo durante la sublevación de mayo de 1937 en Barcelona y las purgas políticas descritas por George Orwell, quien denuncia la destrucción de sus documentos y la confiscación de sus objetos de interés por los guardias de asalto.

Alec se distinguió por su discreción y su habilidad para camuflarse y pasar entre líneas. Por ejemplo, en las búsquedas en Internet sobre su participación en la Guerra Civil Española, lo único que se menciona es que era un cuáquero de Gran Bretaña (fue apolítico durante toda su vida) y que fue chófer en España y en Moscú. Nada se dice de su educación, de su trabajo como tercer secretario en el servicio diplomático británico ni de su familia. Masha Williams, una de sus colegas traductores rusos en la Comisión Aliada por Austria, menciona a Alec con frecuencia y le dedica un capítulo de su libro *White among the Reds*. Glosa la faceta humorística y divertida de Alec y evoca sus «vagabundeos» juntos por los puestos de control del Ejército Rojo soviético. Ese era el término que usaban para referirse a «vagar por el campo».

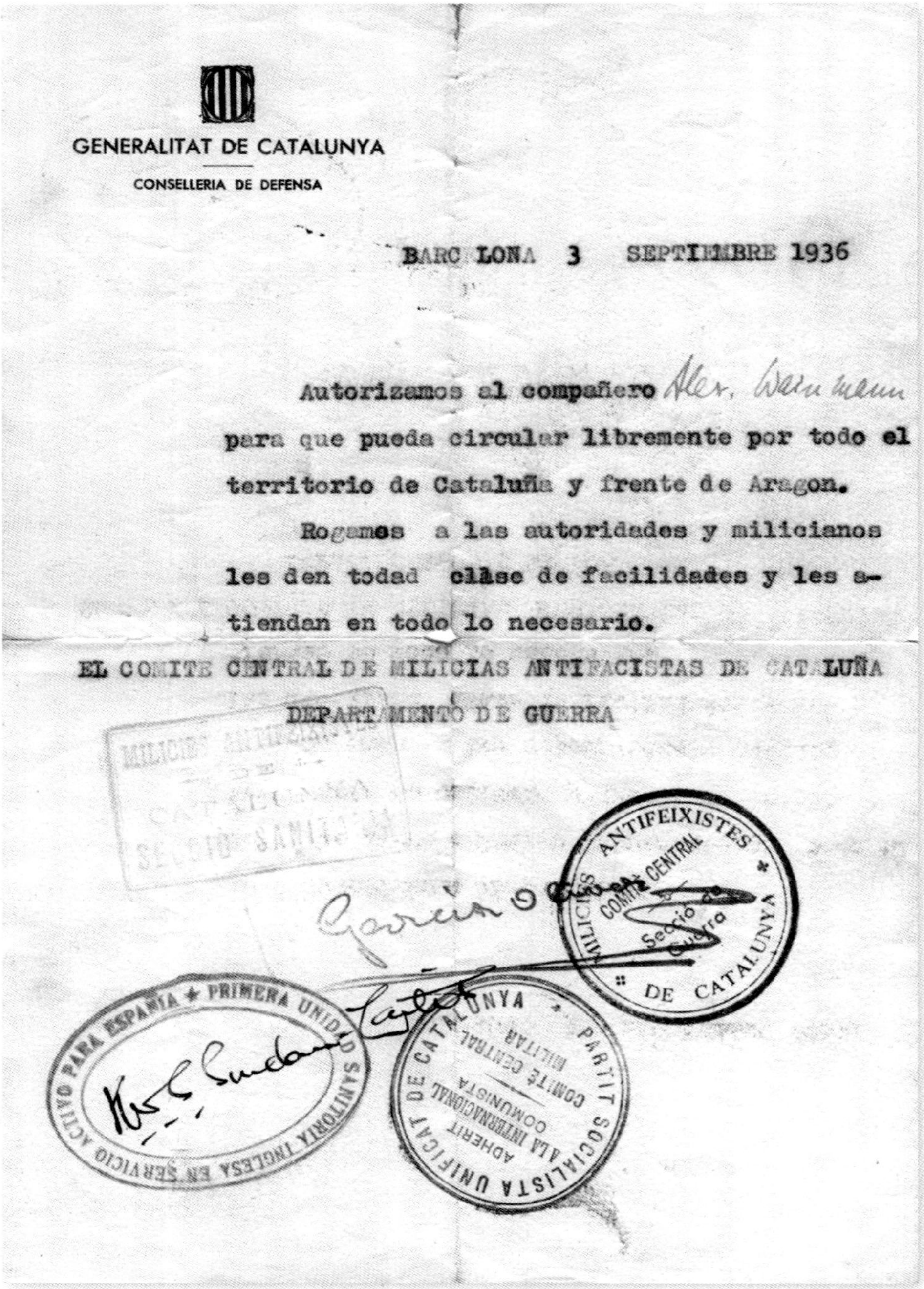

GENERALITAT DE CATALUNYA

CONSELLERIA DE DEFENSA

BARC LONA 3 SEPTIEMBRE 1936

Autorizamos al compañero Alex. Wainmann para que pueda circular libremente por todo el territorio de Cataluña y frente de Aragon.

Rogamos a las autoridades y milicianos les den todad clâse de facilidades y les atiendan en todo lo necesario.

EL COMITE CENTRAL DE MILICIAS ANTIFACISTAS DE CATALUÑA

DEPARTAMENTO DE GUERRA

MILICIES ANTIFEIXISTES DE CATALUNYA SECCIÓ SANITÀRIA

MILICIES ANTIFEIXISTES DE CATALUNYA COMITÈ CENTRAL Secció de Guerra

ACTIVO PARA ESPAÑA ✱ PRIMERA UNIDAD SANITORIA INGLESA EN SERVICIO

PARTIT SOCIALISTA UNIFICAT DE CATALUNYA ADHERIT A LA INTERNACIONAL COMUNISTA COMITÈ CENTRAL MILITAR

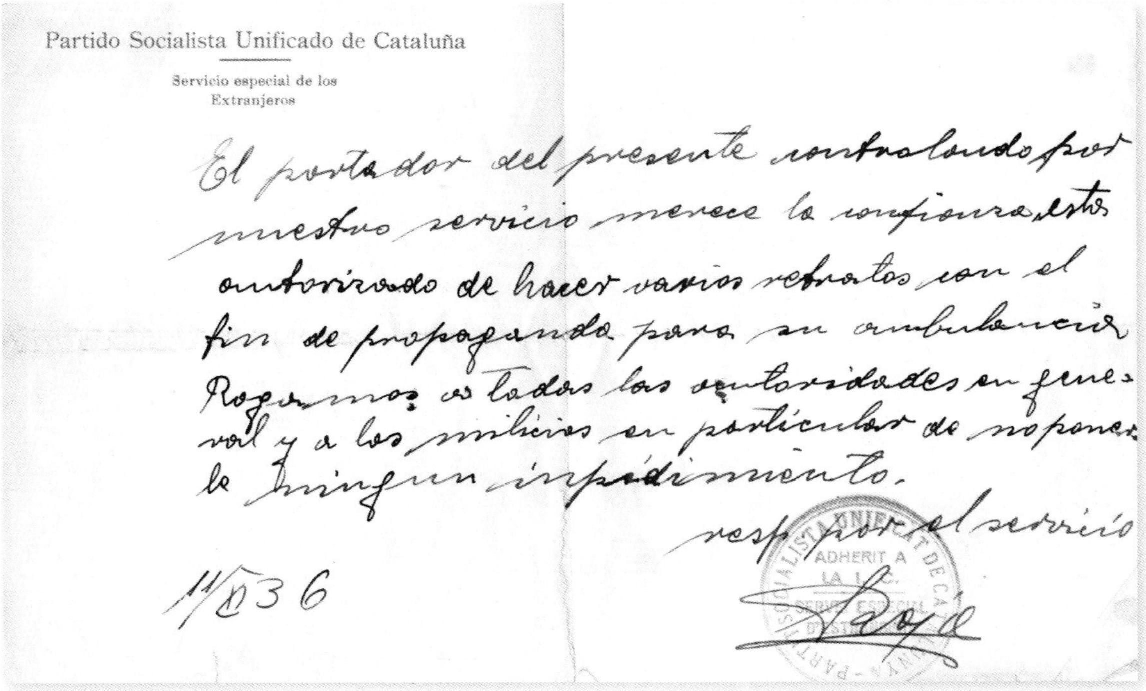

Partido Socialista Unificado de Cataluña

Servicio especial de los Extranjeros

El portador del presente controlado por nuestro servicio merece la confianza, esta autorizado de hacer varios retratos con el fin de propaganda para su ambulancia. Rogamos a todas las autoridades en general y a los milicias en particular de no poner le ningun impedimento.

resp por el servicio

11/XI/36

ADHERIT A LA I.C.

[ARRIBA] 11 DE NOVIEMBRE DE 1936, BARCELONA

El PSUC, Partido Socialista Unificado de Cataluña, Servicio especial para Extranjeros, autoriza al portador a tomar fotos de propaganda para su ambulancia, rogando a las milicias en particular que no le pongan ningún impedimento.

[IZQUIERDA] 3 DE SEPTIEMBRE DE 1936, BARCELONA

Nosotros, la Generalitat de Catalunya, Consejería de Defensa, autorizamos a Alec Wainman la libre circulación por todo el territorio de Cataluña y el frente de Aragón, con los correspondientes sellos (BMU, PSUC adherido a la Internacional Comunista, Comité Central de Milicias Antifascistas de Cataluña).

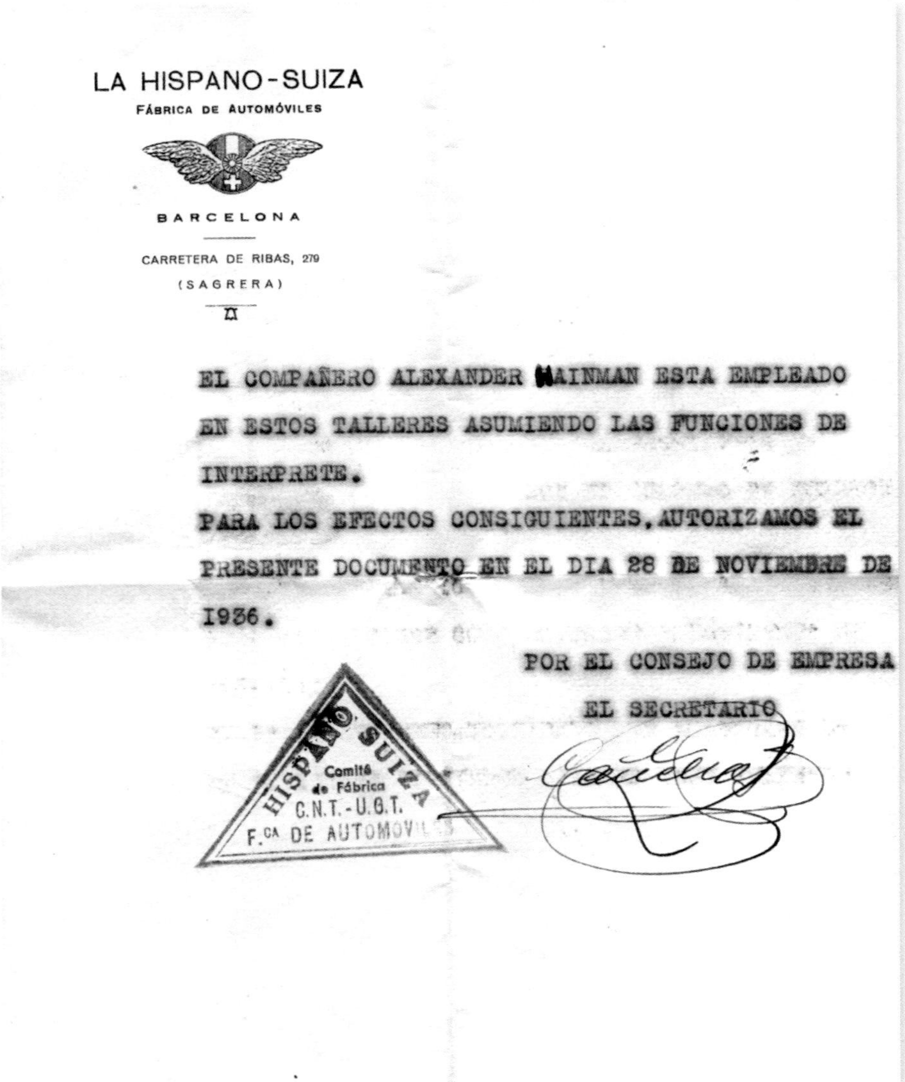

LA HISPANO-SUIZA

FÁBRICA DE AUTOMÓVILES

BARCELONA

CARRETERA DE RIBAS, 279

(SAGRERA)

EL COMPAÑERO ALEXANDER WAINMAN ESTA EMPLEADO EN ESTOS TALLERES ASUMIENDO LAS FUNCIONES DE INTERPRETE.

PARA LOS EFECTOS CONSIGUIENTES, AUTORIZAMOS EL PRESENTE DOCUMENTO EN EL DIA 28 DE NOVIEMBRE DE 1936.

POR EL CONSEJO DE EMPRESA

EL SECRETARIO

HISPANO SUIZA
Comité de Fábrica
C.N.T.-U.G.T.
F.CA DE AUTOMOVILES

28 DE NOVIEMBRE DE 1936, BARCELONA

La fábrica de automóviles Hispano-Suiza certifica que Alexander Wainman es un intérprete empleado por la empresa, con el sello del Comité de Fábrica, CNT-UGT.

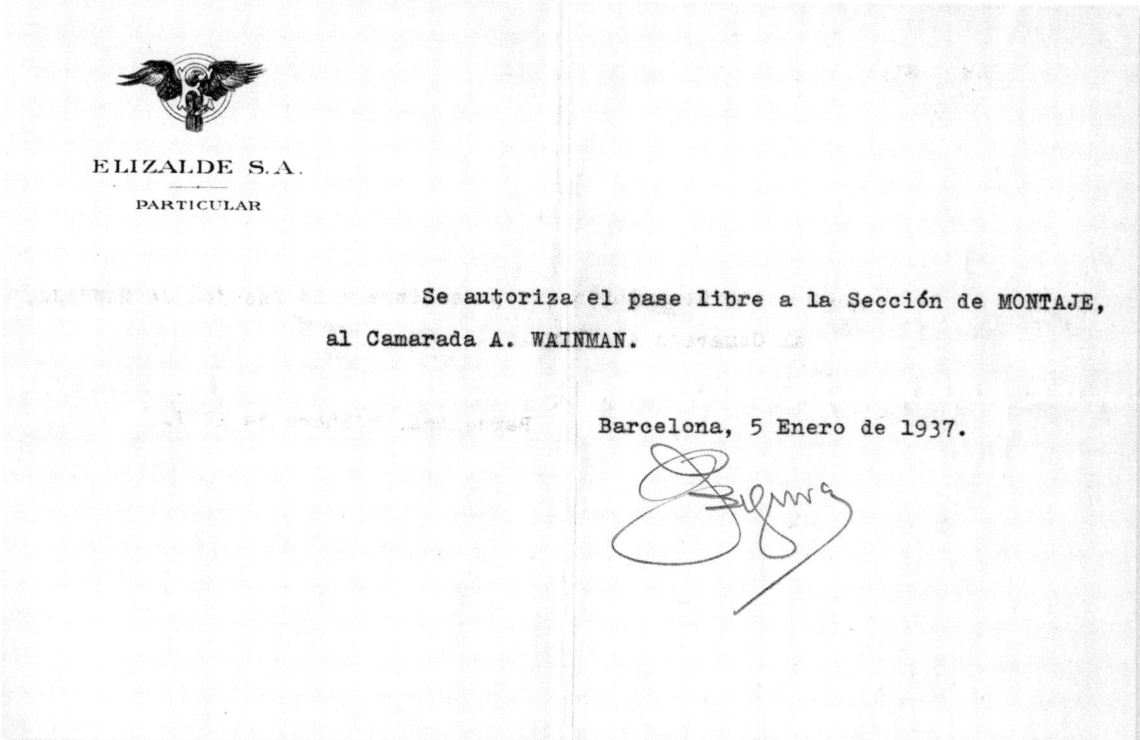

ELIZALDE S.A.

PARTICULAR

Se autoriza el pase libre a la Sección de MONTAJE, al Camarada A. WAINMAN.

Barcelona, 5 Enero de 1937.

5 DE ENERO DE 1937, BARCELONA

Elizalde S.A. (fábrica de motores aéreos), con membrete particular, autoriza a A. Wainman el pase libre a la sección de montaje.

AVIACIÓN MILITAR

INSPECCIÓN DE FÁBRICAS

BARCELONA

Núm. ....

Por ser de suma urgencia para las necesidades del Arma de Aviación Militar la presentación en el Aeródromo de S.CLEMENTE (Albacete) de los compañeros, Técnicos de Aviación ALBERT EDVARDS y ALEXANDER WAINMAN que conducen el coche PLYMOUTH matricula MU-7699, ruego a todas las Autoridades den las máximas facilidades al personal citado por tratarse de servicio urgente de guerra.

Barcelona 10 de Febrero de 1937.

EL INSPECTOR DE AVIACION.

= Luis de Arizón.=

AVIACIÓN MILITAR

INSPECCIÓN DE FÁBRICAS CIVILES

BARCELONA

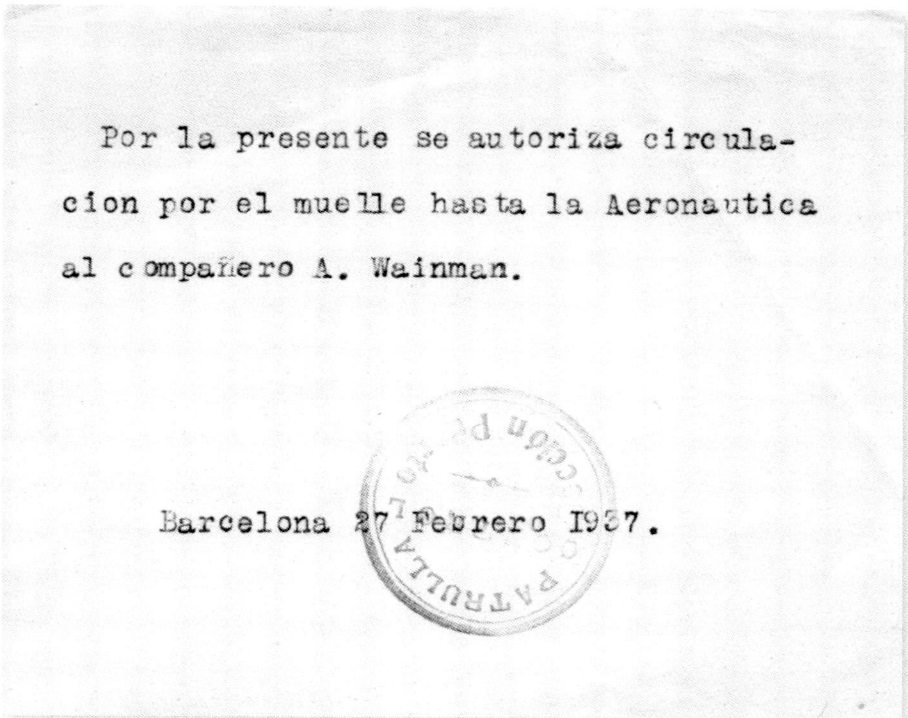
Por la presente se autoriza circula-
cion por el muelle hasta la Aeronautica
al compañero A. Wainman.

Barcelona 27 Febrero 1937.

[ARRIBA] 27 DE FEBRERO DE 1937, BARCELONA

El presente documento autoriza a A. Wainman la libre circulación por el muelle hasta la Aeronáutica, con el sello Control Patrulla, Sección Puerto.

[IZQUIERDA] 10 DE FEBRERO DE 1937, BARCELONA

La Inspección de Fábricas de Aviación Militar declara que «por necesidad urgente de Aviación Militar, los compañeros técnicos Albert Edwards y Alexander Wainman, conduciendo un Plymouth, pueden acceder al aeródromo de Albacete, y pide a todas las autoridades que les presten las máximas facilidades por tratarse de un servicio urgente de guerra».

GENERALITAT DE CATALUNYA

CONSELLERIA DE DEFENSA

CONSELL DE SANITAT DE GUERRA

E. M.

Secció PERSONAL SUBALTERNO

AUXILIS

Bagatges | Racions

RUTA

Registrat al n.º 98

A trametre a la Secció d'Intendència del Consell de Sanitat de Guerra.

Per disposició del Cap de la Secció de PERSONAL SUBALTERNO *del Consell de Sanitat de Guerra, concedeixo passaport a* 1 Sanitario Ingles, Alec Waimman, per anar a POLEÑINO (Grañen)

el qual farà el viatge per compte de la Generalitat de Catalunya, i s'haurà de presentar a l'Autoritat del lloc on passi la nit, la qual li facilitarà els auxilis anotats al marge, així com els que necessiti i puguin contribuir al millor servei.

Barcelona 2 *d* Abril *del* 1937

Pel C. de S. de G.:

El Metge adjunt a l'E. M. de la Conselleria de Defensa,

CONSELL DE SANITAT DE GUERRA - GENERALITAT DE CATALUNYA - SECCIÓ PERSONAL

A. Salvans

Facilitat passatge per compte de la Generalitat de Catalunya fins a Poleñino (Grañen)

Barcelona, 2 *d* Abril *del* 1937

Pel C. de S. de G.:

Secció Intendència,

CONSELL DE SANITAT DE GUERRA - NEGOCIAT D'INTENDÈNCIA - 2 ABR. 1937

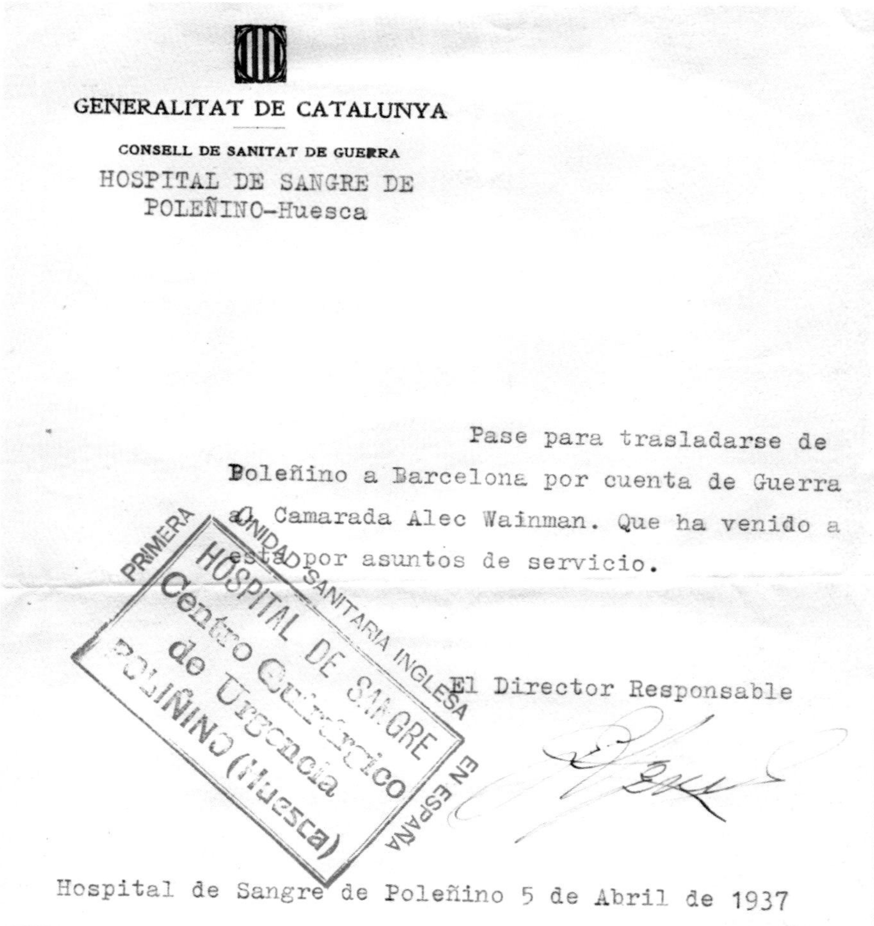

GENERALITAT DE CATALUNYA

CONSELL DE SANITAT DE GUERRA

HOSPITAL DE SANGRE DE POLEÑINO-Huesca

Pase para trasladarse de Poleñino a Barcelona por cuenta de Guerra al Camarada Alec Wainman. Que ha venido a esta por asuntos de servicio.

El Director Responsable

Hospital de Sangre de Poleñino 5 de Abril de 1937

[ARRIBA] 5 DE ABRIL DE 1937, POLEÑINO

La Generalitat de Catalunya, Consejo de Sanidad de Guerra, Hospital de Sangre de Poleñino, autoriza a Alec Wainman a trasladarse de Poleñino a Barcelona por cuenta de guerra, con sello del Hospital de Sangre, Centro Quirúrgico de Urgencia, Primera Unidad Sanitaria Inglesa en España.

[IZQUIERDA] 2 DE ABRIL DE 1937, BARCELONA

La Generalitat de Catalunya, Consejería de Defensa, Consejo de Sanidad de Guerra, autoriza al sanitario inglés Alec Wainman a trasladarse a Poleñino (Grañén).

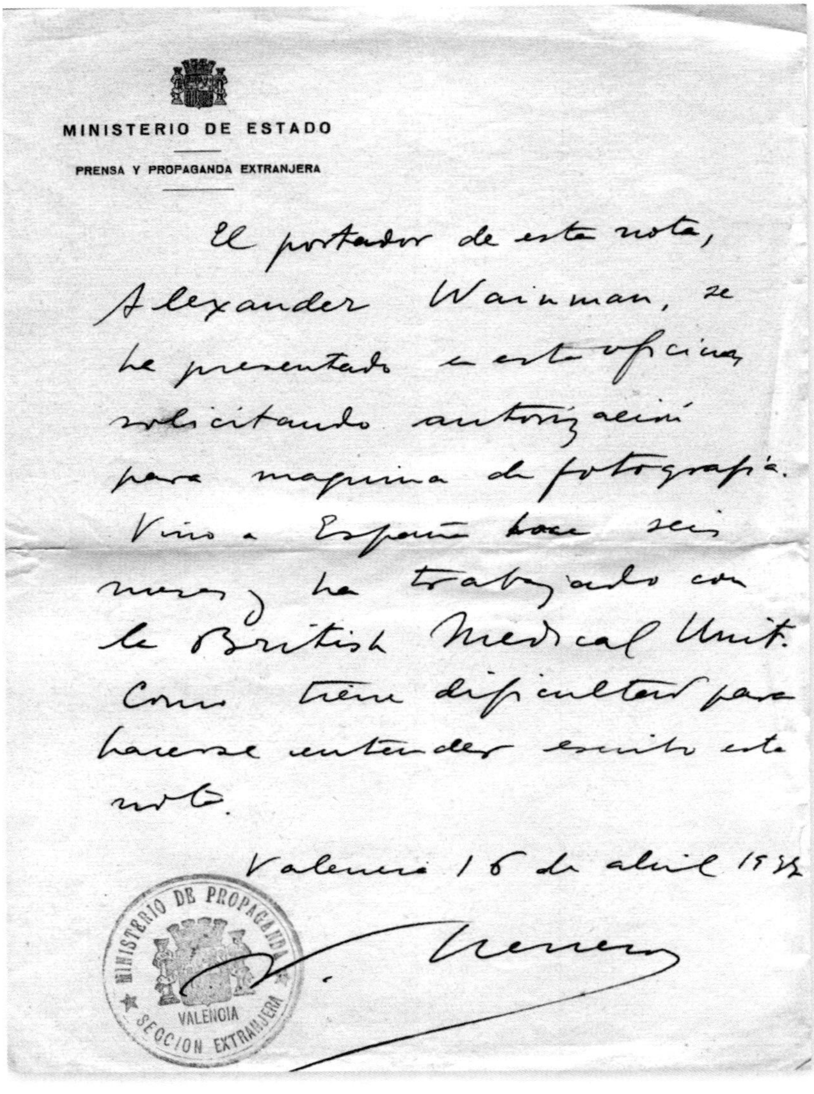

MINISTERIO DE ESTADO

PRENSA Y PROPAGANDA EXTRANJERA

El portador de esta nota,
Alexander Wainman, se
ha presentado a esta oficina
solicitando autorización
para maquina de fotografía.
Vino a España hace seis
meses y ha trabajado con
la British Medical Unit.
Como tiene dificultad para
hacerse entender escribo esta
nota.

Valencia 16 de abril 1937

MINISTERIO DE PROPAGANDA
VALENCIA
SECCION EXTRANJERA

16 DE ABRIL DE 1937, VALENCIA

El Ministerio de Estado, Prensa y Propaganda Extranjera, certifica que Alexander Wainman se ha presentado en esta oficina solicitando autorización para usar una cámara. Vino a España hace seis meses y ha trabajado con la BMU. Como tiene dificultad para hacerse entender, escribo esta nota.

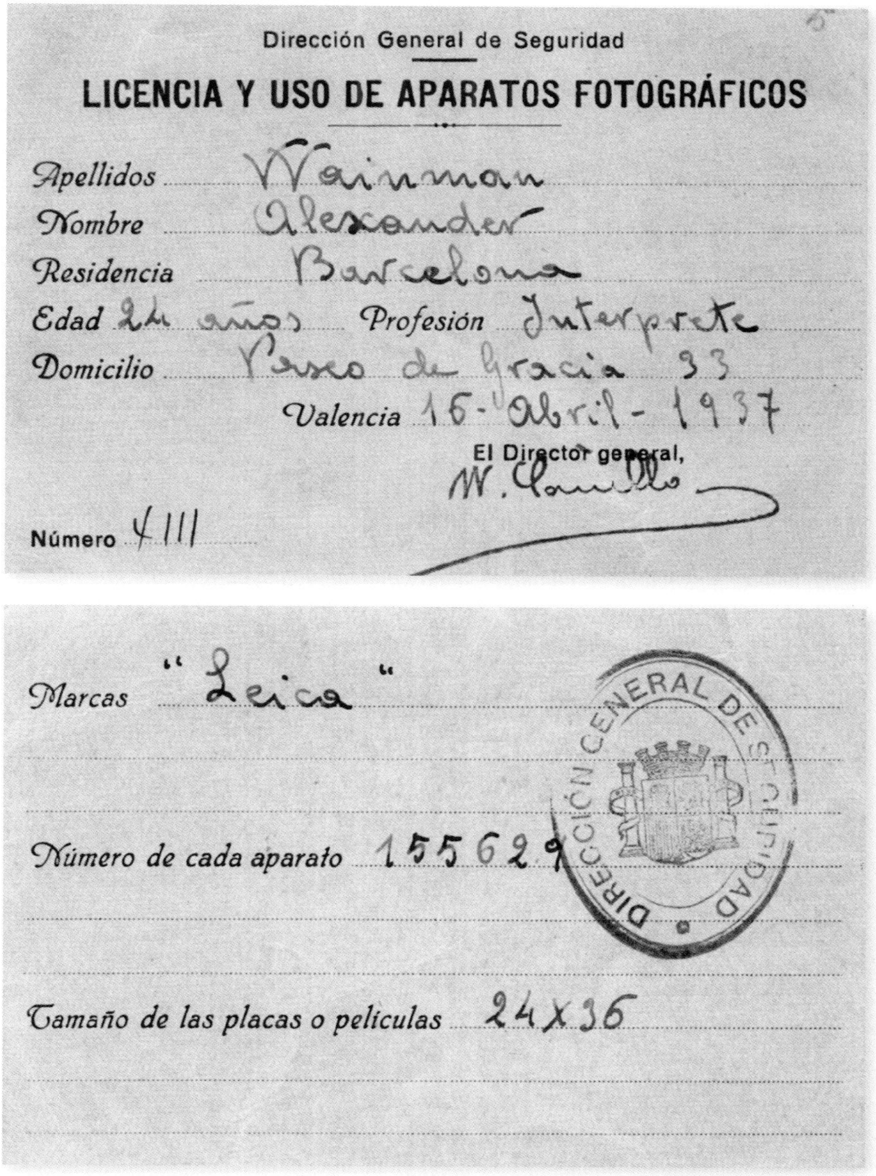

Dirección General de Seguridad

LICENCIA Y USO DE APARATOS FOTOGRÁFICOS

Apellidos Wainman

Nombre Alexander

Residencia Barcelona

Edad 24 años *Profesión* Interprete

Domicilio Paseo de Gracia 33

Valencia 16-Abril-1937

El Director general,

Número 4111

Marcas "Leica"

Número de cada aparato 155629

Tamaño de las placas o películas 24x36

DIRECCIÓN GENERAL DE SEGURIDAD

16 DE ABRIL DE 1937, VALENCIA

Licencia de aparato fotográfico de la Dirección General de Seguridad: para Leica n.° 155629, para sacar fotos de tamaño 24 × 36.

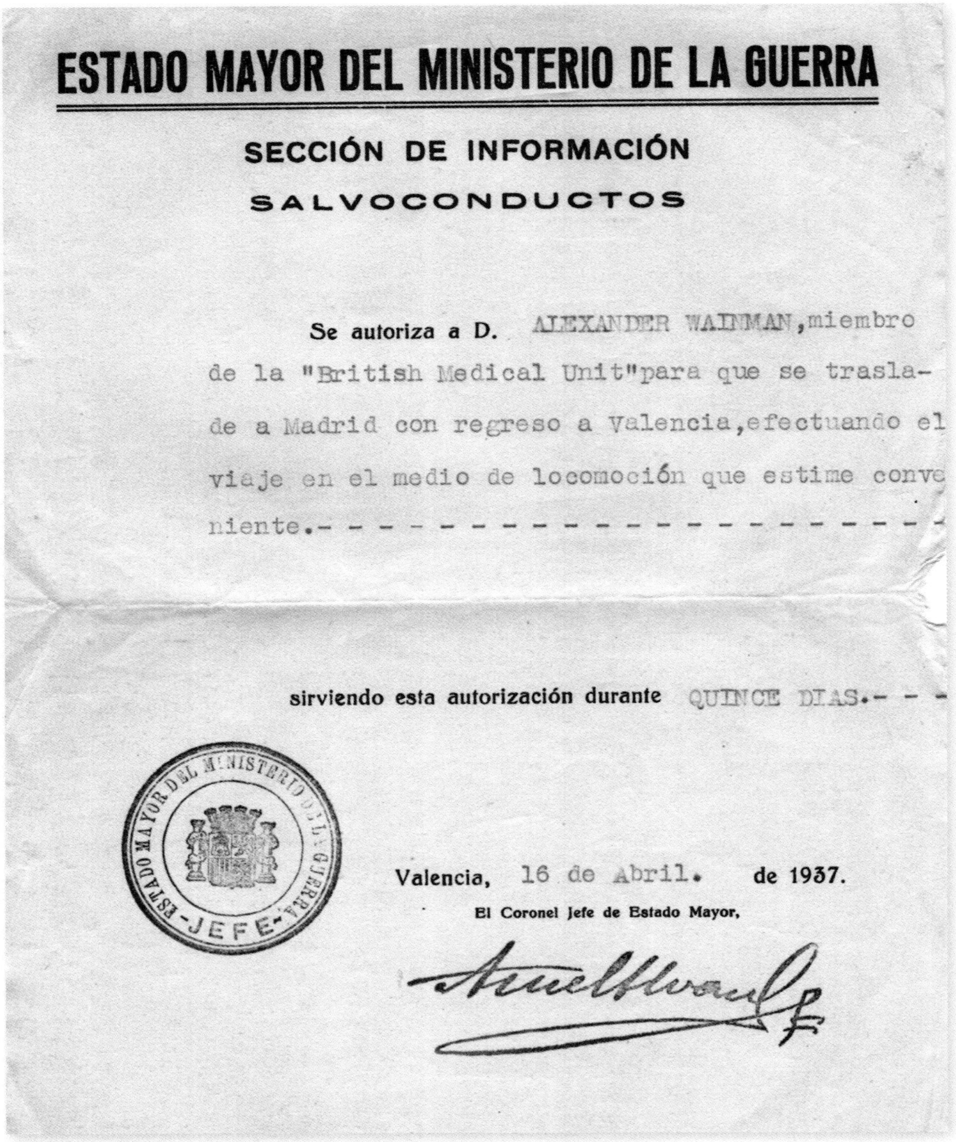

ESTADO MAYOR DEL MINISTERIO DE LA GUERRA

SECCIÓN DE INFORMACIÓN

SALVOCONDUCTOS

Se autoriza a D. ALEXANDER WAINMAN, miembro de la "British Medical Unit" para que se traslade a Madrid con regreso a Valencia, efectuando el viaje en el medio de locomoción que estime conveniente.- -

sirviendo esta autorización durante QUINCE DIAS.- - -

Valencia, 16 de Abril. de 1937.

El Coronel Jefe de Estado Mayor,

16 DE ABRIL DE 1937, VALENCIA

El Estado Mayor del Ministerio de la Guerra, Sección de Información, concede a Alexander Wainman, de la BMU, un pase de quince días para Madrid, con regreso a Valencia en el medio de locomoción que estime conveniente.

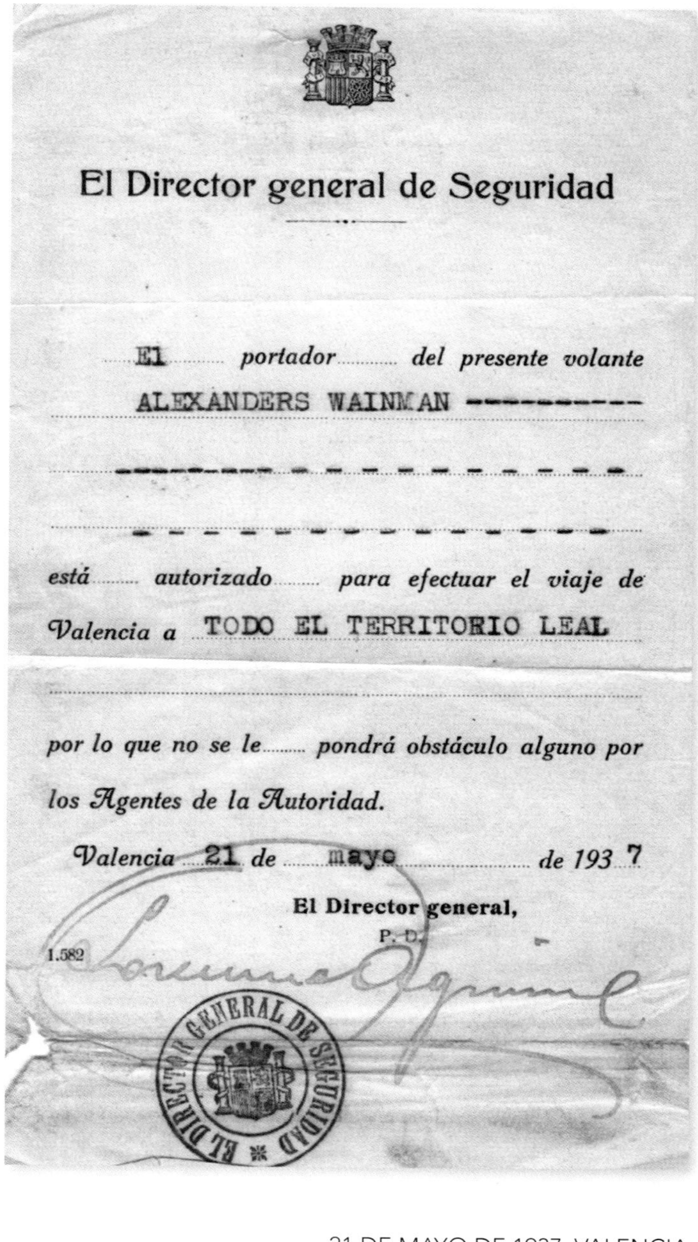

El Director general de Seguridad

El portador del presente volante ALEXANDERS WAINMAN ---------- ---------------- ---------------- está autorizado para efectuar el viaje de Valencia a TODO EL TERRITORIO LEAL

por lo que no se le pondrá obstáculo alguno por los Agentes de la Autoridad.

Valencia 21 de mayo de 1937

El Director general,
P. D.

1.582

21 DE MAYO DE 1937, VALENCIA

El Director general de Seguridad autoriza a Alexander Wainman a viajar desde Valencia a todo el territorio jurisdiccional.

MINISTERIO DE ESTADO

PRENSA EXTRANJERA

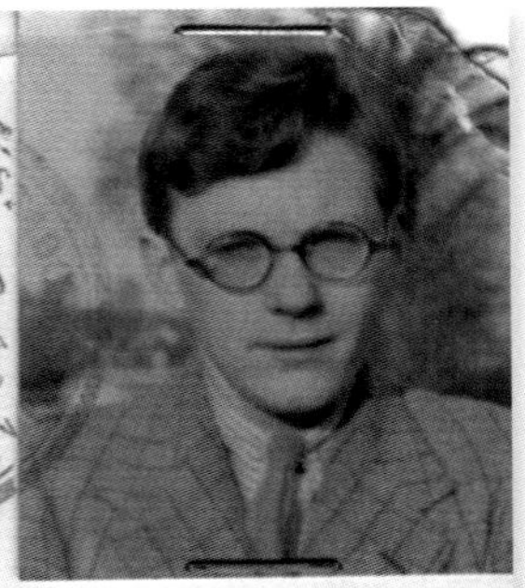

Certifico que ALEXANDER WAINMAN de nacionalidad inglesa, trabaja en esta Oficina de Prensa Extranjera en turnos de ocho horas según las necesidades del servicio.

Valencia, 23 de Septiembre de 1.937
OFICINA DE PRENSA EXTRANJERA
El Secretario.

Valentín Fernández

MINISTERIO DE ESTADO - OFICINA DE INFORMACION Y PRENSA - VALENCIA

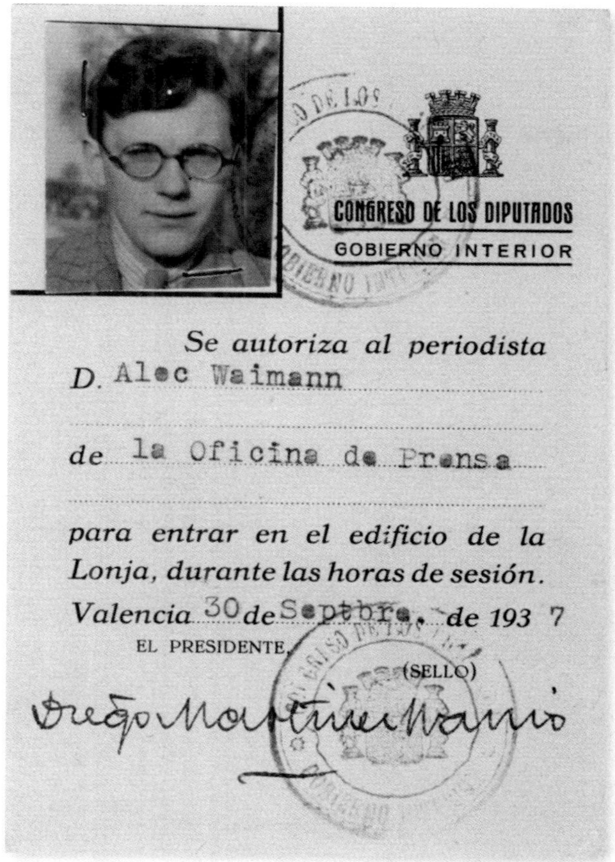

CONGRESO DE LOS DIPUTADOS
GOBIERNO INTERIOR

Se autoriza al periodista
D. Alec Waimann
de la Oficina de Prensa
para entrar en el edificio de la Lonja, durante las horas de sesión.
Valencia 30 *de* Septbre. *de 193*7

EL PRESIDENTE, (SELLO)

[ARRIBA] 30 DE SEPTIEMBRE DE 1937, VALENCIA

El pase de prensa del Congreso de los Diputados del Parlamento Español autoriza a Alec Wainman, de la Oficina de Prensa, la entrada en el edificio de la Lonja.

[IZQUIERDA] 23 DE SEPTIEMBRE DE 1937, VALENCIA

La Oficina de Prensa Extranjera del Ministerio de Estado certifica que Alexander Wainman, inglés, trabaja en la Oficina de Prensa Extranjera en turnos de ocho horas.

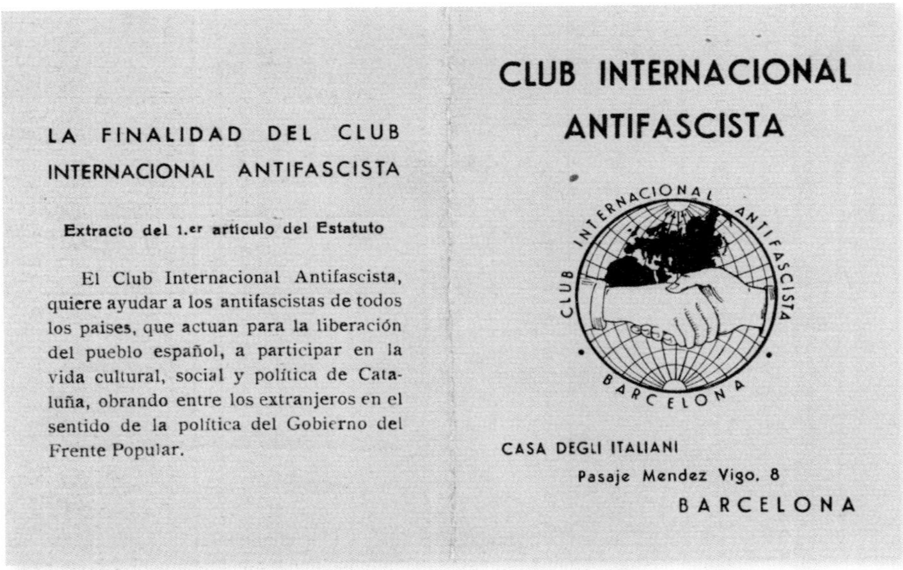

LA FINALIDAD DEL CLUB INTERNACIONAL ANTIFASCISTA

Extracto del 1.er artículo del Estatuto

El Club Internacional Antifascista, quiere ayudar a los antifascistas de todos los paises, que actuan para la liberación del pueblo español, a participar en la vida cultural, social y política de Cataluña, obrando entre los extranjeros en el sentido de la política del Gobierno del Frente Popular.

CLUB INTERNACIONAL ANTIFASCISTA

CLUB INTERNACIONAL ANTIFASCISTA BARCELONA

CASA DEGLI ITALIANI
Pasaje Mendez Vigo, 8
BARCELONA

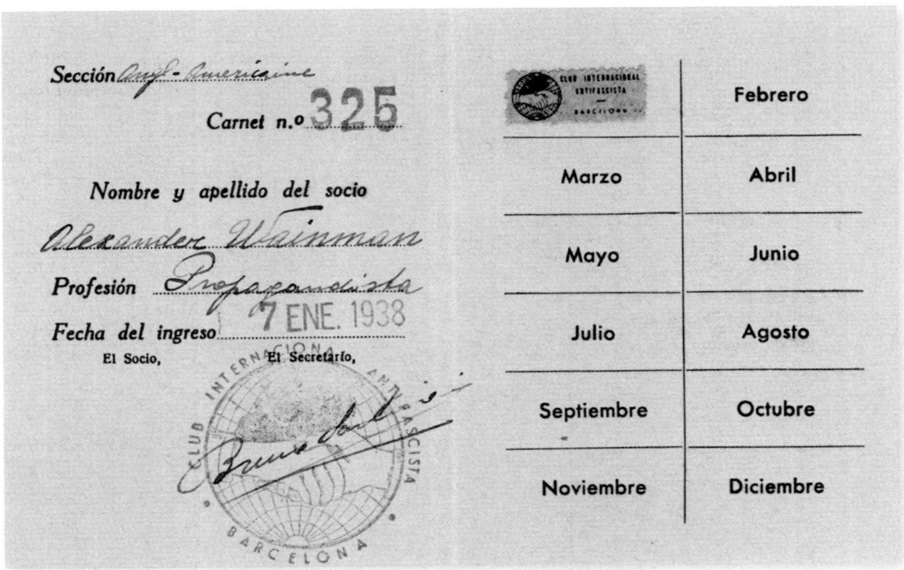

Sección Anglo-Americaine

Carnet n.º 325

Nombre y apellido del socio

Alexander Wainman

Profesión Propagandista

Fecha del ingreso 7 ENE. 1938

El Socio, El Secretario,

CLUB INTERNACIONAL ANTIFASCISTA BARCELONA

	Febrero
Marzo	Abril
Mayo	Junio
Julio	Agosto
Septiembre	Octubre
Noviembre	Diciembre

7 DE ENERO DE 1938, BARCELONA

Carnet de miembro del Club Internacional Antifascista de Alexander Wainman.

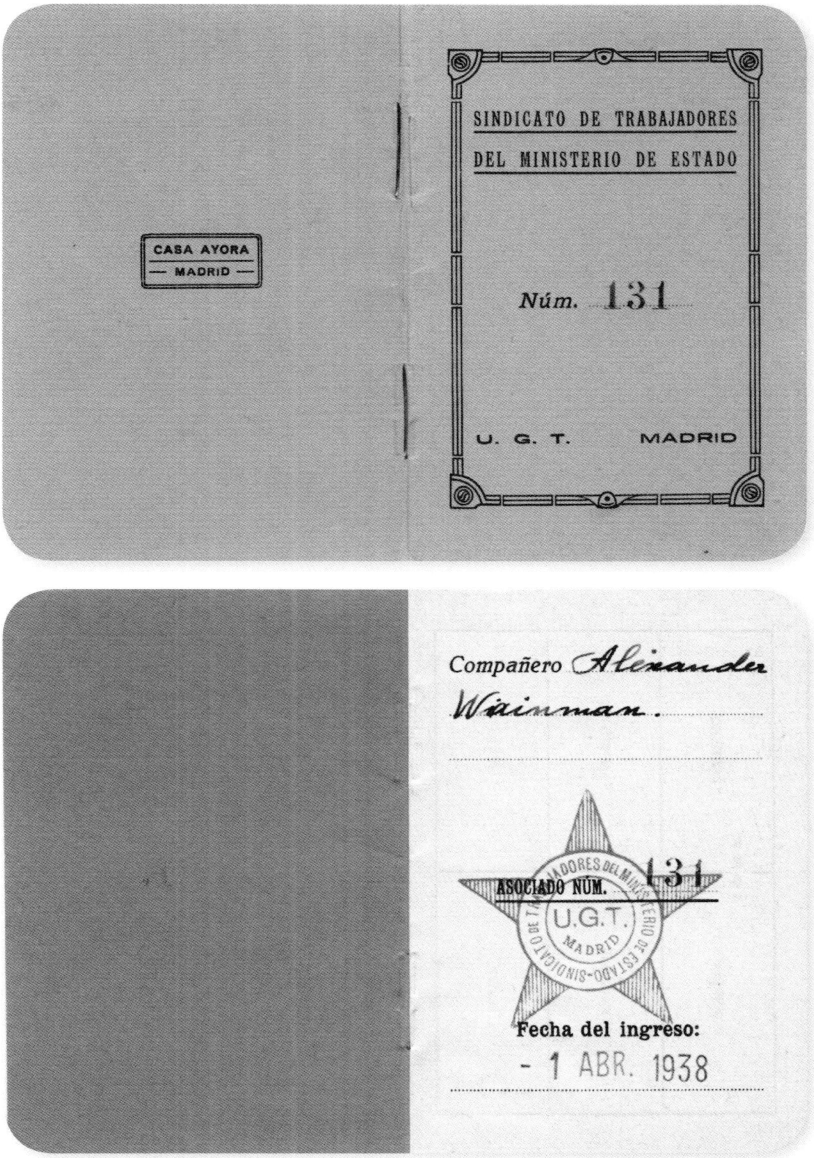

1 DE ABRIL DE 1938

Carnet de miembro de la UGT Madrid para los trabajadores del Ministerio de Estado a nombre de Alexander Wainman, con sellos mensuales.

MINISTERIO DE DEFENSA NACIONAL

Autorizo a ALEXANDER WAIMAN, que acompaña a la enfermera Winifred Bates, de la Ayuda Médica Británica, para visitar los pueblos de Alió, Falset, Tárrega, Montclar y Aguilar de Segarra.

Barcelona, 28 de mayo de 1.938.

El Secretario General,

SECRETARIO GENERAL DEL MINISTERIO DE DEFENSA

28 DE MAYO DE 1938, BARCELONA

El Ministerio de Defensa Nacional autoriza a Alexander Wainman para visitar las localidades de Alió, Falset, Tàrrega, Montclar y Aguilar de Segarra acompañado por la enfermera de la British Medical Aid Winifred Bates.

Ministerio de Defensa Nacional

mj.

Autorizo a las señoras WINIFRED BATES y LEAH MANNING, de la Misión Sanitaria Británica, para que, acompañados del funcionario de la Subsecretaría de Propaganda ALEXANDER WAINMAN, visiten el frente del Este.

Esta autorización tiene un plazo de validez de quince días.

Barcelona, 25 de julio de 1.938.

El Secretario General,

SECRETARÍA ... MINISTERIO DE DEFENSA NACIONAL

25 DE JULIO DE 1938, BARCELONA

El Ministerio de Defensa Nacional autoriza a las señoras Winifred Bates y Leah Manning, de la Misión Sanitaria Británica, acompañadas por el funcionario de la Subsecretaría de Propaganda, Alexander Wainman, para visitar el frente del Este durante quince días.

Bibliografía

Armengou, Montse y Richard Belis. *The Spanish Holocaust* (película). Barcelona: TV de Catalunya – Sky Electronic, 2002.

Baker, Simon y Shoair Mavlian (eds.), *Conflict, Time, Photography.* Londres: Tate Publishing, 2014.

Bartolí, Josep. *La Retirada: Exode et exil des républicains d'Espagne*. Arles, Francia: Actes Sud, 2009.

Basque Children of '37 Association UK. Online en <www.basquechildren.org>.

Baxell, Richard. *Unlikely Warriors: The Extraordinary Story of the Britons Who Fought in the Spanish Civil War*. Londres: Aurum Press, 2012. <www.richardbaxell.info>.

Beevor, Antony. *The Battle for Spain: The Spanish Civil War 1936-1939*. Londres: Weidenfeld & Nicolson, 2006.

—*The Spanish Civil War*. Londres: Orbis, 1982. [Edición en castellano: *La Guerra Civil española*. Barcelona: Planeta, 2011.]

Capa, Robert y Philippe Séclier. *Robert Capa*. Arles, Francia: Actes Sud, 2008.

Chomsky, Noam. *American Power and the New Mandarins*. Nueva York: Pantheon Books, 1969.

Graham, Helen. *The Spanish Republic at War 1936-1939*. Cambridge: Cambridge University Press, 2002. [Edición en castellano: *República Española en guerra 1936-1939*. Barcelona: Debate, 2006.]

Hemingway, Ernest. *For Whom the Bell Tolls*. 1940; Londres: Arrow Books, 1994. [Edición en castellano: *Por quién doblan las campanas*. Barcelona: Lumen, 2011.]

Hopkins, James K. *Into the Heart of Fire: The British in the Spanish Civil War*. Redwood City, CA: Stanford University Press, 1998.

Imperial War Museum, Londres. Online en <www.iwm.org.uk>.

International Brigade Memorial Trust. Online en <www.international-brigades.org.uk>.

Jackson, Angela. *For us it was Heaven. The Passion, Grief and Fortitude of Patience Darton*. Eastbourne: Sussex Academic Press, 2012.

Kowalsky, Daniel. *Stalin and the Spanish Civil War*. Nueva York: Columbia University Press, 2004.

Lefebvre, Michel y Rémi Skoutelsky. *Les Brigades Internationales: Images retrouvées*. París: Seuil, 2003.

Nelson, Cary. *The Aura of the Cause: A Photo Album for North American Volunteers in the Spanish Civil War*. Nueva York: Abraham Lincoln Brigade Archives, 1997.

Orwell, George. *Homage to Catalonia*. Londres: Secker and Warburg, 1938. [Edición en castellano: *Homenaje a Cataluña*. Barcelona: Debate, 2011.]

Palfreeman, Linda. *¡Salud! British Volunteers in the Republican Medical Service during the Spanish Civil War, 1936-1939*. Eastbourne: Sussex Academic Press, 2012.

Pemán, José María. *Comentarios a Mil Imágenes de la Guerra Civil Española*. Barcelona: AHR, 1967.

Petrou, Michael. *Renegades: Canadians in the Spanish Civil War*. Vancouver: UBC Press, 2008.

Preston, Paul. *Doves of War: Four Women of Spain*. Londres: HarperCollins, 2002. [Edición en castellano: *Palomas de guerra*. Barcelona: Debolsillo, 2004.]

—*La Guerra Civil: Las fotos que hicieron historia*. Madrid: JdeJ Editores, 2005.

Preston, Paul. *The Spanish Civil War: Reactions, Revolution and Revenge*. Londres: HarperCollins, 2002. [Edición en castellano: *La Guerra Civil española: reacción, revolución y venganza*. Barcelona: Debolsillo, 2010.]

Rossif, Frédéric. *Mourir à Madrid* (película). París: Miroir Films, 1963. DVD de 2006 por Éditions Montparnasse.

Rossif, Frédéric y Madeleine Chapsal. *Mourir à Madrid*. París: Éditions Seguers, 1963.

Taro, Gerda. *Gerda Taro*. Göttingen, Alemania: Steidl/ICP, 2007.

The Spanish Civil War. Londres: Granada Television Productions, 1983.

Thomas, Hugh. *The Spanish Civil War: New Revised Edition*. Londres: Hamish Hamilton, 1997.

Twigg, Alan. *Tibetans in Exile: The Dalai Lama and the Woodcocks*. Vancouver: Ronsdale Press, 2009.

Wainman, Christine Ledlie. *Personal Diaries and Visitor's Book 1936-1940*. Shipton-under-Wychwood, inédito.

West, Richard. *Tito and the Rise and Fall of Yugoslavia*. Londres: Faber & Faber, 1996.

Williams, Masha. *White among the Reds*. Londres: Shepheard-Walwyn, 1980.

Young, Cynthia (ed.). *The Mexican Suitcase: The Legendary Spanish Civil War Negatives of Robert Capa, Gerda Taro, and David Seymour*. Göttingen, Alemania: Steidl, 2010.

Índice de nombres

Las citas de fotografías se indican en negrilla